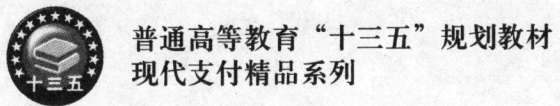

普通高等教育"十三五"规划教材
现代支付精品系列

现代支付概论

刘岚◎主　编

王霞◎副主编

立信会计出版社
LIXIN ACCOUNTING PUBLISHING HOUSE

图书在版编目(CIP)数据

现代支付概论 / 刘岚主编. —上海：立信会计出版社，2019.2

ISBN 978 - 7 - 5429 - 5986 - 7

Ⅰ.①现… Ⅱ.①刘… Ⅲ.①支付方式—概论 Ⅳ.①F830.73

中国版本图书馆 CIP 数据核字(2019)第 011616 号

责任编辑　　张巧玲　杨　帆
封面设计　　南房间

现代支付概论

Xiandai Zhifu Gailun

出版发行	立信会计出版社		
地　　址	上海市中山西路 2230 号	邮政编码	200235
电　　话	(021)64411389	传　真	(021)64411325
网　　址	www.lixinaph.com	电子邮箱	lxaph@sh163.net
网上书店	www.shlx.net	电　话	(021)64411071
经　　销	各地新华书店		
印　　刷	上海肖华印务有限公司		
开　　本	787 毫米×1092 毫米	1/16	
印　　张	15.75		
字　　数	369 千字		
版　　次	2019 年 2 月第 1 版		
印　　次	2019 年 2 月第 1 次		
印　　数	1—2100		
书　　号	ISBN 978 - 7 - 5429 - 5986 - 7/F		
定　　价	39.00 元		

如有印订差错，请与本社联系调换

序

上海"十三五"规划中明确指出上海作为国际金融中心的建设目标是:基本建成与我国经济实力以及人民币国际地位相适应的国际金融中心;确立全球性人民币产品创新、交易、定价和清算中心地位;基本形成国内外投资者共同参与、国际化程度较高的多层次金融市场体系及具有国际竞争力、行业影响力的金融机构体系,做到有效提高国际金融中心的金融监管和风险防范能力。

建立国际金融中心需要多种资源条件的整合,其中,外部资源条件包括该城市所处的地理环境及位置、该城市的综合经济环境及实力、该城市的政治法律法规环境,内部资源条件包括该城市中的金融机构情况、支付清算体系建设情况、金融行业相关的跨专业复合型人才等。人才的培养及储备离不开知识的获取及应用,高校教育在人才培养方面有着重要的作用。

要培养金融行业相关的跨专业复合型人才,先要明确该类人才的知识结构,不仅要熟悉金融行业知识,更要对支付体系有着深入的理解和掌握,因为支付系统是国家金融基础设施和金融体系的重要组成部分。然而,随着计算机技术、网络技术、通信技术迅速发展对互联网经济的推动,传统的支付结算体系已经发生了根本性变革,呈现出以下特点:

首先,支付结算的内涵发生了拓展,狭义的概念已经无法满足经济社会的实际需求。从支付结算的形式来看,除了使用票据、信用卡和汇兑、托收承付、委托收款等结算方式进行货币给付及其资金结算之外,依托互联网还发展出虚拟货币支付等新型支付结算方式。从业务类型上看,除了以银行为代表的传统金融机构的支付外,还发展出非金融机构支付,具体包括货币汇兑、互联网支付、移动电话支付、固定电话支付、数字电视支付等不同类型。从业务范围上看,跨境支付大量增加。这些新变化大大拓展了支付结算的内涵,使支付结算变得更加复杂。

其次,支付结算体系涵盖了支付系统、支付结算机构、支付结算工具以及支付服务组织等,是金融市场基础设施的重要组成部分。具体包括支付系统、中央证券存管、证券结算系统、中央对手、交易数据库等类型,在促进金融健康发展和有效防控风险方面不可或缺。支付结算的创新性和科技化特征更加突出,为防范区域性、系统性金融风险和保障支付结算体系平稳运行带来支持。

再次,支付业务结构正在发生深刻变化。据估计,2015 年我国互联网支付结算金额达到 27 万亿元,已经跃居全球第一,支付结算小额化、移动化、零散化现象更加明显。根据中国人民银行(简称人民银行)发布的《2017 年支付体系运行总体情况》,全国支付体系运行平稳,社会资金交易规模不断扩大,支付业务量保持稳步增长,移动支付业务量保持较快增长。其中,移动支付业务 375.52 亿笔,金额总计 202.93 万亿元,同比分别增长 46.06% 和 28.80%。非银行支付机构发生网络支付业务 2 867.47 亿笔,金额总计 143.26 万亿元,同比分别增长 74.95% 和 44.32%。相较传统金融机构大额支付,小额、移动支付不仅为社会个体的生活提供了极大便利,同时也推进着支付业务深层次、结构性变革。

最后,互联网的应用降低了金融产品创新和推广的成本,使各类金融业务结合得更加紧密。从业人员跨界交流和从事交叉行业比以往更加容易,从分业经营逐步转向混业经营成为趋势,金融业的严格分工正在逐步被打破,支付结算监管的边界更加模糊。

在这样的背景下,编者萌生了编写教材的想法,将这些支付体系中产生的变革和拓展在教材中进行整理,使教材更加贴合当今互联网经济环境下现代支付领域的发展现状,满足当今复合型人才的培养需求。

本教材的编写得到了金融界不少专家以及支付行业同仁们的大力支持与帮助,他们提供了大量的参考资料,并与编者进行了部分内容的探讨,使编者获得不少写作的思路,受益良多,编者在此表示衷心的感谢!在此也非常感谢所有关心、支持和帮助过编者的朋友们和同事们。

希望本教材的出版能够为复合型人才培养提供一份有价值的参考,能够给予读者较为系统的现代支付概念及应用,支持高校教学和行业参考。同时,也希望能得到各位用书老师的宝贵意见,以便使编者能够与时俱进,不断改进和完善本教材。

编 者
2019 年 2 月

前　言

　　本教材为满足我国高等院校电子商务专业、金融专业本科生的专业学习，以及与现代支付相关的金融行业、非金融行业等从事支付清算相关人员的工作需要而编写的。

　　本教材共分为8章。第1章支付体系与中央银行，主要对支付体系进行了概述，包括支付的基本概念、体系及其构成；中央银行在支付体系中的作用和职能，以及其对支付体系的监管。第2章支付系统基础，主要介绍了支付系统、支付工具，包括传统的票据类支付工具、卡类支付工具以及随着互联网发展而日渐普及的网络支付工具、移动支付工具。第3章中国现代化支付系统，主要包括中国现代化支付系统的发展与现状，中国现代化支付系统的组成，主要以二代支付系统为核心进行介绍。第4章电子支付系统，主要包括核心的ATM、POS、电子汇兑系统，并将国外几个重要的电子支付系统进行了介绍。第5章对电子银行系统进行概述并分类，随后从电子银行柜台业务、电话银行与呼叫中心、网上银行、手机银行、微信银行、自助银行等几大类别对电子银行不同的业务应用进行详细讲述。第6章主要讲述电子商务支付系统中的支付结算，涵盖B2B、跨境电商等交易结算，此外，还对目前区块链支付在电子商务中的应用进行了补充。第7章第三方支付平台及服务，主要介绍第三方平台概念、发展历程、分类、支付流程及特点，此外对国内外常用的第三方支付系统进行了介绍，最后对第三方支付存在的问题及变革进行了扩展。第8章电子支付安全与管理，全面介绍了电子支付中的安全概念、安全技术、安全协议、安全认证以及支付清算系统所面临的风险与防范措施。

　　本教材在内容上较为全面，涵盖了现代支付系统中所涉及的各个方面，从基础设施到应用安全都进行了讲述，还引入了近年来支付清算领域快速发展中的一些概念和应用，是一本非常适合了解电子商务发展中现代支付领域发展现状及应用的教材。

　　本教材在编写过程中，阅览、借鉴了大量国内外的出版物与网上资料，但由于文中体例限制而未加注明，或者在参考文献中没有完全列出，在此谨向诸多学者、同仁表示由衷的敬意与感谢。由于编者水平有限以及这门新兴交叉课程的特殊性，内容新、范围广，教材中难免有不足之处，恳请读者和同行批评指正，以利于日后继续完善和修订。

编　者

2019年2月

目　录

第1章 支付体系与中央银行

1.1 支付体系概述

1.1.1 支付的基本概念

1. 商业银行货币与中央银行货币

货币是商品或服务的支付手段,是古已有之的发明。在经济学上,货币的本质是一种所有者与市场关于交换权的契约,其基本职能就是一般等价物。

货币的发展分为两个阶段,商品货币阶段和信用货币阶段。商品货币阶段,由实物商品充当货币,通过以物易物的形式进行交易,商品货币的价值与商品的内在价值相关。商品货币以普通商品的形式出现,如贝壳、兽皮、牲畜等都充当过一般等价物,但是这种货币难保存、易损耗,不便于携带和流通。

随着交易范围的扩大,逐渐出现了以金银等贵重金属铸造的货币,这种货币具有质地均匀、不易腐烂、体积小、价值大、便于携带等优点。后来,国家以政治强权铸造和推行贵金属货币,由此,产生了具有一定重量和成色以及形状的金属货币,称金属铸币。典型的金属货币的特点是,它的实际价值与名义价值相等,它是以自身所包含的实际价值同商品世界的其他一切商品相交换,一般具有自发调节货币流通的功能。

但是由于金银采掘量有一定的限制,资本主义商品经济的发展速度越来越快,货币数量的增加赶不上流通对货币需要量的增长,与此同时,由于信用制度的建立及应用,使货币作为支付手段的职能随之扩大,从而为信用货币的产生提供了可能性。这样,在商品生产和商品交换日益发展的基础上,期票、银行券、支票以及汇票等形式的信用货币就产生了。

信用货币(Credit Money)是由国家法律规定的,强制流通不以任何贵金属为基础的独立发挥货币职能的货币。目前世界各国发行的货币,基本都属于信用货币。

信用货币一经产生,便具有双重的性质:一方面,它是体现债权与债务关系的信用证券;另一方面,它又是以信用为基础的货币符号。它本身并无价值,但可以在流通中代替金属货币,因为它代表着一定量的货币,或者随时可以兑换现实的货币(如银行券和支票),或者可以通过贴现等形式转变为货币(如期票)。

信用货币在发展过程中,由于政府滥发而多次发生通货膨胀,在破坏兑现性的同时也促进了信用货币制度的发展与完善。到了 20 世纪 30 年代,世界各国纷纷放弃金属货币制度,不兑现的信用货币制度遂独占了货币历史舞台。

进入20世纪50年代以后,信用货币主要采取了非实体化的存款货币的形式,人们的货币只有一小部分以现金(钞票和铸币)的形式持有,大部分以记账符号的形式存在于银行的账面上,当收到货币时,由银行将付款人账户上的存款划转到收款人的账户上;当需要支付货币时,付款人可以签发由银行发给的支票,通知银行将其存款账户中的一定金额转到收款人的账户。

由于纸币容易丢失或被盗,不易保管,人们希望将其存放在孳息账户中,并且随时可以按面值转化为纸币。单位和个人客户存放在商业银行等金融机构账户中的资金称为商业银行货币。

商业银行等金融机构按照客户存款余额的一定比例,向中央银行缴存存款准备金,作为中央银行法定基础货币,同时中央银行一般也为政府提供支付结算服务,因此,商业银行等金融机构和财政存放在中央银行账户中的资金,加上中央银行发行的流通在外的纸币(现金)就构成中央银行货币。

2. 支付概念

按照国际清算银行(Bank of International Settlement,BIS)支付结算委员会的定义,所有涉及资金转移的行为,都可视作支付行为,"支付"是付款人向收款人转移可以接受的货币债权的行为。通常"债权"表现为流通中现金或在金融机构或中央银行的存款余额形式,例如,商业银行存款货币和中央银行存款货币。这一概念是国际社会对"支付"的普遍理解,其中明确了"货币债权"的具体形态,涵盖了现金的实物转移和以存取款余额形式的资金转账。

以上的"支付"概念,包含了两个层次:一是明确了"支付"是付款人向收款人转移可以接受的货币债权的行为,其中"货币债权"包括商业银行货币和中央银行货币;二是明确了"支付"不仅包括现金支付,还包括转账支付。

3. 支付过程

1) 交易

"支付"的过程包括交易、清算和结算三个过程。"交易"过程要确保支付指令的生成、确认和传输,其主要步骤包括:确认各当事人的身份;确认支付工具;查证支付能力;付款人和收款人金融机构对资金转账的授权;付款人金融机构向收款人金融机构通报信息;交易处理。上述步骤因为支付工具的不同会采用不同的程序,以优化该支付工具的支付流程。

2) 清算

"清算"是在结算之前对支付系统进行发送、核对以及在某些情况下进行确认的过程,包含了在收付款人金融机构之间交换支付工具以及计算金融机构之间待结算的债权,支付工具的交换也包括交易撮合、交易清分、数据收集等。

其中,计算结算债权的过程包括:

(1) 计算总债权。

(2) 计算待结算的净额或汇总债权。

3) 结算

"结算"是清偿双方或多方当事人之间资金债务的一种行为,该过程完成债权最终转移,包括收集待结算的债权并进行完整性检验、保证结算资金具有可用性、结清金融机构之间的债权债务以及记录和通知各方。

结算方式分现金结算和转账结算两种。现金结算是以直接收付现金的方式,结清因商品交易、劳务供应等业务的往来款项。而转账结算是指收付款双方通过银行以划拨清算的方式,把款项从付款单位存款户转入收款单位存款户。企业除按照规定的现金使用范围可用现金进行结算外,其余都必须通过银行进行转账结算。

4)支付、清算、结算的关系

目前,在我国官方文件中还没有针对这三个概念的单独界定,但是可以从一些制度中得到实际参考。比如,《国务院关于实施银行卡清算机构准入管理的决定》中对银行卡清算业务的界定为:"本决定所称银行卡清算业务,是指通过制定银行卡清算标准和规则,运营银行卡清算业务系统,授权发行和受理本银行卡清算机构品牌的银行卡,并为发卡机构和收单机构提供其品牌银行卡的机构间交易处理服务,协助完成资金结算的活动。"

在这个界定中,银行卡清算业务定位为对资金结算的协助行为,也是把清算和结算过程做了区分,清算在结算之前,为提高结算的效率提供支持。

此外,《支付清算组织管理办法(征求意见稿)》直接对"支付清算"进行了界定,也可以作为参考:"本办法所称支付清算,是指支付指令的交换和计算。"其中:

(1)支付指令是指参与者以纸质、磁介质或电子形式发出的,办理确定金额的资金转账命令。

(2)支付指令的交换是指提供专用的支付指令传输路径,用于支付指令的接收、清分和发送。

(3)支付指令的计算是指对支付指令进行汇总和轧差。

在这个定义中,没有直接提及清算和结算的概念,但可以看出支付指令的交换属于典型的清算行为,支付指令的计算则既包括结算业务,也包含部分清算过程。

支付、清算、结算三者中支付的概念最大,清算和结算属于支付过程中的特定环节,其中,清算是发生在结算前的支付环节,该环节的功能主要是为了提高结算的标准化水平和结算的效率。

1.1.2 支付体系及其构成

1. 支付体系的含义

支付体系是指为实现和完成各类支付活动所做的一系列法规制度性安排和相关基础设施安排的有机整体。它包括对传达支付指令的支付工具和支持支付工具运用的支付系统以及为确保货币资金流通的一系列法规制度安排和基础设施安排。支付体系是一国金融体系的核心基础设施,它将一国货币市场、债券市场、股票市场、外汇市场和离岸市场等金融市场的各个组成部分紧密联结起来。支付体系通过严谨的法规制度和设施安排,向银行业和社会提供资金运行的工具和通道,提供快捷高效安全的支付结算服务,满足金融活动和社会经济活动的需要。因此,安全、高效的支付体系对于畅通货币政策传导,密切各金融市场的有机联系,维护金融稳定,推动金融工具创新,提高资源配置效率都具有十分重要的意义。

2. 支付体系的构成

支付体系是实现资金转移的制度和技术安排的有机组合,主要由支付工具、支付系统、支付服务组织、支付结算监督管理和支付体系法律法规制度等五个密不可分的部分组成。

1) 支付工具

支付工具是用于资金清算和结算过程中的一种载体,用以实现债权债务清偿和货币资金转移。

支付工具可分为现金支付工具和非现金支付工具。其中,现金支付工具一般用于小额、面对面的交易支付,非现金支付工具多用于大额或远程支付。目前,在人民银行的大力组织和推动下,我国已基本形成了以汇票、支票、本票、银行卡等非现金支付工具为主体,汇兑、电子银行、个人跨行转账、个人跨行通存通兑、定期借记、定期贷记等结算方式为补充的非现金支付工具体系,为社会提供了更加高效、便捷、安全、灵活的支付清算服务,促进社会主义经济的发展。

2) 支付系统

支付系统(Payment System)是由提供支付清算服务的中介机构和实现支付指令传送及资金清算的专业技术手段共同组成,用以实现债权债务清偿及资金转移。支付系统通常是金融市场和经济运作的核心基础设施,能够实现各个金融市场的有机连接,为金融市场提供高效安全的资金清算结算服务,有效支持金融市场的发展和货币政策的实施。

支付系统根据其处理支付业务的不同特点,可分为大额支付系统、零售支付系统和证券结算系统三类。

(1) 大额支付系统。大额支付系统是中国人民银行按照我国支付清算需要,利用现代计算机技术和通信网络开发建设,处理同城和异地跨行之间和行内的大额贷记及紧急小额贷记支付业务,人民银行系统的贷记支付业务以及即时转账业务等的应用系统。

由于大额支付系统对整个金融市场具有关键作用,它存在的问题可能引起整个金融体系的风险,影响金融稳定,因此,各国中央银行要求它具备高度的安全性和运营可靠性,并要求参与者采用中央银行货币进行结算。与大额支付系统相关的重要因素包括准入标准、流动性安排、风险管理机制、业务连续性安排等。

(2) 零售支付系统。零售支付系统主要处理以公众消费为主、金额相对较小和紧急程度要求较低的支付,所有未在大额支付系统中处理的支付业务通常都是通过小额支付系统处理的。如所有的借记支付、小额贷记转账、支票等票据、银行卡支付等,通常用于支付工资、公用事业收费账单和税款缴纳以及购买商品和服务的非现金支付。由于其处理的支付金额相对较低,支付业务量较大,而转账紧急程度要求低,一般对支付指令以批量形式,即按一定的时间间隔分批发送、处理和进行资金结算,因此单笔支付收费价格低廉,易于被消费者所接受。可见,零售支付系统对整个社会经济消费具有关键作用。

尽管零售支付系统对金融体系稳定的影响与大额支付系统相比有所降低,但如果在特定市场条件下,某一零售支付系统未能充分防范风险,其内部的破坏性就可能引起更大范围的破坏,或在参与者之间传播而导致在更广泛的金融领域内造成系统性破坏,则该零售支付系统仍被各国中央银行认定为重要的支付系统而应加以必要的监督管理。与零售支付系统相关的重要因素包括处理支付工具的标准化程序、不同系统的兼容性、直通式处理、规模经济效益等。

目前,我国已建成包括小额支付系统、网上支付跨行清算系统、全国支票影像交换系统、同城票据交换系统、银行卡跨行交易清算系统、城商行资金清算中心支付清算系统、农信银支付清算系统、银行业金融机构行内支付系统以及支付机构业务系统等在内的较为完善的零售支付服务网络。

（3）证券结算系统。证券结算系统是有关证券买卖的确认、清算、结算和证券保管的整套制度安排。随着金融市场的发展、证券交易的繁荣，证券已成为货币的近似替代品。证券交易在付款交割（Delivery Versus Payment，DVP）基础上进行结算已成为国际上普遍接受的规则。所谓付款交割，是指结算系统中价值交换的一种机制，即当一种资产的最终转账发生时，另一种资产的最终转账才发生，换言之，即两种资产的转移同时达到最终性。这些资产可能包括货币资产（如外汇）、证券或其他金融工具等。与证券结算系统相关的重要因素主要有证券结算系统与银行间资金转账系统的连接模式、对抵押品的管理等。

从国际上看，证券结算系统与银行间资金转账系统相连接进行 DVP 结算有两种模式：接口和集合模式。

在接口模式下，结算资金账户开在大额支付系统中，证券账户开在证券结算系统中，两类账户通过特定的接口相连。其业务处理流程是：支付指令由证券卖出方发起，证券结算系统根据成功的指令锁定卖出方证券账户中相应品种和数量的证券，向支付系统发送资金转账指令；支付系统据此将相应的资金从买方资金账户划付至卖方资金账户，并将处理结果反馈至证券结算系统；证券结算系统据此解除锁定，将证券过户至买方证券账户，并将结算结果通知交易双方。这个结算过程很短，通常以秒为计时单位，但在此过程中，卖方会同时拥有证券（已被锁定）和现金。

在集合模式下，结算资金账户虽然法律上仍然处于运营大额支付系统的中央银行账簿上，但从技术操作的角度看，实际是外包给证券结算系统，因此，在进行 DVP 结算时，证券结算系统与大额支付系统之间不存在互动，资金转移与证券转移在证券结算系统中同时完成。只有在资金账户进行注资和撤资时，参与者才需要通过支付系统转移资金。集合模式的好处是结算更加快捷，不会造成证券卖出方在结算过程中对证券和资金的双重占有，但中央银行出于防范风险的考虑，一般不倾向于将在其账簿中开立的资金账户外包给证券结算系统。因此，实务中证券结算系统一般采用接口模式。

证券结算过程涉及的实体包括：证券发行人、提供证券保管和境内结算服务的中央证券存管机构（Central Securities Depository，CSD）、提供跨境结算服务的国际中央证券存管机构（International Central Securities Depository，ICSD）、提供境内和跨境结算服务的托管银行以及提供清算服务的中央对手等机构。

3）支付服务组织

支付服务组织是指向客户提供支付账户、支付工具和支付服务的金融机构以及为这些机构运行提供清算和结算网络服务的支付清算组织。我国的支付服务组织主要包括中央银行、商业银行和支付清算组织。

中央银行是银行间资金转移等支付服务的法定提供者，商业银行等金融机构之间发生的资金往来或应收、应付款项，通常通过其开立在中央银行的结算账户办理划拨转账。中央银行除了提供行间结算服务外，还制定与支付结算业务相关的规章制度，并维护支付结算秩序。

商业银行直接面向客户，拥有众多服务网点，服务面涵盖城乡各个角落，为单位和个人提供各种类型的支付产品和支付服务，包括柜台交易形式的支付工具和非柜台交易形式的银行卡、自动取款机以及网上银行、手机银行等新兴的电子化产品和服务。商业银行的支付服务是社会商品和劳务交易的媒介，是连接单位和个人经济活动与货币资金运动的纽带。

支付清算组织是提供支付信息转接和交换以及数据清分和汇总的非银行金融机构或非金融机构,包括票据交换所、邮政汇兑服务机构、从事银行卡数据交换的网络公司或第三方服务商、从事证券交易或外汇交易数据清分交换的机构等。支付清算组织是支付服务市场重要的补充力量,在支付服务市场的技术进步、服务创新方面发挥着积极作用。

4)支付结算监督管理

支付结算监督管理是在立法机构、管理机构制定的规范和管理支付程序和支付行为的法律法规、规章制度和标准以及关于支付工具和支付服务的定价、市场惯例、合同安排和规则等方面约束下,综合运用经济、法律和行政手段对支付结算活动实施监督管理的行为。

中央银行承担着对支付市场、支付服务组织和支付业务的监督管理职能。国际上各国中央银行对支付结算的监督管理一般由三个层次组成:首先是法律依据。通常各国立法机构会通过立法明确规定中央银行在支付体系中的地位和作用,明确中央银行是支付体系的运营者、监管者和支付体系发展的促进者。其次是中央银行实施支付结算监督管理的法规与政策。中央银行会同相关的立法机构制定有关支付程序和支付行为的法律规定,如确定对支付体系各要素的具体监管范围和标准。另外,支付市场和支付服务组织在长期的发展过程中,形成了一些约定俗成的规则和惯例。在支付市场,参与者会自愿签署并遵守相关协议和规则,从而形成相对合理的支付市场秩序。

5)支付体系法律法规制度

支付体系法律法规制度是指规范支付服务组织、支付工具、支付系统、支付结算监督管理的法律、法规和行政规章。我国目前主要包括《中华人民共和国中国人民银行法》《中华人民共和国商业银行法》《中华人民共和国票据法》《票据管理实施办法》《支付结算办法》《人民现金管理条例》《金融违法处罚条例》《人民币银行结算账户管理办法》《电子支付指导》《大额支付系统业务处理办法》《大额支付系统业务处理手续》等。

支付工具、支付系统和支付服务组织属于支付体系中的基础设施安排,而支付结算监督管理和支付体系法律法规制度则属于对支付体系前三个要素的整体制度性保障。支付体系的五个组成部分是密不可分、相辅相成的有机整体。支付工具是支付的载体;支付工具的交换和传递贯穿于支付系统处理的全过程,其清算与结算通过支付系统进行;支付服务组织是支付工具和支付系统的提供者;支付结算监督管理和支付体系法律法规制度是防范支付风险、保障支付过程的安全和效率,维护整个金融体系安全稳定之必需。支付体系这五个部分的有机结合和平稳运行为我国经济金融的健康发展奠定了基础。

1.2 中央银行在支付体系中的作用和职能

中央银行是一个由政府组建的机构,负责控制国家货币供给、信贷条件,监管金融体系,特别是商业银行和其他储蓄机构。中央银行是一国最高的货币金融管理机构,在各国金融体系中处于主导地位。中央银行所从事的业务与其他金融机构所从事的业务的根本区别在于,中央银行所从事的业务不是为了营利,而是为实现国家宏观经济目标服务,这是由中央银行所处的地位和性质决定的。

中央银行是支付体系中的主要参与者与管理者。参与支付系统与实施货币政策、监管银行业和金融市场以保证其安全性和稳定性。同样是中央银行三项综合职能的组成部分。为履行这些职责，中央银行帮助维持公众对国家金融体系的信任，甚至是在紧张时期也如此。一个有效的金融体系，由其安全性和稳定性使公众对之产生的信念对现实经济的运行是至关重要的。没有有效的支付系统及公众对其的信任，即使是最简单和最普通的金融交易也会极其困难。

1.2.1　以中央银行为主的支付体系架构

中国人民银行作为我国的中央银行，支付结算的管理和服务是其重要职责之一。中国人民银行提供的跨行支付清算服务是我国社会经济生活中资金支付与转移的"主动脉"。中央银行支付清算系统主要包括：大额实时支付系统、小额批量支付系统、全国支票影像交换系统、网上支付跨行清算系统、同城票据交换系统、境内外币支付系统、人民币跨境支付系统(一期)。这些系统覆盖所有支付工具的应用，提供了社会资金快速运动的重要渠道。

2005年，大额实时支付系统完成全国推广，实现了跨行资金支付实时到账，提高了资金周转速度；2006年，小额批量支付系统建成运行，为跨行清算和业务创新提供了公共平台；2007年，全国支票影像交换系统投产，通过引入影像技术支持支票全国通用；2009年，电子商业汇票系统试点推广，引领商业汇票率先进入电子化时代，有效防范了票据风险，繁荣了票据市场；2010年，网上支付跨行清算系统建成运行，进一步提高了网上支付等新型电子支付业务跨行清算的处理效率，支持并促进了电子商务的快速发展；2013年，中国人民银行对支付体系进行升级改造，新建成的第二代支付系统支持商业银行"一点接入、一点清算"、人民币跨境支付业务等，更好地满足经济金融发展的需要。

1. 大额实时支付系统

大额支付系统采取逐笔实时方式处理支付业务，全额清算资金。其目的是为了给各银行和广大企业单位以及金融市场提供快速、高效、安全、可靠的支付清算服务，防范支付风险，它对中央银行更加灵活、有效地实施货币政策和实施货币市场交易的及时清算具有重要作用。该系统处理同城和异地、商业银行跨行之间和行内的各种大额贷记及紧急的小额贷记支付业务，处理人民银行系统的各种贷记支付业务，处理债券交易的即时转账业务。

2. 小额批量支付系统

小额批量支付系统在一定时间内对多笔支付业务进行轧差处理，净额清算资金。其目的是为社会提供低成本、大业务量的支付清算服务，支撑各种支付业务的使用，满足社会各种经济活动的需要。该系统处理同城和异地纸凭证截留的商业银行跨行之间的定期借记和定期贷记支付业务，中央银行会计和国库部门办理的借记支付业务，以及每笔金额在规定起点以下的小额贷记支付业务。小额批量支付系统采取批量发送支付指令，轧差净额清算资金。

3. 全国支票影像交换系统

影像交换系统是指运用影像技术将实物支票转换为支票影像信息，通过计算机及网络将支票影像信息传递至出票人开户银行提示付款的业务处理系统。全国支票影像交换系统投产上线后，支票的使用范围由同一个城市扩大到全国。

4. 网上支付跨行清算系统

网上支付跨行清算系统是中国人民银行建设的人民币跨行支付清算基础设施,是中国现代化支付系统的重要组成部分。网上支付跨行清算系统主要支持网上跨行零售业务的处理,业务指令逐笔发送、实时轧差、定时清算。客户可通过在线方式提交支付业务,并可实时获取业务处理结果。系统支持商业银行以及经中国人民银行批准的非金融支付服务机构接入,并向客户提供 7×24 小时全天候服务。

5. 同城票据交换系统

同城票据交换是指同一城市(或区域)范围内,各商业银行之间将相互代收、代付的票据,定时、定点集中相互交换并清算资金存欠的方法。同城票据交换由人民银行集中监督并清算资金。

6. 境内外币支付系统

境内外币支付系统是为我国境内银行业机构和外币清算机构提供外币支付服务的实时全额支付系统。它包括外币清算处理中心和相关业务系统,并连接参与者的相关系统。

7. 人民币跨境支付系统(一期)

人民币跨境支付系统(Cross-border Interbank Payment System,简称 CIPS),于 2015 年 10 月 8 日上午正式启动,是中国人民银行推出的为境内外参与者跨境人民币支付业务提供资金结算服务的系统,提供人民币跨境贸易结算、跨境资本项目结算、跨境金融机构与个人汇款支付结算等各类服务。

该系统采用国际通行的 ISO20022 报文标准,支持传输包括中文、英语在内的报文信息;覆盖主要时区(亚、非、欧、美)人民币结算需求;提供通用和专线两种接入方式,参与者可自行选择等。

1.2.2　中央银行在支付体系中的作用

中央银行在支付体系中扮演多种角色,它是支付服务的提供者、支付系统的使用者以及支付系统的成员和公共利益的保护者。

(1)作为支付服务的提供者。这些服务包括为商业银行在支付体系的运作提供结算账户;单独或与其他商业银行、金融机构一起,为支付体系提供系统硬件、软件、操作程序或通信网络。

(2)作为支付系统的使用者。中央银行需要自行交易以转移资金,主要包括通过支付体系清算公开市场操作,以实施货币政策;进行政府债券的支付结算(包括发行和兑付)。

(3)作为支付系统的成员。中央银行可以代表自己的客户(如政府部门和其他国家的中央银行)进行收付。

(4)作为公共利益的保护者。这个作用包含的内容更为广泛,包括:支付体系管理者;支付体系的成员的监督者;为支付体系提供管理和计划;仲裁争议和处理赔偿,提供技术标准。另外,还可以作为结算的担保人。

通过这些角色,中央银行创造良好的支付环境,提供公平的支付服务,维护支付结算市场秩序。中央银行既是支付市场的参与者,又是支付市场的维护者。中央银行通过参与市场、提供服务维护市场的公平竞争,又通过维护市场为广大金融机构,特别是中小金融机构得到公平的服务创造了条件。

1.2.3 支付体系与中央银行职能

1. 支付体系职能

支付体系属于金融基础设施的核心部分,一国经济体系中几乎所有的经济活动都通过货币进行支付。货币,一般表现为现金或银行存款的形式,成为购买商品或劳务以及清偿债务的首选支付方式。小额支付通常使用现金,而大额支付一般采用银行转账。支付体系除了涉及资金的转移外,还包括证券、权益、衍生品等金融工具的转移。支付体系的公共政策目标安全性和效率性的实现,对整个国民经济具有关键作用,保证中央银行其他主要职能的实现。

中央银行作为"发行的银行""银行的银行"和"政府的银行",在一国金融体制中居于核心地位,承担着制定和执行货币政策、维护金融稳定与提供支付结算服务三项基本职能,金融监管职能在有些国家由中央银行承担,有些国家由银行业监管机构承担。其中,支付体系为中央银行履行基本职能提供了基础和通道,这主要表现在:

(1)安全、高效的支付体系是实施货币政策的需要。支付体系的平稳运行是中央银行追求货币稳定、实行有效货币供给的必要条件。支付体系是货币政策执行过程中使用的银行间货币市场和其他短期借贷市场的基础。中央银行通过在这些市场中发行中央银行票据、买卖政府债券等行为调整货币供应量、影响短期利率,从而实施货币政策,加强货币政策对整个金融活动和经济活动的短期影响;同时,支付体系的发展状况会影响货币周转速度,从而影响整个经济的货币需求。比如,中央银行运营的大额支付系统是否提供日间信贷,将在很大程度上影响商业银行流动性状况,从而影响货币政策的传导效率。

我国1995年颁布的《中华人民共和国中国人民银行法》明确指出,我国的货币政策目标是:"保持货币币值稳定,并以此促进经济增长。"中国人民银行专门行使中央银行职能后,更加明确表明中央银行货币政策目标为"发展经济、稳定货币"的双重目标。中国人民银行依靠中国现代化支付系统,进行公开市场操作,传递中央银行的货币政策意图,表明货币政策姿态,维护公众对货币的信心,从而达到稳定货币并促进经济增长的目标。

(2)安全、高效的支付体系是维护金融稳定的需要。由于支付体系将金融机构联系在一起,进行资金和证券的转账,并结算付款义务,它成为在金融机构和金融市场间传递金融风险的渠道,因此,支付体系与金融体系的稳定密切相关,特别是支付体系中的重要支付系统尤为关键。如果其中一个参与者破产,会引起其他参与者无法按期履行其结算业务,从而可能引起更大范围内金融和经济的不稳定。因此,支付系统的设计和运行应将参与者之间传递风险的可能性降至最低。另外,当金融风险发生时,中央银行或市场参与者要向陷入困境的参与者提供紧急流动性支持,帮助支付结算的有序进行。而安全和高效的支付体系能够在必要时提供流动性支持。

(3)安全、高效的支付体系是提供支付结算服务的需要。货币的基本职能之一即交换媒介,如果进行货币和商品、服务以及金融资产交换的支付体系失效,则货币将不能有效实现其交换职能,整个社会的支付结算服务也将陷于停顿。中央银行与商业银行不同,它不向公众提供存款、贷款、支付等本、外币服务,而是向商业银行等金融机构提供以本币为单位的银行间再支付结算服务。由于中央银行货币是最安全的结算资产,中央银行成为银行间支付结算服务天然的提供者,商业银行都愿意采用中央银行货币进行结算。

2. 中央银行在支付体系中的职能

安全、高效的支付体系事关中央银行核心职能的实现,中央银行通过提供安全的结算资产、运营或参与重要支付系统、制定并实施相关规则和标准等,不断提升支付体系的安全和效率,有效实施货币政策,维护金融稳定,提供金融服务,维护公众对货币乃至整个金融体系、经济体系的信心。中央银行的基本职能如下:

(1) 监督责任。市场经济的中央银行在全国结算、清算和支付系统中起很多不同的主要作用。这些作用包括监督、监管、操作、提供信贷和流动性,但是这些职能的组合并不一定是相同的。

因为支付系统是金融体系的重要组成部分,所以它至少需要最低程度的官方正式的监督,中央银行在监管支付系统过程中,也许最重要的作用是积极参与制定私营支付安排应遵循的原则。

尤其重要的是,中央银行参与为大额交易的私营清算和结算制定规则,并且必要时对其进行监督和管理。有许多金融、管理和操作方面的措施来帮助和保证结算和清算在安全和健全的环境下进行。然而,最重要的是私人参与者以担保或其他安排的形式确保最后及时的结算,尤其是多边轧差机制。确保及时结算的担保或安排应建立在精心设计的成员标准基础上。而且,私营结算和清算系统的成员应有动力和能力正确判断他们所选择的交易伙伴的信贷情况。进一步讲,必须有具体的承诺以保证金融资源和流动性能在一个或多个参与者违约的情况下担保结算。这种承诺应包括由担保或信贷额度保证的损失分担安排。

规范私营清算和结算安排的正常运作原则是普遍适用的。实际上,中央银行指导国家间和多币种银行间轧差安排的设计和操作。这些准则指出轧差安排特别应有一个良好的法律基础,管理信用和流动性风险的清晰程序及保证及时完成当日结算,即使在最大的参与者资不抵债时也能完成结算。

中央银行认识到监管银行间大额轧差系统的重要性,并为跨国界系统制定了合作原则。一个重要的原则是每一个跨国界的轧差系统应该由一家中央银行以主要监管者身份进行监管。同时,轧差系统的主要监管者应同时与系统完善性利益相关的其他中央银行协商。除此之外,如果中央银行对某个轧差系统缺乏信任,它应该影响其监管下的机构,这样它们就不会使用这种系统。

保证正确应用合理的支付系统原则的手段之一是监督私有的结算机构。中央银行在保证金融体系完整的过程中可以在很多方面影响私有清算机构的结构和操作。因此,中央银行在保证新的和现有的支付系统识别和管理它们所面临的风险方面起着重要的作用。监督的具体方面包括批准一家机构的执照和规定。进一步讲,中央银行通过监管每个参与者并可影响每家清算机构。总体而言,中央银行有很多方式来实施监管,从开展对话至极端情况下拒绝向不安全的系统提供结算服务以及禁止银行参加这类系统。

(2) 运作责任。支付系统中运作方面的责任,包括大额支付运作机制,是中央银行在支付系统中所负有的另一重要作用。虽然中央银行账户一般用来结算银行间支付,但中央银行在支付系统的运作程度在不同的国家有很大的不同。

中央银行支付系统运作的一个极端以美国为代表。美国1913年通过《联邦储备法》,联邦通过12家联邦储备银行(简称联储银行)既操作大额又操作小额支付,既操作有纸又操作电子支付机制。联储银行处理在美国清算的大约1/3的支票及大多数自动清算交易,而且还通过联邦储备通信系统(Federal Reserve Wire Network，通常称作 FEDWIRE)系统处理全国大约一半的大额资金转账。除此之外，FEDWIRE 还用于美国政府证券的簿记转账，包括联邦政府机构发行的和政府资助企业的证券，国际机构(如国际复兴开发银行、亚洲开发银行、非洲开发银行等)发行的证券等。

美国 1980 年通过《货币控制法》，联储银行对向银行和其他存款机构提供的支付服务收取费用。联储银行支付服务是与私营部门提供的支付服务竞争的。联储银行的政策是收回提供这些服务的全部成本，包括投入的资本成本、债务成本和要交的税。这种由市场决定使用哪家提供的支付服务的方式提高了支付效率。联储银行现在每年从提供支持服务中获得收入 8 亿美元。虽然其他中央银行也对支付服务收费，但不是所有的中央银行都试图收回提供服务的全部成本。

另一极端情况是，中央银行在国家支付机制中运作的职责相对较小，例如，在加拿大和英国，大部分支付处理由私企实施，而且至少部分受由金融业部门代表组成的执法机构的管束。但是这两个国家的中央银行没有广泛地提供支付服务，它们通过参加管辖机构来影响支付系统的操作。这些中央银行通过为大额转账提供同业清算，也影响了该国的支付系统。

如上所说，一个国家的支付系统会显示出某些自然垄断特征，如在结算和清算过程中，越来越趋向于规模处理。在自然垄断条件下，像中央银行这样的机构也许应在操作支付系统方面起主要作用。但是，多数支付服务的竞争市场条件，包括银行间支付服务，最有可能产生有效的结果。

大额转账系统：大额转账机制用于进行大额支付，对现代经济的有效运行，尤其对金融市场是至关重要的。这个机制依赖于存在中央银行用于最终支付(即不可撤销和无条件支付)的账户余额的转账。这个系统是一个实时全额支付系统结算权利机构即中央银行会面临特殊的信贷风险，因此理所当然应该由中央银行控制和操作国家大额支付机制，或至少是提供实时全额支付的机制。

现代金融市场的发展通常会导致大量大额支付的产生。经验表明，支付系统应避免那些会引发系统风险的打击，比如，一个或多个参与者无力承担其大额支付的责任。降低系统风险可以通过最小化临时风险来实现，甚至可以使营业日内的风险最小化；还可以通过为私营大额支付系统建立有效的清偿保证和风险控制来实现。

(3) 政策责任。如前所述，中央银行在支付系统中的第三个重要作用是关于指导国家支付系统整体结构和操作政策的发展，尤其重要的是保证支付系统安全和健全的政策。

为控制系统风险，支付系统设计必须保证一家金融机构的困难不会传到其他机构。例如，转移资金或交割证券的一方的失误会导致依靠此种支付或交割来偿还债务的其他参与者出现类似的失误。支付系统中的问题可能会影响所有参与者，因为每一位参与者都依赖整个体系的顺利运行。即使没有与资不抵债的机构交易，他们也会通过支付系统受其不良影响。

支付系统可采取措施，如对参加者之间当日信贷规定上、下限，在多边轧差体系中实施损失分摊等措施以减少系统风险。但是，这些措施显然会增加参加者的成本。

支付和结算系统的每个参加者及提供这种安排的私营部门，可能会不愿承担这些成本，因为他们自然倾向于注重自己的盈利性。中央银行在此过程中将关注系统风险及支付安排如何最有效地促进公众利益。在制定支配一个国家支付系统的整体结构和操作政策中居领导地位,使中央银行能帮助保证其限制系统风险和保障公众利益的意愿能被充分考虑。

1.3　中央银行对支付体系的监管

中央银行支付清算系统作为国家重要金融基础设施和社会资金运行的大动脉,关系着全社会的资金安全和运转效率、货币政策的实施效果以及经济金融的稳定。随着国民经济持续快速发展以及信息技术的发展,经济金融一体化趋势的加强,各类支付系统的关联度也日益增加,金融活动和支付交易的业务量以惊人的速度突飞猛进,商业银行和其他支付系统参与者所面临系统风险的传播性、危害性也呈现增加的态势。如何提高支付系统使用效率,加强支付系统运行风险控制,确保支付系统安全稳定运行已成为中央银行的工作重心之一。

十国集团中央银行支付结算体系委员会在《中央银行对支付结算系统的监管报告》中对监管含义的描述为:"对支付结算系统进行监管是中央银行的一项职能,其目的是通过对正在运行的和计划建设的支付结算系统进行监控,按照安全与效率目标对这些系统进行评估,并在必要时引导系统改造,来提高支付结算系统的安全性与效率"。该定义涵盖了监管的公共政策目标即安全与效率、监管范围及监管活动的内容,具有较好的适用性。

在中央银行对支付系统监督的立法方面,很多发达国家和地区以法律法令的形式明确规定了中央银行对支付系统负有的监管责任和监管权力。其中,一些是通过中央银行法进行直接规范,例如,瑞士的《国民银行法》、比利时的《国民银行组织法》、意大利的《银行法》;一些是通过专门法律条例进行规范,例如,新加坡的《支付系统监督法》、香港的《清算结算系统条例》、加拿大的《支付清算结算法》。从法律法规内容上,一方面明确了中央银行监督责任,例如,欧洲中央银行"促进支付系统平稳运行"、比利时"对支付、清算系统的平稳运行进行监管";另一方面,赋予中央银行监督权力,明确对指定系统具有收集信息、实施监督、促进改革等权力,例如,新加坡的《支付系统监督法》、香港的《清算结算系统条例》。

1.3.1　监管的目标

虽然各国在监管的定义和表述方面有所差异,但中央银行对于支付体系的监管均以支付体系的安全和效率为主要目标,除了安全和效率外,其他公共政策目标,如反洗钱、保护消费者、避免竞争缺失等同样成为设计和运行支付结算体系时要考虑的因素。

中央银行承担的基本职能要求其对支付体系进行监管。一般而言,金融监管的目标包含了四个层次:第一,保证金融机构的正常经营活动,从而保证金融体系的安全;第二,保护存款人的利益;第三,创造公平竞争的环境,鼓励金融业在竞争中提高效率;第四,促进金融机构的经营活动与中央银行的货币政策保持一致。

1.3.2　监管的国际标准

中央银行对支付系统的监管,应尽可能地采用国际标准。这些标准包括十国集团中央银行支付结算体系委员会《重要支付系统核心原则》、CPSS-IOSCO 的《中央对手建议》《证券结算系统建议》。

《重要支付系统核心原则》提出了为避免信用风险、流动性风险、法律风险、运行风险及系统性风险在系统设计、管理方面应遵循的 10 项原则,同时也是中央银行对支付系统进行监管应采用的核心基准原则。《中央对手建议》的 15 项原则,分别从法律风险、参与者要求、信用风险的衡量管理、保证金要求、财务资源、违约程序、托管和投资风险、运营风险、货币结算、实物交割、连接风险、效率、治理安排、透明度、监管和管理界定了对中央对手的监管原则。《证券结算系统建议》确立了对证券结算系统监管的 17 项原则。

《重要支付系统核心原则》只是建议所有重要支付系统应具有的特征,而不是法律上必须遵守的。重要支付系统的定义:如果某个支付系统没有充分防范风险,在系统范围内的破坏可能进一步引发或者传递参与者之间的破坏,或者在更加广泛的金融领域引发或者传递系统性破坏,这个支付系统就是系统性重要的支付系统,即重要支付系统。重要支付系统应遵循以下 10 项核心原则:

（1）支付系统应当在所有相关司法辖区具备清晰明确的法律依据。

（2）支付系统的规划和程序应当使参与者清楚地认识到,因参与系统而面对的各种金融风险。

（3）系统应当清楚定义信用风险和流动性风险的管理程序,明确系统运营者和参与者各自的责任,并提供适当的激励机制来管理和控制这些风险。

（4）系统应在结算日内提供及时的最终结算,最理想的是在日间完成,最迟是在日终前完成。

（5）采用多边轧差的系统,至少应确保在单个结算债务最大的参与者无力结算时,仍能及时完成当日结算。

（6）用于结算的资产最理想的是对中央银行的债权,如果采用其他资产,则有关资产应当几乎没有或完全没有信用风险或流动性风险。

（7）系统应确保高度的安全性和运行可靠性,并且应当具备及时完成当日处理的应急安排。

（8）系统应当提供对用户具有实用性、对整体经济具有效率性的支付方法。

（9）系统应当具备客观并公开披露的参与标准,使参与者可以公平、公开地加入系统。

（10）系统的治理安排应当有效,并具问责性和透明度。

1.3.3　监管的范围

监管范围的确定与中央银行意欲达到的公共政策目标紧密相关。各国中央银行出于安全与效率目标的权衡以及本国支付结算现状的不同,在监管范围的界定方面也存在差异。有些中央银行确定其监管范围内的系统包括支付系统、证券结算系统、中央对手,如加拿大银行、香港金融监管局、新加坡金融管理局、荷兰银行、瑞士国民银行、法兰西银行、意大利银行。其他中央银行也按不同标准确定了各自监管的范畴。随着经济金融内容的发展变化,部分中央银行将支付工具也纳入监管范围,对大型代理银行保管机构以及第三方服务提供商的监管也已成为某些中央银行进行监管的新领域。

一般而言,监管范围包括以下几方面。

1) 支付系统

所有中央银行都按照《重要支付系统核心原则》对系统性重要的支付系统进行监管。实务中,所有由中央银行运营的大额支付系统都属于重要支付系统,因此核心原则适用于这些系统。

一些中央银行认为一国至少有一个零售支付系统属于系统性重要的支付系统,并对此运用《重要支付系统核心原则》。对于系统性重要的零售支付系统,许多中央银行会运用部分核心原则,并对系统进行监测。

2) 证券结算系统与中央对手

中央银行通常会同证券业监管者对证券结算系统进行联合监管。

中央银行对证券结算系统的监管反映了证券结算安排是金融体系的关键环节这一事实。证券结算系统的缺陷成为证券市场以及整个金融体系系统性波动的根源之一。在结算过程中履行关键职能的机构或系统的主要参与者,如果出现运营问题或金融风险,将会给其他参与者造成严重的流动性压力或信用风险。证券结算系统的破坏同样会干扰中央银行实施货币政策的能力,波及证券结算系统所使用的支付系统。对证券结算系统自身而言,市场流动性取决于对结算安排安全性和可靠性的信心,交易者如果对交易是否最终被结算产生严重怀疑,必将对证券交易丧失信心。

中央对手在证券结算系统中占据了重要地位。一个设计良好、具备适当风险管理安排的中央对手能够减少证券结算系统参与者面临的风险,有助于金融稳定目标的实现。但是,中央对手也集中了风险,要承担风险管理的责任,因此,有必要对中央对手风险管理的有效性及财务资源的充足性进行监管。

3) 支付工具

支付工具是支付体系的关键部分,因此,一些中央银行将支付工具的监管视作支付体系监管不可分割的内在部分;另一些中央银行将支付工具明确列入监管范围。监管在关注支付工具效率(如减少纸质工具的使用,推广电子支付工具等)的同时,也相当重视支付工具的安全性(如信用卡防伪措施等)。

1.3.4 监管的手段

中央银行无论如何界定自己的监管范围,其监管活动应按照监测、评估、推动变革三个阶段展开。

1) 监测

为了实施有效监管,中央银行必须对监管对象进行充分详尽地了解,最大程度地获取有关信息,包括:有关系统设计和性能的信息;公开发布的相关制度规章、工作流程、操作细则;发布的系统业务活动报告及数据;依据中央银行监管标准作出的自评估报告及内部审计报告;与系统运行方式及参与者座谈和征询;问卷调查;合规检测等。为此,中央银行要了解系统的设计和运行。

2) 评估

中央银行通过监测获得的信息将用来评价估算这些系统是否达到了相关政策要求及

标准,中央银行将设计评估体系,设置评估指标,运用科学的评估手段,得出相关结论。

3) 推动变革

中央银行在对已收集的被监管支付系统所有信息进行分析和评估之后,如果认为该系统完全符合相关政策要求和标准,则不需要采取新的措施;如果认定该系统没有达到政策要求和标准,则中央银行有必要推动被监管系统采取相应措施进行变革,就现存问题进行纠正。中央银行可采取道义劝告、公开声明、要求实施改革的法定权利、签订自愿协议与合同、与其他监管部门合作、参与系统等多种手段来推动被监管系统实施变革。

4) 代理银行和托管机构

代理银行(为其他银行提供支付或其他服务)和托管机构(为客户,包括银行保管证券并提供相关服务)是支付和结算安排的重要部分。当支付和结算流集中于几家大的代理银行和托管机构时,可能造成信用风险、流动性风险和运行风险的集中。

大的代理银行和托管机构,有时也称为准系统。关于准系统,没有一个全球普遍接受的定义,较常见的定义是:"代表客户负责清算和结算的商业机构,其中,绝大部分结算通过机构内部簿记转账而不是银行间资金转账系统进行。"

这类机构通常具有重要支付系统的某些特征,会引起类似的风险问题。例如,大的代理银行和监管机构为很多中小银行提供支付和证券服务,交易通过代理银行和托管机构的簿记系统进行结算,结算金额有时会非常大。而且,客户的开户银行短期内对委托代理银行和托管机构处理业务几乎没有选择的余地。因此,在监管上,对这类准系统可采用与重要支付系统类似的方式。

大的代理银行和托管机构一般是商业银行,应接受银行业监管。因此,中央银行应与银行业监管者合作,并通过银行业监管者监测与评估潜在风险,以利支付系统的平稳运行。如果经评估后风险被认为是微不足道的,或已通过银行业监管得到充分防范,则被认为是相对稳定安全的支付系统。如果中央银行认为大的代理银行和托管机构可能造成系统性风险,就必须和银行业监管者合作,确保大的代理银行的托管机构的风险得到充分认识与管理,从而能够在执行监管职责时做到游刃有余。

5) 第三方服务提供者

一个新兴的监管问题是如何应对支付系统的运营者使用第三方提供的服务。这方面的监管实务各国差别很大,监管政策尚处于形成阶段。

支付系统有时将部分运行外包给第三方服务者,如 IT 基础设施等。就监管而言,其关键原则是系统要对那些对其有实质影响的外包部分保留完全责任,包括确保第三方符合中央银行的监管政策。为此,系统很可能要向中央银行表明它与第三方签有满足特定条件的合约(包括系统向监管者提供关于第三方的信息),它能充分监测第三方的表现,并且有应急安排以处理第三方运行失效。

中央银行不一定需要对外包活动制定特定标准,通常不必直接与第三方打交道。然而,当第三方为多个关键系统提供重要服务时,中央银行就有必要直接与第三方建立联系。特别是当第三方支持多个市场时,就需要国际合作的监管安排。中央银行对支持大约 200 个国家的支付系统并提供报文服务的环球银行金融电信协会(Society for Worldwide Interbank Financial Telecommunications,SWIFT)就建立了这样的联合监管安排。

1.3.5　监管的方法

中央银行对支付清算系统的监督方法主要有:信息收集、信息分析、采取措施三个环节。

（1）信息收集:将支付系统运行者的审计报告、制度办法、统计数据、财务报告等收集起来;和相关当事人,如参与者、内部及外部的审计人员、运行者等展开调研和讨论;同时进行现场检查。

（2）分析信息:借助支付系统的相关资料,并在遵守核心原则的基础上对相关机构的分析和支付清算系统的运行进行评估。

（3）采取措施:利用宣传和讲话的方式对监督政策和目标进行宣传,同时劝说支付系统运行者对制度办法进行修改,为中央银行清算服务提供有效支撑;此外,还应和支付系统运行者签订正式协议。

1.3.6　监管的原则

监管原则包括五项一般监管原则和五项联合监管原则。

1. 一般监管原则

一般监管原则分别如下:

（1）透明度。中央银行必须公布它们的监管政策,以便支付系统的运行者了解并遵守生效的政策要求和标准。

（2）国际标准。在任何可能的条件下,中央银行都应采取国际公认的支付结算系统标准,以强化监管工作的效果。

（3）有效的权利和能力。中央银行应具有有效履行其监管职责的权利和能力,应努力确保获得信息的权利并能促使系统进行变革的权利与其监管职责相一致;同时具备进行有效监管的各类资源。

（4）一致性。监管标准应始终如一地应用于类似的支付结算系统,包括中央银行负责运行的系统。

（5）与其他当局合作。为提高支付结算系统的安全与效率,中央银行应与其他相关的中央银行和管理部门合作。必要时实施合作监管,尽可能减少系统监管中存在的重复性工作,提高监管效率。

2. 联合监管原则

联合监管原则分别如下:

（1）知会相关中央银行。准备对实际或计划运行的跨境或多币种支付系统进行监管的中央银行应通知可能对系统的谨慎设计和管理有直接关系的其他中央银行。

（2）确定主要责任。跨境和多币种支付系统应置于承担主要职责的中央银行的监管之下,一般假定系统所在地的中央银行将承担主要职责。

（3）将系统作为一个整体进行评估。

（4）结算安排。决定某种货币的结算系统能否足额结算以及结算失败时应采取的措施应是发币国中央银行和具有主要监管职责中央银行的联合职责。

（5）不稳健的系统。如果对跨境或多币种支付系统的设计或管理的稳健性缺乏信心,中央银行必要时应阻止使用该系统或停止向该系统提供服务,如通过指明哪些活动是不安全和不稳健的来达到这一目的。

复习思考

名词解释：支付体系 支付 清算 中央银行

1. 什么是支付、清算与结算？三者的区别与联系有哪些？
2. 支付体系的构成有哪些？
3. 中央银行在支付体系中的作用是什么？
4. 中央银行对支付体系的监管目标是什么？
5. 中央银行对支付体系的监管范围是什么？

第2章 支付系统基础

2.1 支付系统概述

中国支付系统,从功能上讲它是银行为广大客户提供全面金融服务和中央银行为各商业银行提供支付资金最终清算的综合性金融服务系统,其系统结构,必须以全国性跨行计算机通信网络为其运行环境,将支付服务和支付资金清算功能有机结合为一体;其系统的管理和运行,下层支付服务系统是商业银行与其他金融机构为客户提供全面金融服务的基础金融业务系统,上层支付资金清算系统是中央银行为商业银行提供资金清算服务,并通过服务实施其货币政策职能的基础设施。

2.1.1 支付系统的参与者

1. 直接参与者

中国支付系统的直接参与者是人民银行地市以上中心支行(库)、在人民银行开设清算账户的银行和非银行金融机构。与城市处理中心 CCPC 直接连接。

2. 间接参与者

中国支付系统的间接参与者是人民银行县(市)支行(库)、未在人民银行开设清算账户而委托直接参与者办理资金清算的银行和经人民银行批准经营支付结算业务的非银行金融机构。不与城市处理中心直接连接,其支付业务提交给其清算资金的直接参与者,由该直接参与者提交支付系统处理。

3. 特许参与者

中国支付系统的特许参与者是经中国人民银行批准通过支付系统办理特定业务的机构。在人民银行当地分支行开设特许账户,与当地城市处理中心连接。

4. 直接参与者与间接参与者对于支付系统有不同的参与要求

(1) 个人消费者:由于每天都要进行大量的消费支付,金额不大,但支付频繁,要求方便、有效、使用灵活。

(2) 零售商业部门:使用方便、灵活,所接受的支付工具具有信用担保。

(3) 工商企业部门:往往支付金额大,支付时间要求紧迫,而且应该最大限度地降低流动资金的占用额和占用时间。

(4) 金融部门:如中央银行、证券、外汇交易等,支付笔数少、金额大,对时效性要求高,

必须防止风险和不必要的流动资金占用。

(5) 外贸部门：由于贸易的国际化发展迅速，金融业的国际化趋势也越来越强劲，要求支付能以最好的方式进入国际支付系统。

(6) 政府/公共事业部门：既是经济活动的买方，又是卖方，支付需求与工商企业部门类似，且政府部门还有一系列的财政、税收收支和债务管理收支等支付，对支付系统的要求更具多样性。

2.1.2　支付系统的组成和功能

按照我国金融管理体制职能分工，我国支付系统的上层支付资金清算系统是中央银行为银行金融机构提供支付资金清算，并通过资金清算贯彻中央银行宏观货币政策职能、稳定货币、稳定市场、对国民经济实施宏观金融调控的系统，是完成银行金融机构之间的支付和中央银行最终清算与结算资金的系统，是各银行金融机构下层支付服务系统的互联系统、总枢纽系统。

下层支付服务系统是各商业银行面对广大银行客户，为客户提供全面、有效、高质量支付服务的系统。它是银行与客户联结的窗口，金融服务、金融经营管理信息的源点，机构多、账户多、经济往来关系错综复杂，面对不同经济交往活动，为方便客户，必须使用不同的支付工具，提供不同的支付服务，是银行与客户之间资金往来结算与清算的系统。

中国支付系统上层支付资金清算系统是现代化中国支付系统建设的基础，下层支付服务系统是现代化中国支付系统存在的条件，两个层次的系统相辅相成，相互补充，组成综合性的中国支付系统。

1. 上层支付资金清算系统功能

中央银行上层支付资金清算系统，以实现商业银行之间支付资金的最终清算为目的，它的功能包括：同城清算所、大额实时支付业务、电子批量支付业务、政府债券簿记业务、跨行 ATM、POS 授权服务、金融管理信息系统。

以上所有业务活动，有支付资金清算、跨行信息传输服务和其他金融管理服务，都必须与跨行的金融信息传输服务为前提，并通过这些服务，达到金融监控和实施货币政策职能的目的。

2. 下层支付服务系统功能

商业银行下层支付服务系统，按其核算特点，具备如下功能：存款、贷款、现金出纳、跨行往来业务、系统内资金与财务损益管理、会计分析、年度决算、储蓄。

其中，存款、贷款、现金出纳、跨行往来业务，是针对国营、集体、个体企事业单位在银行开立的账户所办理的金融服务业务，称为"公"业务。系统内资金与财务损益管理、会计分析、年度决算，是银行内部的经营管理业务，通常归入对"公"业务处理范围。储蓄是专门针对"私"人的金融服务业务。很显然，这些支付服务业务的最终完成，必须由支付资金清算系统最终完成支付资金的清算、划拨。

2.1.3　支付系统的管理体制

广义的支付系统，是将下层支付服务系统和上层支付资金清算系统有机结合在一起的综合性的金融服务系统。由于市场的驱动和竞争的需要，各个商业银行对于发展各自的下层支付服务系统,都倾注了极大的关心,花费了巨大的资金。因此,中国人民银行采用利益驱动、促进竞争的原则,促使各商业银行发展自身的下层支付服务系统,并以此为基础,建立跨行的上层支付资金清算系统,并采取三种具体措施:

(1) 以中央银行为领导,组织各家商业银行参加的协调委员会制定一系列支付系统上、下层支付系统有机结合的支付业务处理,支付风险控制和法律、法规、组织、经营管理规范,确保系统连接的顺利实现。

(2) 制定一系列确保上、下层支付系统结合的技术标准、技术规范和计算机网络协议,保证上、下层支付系统支撑环境的顺利互连,并且组织金融系统各部门共同使用的中国金融通信网络的工程实施。

(3) 筹措资金。由于上层支付资金清算系统是为下层各商业银行支付服务系统提供资金清算服务的枢纽系统,又是国家实施金融货币政策的基础金融服务系统,建设资金筹措采用中央银行投资和商业银行集资的方法进行,并根据投资提供服务,以便充分调动各家银行的积极性,共同完成现代化中国支付系统的工程建设。

2.2 支付工具

所谓支付工具,就是实现经济活动的一种交易方式,它是随着商品赊账买卖的产生而出现的。在赊销赊购中,最初是用货币来支付债务。后来,它又被用来支付地租、利息、税款、工资等。

支付工具是用于资金清算和结算过程中的一种载体,可以是记录和授权传递支付指令和信息发起者的合法金融机构账户证件,也可以是支付发起者合法签署的可用于清算和结算的金融机构认可的资金凭证。它是加快资金周转、提高资金使用效率的保障。

当前,人们在社会经济活动中,传统的支付方式主要有现金支付和非现金支付。现金是通用的交换媒介,也是对其他资产计量的一般尺度,会计上对现金有狭义和广义之分。狭义的现金仅仅指库存现金,即企业金库中存放的现金,包括人们经常接触的纸币和硬币等。广义的现金包括库存现金、银行存款和其他货币资金三个部分。

在现代经济社会中,非现金支付工具在市场经济发展中越来越重要,已基本形成了以汇票、支票、本票和银行卡为主体,汇兑、定期借记、直接贷记、网上支付等结算方式为补充的非现金支付工具体系。

而现在随着经济的高速发展,支付工具也越来越多,并向电子化方向发展。现在流行的网上银行、第三方支付工具、移动支付工具等都是最新的支付工具。

2.2.1 票据类支付工具

1. 支票

支票(Check)是以银行为付款人的即期汇票,可以看作汇票的特例。支票出票人签发的支票金额,不得超出其在付款人处的存款金额。如果存款低于支票金额,银行将拒付给持票人。这种支票称为空头支票,出票人要负法律上的责任。

开立支票存款账户和领用支票,必须有可靠的资信,并存入一定的资金。支票一经背书即可流通转让,具有通货作用,成为替代货币发挥流通手段和支付手段职能的信用流通工具。运用支票进行货币结算,可以减少现金的流通量,节约货币流通费用。支票票样如图 2-1 所示。

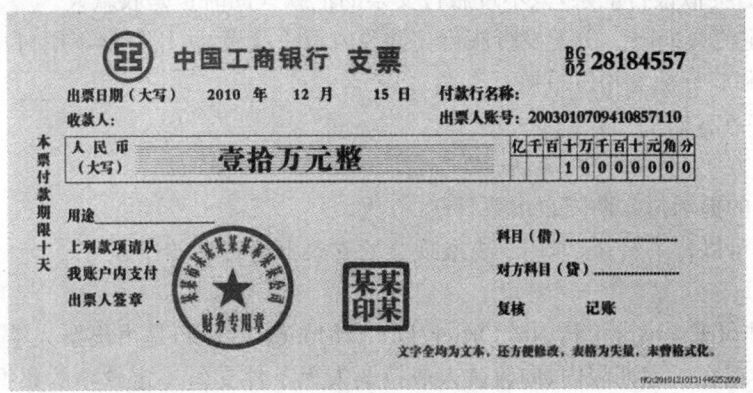

图 2-1 支票

支票分为记名支票、不记名支票、划线支票、保付支票、现金支票、银行支票、旅行支票。

(1) 记名支票是在支票的收款人一栏,写明收款人姓名,如"限付某甲"(Pay A Only)或"指定人"(Pay A Order),取款时须由收款人签章,方可支取。

(2) 不记名支票又称空白支票,支票上不记载收款人姓名,只写"付来人"(Pay Bearer)。取款时持票人无须在支票背后签章,即可支取。此项支票仅凭交付而转让。

(3) 划线支票是在支票正面划两道平行线的支票。划线支票与一般支票不同,划线支票非由银行不得领取票款,故只能委托银行代收票款入账。使用划线支票的目的是为了在支票遗失或被人冒领时,还有可能通过银行代收的线索追回票款。

(4) 保付支票是指为了避免出票人开出空头支票,保证支票提示时付款,收款人或持票人可要求银行"保付"的支票。保付是由付款银行在支票上加盖"保付"戳记,以表明在支票提示时一定付款。支票一经保付,付款责任即由银行承担。出票人、背书人都可免于追索。付款银行对支票保付后,即将票款从出票人的账户转入一个专户,以备付款,所以保付支票提示时,不会退票。

(5) 现金支票是专门制作的用于支取现金的一种支票。当客户需要使用现金时,随时签发现金支票,向开户银行提取现金,银行在见票时无条件支付给收款人确定金额的现金的票据。

(6) 银行支票是由银行签发,并由银行付款的支票,也是银行即期汇票。银行代顾客办理票汇汇款时,可以开立银行支票。

(7) 旅行支票是银行或旅行社为旅游者发行的一种固定金额的支付工具,是旅游者从出票机构用现金购买的一种支付手段。

和其他支票相比,旅行支票有以下特点:

① 金额比较小。

② 没有指定的付款人和付款地点。可在出票银行、旅行社的国外分支机构或代办点取款。

③ 比较安全。旅行者在购买旅行支票和取款时,须履行初签、复签手续,两者相符才能取款。

④ 汇款人同时也是收款人。其他支票只有先在银行存款才能开出支票,而旅行支票是用现金购买的,类似银行汇票,只不过旅行支票的汇款人同时也是收款人。

⑤ 不规定流通期限。由于发行旅行支票要收取手续费,占用资金不用付息,有利可图,所以,各银行和旅行社竞相发行旅行支票。

支票的特点有如下几点:

(1) 使用方便,手续简便、灵活。

(2) 支票的提示付款期限自出票日起 10 天。

(3) 支票可以背书转让,但用于支取现金的支票不得背书转让。

2. 汇票

汇票(Bill of Exchange/Postal Order/Draft/Money Order)是由出票人签发的,要求付款人在见票时或在一定期限内,向收款人或持票人无条件支付一定款项的票据。汇票是国际结算中使用最广泛的一种信用工具。汇票是最常见的票据类型之一,我国的《中华人民共和国票据法》第十九条规定:“汇票是出票人签发的,委托付款人在见票时,或者在指定日期无条件支付确定的金额给收款人或者持票人的票据。”它是一种委付证券,基本的法律关系最少有三个人物:一是发票人,签发汇票;二是执票人,并委托;三是付款人,向执票人付款。

汇票分类:

(1) 按付款人的不同——银行汇票、商业汇票。

银行汇票(Banker's Draft)是付款人为银行的汇票。

商业汇票(Commercial Draft)是付款人为其他商号或者个人的汇票。

(2) 按有无附属单据——光票汇票、跟单汇票。

光票(Clean Bill)汇票本身不附带货运单据,银行汇票多为光票。

跟单汇票(Documentary Bill)又称信用汇票、押汇汇票,是需要附带提单、仓单、保险单、装箱单、商业发票等单据,才能进行付款的汇票,商业汇票多为跟单汇票,在国际贸易中经常使用。

(3) 按付款时间——即期汇票、远期汇票。

即期汇票(Sight Bill, Demand Bill, Sight Draft)是持票人向付款人提示后对方立即付款的汇票,又称见票即付汇票。

远期汇票(Time Bill)是在出票一定期限后或特定日期付款的汇票。

在远期汇票中,记载一定的日期为到期日,于到期日付款的,为定期汇票,记载于出票日后一定期间付款的,为计期汇票;记载于见票后一定期间付款的,为注期汇票;将票面金额划为几份,并分别指定到期日的,为分期付款汇票。

远期汇票按承兑人分为——商业承兑汇票、银行承兑汇票。

商业承兑汇票(Commercial Acceptance Bill)是以银行以外的任何商号或个人为承兑人的远期汇票。

银行承兑汇票(Banker's Acceptance Bill)是承兑人为银行的远期汇票,如图 2-2 所示。

(4) 按流通地域——国内汇票、国际汇票。

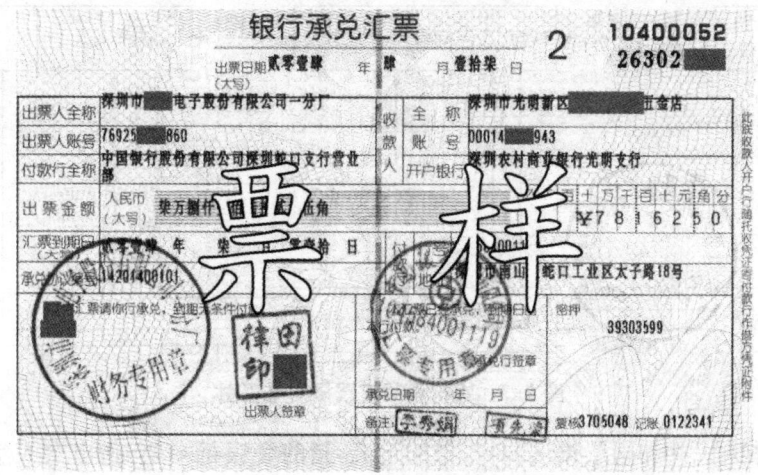

图 2-2　银行承兑汇票

近年来,在日常经济活动中,不法分子利用假汇票或假银行承兑汇票诈骗银行、企业或个人资金案时有发生,且金额越来越大,花样越来越多,让人防不胜防。为了避免不必要的经济损失,作为银行、企业的财会人员乃至个体工商户,很有必要掌握现行银行、汇票及银行承兑汇票的主要特点,学会一些识别真假汇票的方法。这些方法只要有以下五点:

第一,看用纸。银行汇票和银行承兑汇票第三联为打字纸。银行汇票第二联采用印有出票行行徽水印纸。银行承兑汇票第二联统一采用人民银行行徽水印纸。

第二,看颜色。银行汇票和银行承兑汇票的有色荧光行徽及标记在自然光下颜色鲜红纯正,在紫外线照射下显示鲜明。

第三,看暗记。银行汇票和银行承兑汇票的无色荧光暗记以目视看不见为准,紫外线光下图案清晰。

第四,看规格。银行汇票和银行承兑汇票的纸张大小标准,规格为 $100\ \text{mm} \times 175\ \text{mm}$。

第五,看填写。银行汇票和银行承兑汇票的小写金额必须是用压数机压的数;必须有签发行钢印,且钢印的行号与出票行行号相符;出票日期年月日必须是大写;必须有签发行经办人员名单;银行汇票在"多余金额"栏上方有密押数字;银行承兑汇票还须有付款单位的财务专用章及法人名章。

如果发现汇票可疑,应及时送当地银行进行鉴定,当通过鉴定确属假汇票时,应迅速报告当地中国人民银行及公安部门,以确保国家和个人财产的安全。

汇票使用过程中的各种行为,都由《中华人民共和国票据法》加以规范。主要有出票、提示、承兑和付款。如需转让,通常应经过背书行为。如汇票遭拒付,还需作成拒绝证书和行使追索权。

银行承兑汇票操作流程图如图 2-3 所示。

3. 本票

本票(Promissory Note)是一项书面的无条件的支付承诺,由一个人作成,并交给另一人,经制票人签名承诺,即期或定期或在可以确定的将来时间,支付一定数目的金钱给一个特定的人或其指定人或来人。

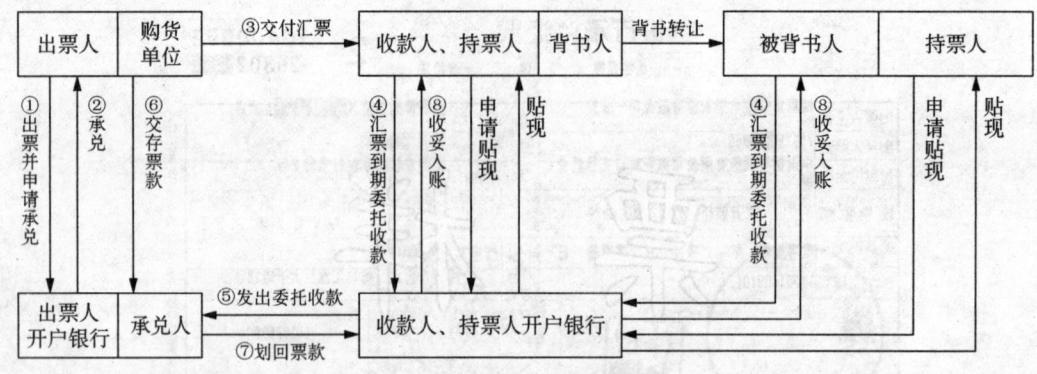

图 2-3 银行承兑汇票操作流程图

我国《中华人民共和国票据法》对本票的定义,指的是银行本票,指出票人签发的,承诺自己在见票时无条件支付确定金额给收款人或者持票人的票据。

1) 本票的项目

拿到一张本票后,这张本票是否生效,根据《中华人民共和国票据法》规定,这张本票需要具备以下的必要项目:

(1) 标明其为"本票"字样。

(2) 无条件支付承诺。

(3) 出票人签字。

(4) 出票日期和地点。

(5) 确定的金额。

(6) 收款人或其指定人姓名。

2) 本票的特征

(1) 本票是票据的一种,具有一切票据所共有的性质,是无因证券、设权证券、文义证券、要式证券、金钱债权证券、流通证券等。

(2) 本票是自付证券,它是由出票人自己对收款人支付并承担绝对付款责任的票据。这是本票和汇票、支票最重要的区别。在本票法律关系中,基本当事人只有出票人和收款人,债权债务关系相对简单。

(3) 无须承兑。本票在很多方面可以适用汇票法律制度。但是由于本票是由出票人本人承担付款责任,无须委托他人付款,所以,本票无须承兑就能保证付款。

3) 本票的种类

本票的划分方法多种多样,根据签发人的不同,可分为商业本票和银行本票;根据付款时间的不同,可分为即期本票和远期本票;根据有无收款人之记载,可分为记名本票和不记名本票;根据其金额记载方式的不同,可分为定额本票和不定额本票;根据支付方式的不同,可分为现金本票和转账本票。

4) 本票的用途

(1) 商品交易中的远期付款,可先由买主签发一张以约定付款日为到期日的本票,交给卖方,卖方可凭本票如期收到货款,如果急需资金,他可将本票贴现或转售他人。

(2) 用作金钱的借贷凭证,由借款人签发本票交给贷款人收执。

（3）企业向外筹集资金时，可以发行商业本票，通过金融机构予以保证后，销售于证券市场获取资金，并于本票到期日还本付息。

（4）客户提取存款时，银行本应付给现金，如果现金不够，可将存款银行开立的即期本票交给客户，以代替支付现钞。银行也多以方便客户为目的，在客户支取大金额款项时可以不用拿取较多现金，同时开立本票的手续费也较为便宜。

本票票样如图 2-4 所示。

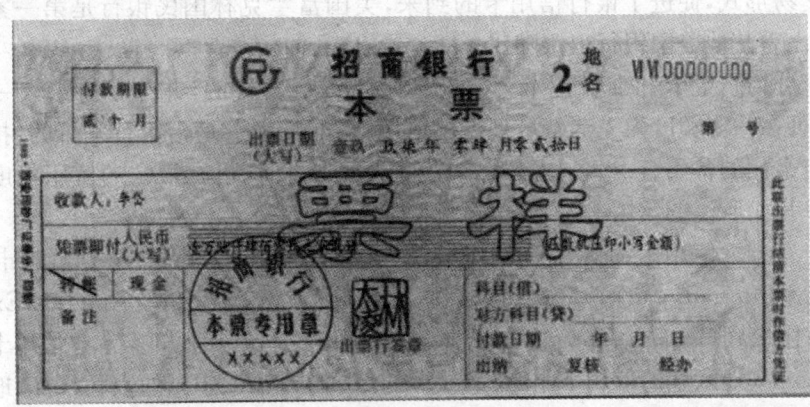

图 2-4 本票

5）本票、汇票、支票之间的主要区别

（1）本票是自付（约定本人付款）证券；汇票是委付（委托他人付款）证券；支票是委付证券，但受托人只限于银行或其他法定金融机构。

（2）中国的票据在使用区域上有区别。本票只用于同一票据交换地区；支票可用于同城或票据交换地区；汇票在同城和异地都可以使用。

（3）付款期限不同。本票付款期为 2 个月，逾期兑付银行不予受理；中国汇票必须承兑，因此承兑到期，持票人方能兑付。商业承兑汇票到期日付款人账户不足支付时，其开户银行应将商业承兑汇票退给收款人或被背书人，由其自行处理。银行承兑汇票到期日付款，但承兑到期日已过，持票人没有要求兑付的如何处理，《支付结算办法》没有规定，各商业银行都自行作了一些补充规定。如中国工商银行规定超过承兑期日 1 个月持票人没有要求兑付的，承兑失效。支票付款期为 10 天。

2.2.2　卡类支付工具

1. 信用卡

信用卡（Credit Card），又叫贷记卡，是一种非现金交易付款的方式，是简单的信贷服务。信用卡由银行或信用卡公司依照用户的信用度与财力发给持卡人，持卡人持信用卡消费时无须支付现金，待账单日（Billing Due Date）时再进行还款。

最早的信用支付出现于 19 世纪末的资本主义重镇英国，大约在 19 世纪 80 年代，针对有钱人购买昂贵的奢侈品却没有随身携带那么多钱的情况，英国服装业发展出所谓的信用制度，利用记录卡，购物的时候可以及早带流行商品回去，旅游业与商业部门也都跟随这个潮流抢占商机。但当时的卡片仅能进行在特定场所的短期商业赊借行为，款项还是要随用随付,不能长期拖欠,也没有授信额度,完全是依赖富裕人口的资本信用而设计。20世纪50年代,第一张针对大众的信用卡出现,美国曼哈顿信贷专家麦克纳马拉(Frank McNamara)在饭店用餐,由于没有带足够的钱,只能让太太送钱过来。这让他觉得很狼狈,于是组织了"食客俱乐部"(英语:Diners Club,即为大来卡),任何人获准成为会员后,带一张就餐记账卡到指定27间餐厅就可以记账消费,不必付现金,这就是最早的信用卡。此后,随签约的合作对象越来越多,可供临时透支的服务范围也越来越大,人们也习惯了这种不必携带现金的方便的交易形式,促进了银行信用卡的到来,美国富兰克林国民银行是第一家发行信用卡的银行,之后其他美国银行也跟随。

信用卡分为贷记卡和准贷记卡。贷记卡是指银行发行的,并给予持卡人一定信用额度,持卡人可在信用额度内先消费后还款的信用卡;准贷记卡是指银行发行的,持卡人按要求交存一定金额的备用金,当备用金账户余额不足支付时,可在规定的信用额度内透支的准贷记卡。我们所说的信用卡,一般单指贷记卡。

国际上有五大信用卡品牌,威士国际组织(VISA International)与万事达卡国际组织(MasterCard International)两大组织及美国运通国际股份有限公司(America Express)、大莱信用卡有限公司(Diners Club)、JCB日本国际信用卡公司(JCB)3家专业信用卡公司。在各地区还有一些地区性的信用卡组织,如欧洲的EUROPAY、中国的银联、台湾地区的联合信用卡中心等。

早在20世纪80年代,VISA、万事达、JCB等国际卡组织相继进入中国,但是我国的银行卡清算市场一直未向这些国际卡组织开放。2002年中国银联正式成立,并成为VISA、万事达国际银行卡组织的成员。同年12月,招商银行发行了中国银联与万事达卡合作的双币卡,我国首张双标卡由此诞生。所谓双标卡,是指一张银行卡上同时出现两家卡组织标识,比如,银行卡上同时有银联和Visa的标识。双标卡是具有中国特色的特殊时代的产物,它解决了在人民币没有实现自由兑换的环境下,国内居民如何在海外和国内刷卡消费的烦恼,以及解决传统信用卡办卡门槛高昂的问题。招商银行在短短2年不到的时间内,双币卡的发卡量就突破100万张,创下了业界的奇迹。之后国内各大银行纷纷效仿推出了各自的双标卡(图2-5和图2-6分别为招商银行和交通银行的双标信用卡),将双标卡带入一个高速增长的时期。双标卡持卡人无论在国内和国外,出行和购物只要一张信用卡就能解决,也感觉非常方便。

图2-5 招商银行双标信用卡

2015年,我国银行卡清算市场放开开始起步。2015年4月,国务院发布了《国务院关于实施银行卡清算机构准入管理的决定》,其中提到,申请机构经监管批准,依法取得银行卡清算业务许可证,可成为专门从事银行卡清算业务的机构。

　发卡银行标识

　银联组织标志

　您的卡号

　国际卡组织标志

　有效期限(MM/YY)
　您的姓名拼音/英文姓名

图2-6　交通银行双标信用卡

　　2016年6月,中央银行和银监会联合发布《银行卡清算机构管理办法》,作为《国务院关于实施银行卡清算机构准入管理的决定》的配套实施细则,进一步明确了银行卡清算机构准入的具体条件和办理程序,并对境内外投资者申请设立清算机构同等对待,中国人民币清算市场正式开放。这也意味着,国际卡组织将可以正式申请进入这一市场。中国银联是我国唯一一家银行卡交易清算机构,也是全球最大的一个卡组织,随着2015年该决定发布之后,境外卡组织包括VISA、万事达以及美国运通都有意进入中国银行卡清算市场,成为银联的最大市场竞争对手。

　　按国际惯例,一张卡只能归属于一个卡组织,并由该卡组织负责转接清算。2016年支付清算协会发布了一则《有关单标识外币卡、双币卡政策具体内容》,要求银行停止新发双标识信用卡,这标志着中国的双标信用卡时代即将结束。

　　信用卡的优点如下:

　　(1)不需要存款即可透支消费,并可享有20~56天的免息期(如果是取现,大部分银行取现当天就会收取万分之五的利息,还有2.5%左右的手续费,取现额度一般为总额度的一半)。

　　(2)购物时刷卡避免了现金大量携带、找零等不便,支付过程安全、方便。

　　(3)持卡在银行的特约商户消费,可享受折扣优惠。

　　(4)积累个人信用,在持卡人的信用档案中增添诚信记录,让持卡人终身受益。

　　(5)通行全国无障碍,在有银联标识的ATM和POS机上均可取款或刷卡消费(备注:信用卡适合消费刷卡,不适合取现,取现手续费用较高)。

　　(6)刷卡消费有积分,全年多种优惠及抽奖活动,让持卡人只要用卡就能时刻感到惊喜(多数信用卡网上支付无积分,但网上购物支付很方便、快捷)。

　　(7)每月免费邮寄对账单,让持卡人透明掌握每笔消费支出(现提倡绿色环保,可取消纸质对账单更改为电子对账单)。

　　(8)特有的附属卡功能等。

　　(9)自由选择的一卡双币形式,通行全世界,境外消费可以境内人民币还款。

　　(10)400电话或9字打头5位数短号24小时服务,挂失即时生效,失卡零风险。

　　(11)拥有有效期:已知国内信用卡有效期一般为3年或5年。

　　(12)利用第三方平台进行商务合作,为持卡人提供优惠服务以及还款服务。

　　信用卡的缺点如下:

（1）信用卡一旦超过免息期未还的，就会收取高额的利息，一般是每天 0.05% 的利息。

（2）会让人盲目过度消费。刷卡不像付现金那样一张一张把钞票花出去，一刷，没什么感觉，几个数字，导致盲目消费，花钱如流水。

（3）信用卡基本上都有年费，但基本上都有免年费的政策，大部分一年需要刷满 6 次可以免年费；但是一年刷卡数没有达到银行指定的次数，就需要收取年费。

（4）长期恶意欠款，自然会影响个人信用记录，甚至被银行打入黑名单，以后要向银行贷款买房买车，就会有可能被银行拒绝。

（5）存在信用卡信息泄露被盗刷的风险。

2. 借记卡

借记卡（Debit Card）是指先存款后消费（或取现）没有透支功能的银行卡。按其功能的不同，可分为转账卡（含储蓄卡）、专用卡及储值卡。借记卡是一种具有转账结算、存取现金、购物消费等功能的信用工具。借记卡不能透支。转账卡具有转账、存取现金和消费功能。专用卡是在特定区域专用用途（百货、餐饮、娱乐行业以外的用途）使用的借记卡，具有转账、存取现金的功能。储值卡是银行根据持卡人要求将资金转至卡内储存，交易时直接从卡内扣款的预付钱包式借记卡。

借记卡有如下功能：

（1）存取现金。借记卡大多具备本外币、定期、活期等储蓄功能，借记卡可在发卡银行网点、自助银行存取款，也可在全国乃至全球的 ATM 机（取款机）上取款。

（2）转账汇款。持卡人可通过银行网点、网上银行、自助银行等渠道将款项转账或汇款给其他账户。

（3）刷卡消费。持卡人可在商户用借记卡刷卡消费。

（4）代收代付。借记卡可用于代发工资，也可缴纳各种费用（如通信费、水费、电费、燃气费等）。

（5）资产管理。理财产品、开放式基金、保险、个人外汇买卖、贵金属交易等均可通过借记卡进行签约、交易和结算。

（6）其他服务。许多银行借记卡的服务已延伸到金融服务之外，如为持卡人提供机场贵宾通道、医疗健康服务等。

2011 年 3 月 15 日，中央银行发布《中国人民银行关于推进金融 IC 卡应用工作的意见》指出，要加快银行卡芯片化进程，推动金融 IC 卡与公共服务应用的结合，其中明确要求 2015 年 1 月 1 日起，在经济发达地区和重点合作行业领域，商业银行发行的、以人民币为结算账户的银行卡均应为金融 IC 卡。银行借记卡换"芯"主要基于安全、多平台应用、规范支付市场三个原因。截至 2016 年底，全国银行卡发卡总量超过 62 亿张，银联金融 IC 卡累计发行量已达 30 亿张。对比去年公布的数据，2016 年我国金融 IC 卡发卡量净增长近 9 亿张，发卡量仍然处于稳中有升的态势。芯片 IC 借记卡与普通磁条借记卡如图 2-7 所示。

近年来，银行卡犯罪日益猖獗的关键原因在于磁条卡自身存在技术缺陷。由于技术简单，所以磁条信息很容易被盗取并复制到新的卡片上，如使用磁条信息盗录装置复制银行卡磁通信息，通过针孔摄像机在 ATM 终端上偷录持卡人密码，通过网上银行等电子渠道窃取持卡人敏感信息等。相比之下，芯片卡增加了读写保护和数据加密保护，在使用保护上采取个人密码、卡与读写器双向认证，复制、伪造的难度较高，安全性更强。

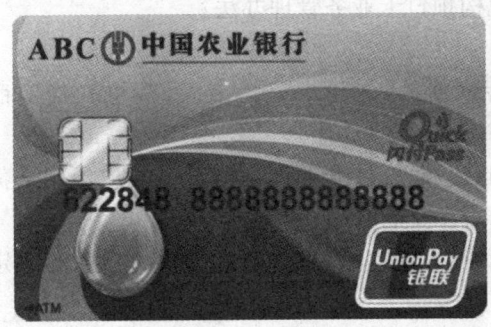

图 2-7　芯片 IC 借记卡与普通磁条借记卡

相较于磁条卡存储空间较小、没有运算能力,金融 IC 卡具备多应用加载的平台,功能扩展空间大,有利于丰富银行卡产品品类。对于商业银行来说,芯片卡已成为其业务创新的重要技术手段。

此外,中央银行也希望通过升级芯片卡来规范、统一支付市场,实现在全国范围内支付"一卡通用",在多个行业内"一卡多用"。中央银行在《大力推广安全标准的金融 IC 卡,为社会提供便捷的公共金融服务》调研报告中指出,由于发卡主体多样、技术标准不一、不能全国联网统一清算、账户资金管理不规范,"一事一卡,一人多卡"的现象非常普遍,卡内沉淀资金游离于金融监管体系之外,存在很多潜在风险。

3. 储值卡

储值卡(Value Card)是一种支付卡,又称预付卡,是发卡银行或者其他经中国人民银行认可有权发卡的企业单位根据持卡人要求将其资金转至内储存,交易时直接从卡内扣款的预付钱包式借记卡,如图 2-8 所示。此类卡面值固定,一般不能续存金额,使用完后就丢弃,具有不记名、不挂失的特点。目前,也有部分储值卡是记名制,记名卡可挂失。储值卡用以支付小额花费,通常用在公共服务方面,如公交卡及电话卡等,消费者需先向业者购买一定金额之储值卡,所以消费者是先付款后消费,与信用卡不同。

商业预付卡按使用范围不同可划分为单用途预付卡和多用途预付卡。

1) 单用途预付卡

单用途预付卡是由发卡机构发行的,只在本企业或同一品牌连锁商业企业购买商品或服务用的一种预付卡,包括规模发卡、集团发卡和品牌发卡。

案例:苏宁卡、沃尔玛卡、家乐福卡、百盛卡、美容卡等,只能在发卡企业内部使用。

单用途预付卡由商务部监管,发卡企业应在开展单用途卡业务之日起 30 日内向各级商务部备案,购买者可以登录网站查询发卡机构是否备案。指导法规为《单用途商业预付卡管理办法(修订征求意见稿)》。

2) 多用途预付卡

多用途预付卡是由发卡机构发行,可以发行机构之外的企业或商户购买商品或服务用的一种预付卡,可跨地区、跨行业、跨法人使用。

案例:商通卡、福卡、新生易卡、欢付通卡、连心卡等,可在商场、便利店、餐馆等多个签约客户处使用。

多用途预付卡由中国人民银行监管,发卡企业需支付业务许可证,中国人民银行共发放四批支付业务许可证。指导法规为《支付机构预付卡业务管理办法》。

储值卡的优点如下：

（1）灵活使用。持卡人可以把储值卡转赠他人，无论谁是持卡人，都可在指定商户使用。

（2）固定金额。每张储值卡都含有固定的金额，方便企业向不同员工发放不同金额的福利，储值卡持卡人可以到对应商户购买自己所需要的物品。

（3）储值卡的礼品自选模式，有着随身携带、方便馈赠、挑选自主、时尚个性、私家定制等特点。

储值卡的缺点如下：

（1）不记名制储值卡丢失后无法挂失，发卡机构不进行补发，会直接产生经济损失。

（2）一旦发行机构倒闭，储值卡将无法使用。中央银行为了保护储值卡持有者，会要求发行机构上交一定比例的保证金，但是不排除一些机构不按照规定擅自发行。电视中经常有报道一些美容美发机构发行储值卡后，因倒闭导致消费者无法使用储值卡的情况。

（3）储值卡中的资金不产生利息。

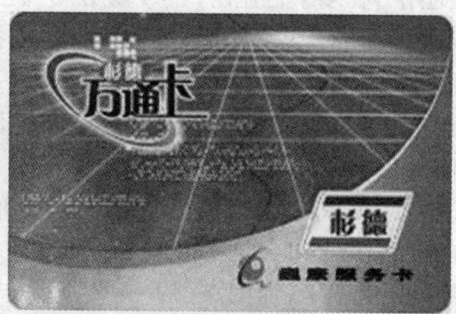

图 2-8　储值卡

4. 智能卡

智能卡即集成电路卡（Integrated Circuit Card，也称 IC 卡），在有些国家也称之为智慧卡、微芯片卡等。将一个专用的集成电路芯片镶嵌于符合 ISO7816 标准的 PVC（或 ABS等）塑料基片中，封装成外形与磁卡类似的卡片形式，即制成一张 IC 卡。

IC 卡的最初设想是由日本人提出来的。1969 年 12 月，日本的有村国孝（Kunitaka Arimura）提出一种制造安全可靠的信用卡方法，并于 1970 年获得专利，那时叫 ID 卡（Identification Card）。1974 年，法国的罗兰·莫雷诺（Roland Moreno）第一次将可进行编程设置的 IC（Integrated Circuit）芯片放于卡片中，使卡片具有更多的功能，并取得了专利权,这就是早期的 IC 卡。1976 年,法国布尔(Bull)公司研制出世界上第一张 IC 卡。1984 年,法国的 PTT(Posts, Telegraphs and Telephones)将 IC 卡用于电话卡,由于 IC 卡良好的安全性和可靠性,获得了意想不到的成功。随后,国际标准化组织(International Standardization Organization, ISO)与国际电工委员会(International Electro technical Commission, IEC)的联合技术委员会为之制订了一系列的国际标准、规范,极大地推动了 IC 卡的研究和发展。

到了 21 世纪,随着超大规模集成电路技术、计算机技术以及信息安全技术等的发展,IC 卡种类更加丰富,技术也日趋成熟,已在国内外得到了广泛的应用。

由于智能卡结构上安装嵌入式微型集成电路,能够存储并且处理比较丰富、复杂的数据,如持卡人位置、身份证号码、住址、客户所持有的电子货币信息、客户账户信息等,这是一般磁卡所不具备的。此外,智能卡上还有安全的个人识别码 PIN 进行卡信息的保护,只有得到授权的消费者才能使用它,因此,智能卡的安全性是比较高的。智能卡所具有存储信息和进行复杂运算的功能,使它被广泛运用到金融领域和非金融领域。智能卡按不同使用场合可以分为:金融领域的信用卡和借记卡;非金融领域的公交一卡通、校园智能一卡通、小区智能一卡通、办公大楼智能一卡通、企业智能一卡通、酒店智能一卡通、智能大厦智能一卡通等,还包括社保卡、医保卡等。

2.2.3 网络支付工具

网上支付是电子支付的一种形式,它是通过第三方提供的与银行之间的支付接口进行的即时支付方式,这种方式的好处在于可以直接把资金从用户的银行卡中转账到网站账户中,汇款马上到账,不需要人工确认。客户和商家之间可采用信用卡、电子钱包、电子支票、电子现金等多种电子支付方式进行网上支付,采用在网上电子支付的方式节省了交易的开销。

1. 电子现金

电子现金(E-cash)是一种非常重要的电子支付工具,它可以被看作是现实货币的电子或数字模拟,电子现金以数字信息形式存在,通过互联网流通,比现实货币更加方便、经济。电子现金系统中,把现金数值转换成一系列的加密数据序列,通过这些序列来表示现实中各种交易金额的币值。在电子现金系统中,每个人的钱都挂靠在自己现金系统的账号下,每一笔交易的结果都是从一个持卡人账户到另一个人持卡人账户的"现金"转移。

电子现金最简单的形式包括三个主体:商家、用户和银行;还包括四个安全协议过程:初始化协议、取款协议、支付协议和存款协议。

电子现金支付模式如图 2-9 所示。

第一个电子现金方案是由 Chaum 在 1982 年提出的,他利用盲签名技术来实现该方案,使之可以完全保护用户的隐私权。但这种完全匿名的电子现金也为许多不法分子提供了方便,他们利用电子现金的完全匿名性进行一些违法犯罪活动,例如,贪污、非法购买(如购买毒品、军火等)、敲诈勒索等。警方即便拿到赃款,也不能抓出犯罪分子。基于这个原因,合理的电子现金系统应该是不完全或条件匿名的。1995 年,Stadler 等人提出了公平盲签名(Fair Blind Signature)的概念,可以用于条件匿名的支付系统。1996 年,Camenisch 等人和 Frankel 等人分别独立地首次提出了公平的离线电子现金(Fair Off-line Electronic

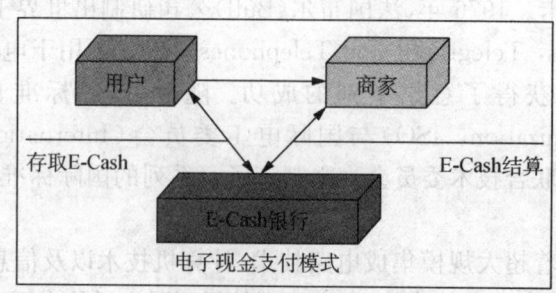

电子现金支付模式

图 2-9　电子现金支付模式

Cash)的概念,同时给出了两个方案。公平电子现金中的用户的匿名性是不完全的,它可以被一个可信赖的第三方(TTP)撤销,从而可以防止利用电子现金的完全匿名性进行的犯罪活动。

电子现金的分类如下:

(1) 根据其交易的载体可分为基于账户的电子现金系统和基于代金券的电子现金系统。

(2) 根据电子现金在花费时商家是否需要与银行进行联机验证分为联机电子现金系统和脱机电子现金系统。

(3) 根据一个电子现金是否可以合法地支付多次将电子现金分为可分电子现金和不可分电子现金。

(4) 根据电子现金的使用功能,可以把电子现金分为专门用途型电子现金和通用型电子现金。

(5) 根据电子现金的使用形式,可以把电子现金分为基于卡的预付款式电子现金和纯电子形式电子现金。

电子现金的特点如下:

(1) 独立性。电子现金的安全性不能只靠物理上的安全来保证,必须通过电子现金自身使用的各项密码技术来保证电子现金的安全。

(2) 不可重复花费。电子现金只能使用一次,重复花费能被轻易地检查出来。

(3) 匿名性。银行和商家互通也不能跟踪电子现金的使用,就是无法将电子现金的用户的购买行为联系到一起,从而隐蔽电子现金用户的购买历史。

(4) 不可伪造性。用户不能造假币,包括两种情况:一是用户不能凭空制造有效的电子现金;二是用户从银行提取 N 个有效的电子现金后,也不能根据提取和支付这 N 个电子现金的信息制造出有效的电子现金;三是身份验证是由 E-Cash 本身完成的。E-Cash 银行在发放电子现金时使用了数字签名,商家在每次交易中,将电子现金传送给 E-Cash 银行,由E-Cash 银行验证用户支持的电子现金是否有效(伪造或已经使用过等)。

(5) 可传递性。用户能将电子现金像普通现金一样,在用户之间任意转让,且不能被跟踪。

(6) 可分性。电子现金不仅能作为整体使用,还应能被分为更小的部分多次使用,只要各部分的面额之和与原电子现金面额相等,就可以进行任意金额的支付。

电子现金支付过程的四个步骤:

（1）用户在 E-Cash 银行开立 E-Cash 账户，用现金服务器账号预先存入的现金来购买电子现金证书，这些电子现金就有了价值，并被分成若干成包的"硬币"，可以在商业领域中流通。

（2）使用计算机电子现金终端软件从 E-Cash 银行取出一定数量的电子现金存在硬盘上，通常少于 100 美元。

（3）用户同意接受电子现金的厂商洽谈，签订订货合同，使用电子现金支付货款。

（4）接受电子现金的厂商与电子现金发放银行之间进行清算，E-Cash 银行将用户购买货物的钱支付给厂商。

电子现金的优点：一是可经过网络瞬时把现金送到远处，即它具有极大的移动性。因为电子现金是一种数字信息，所以它和通常数据一样，可以放在计算机中并由网络传送，从消费者终端直接送到商店终端，不必向中间的清算机构支付手续费。二是可实现支付的匿名性（即不知道这笔钱原先是谁的），而电子清算服务（如信用卡）难以实现匿名性。随着各种各样社会系统的电子化，出现了自动收集有关个人秘密信息的倾向。使用电子现金将是在电脑社会中，实现自卫（保守个人秘密）的有效手段。因此，电子现金在电子商务中作为支付工具将得到重点发展。同时，电子现金比起纸币等货币更难伪造。

电子现金的缺点是电子现金的匿名性使得无法将电子现金的用户的购买行为联系到一起，从而隐蔽电子现金用户的购买历史。因此，一些犯罪分子可以利用这个特性进行洗钱等行为。

目前多家银行推广的金融 IC 卡都具有电子现金账户功能，电子现金可以实现金融 IC 卡的一卡多账户、一卡多功能，满足人们一卡在手，跨行业、跨区域的小额快速支付使用。持卡人在使用电子现金闪付前，要向电子现金预存一定的金额（圈存），电子现金中的金额视同现金，电子现金不挂失、不计息，不能透支、不能取现。中国人民银行规定，金融 IC 卡电子现金余额最高不得超过 1 000 元人民币，单笔最高支付金额不得超过 1 000 元人民币。

以交通银行为例，电子现金交易是事先将一笔小金额"圈存"在卡片芯片内，然后通过"感应"或"插卡"方式来达成的小额、免输密码的快速交易。持卡人可以在贴有 **UnionPay 闪付 Quick Pass** 标识的机具（见图 2-10）上使用电子现金进行消费，简便快捷。诸如自动贩卖机、小型便利店、快餐店等快速消费商户，可以迅速完成交易，非常适合生活节奏快的现代人。

图 2-10　Quick Pass 闪付银联商户机

相对于主账户,电子现金账户是独立存在的,其交易信息全部存在于信用卡芯片内,采取不联网模式,因而交易速度比传统联网模式快捷许多。主账户是银行给予客户授信额度的人民币账户。若消费金额超出电子现金账户额度,且商户机具支持,则自动转为传统联网消费模式。相当于直接从信用卡主账户中支付,不从电子现金账户内扣款。

使用电子现金需要先圈存,即将资金转入电子现金账户(图 2-11 为含电子现金账户的交通银行银行卡)。电子现金账户初始金额为 0 元人民币,所以先要将金额圈存(即充值)入电子现金账户内才可使用,类似于将零钱放入零钱包。电子现金账户可充值的最高上限为 1 000 元人民币。圈存有以下两种方式。

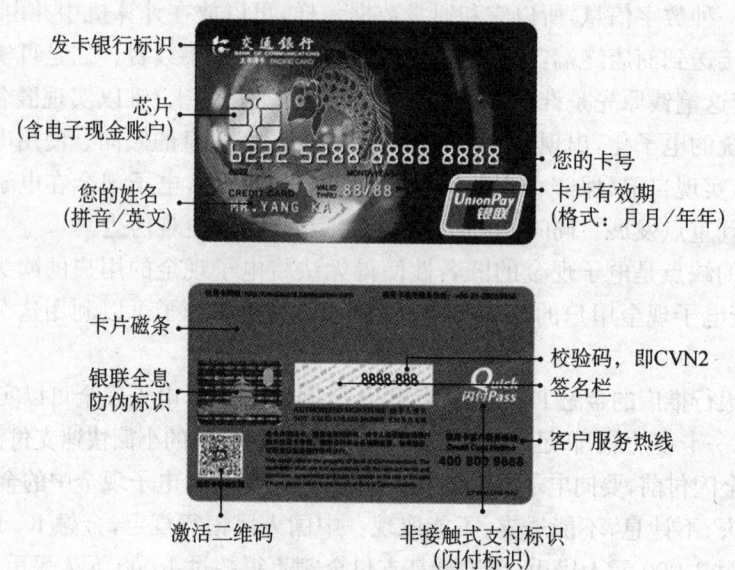

图 2-11　交通银行银行卡(含电子现金账户)

1) 指定账户圈存

在任意交通银行自助柜员机(含自动存款机、取款机及存取款一体机)上将信用卡的可用额度圈存入电子现金账户内。每次圈存金额将会作为一笔消费列在信用卡账单上,仅需根据账单提示还款即可。图 2-12 为交通银行指定账户圈存流程。

图 2-12　交通银行指定账户圈存流程

2) 现金圈存

到任意交通银行柜面直接以现金方式存入电子现金账户,通常银行不对持卡人存入的电子现金计付存款利息。

电子现金交易方式通过印有"Quick Pass 闪付"的 POS 机、自助售货机等支付终端上消费,一般分为感应式(在机具上选择"电子现金消费",输入金额后,将卡片放置在感应区域,即可完成交易)和插卡式(在机具上插入卡片,选择"电子现金消费",输入金额后按"确认",即可完成交易)两种,交易时持卡人无需输入密码和签单,可快速完成支付。

如果机具支持打印,电子现金的签购单会显示"电子现金消费",同时还会显示完整信用卡卡号、电子现金余额。

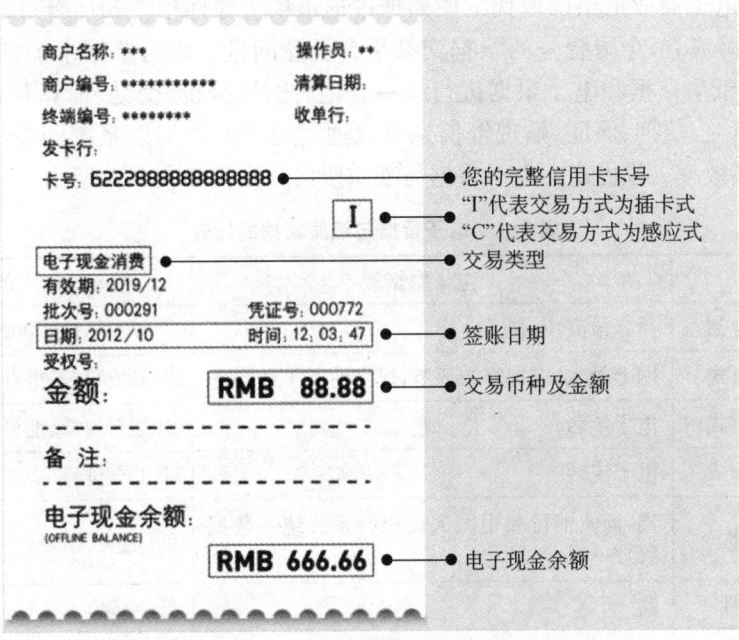

图 2-13　电子现金交易凭证

如果想要了解近期电子现金账户变动情况(含消费交易、圈存金额、历史查询等),可以随时到任意交通银行自助柜员机上查看最近的 10 次交易信息。电子现金交易凭证如图 2-13所示。

如今的银行卡大部分都是 IC 卡,具有电子现金的功能,会有部分人在银行 ATM 机上操作时,误将存款存为电子现金,无法取现和转存,更不知如何使用。电子现金相当于电子钱包,这笔款项既不能取出,也无法转账,只能在支持闪付的 POS 机上使用,除非将该卡注销,方可取出卡内电子现金中实际数额现金。

2. 电子票据

电子票据是指出票人依托电子商业汇票系统,以数据电文形式制作的,委托付款人在指定日期无条件支付确定的金额给收款人或者持票人的票据,是以电子方式制成票据,以电子签章取代实体签名签章的支付工具。电子商业汇票分为电子银行承兑汇票和电子商业承兑汇票。

电子票据就是票据的电子化,严格意义上讲就是在票据的流转过程中添加电子化的操作步骤,传统票据业务中的签发、承兑、交付、托管、背书转让、贴现、质押、委托收款等各项票据业务的流程均没有改变,只是每一个环节都省去了纸质票据的媒介形态,完全由电子化方式处理整个票据信息的流转过程。

自 20 世纪 80 年代初期恢复办理商业汇票(下称票据)业务至今已逾 30 年,在社会经济建设中发挥着信用保证、支付结算、资金融通等多种重要作用,已成为中小企业融资的重要途径和银行优化资产负债结构、加强流动性管理的重要手段。从我国票据业务发展历程看，我国传统的票据业务以纸质票据为主。随着我国金融信息化程度的不断提高，票据业务已迈入电子化时代，近两年来电子商业汇票呈现跨越式发展。截至 2017 年 6 月末，电子银行承兑汇票承兑余额 6.4 万亿元、融资余额 3.79 万亿元，在总量中的占比分别攀升至 77.1％和 97.2％，电子商业汇票已取代纸质票据占据市场主导地位。2016 年 12 月 8 日，上海票交所正式挂牌成立，全国统一的票据交易平台就此问世。作为票据市场基础设施，上海票交所对所有纸质票据和电子票据进行统一登记、托管、报价、交易、清算和托收。电子商业汇票签发、承兑、质押、保证、贴现等信息可以通过电子商业汇票系统同步传送至票交所系统，票据流转效率大幅提高。电子票据与纸质票据的比较如表 2-1 所示。

表 2-1 电子票据与纸质票据的比较

序号		电子票据	纸质票据
1	票据金额	单张最高 10 亿元	一般不超过 1 000 万元
2	填写方式	网上录入，增加复核环节，提交前可任意修改	手工填写，不得有任何涂改痕迹
3	签章方式	电子签名	财务专用章、汇票专用章等
4	流转方式	电子流转	手工交付
5	安全性	高，商业银行和中国人民银行系统统一数据管理	低（遗失、损毁）
6	防伪性	高	低（克隆）
7	管理方式	全面查询功能，交易状态实时跟踪，电子票据存储	人工建立台账，专人专柜保管
8	业务创新空间	大	狭窄

1）电子票据的开户申请

电子票据的所有运作流程都要求出票人先在网上银行申请开立电子账户，即付款行同时担当注册处所的责任，注册中心对出票人核发电子密钥（电子签名），出票人通过银行向认证中心申请电子凭证，认证中心通过注册银行核发出票申请人的电子凭证，如图 2-14 所示。

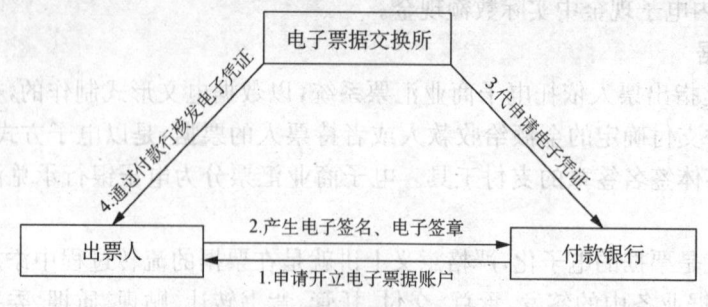

图 2-14 电子票据的开户申请

2）电子票据出票行为

电子票据的签发要求出票人利用终端机进入银行的服务网站，如同实体票据加盖付款签章一样输入电子签名，付款行为检核票据的形式要件并核对客户留存的付款识别码，核对一致后,将相关电子信息送交交换所登录保管,交换所再以电子邮件方式通知受票人。这样,电子票据的出票行为才得以完成。电子票据的签出票据行为,必须要经过电子认证证书的申请,出票人要经过付款银行才得以完成票据的签发行为。纸质票据的出票人只要在银行取得票据样纸之后,可以不经过任何人的允许即可独立完成出票行为,如图2-15所示。

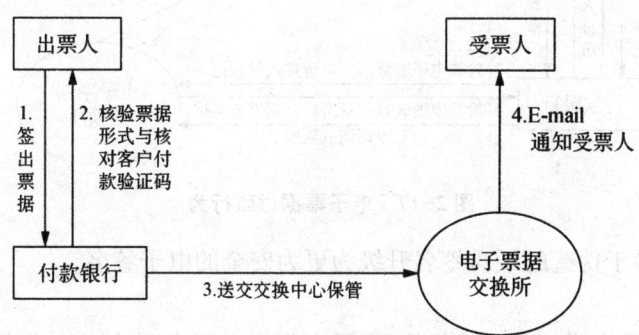

图2-15 电子票据出票行为

3) 电子票据背书行为

无论是纸质票据还是电子票据,背书行为都是使票据流通的关键。纸质背书只要在票据背面签名即可,过程简单但是容易被伪造,风险较高;电子票据的背书过程需要通过付款行和电子票据所的检核与转让记录的记载,有效的电子票据背书还会由票据交换所以电子邮件形式通知受票人,因此电子票据在保障流通性的同时安全性更高,如图2-16所示。

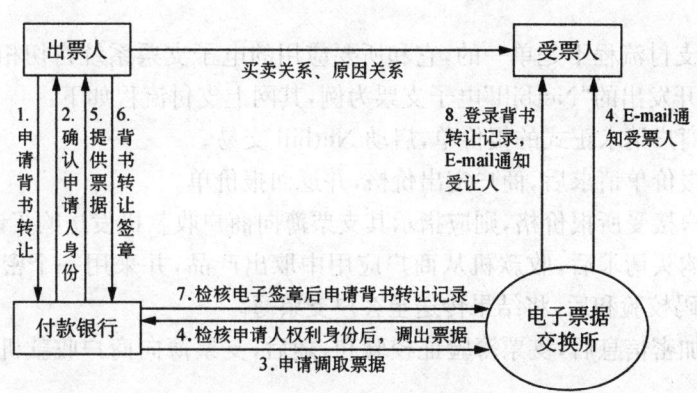

图2-16 电子票据背书行为

4) 电子票据付款行为

电子票据的付款流程比纸质票据复杂,电子票据的付款行为同样需要借助于付款行的存入托收,票据交换所对收款人通过付款行的申请进行身份核验,银行成为付款行为的中介机构。这与纸质票据付款时付款行只要对票据进行人工审核即可付款有很大不同,如图2-17所示。

电子票据运行中,银行与电子票据交换所发挥了绝对的主导作用,承担了更为广泛的法律义务和法律责任。电子票据不需要纸质票据的书面记载,但有其自己专有的电子记载

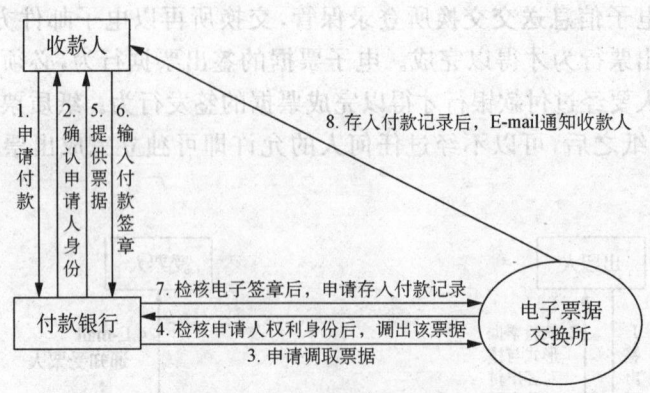

图 2-17　电子票据付款行为

方式,电子票据把易于伪造的纸质签名升级为更为安全的电子签名。

3. 电子支票

电子支票是纸质支票的电子替代物,电子支票将纸质支票改变为带有数字签名的电子报文,或利用其他数字电文代替纸质支票的全部信息。电子支票与纸质支票一样是用于支付的一种合法方式,它使用数字签名和自动验证技术来确定其合法性。支票上除了必须的收款人姓名、账号、金额和日期外,还隐含了加密信息。

电子支票的支付目前一般是通过专用网络、设备、软件及一套完整的用户识别、标准报文、数据验证等规范化协议完成数据传输,从而控制安全性,这种方式已经较为完善。电子支票支付遵循金融服务技术联盟(Financial Services Technology Consortium,FSTC)提交的 BIP(Bank Internet Payment)标准(草案)。典型的电子支票系统有 NetCheque、NetBill、E-check 等。

电子支票的支付流程不是单一的,它和所要应用的电子支票系统密切相关。以美国卡内基·梅隆大学开发出的“Netbill”电子支票为例,其网上支付流程如下:

(1) 客户向商户请求正式的报价单,启动 Netbill 交易。

(2) 在收到报价单请求后,商户定出价格,并返回报价单。

(3) 如果客户接受所报价格,则应指示其支票簿向商户收款机发送购买请求。

(4) 当收到购买请求后,收款机从商户应用中取出产品,并采用一个密钥来加密该产品。在计算出密码校验和后,将结果传送至客户支票簿。

(5) 在收到加密信息后,支票簿验证校验和,随后,支票簿向商户收款机送回一份签名的电子支付订单。

(6) 收款机对电子支付订单进行背书,然后将之发送至 Netbill 服务器。

(7) Netbill 服务器在验证价格、校验和等符合规定之后,借记客户账户恰当的数额。Netbill 服务器记录该笔交易并且保存一次性密钥的复制件,然后将包含有同意或拒绝信息的数字签名信息发送给商户。

(8) 商户对 Netbill 服务器作出回答,如果同意,即同时将解密密钥发送给客户支票簿。

电子支票的使用在发达国家很普遍,传统支票在像美国这样的国家使用历史很久。早在 2003 年美国就通道支票电子化法案,使电子支票的应用得到快速发展,在北美地区统一的电子支票处理系统也更加扩展了电子支票的使用范围。电子支票账户在美国属于基本账户,和储蓄账户一样重要。国外的支票账户就相当于国内的活期存款账户,他们的日常消费、交水电费等都是绑定这个账户,信用卡也通常绑定在基本账户上,所以这个账户有信用卡的人一定有。

消费者在用电子支票付款的时候需要保证支票账户余额充足。用户需要输入如下支票账户信息:Check Number(支票号),Routing Number(ABA),Checking Account Number(支票账户号码),Bank Name(开户行名称)。电子支票支付界面如图 2-18 所示。

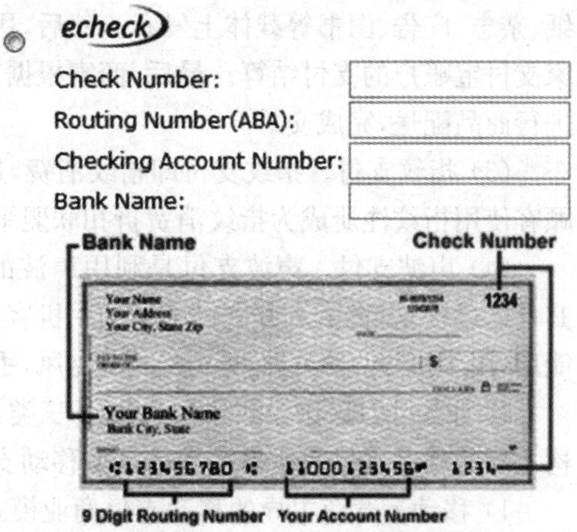

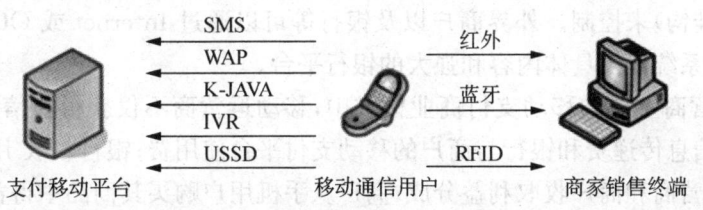

图 2-18 电子支票支付界面

2.2.4 移动支付工具

移动支付是通过移动终端设备利用无线通信技术转移货币价值以清偿债务债权关系的一种支付方式,其技术实现方式如图 2-19 所示。其中,移动终端设备包括智能手机、平板电脑在内的移动工具;无线通信技术包括各种近距离无线通信技术(如红外线、射频识别技术 RFID、近场通信 NFC、蓝牙等)和远距离无线通信技术(如短信、WAP);目前,市场上最为常见的移动支付为手机支付。

图 2-19 移动支付的技术实现方式

手机支付

手机支付就是允许移动用户使用其移动终端(通常是手机)对所消费的商品或服务进行账务支付的一种服务方式。手机支付的基本原理是将用户手机 SIM 卡与用户本人的银行卡账号建立一种一一对应的关系,手机支付这项个性化增值服务,可以实现众多支付功能,此项服务强调了移动缴费和消费。当我们在自动售货机前为找不到硬币而着急时,手机支付可以很容易地解决这个问题。当客户身处外地,或者是移动运营商的营业厅下班以后,为了缴话费四处找人,四处寻找手机充值卡,而耗费精力时,手机支付真正让手机成为随身携带的电子钱包。

按照手机支付的使用方法有短信支付、扫码支付、指纹支付、声波支付等。

(1)短信支付。手机短信支付是手机支付的最早应用,将用户手机 SIM 卡与用户本人的银行卡账号建立一种一一对应的关系,用户通过发送短信的方式在系统短信指令的引导下完成交易支付请求,操作简单,可以随时随地进行交易。手机短信支付服务强调了移动缴费和消费。

(2)扫码支付。扫码支付是一种基于账户体系搭起来的新一代无线支付方案。在该支付方案下,首先,商家可把账号、商品价格等交易信息汇编成一个二维码,并印刷在各种报纸、杂志、广告、图书等载体上发布。然后,用户通过手机客户端扫拍二维码,便可实现与商家支付宝账户的支付结算。最后,商家根据支付交易信息中的用户收货、联系资料,就可以进行商品配送,完成交易。

(3)指纹支付。指纹支付即指纹消费,是采用目前已成熟的指纹系统进行消费认证,即顾客使用指纹注册成为指纹消费折扣联盟平台会员,通过指纹识别即可完成消费支付。

(4)声波支付。声波支付是利用声波的传输,完成两个设备的近场识别的支付方式。其具体过程是,在第三方支付产品的手机客户端里,内置有"声波支付"功能,用户打开此功能后,用手机麦克风对准收款方的麦克风,手机会播放一段"咻咻咻"的声音。

移动支付的运作模式主要有以下三类:移动运营商主导的移动支付商业模式、金融机构主导的移动支付商业模式和第三方移动支付运营商主导的移动支付模式。

1)移动运营商主导的移动支付商业模式

移动运营商先根据自身优势选择搭建移动支付平台所采用的技术以及模式,然后选择有意向的银行进行合作,银行一方则搭建可以与其接口的移动商务平台,再由双方维护各自的平台部分,如中国移动与中国银行,中国工商银行以及招商银行的合作。

从网络结构来看,这套移动支付系统位于移动运营商所控制的网络区域内,可应用于包括 GSM 和 CDMA 在内的任何一种移动通信网络。配合一些加密手段,通过 SMS 网关或 WAP 网关与用户之间进行交互。这时用户的手机既是一个无线通信工具,又是一个移动电子钱包,该电子钱包信用额度由移动运营商(电子钱包与手机话费挂钩)或银行(电子钱包与银行卡挂钩)来控制。外界商户以及银行等可以通过 Internet 或 OON 专线与移动运营商相连,为系统提供具体内容和强大的银行平台。

在移动运营商主导的移动支付商业模式中,移动运营商不仅获得通信流量费,还收取用户与银行的信息传递费和银行与商户的移动支付平台使用费;银行收取 用户的信息定制费,并向移动运营商和商户收取利益分成;商户从手机用户购买其商品中得益。

在移动运营商主导的移动支付商业模式中,移动运营商不仅是信息通道,而且是移动平台运营商,还可能是代理结算单位(如果小额支付费用直接从手机话费中扣 除);金融机构则是最终结算单位,账户管理者,并且要承担一部分平台维护工作。运营商主导的移动支付模式要求运营商调动和协调整个移动支付产业链。从运营商拥有的无线通信网络资源和手机客户资源来看,运营商具有产业链主导者的天然优势。移动运营商主导的移动支付商业模式如图 2-20 所示。

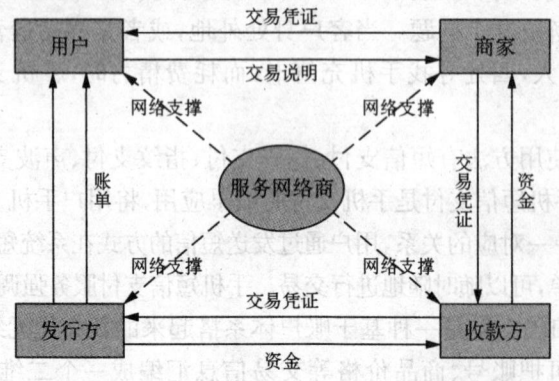

图 2-20　移动运营商主导的移动支付商业模式

2) 金融机构主导的移动支付商业模式

在该种模式下,金融机构可以借助移动运营商的通信网络、也可以自己开发移动支付平台,但必须独立运营移动支付平台。所有交易以及信息流的控制均在金融机构一端,移动运营商只是充当此业务系统的信息通道,商家也就相当于系统上的一个 POS 终端。金融机构拥有丰富的账户管理和支付领域的业务运营经验,并拥有庞大的用户群体及客户信任度。在银行主导的移动支付模式中,移动运营商收取用户和银行的通信费;银行向商家收取平台使用费和利润分成,银行不对用户收取交易手续费、但可能收取金融信息定制费(包月形式);商户付给银行平台使用费和交易手续费,从用户的商品购买中得益。金融机构主导的移动支付商业模式如图 2-21 所示。

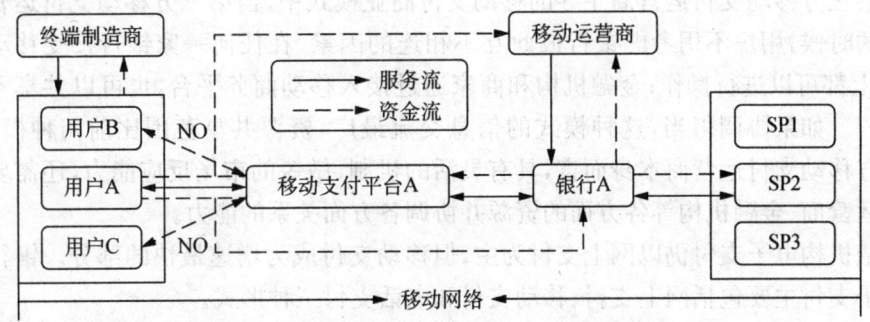

图 2-21 金融机构主导的移动支付商业模式

3) 第三方移动支付运营商主导的移动支付商业模式

在这种模式下,第三方移动支付运营商负责运营,移动运营商仅作为信息通道,或者代理结算单位(如果小额支付费用直接从手机话费账户中扣除);银行是最终结算的单位,是账户管理者;移动平台提供商(也可能是第三方移动支付运营商自己),向第三方移动支付运营商提供移动支付平台。

第三方移动支付平台上的移动支付业务流程如下几个阶段:

(1) 用户发送支付消息到移动运营商移动商务平台,支付请求先送到短信网关或短信中心。

(2) 接入系统(短信网关或短信中心)把消息发送到移动运营商移动商务平台。

(3) 移动运营商移动商务平台将消费请求转发到银联或银行。

(4) 银联或银行验证用户,查询到用户对应的银行账号,扣除费用,将扣款请求处理结果返回移动运营商移动商务平台。

(5) 移动运营商移动商务平台将业务处理请求转发到 SP。

(6) SP 回应业务处理结果。

(7) 移动运营商移动商务平台将支付处理结果转发到短信中心或短信网关。

(8) 短信中心或短信网关将支付处理结果转发到用户手机。

在第三方移动支付运营商主导的移动支付商业模式(见图 2-22)中,第三方移动支付运营商收取商家平台使用费和利润分成,并与金融机构分享利润分成;移动运营商收取用户和银行的移动通信费,银行从商家提取利润,也可以向用户提供金融信息以收取金融信息费;用户不用付给商家交易手续费,只付给移动运营商信息费。

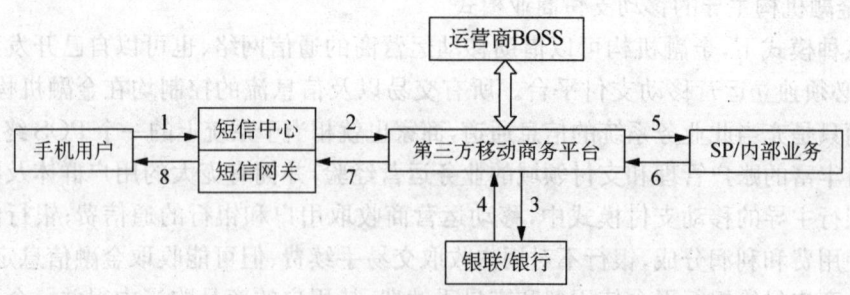

图2-22 第三方移动支付运营商主导的移动支付商业模式

在第三方移动支付运营商主导的移动支付商业模式中,当第三方移动支付运营商和银联合作的时候,用户不用考虑银行彼此互不相连的因素,在任何一家银行接受移动支付的POS机上都可以进行操作;金融机构和商家通过接入移动商务平台,也可以共享不同运营商的用户。如果协调得当,这种模式的信息交流最广,资源共享范围比前两种模式都大。就第三方移动支付运营商本身而言,具有灵活的机制、敏锐的市场反应能力,还需要具备整合移动运营商、金融机构等各方面的资源并协调各方面关系的能力。

金融机构电子支付仍以网上支付为主,但移动支付成为增速最快的部分。银行业金融机构电子支付主要包括网上支付、移动支付和电话支付三种形式。

截至2018年6月,我国使用网上支付的用户规模达到5.69亿人,较2017年底增加3 783万人,年增长率为7.1%,使用率达71%。其中,手机支付用户规模增长迅速,达到5.66亿人。据调查,网民在线下消费使用手机网上支付比例由2017年底的65.5%提升至68%,其中城镇网民使用比例为71.9%,农村地区网民使用比例为57%。在线下消费中,使用手机支付的比例为44%,现金、银行卡支付的比例为25.3%,两种方式都选的为30.6%。

2018年移动支付应用发展呈现出四个特点:

(1)移动支付深入绑定个人生活。继打车、外卖、购物等个人消费服务场景之后,移动支付进一步向公共服务领域延伸,已由早期水、电等生活类缴费逐步扩展到公共交通、高速收费、医疗等领域。

(2)以银行为代表的金融机构在移动支付领域有了进一步的发展。首先,账户分类管理的优化,2017年中央银行发布《中国人民银行关于改进个人银行账户分类管理有关事项的通知》,这将推动Ⅱ、Ⅲ类户成为个人办理网上支付、移动支付等小额消费业务的主要渠道,极大地释放银行的金融业务潜力。其次,中国人民银行2017年12月25日下发《条码支付业务规范(试行)》对固态码进行了500元限额,对于银行的相关NFC支付产品有利好,银联2018年2月还发布了《商户小额免密免签业务运营指引》,将小额双免的单笔交易额度从300元提升到1 000元,单日提升到3 000元。这一抑一扬,都给予银行的移动支付产品有较大的发展空间。

(3)技术进一步提升移动支付的安全性和便捷性。在移动支付时代,信息安全变得愈加重要。随着监管的加强,技术的提升,产业链各方对信息安全的重视已经达到了较高的程度。从2015年苹果的Touch ID,到2017年的Face ID,生物识别技术日趋成熟,指纹识别已被大规模使用,面部识别也得到初步商用。未来会有更多的生物识别技术运用到移动支付之中。

（4）移动支付市场仍处两强竞争格局，微信支付与支付宝的线下支付市场占比分别为95.6％和78.1％，几乎共享移动支付客户群体。中国银联携手商业银行、支付机构推出的银行业统一APP"云闪付"具备海量用户基础和一定品牌优势，且拥有NFC、二维码等多种支付方式。新入企业如能利用资源优势，从特定支付场景发力，将有望对现有市场格局带来冲击。

复习思考

名词解释： 支付系统 智能卡 网络支付 移动支付

1. 支付系统的组成是什么？
2. 简述支票、本票、汇票的概念。
3. 简述支付工具概念及其基本分类。
4. 网络支付工具有哪些？优缺点是什么？
5. 移动支付工具的发展现状及发展趋势是什么？

第3章 中国现代化支付系统

3.1 中国现代化支付系统的发展与现状

3.1.1 中国现代化支付系统概述

1. 中国现代化支付系统的概念

中国现代化支付系统(China National Advanced Payment System，CNAPS)为世界银行技术援助贷款项目,主要提供商业银行之间跨行的支付清算服务,是为商业银行之间和商业银行与中国人民银行之间的支付业务提供最终资金清算的系统,是各商业银行电子汇兑系统资金清算的枢纽系统,是连接国内外银行重要的桥梁,也是金融市场的核心支持系统。中国现代化支付系统能够高效、安全处理各银行的异地、同城各种支付业务及货币市场交易的资金清算。

2. 中国现代化支付系统的体系结构

中国现代化支付系统的主要参与者分为直接参与者、间接参与者和特许参与者。该部分内容在本书第二章已有论述,现结合前文概述中国现代化支付系统的参与者划分,如表3-1所示。

表3-1 中国现代化支付系统的参与者划分

参与者	具体机构	连接方式	典型实例
直接参与者	人民银行地市以上中心支行(库)、在人民银行开设清算账户的银行和非银行金融机构	与城市处理中心直接连接	工商银行、农业银行、中国银行、建设银行等
间接参与者	人民银行县(市)支行(库)、未在人民银行开设清算账户而委托直接参与者办理资金清算的银行和经人民银行批准经营支付结算业务的非银行金融机构	不与城市处理中心直接连接,其支付业务提交给其清算资金的直接参与者,由该直接参与者提交支付系统处理	第三方支付公司
特许参与者	经中国人民银行批准通过支付系统办理特定业务的机构	在人民银行当地分支行开设特许账户,与当地城市处理中心连接	中国银联股份有限公司(简称中国银联)

中国人民银行通过建设现代化支付系统,将逐步形成一个以中国现代化支付系统为核心,商业银行行内系统为基础,各地同城票据交换所并存,支撑多种支付工具的应用和满足社会各种经济活动支付需要的中国支付清算体系。

　　中国现代化支付系统建有两级处理中心,即国家处理中心(National Processing Center,NPC)和全国省会(首府)及深圳城市处理中心(City Clearing Processing Center,CCPC)。国家处理中心分别与各城市处理中心连接,其通信网络采用专用网络,以地面通信为主,卫星通信备份。

　　中国现代化支付系统体系结构图如图 3-1 所示。

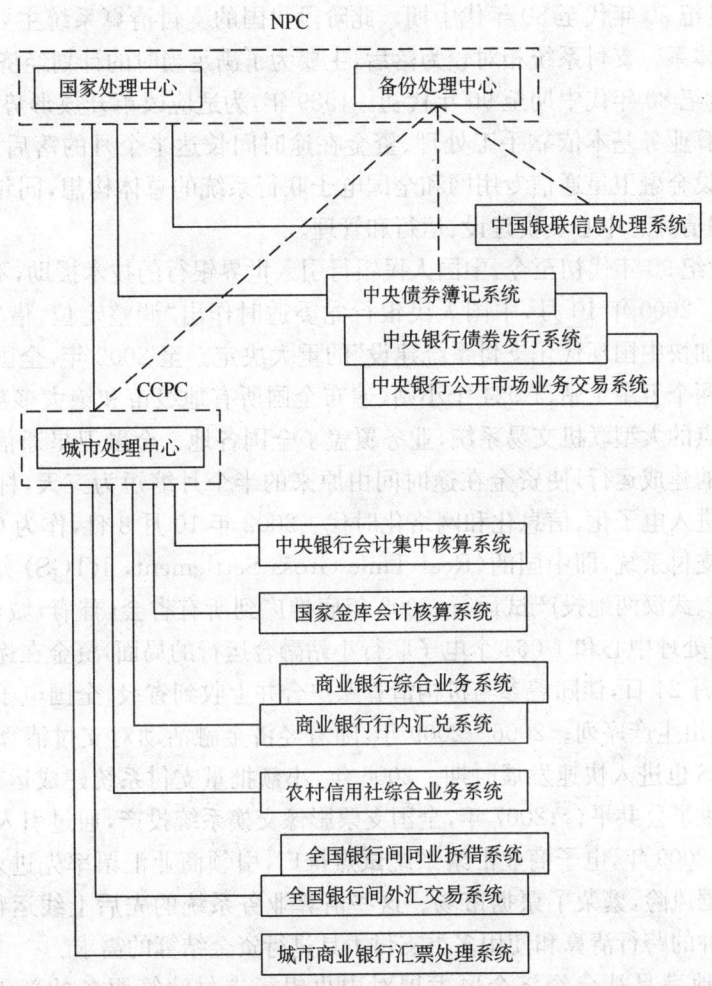

图 3-1　中国现代化支付系统体系结构图

　　政策性银行和商业银行是支付系统的重要参与者。各政策性银行、商业银行可利用行内系统通过省会(首府)城市的分支行与所在地的支付系统 CCPC 连接,也可由其总行与所在地的支付系统 CCPC 连接。同时,为解决中小金融机构结算和通汇难问题,允许农村信用合作社自建通汇系统,比照商业银行与支付系统的连接方式处理;城市商业银行银行汇票业务的处理,由其按照支付系统的要求自行开发城市商业银行汇票处理中心,依托支付系统办理其银行汇票资金的移存和兑付的资金清算。

为有效支持公开市场操作、债券发行及兑付、债券交易的资金清算,公开市场操作系统、债券发行系统、中央债券簿记系统在物理上通过一个接口与支付系统 NPC 连接,处理其交易的人民币资金清算。为保障外汇交易资金的及时清算,外汇交易中心与支付系统上海 CCPC 连接,处理外汇交易人民币资金清算,并下载全国银行间资金拆借和归还业务数据,供中央银行对同业拆借业务的配对管理。

3.1.2 中国现代化支付系统的发展历程

我国现代化支付系统建设主要经过了三大阶段:

一是 20 世纪 50 年代至 80 年代中期。此阶段我国的支付清算系统主要借鉴了苏联的手工联行汇划体系。支付系统相对较为落后,主要为了满足当时的计划经济体制需求。

二是 20 世纪 80 年代中期至 90 年代初。1989 年,为适应改革开放形势的需要,彻底改变我国支付结算业务基本依靠手工处理、资金在途时间长达半个月的落后局面,中国人民银行提出了建设金融卫星通信专用网和全国电子联行系统的总体构想,同年 5 月获得国务院批准,并组建清算总中心负责建设、运行和管理。

三是 20 世纪 90 年代初至今,中国人民银行引入世界银行的技术援助,不断建设中国现代化支付系统。2000 年 10 月,中国人民银行党委适时作出"调整定位、借鉴吸收、完善需求、以我为主,加快中国现代化支付系统建设"的重大决定。至 2002 年,全国电子联行系统已发展成包括两个卫星主站、1 924 个小站(遍布全国所有地级市和绝大多数县城)、连接 2 万多个通汇网点的大型联机交易系统,业务覆盖了全国各地。金融卫星通信专用网和全国电子联行系统的建成运行,使资金在途时间由原来的半个月缩短为三天,标志着中国支付清算工作开始进入电子化、信息化和网络化时代。2002 年 10 月 8 日,作为 CNAPS 的核心系统——大额支付系统,即中国的(Real Time Gross Settlement,RTGS)实时全额清算系统,率先在北京、武汉两地投产试运行;2003 年底推广到所有省会(首府)城市和深圳市,形成了 32 个城市处理中心和 1 064 个电子联行小站融合运行的局面,资金在途时间缩短为几秒。2005 年 6 月 24 日,伴随着参与机构清算账户合并上收到省级,全国电子联行系统完成了历史使命,退出生产序列。2006—2009 年,随着经济金融活动对支付清算服务需求的快速增长,CNAPS 也进入快速发展时期。2006 年,小额批量支付系统建成运行,为跨行清算和业务创新提供了公共平台;2007 年,全国支票影像交换系统投产,通过引入影像技术支持支票全国通用;2009 年,电子商业汇票系统试点推广,引领商业汇票率先进入电子化时代,有效防范了票据风险,繁荣了票据市场。这些清算业务系统的先后上线运行,满足了不同时间、金额、币种的跨行清算和使用多类支付工具进行资金结算的需求。

为了更好地满足社会经济金融发展对中央银行支付清算服务的新需求,同时考虑 CNAPS 生命周期以及进一步完善备份系统等实际情况,2009 年底,中国人民银行要求清算总中心启动第二代 CNAPS 建设。网上支付跨行清算系统作为第二代 CNAPS 最先投产的业务系统,于 2010 年 8 月上线运行,进一步提高了网上支付等新型电子支付业务跨行清算的处理效率,支持并促进了电子商务的快速发展。大额支付系统、小额支付系统于 2013 年 10 月升级为第二代。银行以法人为单位以"一点接入、一点清算"模式接入第二代 CNAPS,商业银行的各个分支机构均可使用本行统一的清算账户实现资金结算,支付清算效率和银行资金使用效率得以大幅提高,银行流动性状况普遍得到大幅改善,风险控制更加有效。

2015 年 10 月,作为支撑人民币国际化和"一带一路"建设的人民币跨境支付系统(CIPS)正式投产,标志着国内外统筹兼顾的现代化支付体系建设取得重要进展。截至目前,CIPS 共有 28 家直接参与者、560 家间接参与者,范围覆盖全球 6 大洲 85 个国家和地区(含自贸区),境外间接参与者占比 61.43%。

数据中心是构成 CNAPS 平台的重要基础设施。清算总中心于 2005 年率先形成"两地两中心"的备份运行格局,并成功进行了实际切换运行。下一步,清算总中心将利用北京中心建成投产的契机,尽快形成"多地多中心"的并行运行格局,并最终形成"多地多中心"各业务系统可动态调度的一体化运行格局,大幅度提高业务连续性。CNAPS 在用的数据中心基本技术指标除了达到信息系统国家标准以外,还参考了数据中心电信基础设施(EIA/TIA-942)等标准,综合考虑电气、制冷、消防、环境、安全等因素,采用了模块化机房设计,高可用的供电、制冷方案,整体达到了 Tier3+标准。

经过以上三个阶段的发展,中国现代化支付系统逐步建成了以清算账户管理系统为核心,大额实时支付系统、小额批量支付系统、网上支付跨行清算系统、支票影像交换系统、境内外币支付系统、电子商业汇票系统、人民币跨境支付系统(一期)为业务应用系统,支付管理信息系统为辅助支持系统的完整体系架构,为各银行业金融机构及金融市场提供了安全高效的支付清算平台,对经济金融和社会发展的促进作用日益显现。

3.1.3 中国现代化支付系统的作用

1. 快资金周转,提高社会资金的使用效益

中国现代化支付系统,特别是其中的大额支付系统,采取从发起行到接收行的全过程的自动化处理,实行逐笔发送、实时清算,是一个高效、快捷的系统。通过支付系统处理的每笔支付业务不到 60 秒即可到账,实现全国支付清算资金的每日零在途,为促进市场经济的快速发展发挥着重要作用。

2. 支撑多样化支付工具的使用,满足各种社会经济活动的需要

中国现代化支付系统,尤其是其中的小额批量处理系统能够支撑各种贷记、借记支付业务的快速处理,并能为其提供大业务量、低成本的服务,可以满足社会各种经济活动的需要。

3. 培育公平竞争的环境,促进银行业整体服务水平的提高

随着中国金融体制改革的不断深化,逐步形成了政策性银行、国有独资商业银行、股份制银行、城市商业银行、农村合作银行、城乡信用合作社以及外资银行的组织体系,相互之间既有合作也有竞争。建设运行的中国现代化支付系统,是中国人民银行为金融机构提供的一个公共的支付清算服务平台,所有符合条件的银行及其分支机构都可以参与到这个系统中,从而为各金融机构创造一个公平竞争的经营环境,推动各银行的有序竞争,促进银行业整体服务水平的提高。

4. 增强商业银行的流动性,提高商业银行的经营管理水平

流动性、盈利性、安全性是商业银行经营的基本原则。商业银行是经营货币的特殊企业,讲究流动性是现代商业银行经营的核心。中国现代化支付系统可以为银行提供日间透支、自动质押回购、预期头寸查询,也可以帮助商业银行进一步提高其资金的使用效率,使其资金的使用尽可能最大化,还可以有效支持商业银行对其流动性的管理,系统将商业银行法人及其分支机构的清算账户物理上集中摆放在国家处理中心处理跨行的资金清算,商业银行法人、管理行以及开户行可以随时查询监控其头寸的变动情况,根据需要及时地调度资金。支付系统是一个高效运转的系统,有利于商业银行头寸的快速调度和从货币市场寻找资金的及时到账,提高头寸的运用水平。

5. 适应国库单一账户改革,提高财政资金的使用效益

近年来,财政国库管理制度改革正在逐步深入建立以国库单一账户体系为基础、集中收付为主要形式的国库核算体系,以加强财政资金的管理,提高财政资金的使用效益。要保证这一改革的有效实施必须要有一个高效的支付系统给予支持。中国现代化支付系统适应了这一改革的需要,加快了国库资金的汇划。

6. 支持货币政策的实施,增强金融宏观调控能力

实施货币政策加强金融调控是中央银行的重要职能。公开市场操作是当今各国中央银行运用的一种主要货币政策工具。实行存款准备金制度是一国中央银行实施货币政策和加强宏观调控的重要手段。上述货币政策工具、宏观调控手段需要中国现代化支付系统的有效支持,才能得到更好的实施。中国现代化支付系统与中央债券簿记系统直接连接,实现公开市场操作业务的即时转账,可以大大提高其资金清算和公开市场运转的效率;支付系统可以对法人存款准备金进行考核,中国人民银行及其分支行通过支付系统及时掌握存款准备金的余额信息,便于对其进行管理。此外,支付系统还蕴藏着大量的支付业务和资金清算信息可以为研究货币政策和宏观调控提供决策参考。

7. 支持货币市场资金清算,促进货币市场发展

近年来,随着中国的金融改革,中国的债券市场、外汇市场、同业拆借市场发展相当迅速,且交易量不断扩大,其资金清算要求的时效性较强。中国现代化支付系统与这些市场主体相连接,可以实现贷券交易资金的即时转账(即钱券对付)和外汇交易的人民币资金、同业拆借资金的高效汇划,促进货币市场的发展。

8. 防范支付风险,维护金融稳定

商业银行经营的风险往往会从清算环节发生,甚至会导致系统性风险,如一家银行的清算问题可能导致支付瓶颈,引发多米诺效应,蔓延到整个系统。这是一些发达国家中央银行乃至商业银行在建设支付系统时关注和改革的重点。现阶段中国的商业银行,特别是一些中小金融机构的风险控制能力还比较薄弱,表现在支付清算方面的风险系数可能会进一步加大。为此,中国人民银行在建设中国现代化支付系统时,将防范支付系统风险作为一个重要目标,采取大额支付实时清算,小额支付净额清算,不足支付排队处理;设置清算窗口时间,用于头寸不足的银行及时筹措资金;设置清算账户控制功能,对有风险的账户进行事前控制等措施。这些措施的采用能有效地防范支付风险的发生,维护金融稳定。

3.2 中国现代化支付系统的组成

3.2.1 大额实时支付系统

1. 大额实时支付系统的概念

大额实时支付系统(High Value Payment System,HVPS,简称大额支付系统)是中国现代支付系统的主要骨干系统之一,大额实时支付系统于 2002 年 10 月 8 日投产试运行,2005 年 6 月 24 日推广至全国。大额支付系统采用逐笔实时方式处理支付业务,全额清算资金。大额支付系统主要处理同城和异地的金额在规定起点以上的大额贷记支付业务和紧急的小额贷记支付业务,中国人民银行系统的各种贷记支付业务,债券交易的即时转账业务。建设大额实时支付系统的目的,就是为了给各银行和广大企业单位以及金融市场提供快速、高效、安全、可靠的支付清算服务,防范支付风险,它对中央银行更加灵活、有效地实施货币政策和实施货币市场交易的及时清算具有重要作用。大额支付系统不设置金额起点,系统按照国家法定工作日运行,系统将每一个工作日分为日间业务处理时间,清算窗口时间、日终/年终业务处理时间营业准备时间段,受理业务时间:8:30—17:00。2018 年 1 月 22 日,中国人民银行为了配合跨境支付系统(CIPS)全面投入使人,从而令中国的支付清算服务可以覆盖欧洲时区的全部时段,以及美洲部分时间段的跨境支付清算业务的需要,延长大额支付系统运行时间,自 1 月 22 日起大额支付系统实行 5×21 小时运行,开始受理业务时间由法定工作日(T 日)8:30 调整为前一日(T—1 日)23:30,业务截止时间(清算窗口开启时间)由 17:00 调整为 17:15,清算窗口时间调整为 17:15 至 20:30。

2. 大额支付系统处理的业务类型

1)一般大额支付业务

一般大额支付业务是由发起行发起,逐笔实时发往国家处理中心,国家处理中心清算资金后,实时转发接收行的业务。它包括汇兑、委托收款划回、托收承付划回、中央银行和国库部门办理的资金汇划等。

2)即时转账支付业务

即时转账支付业务是由与支付系统国家处理中心直接连接的特许参与者(第三方)发起一对金额相同的借、贷记支付指令,通过国家处理中心实时清算资金后,通知被借记行和被贷记行的支付业务。目前该业务主要由中央债券综合业务系统发起。它主要包括即时转账、质押融资、质押融资扣款等。

3)城市商业银行银行汇票业务

城市商业银行银行汇票业务是支付系统为支持中小金融机构结算和通汇而专门设计的支持城市商业银行银行汇票资金的移存和兑付的资金清算的业务。它主要包括银行汇票资金移存、银行汇票资金清算、银行汇票多余金额划回业务、银行汇票未用退回业务。

3.2.2 小额批量支付系统

1. 小额批量支付系统的概念

小额批量支付系统(Bulk Electronic Payment System, BEPS,简称小额支付系统)是继大额实时支付系统之后中国人民银行建设运行的又一重要应用系统,是中国现代化支付系统的主要业务子系统和组成部分,于 2005 年 11 月 28 日投产试运行,2006 年 6 月 26 日推广至全国。小额批量支付系统主要处理同城和异地纸凭证截留的借记支付业务和小额贷记支付业务,支付指令批量发送,轧差净额清算资金,旨在为社会提供低成本、大业务量的支付清算服务。小额支付系统实行 7×24 小时连续运行,能支撑多种支付工具的使用,满足社会多样化的支付清算需求,成为银行业金融机构跨行支付清算和业务创新的安全高效的平台。

中国人民银行通过建设以大、小额支付系统为主要应用系统的现代化支付系统,将逐步形成以中国现代化支付系统为核心,商业银行行内系统为基础,票据交换系统和卡基支付系统并存,支撑多种支付工具的应用并满足社会各种经济活动支付需要的中国支付清算体系。

2. 小额支付系统支持的业务类型

1) 普通贷记业务

普通贷记业务是指付款人通过其开户银行办理的主动付款业务,主要包括规定金额以下的汇兑、委托收款划回、托收承付划回、网上银行支付以及财税库汇划等业务。

目前,小额支付系统处理贷记业务的金额上限为 5 万元,即只有金额≤5 万元的贷记支付业务可以通过小额支付系统处理,对金额>5 万元的业务应通过大额实时支付系统处理。中国人民银行可根据管理需要对金额上限适时调整。

2) 定期贷记业务

定期贷记业务是指付款人开户银行依据当事各方事先签订的合同(协议),定期向指定的收款人开户银行发起的批量付款业务,如代付工资、养老金、保险金、国库各类款项的批量划拨等。其特点是通过建立对应的收付款关系,付款行定期发起代付业务收款行系统自动处理,不需人工干涉协助付款人代付各种款项。定期贷记业务也受金额上限的控制。

3) 普通借记业务

普通借记业务是指收款人通过其开户银行向付款人开户银行主动发起的收款业务,包括银行机构间的借记业务、国库借记汇划业务和支票截留业务等。

4) 定期借记业务

定期借记业务是指收款人开户银行依据当事各方事先签订的合同(协议),定期向指定的付款人开户银行发起的批量收款业务,如收款人委托其开户银行收取水、电、煤气等公用事业费用以及国库批量扣税业务。其特点是通过建立对应的收付款关系,收款行定期发起代收业务,付款行系统自动处理,人需人工干涉协助收款人代收各种款项。

5) 实时贷记业务

实时贷记业务是指付款人委托其开户银行发起的,将确定款项实时划拨到指定收款人账户的业务,主要包括国库实时缴税、跨行个人储蓄通存等业务。

6) 实时借记业务

实时借记业务是指收款人委托其开户银行发起的,从指定付款人账户实时扣收确定款项的业务,主要包括国库实时扣税、跨行个人储蓄通兑对公通兑、中国人民银行规定的其他实时借记业务。

7) 清算组织发起的代收付业务

清算组织发起的代收付业务支付系统允许清算组织作为特许参与者,接入城市处理中心(CCPC)办理代收付业务,清算组织负责将代收付清单通过小额支付系统转发至代理行,由代理行负责发起定期接待业务。清算组织不在支付系统开立清算账户,代收付业务的资金清算仍通过代收付单位开户行进行处理。

8) 同城轧差净额清算业务

同城轧差净额清算业务城市处理中心(CCPC)在收到同城清算系统的同城轧差净额后,转发到同城清算系统所在城市的中国人民银行会计集中核算系统(ABS)进行处理,ABS将涉及支付系统直接参与者的同城轧差净额提交支付系统清算;对非直接参与者的同城轧差净额在 ABS 内部完成资金清算;中国人民银行国库会计核算系统(TBS)的同城轧差净额按照付方启动衰总通过大额支付系统与 ABS 进行清算。

9）国库相关业务

国库相关业务主要包括一般的税款缴纳、实时扣税、批量扣税、预算收入上划、预算驶入退库等预算收入类业务，财政拨款、财政直接支付、财政授权支付等预算支出类业务以及国债兑付、国债发行的资金清算等其他业务。国库相关业务统一通过 TBS 与支付系统的接口，采用发送和接收各类贷记业务、借记业务完成处理。

10）通存通兑业务

通存通兑业务是指某一个银行在某一个范围内（全国、省或县市），一个服务网点（储蓄所）开出的存单，可以在任何一个服务网点上兑换现金的业务。

11）支票圈存业务

支票圈存业务是指借助于支付密码技术（电子签名、影像技术），由收款人在收受支票时通过圈存密码器、POS、网络、电话等圈存受理终端，经由小额系统向出票人开户行发出圈存指令，预先从出票人账户上圈存支票支付金额，以保证支票的及时足额支付的业务。

12）支票截留业务

支票截留业务是指持票人开户银行在收到客户提交的纸质支票后，不再将支票交换至出票人开户银行，而是先利用支付密码或影像信息实现纸质支票截留，然后通过中国人民银行小额支付系统或中国人民银行全国支票影像交换系统向出票人开户银行发起借记业务（向出票人开户行提示付款），出票人开户银行根据借记业务指令中提供的支标信息、支付密码、影像信息等要素确认支票的真实性，并通过小额支付系统完成跨行资金清算的业务。

目前，中国人民银行推广应用的支票截留业务分为两类：一是基于全国支票影像交换系统实现的全国范围内的支票截留业务；二是基于小额支付系统传递支票影像文件实现的省内范围的支票截留业务，也可以称为通过用支票截留业务。

13）信息服务业务

信息服务业务是指支付系统参与者间相互发起和接收的，不需要支付系统提供清算服务信息数据的业务。此类信息数据主要包括支票"圈存"信息等非支付类信息。支付系统接收参与者发送的各类信息，先经由所在 CCPC（同城业务）或 NPC（异地业务）再实时转发给参与者。

3. 小额支付系统的基本业务处理流程

根据支付业务的发起和接收参与者是否属于同一城市处理中心，小额支付系统处理的业务可以分为同城业务和异地业务。同城业务是指属于同一城市处理中心的参与者相互间发生的支付业务；异地业务是指分属不同城市处理中心的参与者相互间发生的支付业务。

（1）小额支付系统处理的同城贷记支付业务，其支付指令从付款行发起，经付款清算行、城市处理中心、收款清算行，至收款行止；小额支付系统处理的异地贷记支付业务，其支付指令从付款行发起，经付款清算行、付款行城市处理中心、国家处理中心、收款行城市处理中心、收款清算行，至收款行止。

（2）小额支付系统处理的同城借记支付业务，其支付指令从收款行发起，经收款清算行、城市处理中心、付款清算行、付款行后，付款行按规定时限发出付款回执信息原路径返回至收款行止;小额支付系统处理的异地借记支付业务,其支付指令从收款行发起,经收款清算行、收款行城市处理中心、国家处理中心、付款行城市处理中心、付款清算行、付款行后,付款行按规定时限发出付款回执信息原路径返回至收款行止。

4. 小额支付系统的作用

(1) 有利于畅通跨行支付清算汇路。除各类传统的借、贷记业务以外,小额支付系统还可处理财税库横向联网、跨行通存通兑、支票圈存和支票截留等业务,支撑各种汇划和托收支付工具的处理,有效畅通跨行资金汇路,适应经济活动和业务发展的需要。

(2) 有利于提高银行业金融机构的资金使用效率。小额支付系统采取实时轧差、净额清算的处理方式,可以有效节约银行业金融机构的流动性,降低其机会成本,提高资金使用效率。

(3) 有利于银行业金融机构改进金融服务。小额支付系统实行 7×24 小时连续运行,可以支持跨行网上支付、电话缴费等日常支付活动。银行业金融机构可根据支付活动及业务发展需要,基于小额支付系统这一平台,灵活拓展各类中间业务,有效改进金融服务。

(4) 有利于满足未来业务发展的需要。小额支付系统在设计上充分考虑多样性和前瞻性,业务功能设计灵活,可根据管理的需要适时启用;系统支持灵活的技术升级功能,确保未来业务量增加时对网络资源扩容或硬件设备的添加而不影响各类支付业务的正常处理。

(5) 有利于银行业整体资源的优化配置。小额支付系统作为金融基础设施,与各银行业金融机构业务系统连接,通过报文信息交换,将各银行机构的营业网点连接为一个有机的整体,实现银行金融服务资源共享,避免重复投资,有效节约社会资源。

3.2.3 支票影像交换系统

1. 支票影像交换系统的概念及发展历程

支票影像交换系统(Cheque Image System, CIS)主要通过影像技术、支付密码、数字签名等技术,将纸质支票转化为影像和电子信息,实现纸质支票截留,利用信息网络技术将支票影像和电子清算信息传递至出票人开户行进行提示付款,实现支票的全国通用。

长期以来,由于传统管理模式的约束和异地票据交换手段的缺失,支票在我国基本只在同一城市范围内使用,区域间经济往来中,人们只能选择汇兑方式,如银行汇票、商业汇票、现金等支付方式。随着社会经济快速发展和地区间经贸往来日益密切,支票呈现突破地域限制和实现全国通用的态势。近年来,我国部分地区在中国人民银行当地分支行的组织下,对扩大支票流通范围进行了有益探索,例如在京津冀区域、上海及周边区域、湖南省长株潭区域、广东省广深区域等开展支票跨区域使用试点,有效促进了区域经济的发展,同时也反映出社会对扩大支票流通范围、实现支票全国通用的客观需求。

从国外支票业务发展现状看,世界上多数国家支票是全国流通使用的。美国的支票甚至可以全球流通。随着计算机技术和网络通信的发展,利用影像技术实现实物支票截留已成为支票清算的发展趋势。目前,美国、法国、德国、新加坡和中国香港等国家和地区均已建立基于影像技术的支票截留系统;印度也正在建设基于影像技术的全国支票截留系统。

在此背景下,我国的支票影像交换系统于 2006 年 12 月 18 日在北京、天津、上海、河北、广东和深圳六省(市)成功试点运行。2007 年 6 月 25 日,中国人民银行完成支票影像交换系统在全国的推广建设。目前,系统运行稳定,全国支票业务逐步发展。

2. 支票影像交换系统的结构及业务流程

支票影像交换系统采用两级两层结构:第一层是影像交换总中心,负责接收、转发跨分中心支票影像信息;第二层是影像交换分中心,分中心设在省(区)首府和直辖市,负责接收、转发同一省、自治区、直辖市区域内系统参与者的支票影像信息,并向总中心发送和从总中心接收跨分中心的支票影像信息。

支票影像交换系统支持支票全国通用,改变了传统的实物票据交换模式,其业务处理流程包括三个阶段:

第一阶段是纸基票据流,即实物支票经过出票、转让、提示付款等环节流通到收款行或票据交换所,完成实物支票的截留和影像采集。

第二阶段是影像信息流,即将采集的支票影像业务信息通过支票影像交换系统传递给出票人开户行审核付款。

第三阶段是资金清算流,即出票人开户行收到支票影像信息审核无误后,通过小额支付系统返回业务回执和完成资金清算。

全国支票影像交换系统流程图如图 3-2 所示。

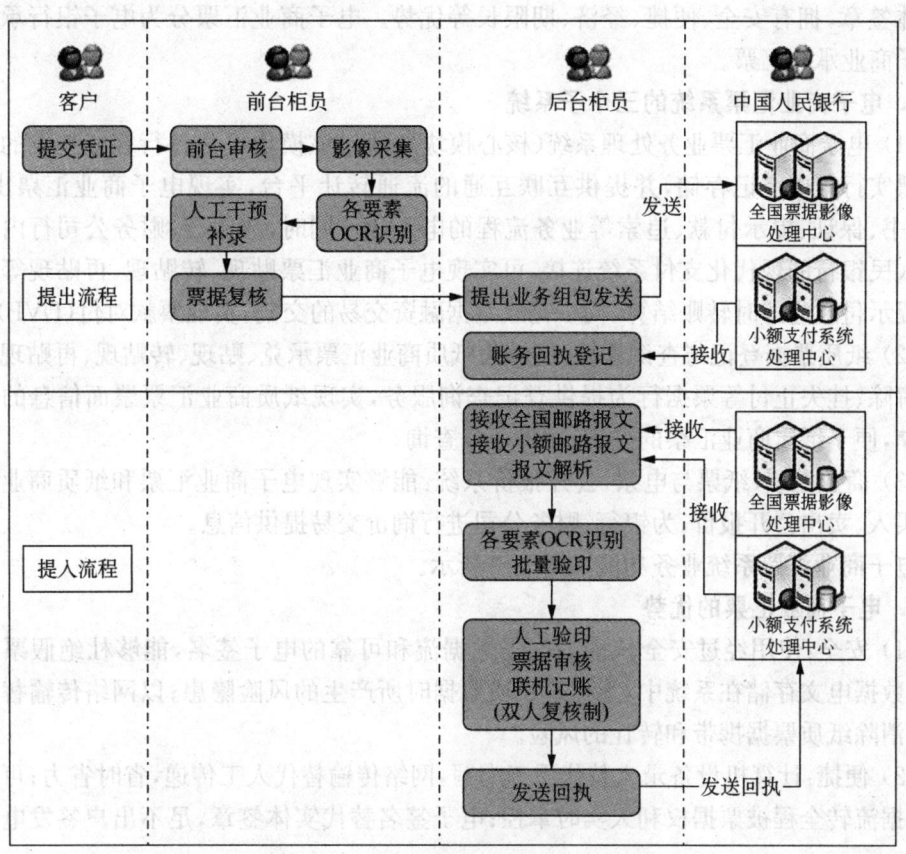

图 3-2 全国支票影像交换系统流程图

与传统支票业务处理流程相比,通过支票影像交换系统处理,支票在交易主体间的流通转让环节并未发生变化,主要是银行间的支票传递和清算环节发生了变化。体现在以下三个方面:

一是支票在银行间的传递由实物票据交换转换为系统传输电子信息和影像信息。

二是支票核验付款由出票人开户行根据实物支票核验付款转换为根据支票影像信息核验付款。

三是银行间的资金清算由同城票据交换系统完成转换为由小额支付系统完成。

3.2.4 电子商业汇票系统

1. 电子商业汇票系统的概念

电子商业汇票系统(Electronic Commercial Draft System，ECDS)于2009年10月28日在北京、上海、山东、深圳四地投产试运行，并于2010年6月28日推广至全国。该系统依托网络和计算机技术，接收、登记、转发电子商业汇票数据电文，提供与电子商业汇票货币给付、资金清算行为相关服务并提供纸质商业汇票登记、查询和商业汇票(含纸质、电子商业汇票)公开报价服务的综合性业务处理平台。电子商业汇票系统的建立，大大降低了票据操作风险，同时为金融机构统一管理票据业务提供了基础平台和技术手段。

与传统的纸质商业汇票相比，电子商业汇票以数据电文形式签发、流转，以电子签名取代实体签章，拥有安全、便捷、经济、期限长等优势。电子商业汇票分为电子银行承兑汇票和电子商业承兑汇票。

2. 电子商业汇票系统的三个子系统

(1) 电子商业汇票业务处理系统(核心模块)：通过该模块可为各行客户签发的电子商业汇票实行集中登记存储，并提供互联互通的流通转让平台，实现电子商业汇票出票、承兑、背书、保证、提示付款、追索等业务流程的电子化。同时，与银行、财务公司行内系统及中国人民银行的现代化支付系统连接，可实现电子商业汇票贴现、转贴现、再贴现等融资交易和提示付款的即时转账结算，同步完成票据融资交易的交割，实现票款对付(DVP)。

(2) 纸质票据登记与查询系统：能够为纸质商业汇票承兑、贴现、转贴现、再贴现、质押、质押解除、挂失止付等票据行为提供登记查询服务，实现纸质商业汇票票面信息的集中登记存储，便于纸质商业汇票的贴现、质押业务查询。

(3) 商业汇票(纸票与电票)公开报价系统：能够实现电子商业汇票和纸质商业汇票转贴现买入、卖出公开报价，为银行、财务公司进行询价交易提供信息。

电子商业汇票系统业务功能如图3-3所示。

3. 电子商业汇票的优势

(1) 安全：使用经过安全认证的电子数据流和可靠的电子签名，能够杜绝假票和克隆票；以数据电文存储在系统中，无保管纸质票据时所产生的风险隐患；以网络传输替代人工传递，消除纸质票据携带和转让的风险。

(2) 便捷：计算机设备录入替代手工书写，网络传输替代人工传递，省时省力；可实时查询，票据流转全程被票据权利人实时掌控；电子签名替代实体签章，足不出户签发电子商业汇票。

(3) 经济：票据背书、交付均在系统上操作，瞬间流转，节省时间投入和费用支出；通过电子渠道进行质押、贴现，资金瞬间到账，无需查询查复；不需人工保管，自动提示托收。

(4) 期限长：传统的纸质商业汇票的付款期限自出票日起最长不超过6个月，而电子商业汇票付款期限延长至一年，可作为融资手段代替相当一部分短期流动资金贷款。

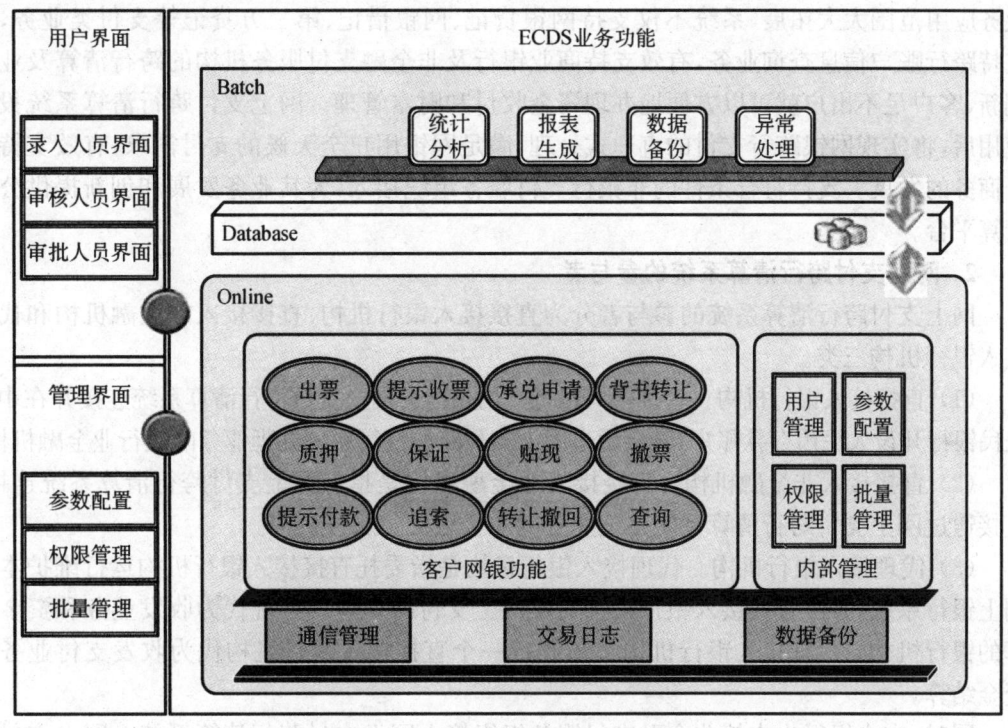

图 3-3   电子商业汇票系统业务功能

3.2.5   网上支付跨行清算系统

1. 建设背景及概念

网上跨行支付属于银行间(或银行与非银行清算组织间)的协议行为,当收付款人不在同一家银行开户时,支付指令的跨行清算通过多个系统间传输或转换,有些处理环节还需商业银行业务人员手工干预,业务处理时间较长,客户也不能及时了解支付业务的处理结果。为提高网上支付的跨行清算效率,提升商业银行网银服务水平,更好地履行中央银行的支付清算职责,中国人民银行决定建设网上支付跨行清算系统。

网上支付跨行清算系统(Internet Banking Payment System, IBPS)作为第二代支付系统的核心业务子系统,已于 2010 年 8 月 30 日先期投产运行,并于 2011 年 1 月 24 日推广至全国。网上支付跨行清算系统主要支持网上跨行零售业务的处理,业务指令逐笔发送、实时轧差、定时清算。客户可以通过在线方式提交支付业务,并可实时获取业务处理结果。系统支持商业银行以及经中国人民银行批注的非金融支付服务机构接入,并向客户提供 7×24 小时全天候支付服务,采取定场次清算的模式,设置贷记业务金额上限,与大额支付系统共享一个清算账户。网上支付跨行清算系统采取实时传输及回应机制,可处理网银贷记业务、网银借记业务、第三方贷记业务、跨行账户信息查询以及在线签约等业务。客户通过商业银行的网上银行可以足不出户办理多项跨行业务,并可及时了解业务的最终处理结果。

通过网上支付跨行清算系统的支持,客户在办理网上支付业务时会有更好的体验:一是可以随时随地发起网上跨行支付业务;二是发起汇款指令信息填写简单,操作便捷,支付业务处理的成功率高;三是在线实时接收业务处理结果,真正实现资金实时到账;四是网银业务应用范围大大拓展,系统不仅支持网银贷记、网银借记、第三方贷记等支付类业务,还支持跨行账户信息查询业务,有效支持商业银行及非金融支付服务机构的跨行清算及业务创新,客户足不出户就可以方便地办理资金收付和财富管理。网上支付跨行清算系统投入使用后,将实现网银跨行支付的直通式处理,满足网银用户全天候的支付需求,有效支持电子商务的发展。支持符合条件的非银行支付服务组织接入,为其业务发展和创新提供公共清算平台。

2. 网上支付跨行清算系统的参与者

网上支付跨行清算系统的参与者分为直接接入银行机构、直接接入非金融机构和代理接入银行机构三类。

(1) 直接接入银行机构。直接接入银行机构是指与网上支付跨行清算系统连接并在中国人民银行开设人民币存款账户,直接通过网上支付跨行清算系统办理业务的银行业金融机构。

(2) 直接接入非金融机构。直接接入非金融机构是指与网上支付跨行清算系统连接,直接通过网上支付跨行清算系统办理业务的非金融支付服务机构。

(3) 代理接入银行机构。代理接入银行机构是指委托直接接入银行机构运行维护本行网上银行系统,并由直接接入银行机构通过网上支付跨行清算系统代为收发业务和资金结算的银行机构。代理接入银行机构必须制定一个直接接入银行机构代为收发支付业务和资金结算。

同时,中央银行也支持非金融支付服务组织接入网上支付跨行清算系统。网上支付跨行清算系统为经中央银行批准获得支付业务许可证的非金融支付服务组织提供接入渠道,支持非金融支付服务组织通过灵活多样的方式为社会提供支付服务,能够更好地满足公众居家支付需求,也有利于电子商务的发展。

以支付宝为例,该类非金融支付机构的运行模式为:依托在多家合作银行分别开立结算账户,代不同银行的客户完成跨行支付,经营成本较高,客户范围也受到限制。而当该类支付服务组织也被纳入系统之后,客户只需在任一家银行开立账户并开通网银支付功能,即可通过非金融支付服务组织发起支付业务。

中央银行于 2010 年 6 月发布《非金融机构支付服务管理办法》,指出支付机构依法接受中央银行的监督管理。中央银行表示,由于第三方机构的客户可以是各商业银行的网银用户,如仍通过现有方式向付款人收费,则第三方机构应在所有银行开设账户,操作成本很高;如由第三方机构直接向付款人收取,处理手续复杂,客户体验也比较差。为支持第三方机构的业务发展,网上支付跨行清算系统应支持第三方机构向付款人收取手续费的功能,并可根据管理需要向指定的参与者开启。

3. 网上支付跨行清算系统的业务种类

(1) 支付类业务:网银贷记业务、网银借记业务和第三方贷记业务。

网银贷记业务主要应用于网上银行转账汇款和缴费等支付业务,实现客户办理网上跨行支付业务的实时处理和即时反馈,简化了客户办理网上跨行支付业务的操作。其基本流程图如图 3-4 所示。

网银借记业务主要应用于实时代收费、自动贷款还款等支付业务,实现了客户办理网上跨行借记支付业务的实时处理和即时反馈,拓宽了业务范围,有利于银行金融机构创新网上银行产品。其基本流程图如图 3-5 所示。

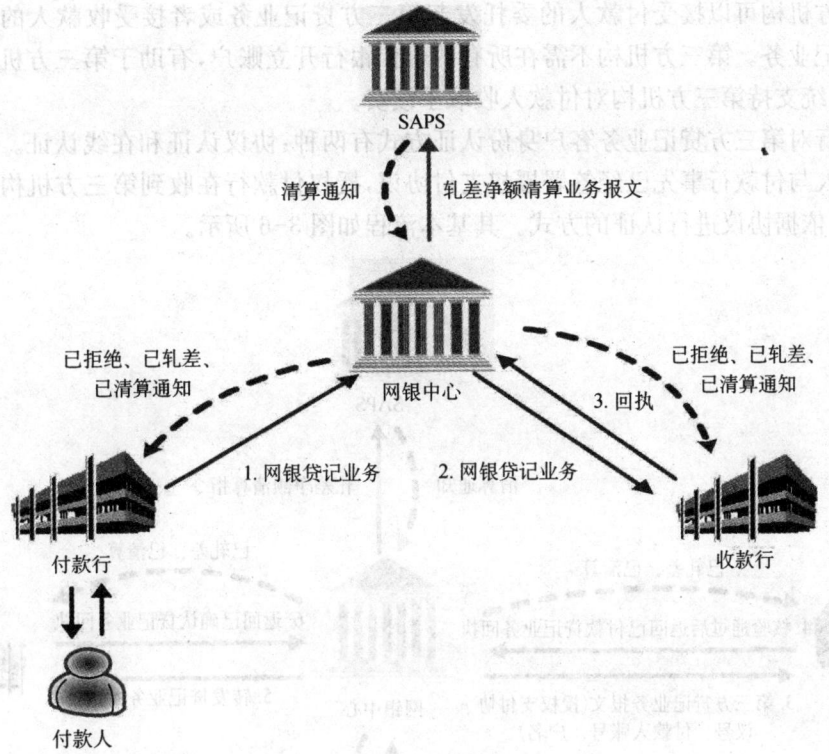

图 3-4　网银贷记业务基本流程图

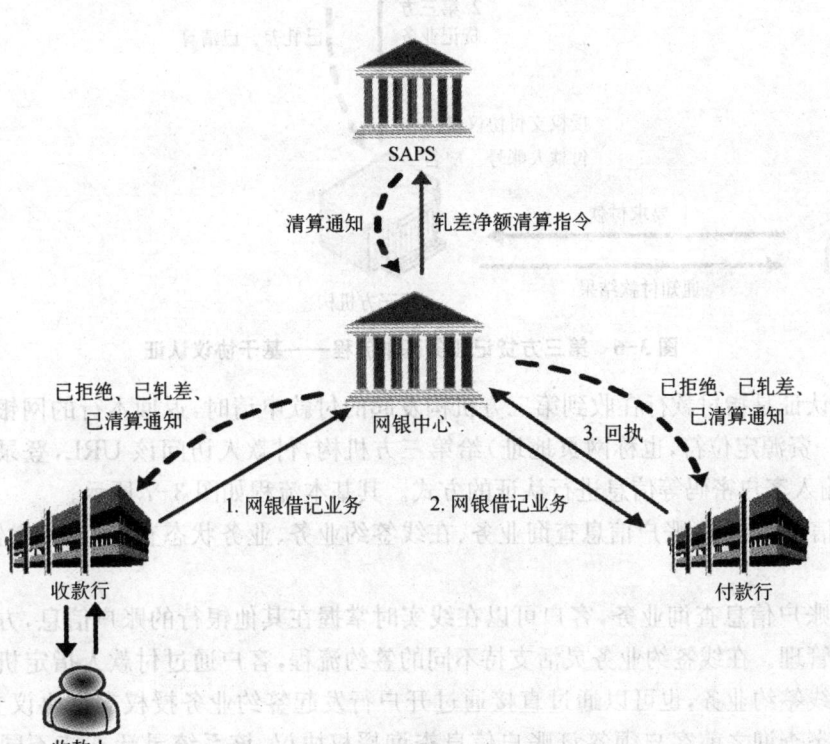

图 3-5　网银借记业务基本流程图

第三方机构可以接受付款人的委托发起第三方贷记业务或者接受收款人的委托发起第三方贷记业务。第三方机构不需在所有的合作银行开立账户,有助于第三方机构创新服务产品,系统支持第三方机构对付款人收取手续费。

付款行对第三方贷记业务客户身份认证方式有两种:协议认证和在线认证。协议认证是指付款人与付款行事先已经签署授权支付协议,授权付款行在收到第三方机构发起的付款申请时,依据协议进行认证的方式。其基本流程如图3-6所示。

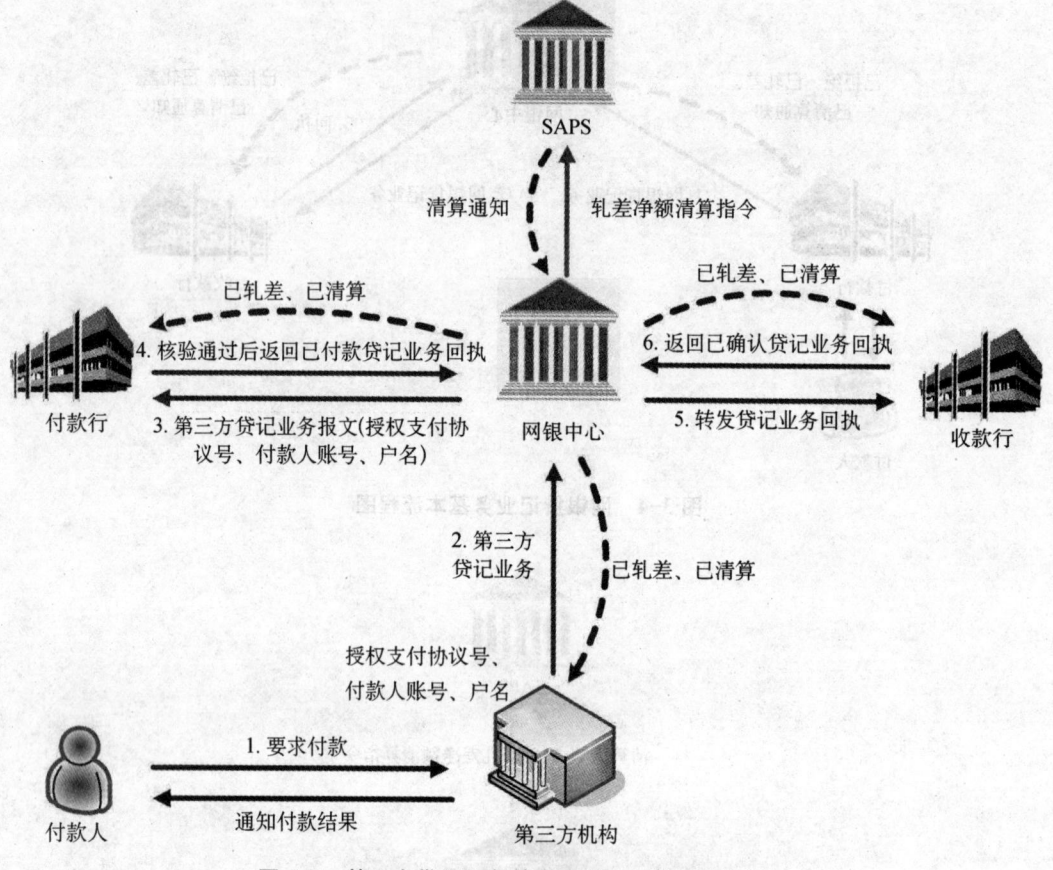

图3-6 第三方贷记业务基本流程——基于协议认证

在线认证是指付款行在收到第三方机构发起的付款申请时,返回本行的网银身份认证URL(统一资源定位符,也称网页地址)给第三方机构,付款人访问该URL,登录付款行网银系统,输入客户密码等信息进行认证的方式。其基本流程如图3-7所示。

(2)信息类业务:账户信息查询业务、在线签约业务、业务状态查询、业务撤销、自由格式报文。

通过账户信息查询业务,客户可以在线实时掌握在其他银行的账户信息,方便地进行个人财富管理。在线签约业务灵活支持不同的签约流程,客户通过付款人指定机构相关网站发起在线签约业务,也可以通过直接通过开户行发起签约业务授权支付协议文本格式。在业务状态查询之前客户须签订账户信息查询授权协议,该系统灵活支持不同的签约流程,客户可以直接通过被查询行网站进行签约,也可以通过查询机构网站发起签约申请,与

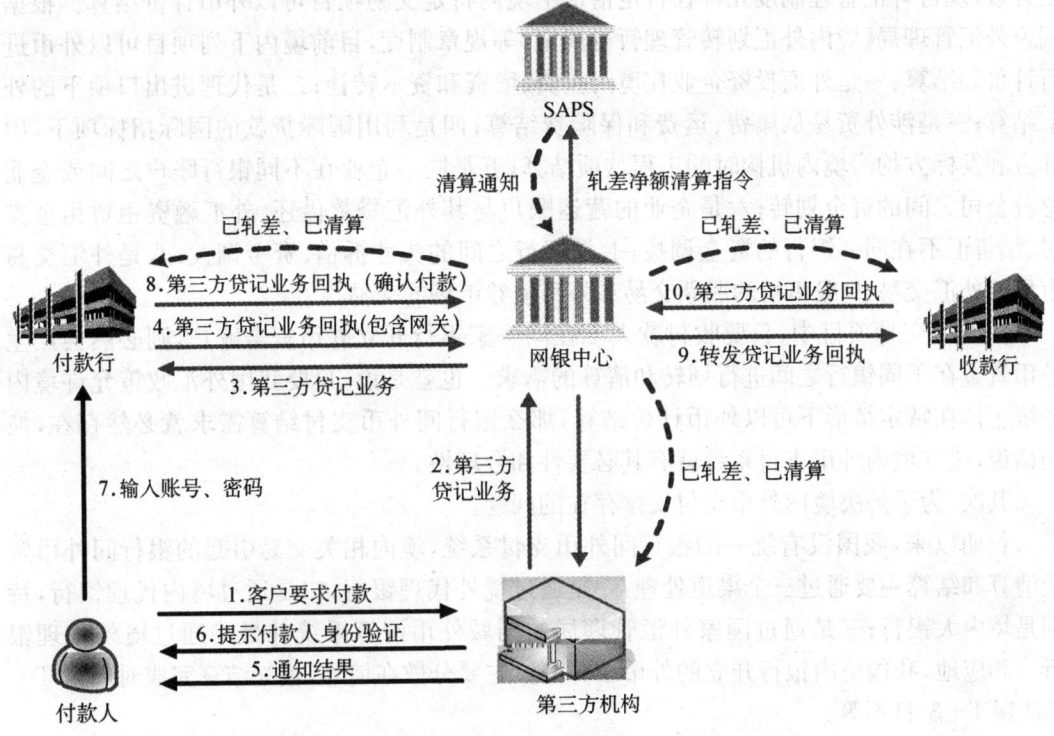

图 3-7　第三方贷记业务基本流程——基于在线认证

被查询行签约。业务撤销包括:业务发起方发起业务撤销申请;对支付类业务申请撤销;对未纳入轧差、未进入处理终态的支付业务撤销,否则撤销失败;撤销申请可以重复发送,但不能对发出的撤销申请进行撤销。

3.2.6　境内外币支付系统

2008 年 4 月 28 日,我国境内外币支付系统成功上线试运行,港币清算业务率先开通,随后英镑、欧洲、日元等外币支付业务相继开通,美元支付系统也于同年 7 月 24 日正式开通。这是中国人民银行为完善我国支付体系采取的又一重要举措,对进一步加强我国金融基础设施建设、适应和促进我国经济金融改革发展特别是外汇管理体制改革具有重要的意义。

1. 建立境内外币支付系统的必要性

首先,为了满足当前境内外币计价和结算的需要。

改革开放以来,我国外汇管理体制经历了一系列重大变革,取得了许多突破性进展。人民币经常项目分步实现可兑换,取消了所有经常项目对外支付和转移的限制;有计划、有步骤地推进资本项目开放,人民币资本项目可兑换程度逐步提高。我国外汇管理体制的改革,为金融机构、企业和个人创造了良好的外部经营环境,促进了我国经济特别是涉外经济的发展。

外汇管理体系的变革必然影响外币计价和支付结算活动。根据《外汇管理条例》的规定,在我国境内禁止外币流通,并不得以外币计价结算。但由于我国目前资本项目仍未完全开放,现行外汇管理制度允许在特定情形下境内特定交易项目可以外币计价结算。根据国家外汇管理局《境内外汇划转管理暂行规定》等规章制度,目前境内下列项目可以外币进行计价和结算:一是外商投资企业在境内投资、增资和资本转让;二是代理进出口项下的外汇结算;三是涉外贸易从属费、运费和保险费结算;四是利用国际贷款的国际招标项下,中标方和发标方均为境内机构时的工程款项结算;五是同一企业在不同银行账户之间或企业总分公司之间的资金划转;六是企业的营运账户与其外汇贷款借还、外汇融资租赁租金支付、结售汇不在同一银行的资金调拨;七是银行之间的头寸拆借、资金调拨;八是外汇交易市场的外汇交易、B股市场的股票交易和外币债券市场的交易。

在上述交易项目中,只要收付款人不在同一家银行开立外币资金账户,则必然会产生外币资金在不同银行之间进行划转和清算的需求。也就是说,只要我国外汇政策允许境内经济主体在特定情形下可以外币计价结算,那么银行间外币支付结算需求就必然存在,换句话说,建立境内外币支付系统就有其必要性和合理性。

其次,为了解决境内外币支付安排存在的问题。

长期以来,我国没有统一的银行间外币支付系统,境内相关交易引起的银行间外币资金清算和结算主要通过三个渠道处理:一是通过境外代理银行;二是通过境内代理银行,特别是境内大银行;三是通过国家外汇管理局的同城外币清算系统并最终通过境外代理银行。相应地,我国境内银行开立的外币结算账户主要分散在境外,最终结算完成时间从T+0日到T+3日不等。

从总体上看,上述外币支付安排存在如下突出问题:一是外币资金存放分散、结算效率较低、结算风险较大、结算成本较高,不能满足我国境内商品及劳务服务交易对安全、高效的外币支付服务的需求;二是境内中小银行通过境内代理银行进行外币结算,不利于其重要客户商业秘密的有效保护,导致中小银行机构客户流失,影响银行之间的公平竞争;三是境内金融市场交易通过境外结算,不利于维护我国金融信息安全。为解决现行境内外币支付安排存在的诸多问题,有必要尽快建立境内统一、高效的外币支付系统。

最后,为了与国际接轨。

近年来,随着国际资本流动限制的逐步放松和外汇、股票、债券、衍生产品等金融市场的发展,传统的代理银行安排已经不能完全适应跨境支付和多币种支付需求。为降低因外汇交易导致的系统性风险,发达经济体的中央银行纷纷致力于跨境和多币种支付安排的改革。在跨境支付方面,CLS银行(持续连接结算银行)的建立及其外币结算系统的投产运行代表着外汇结算安排的新进展。截至2007年底,已有美元、欧元等15种货币成为CLS银行的结算币种。此外,一些发达经济体开始建立境内外币支付系统。例如,英国于1999年开始运行CHAPS欧元系统。该系统与TARGET系统联网,连接15个欧盟国家的RTGS系统和欧洲中央银行,其参与者可以通过该系统发送和接收跨境和国内的欧元支付业务。又如,香港分别于2000年和2003年运行美元支付系统和欧元支付系统,在亚洲营业时间内提供高效的美元结算和欧元结算。发达经济体建立境内外币支付系统,为我国发挥后发优势、更好地建立类似系统提供了经验借鉴。

2. 境内外币支付系统的业务范围及主要特点

境内外币支付系统主要提供以下三类业务:一是境内跨行贷记业务,即境内付款银行向境内收款银行发起的付款业务,范围限于国家外汇管理局规定可以外币进行计价结算,收付款人均在中国境内的外汇划转项目;二是轧差净额业务,即外币清算机构为结算其外币轧差净额发起的多边支付业务;三是付款交割业务(DVP 业务),即证券存管机构为同时完成外币债券交割与资金结算发起的支付业务。

与其他支付系统相比,境内外币支付系统主要具有如下特点:

一是支持多币种结算。根据设计,境内外币支付系统将采用美元、港币、日元、欧元、澳大利亚元、加元、英镑和瑞士法郎八个币种作为结算币种。

二是采用"Y"型信息流结构。境内外币支付系统由中国人民银行清算总中心负责对支付指令进行接收、清算和转发,由代理结算银行负责对支付指令进行结算。

三是采用"一点接入"架构。银行以法人或境内管理行为单位"一点"接入外币支付系统,并对其行内业务系统发起行或接收行实行资金统一管理。

四是采用市场化原则运作。境内外币支付系统实行公开、自愿的加入原则,符合加入条件的银行可根据自身情况决定是否加入系统。

五是严格遵循国际标准和惯例。境内外币支付系统不仅在支付流程、风险管理等方面采用国际惯例,报文格式采用 SWIFT 标准,而且将在监督管理方面遵循《中央银行对支付结算系统的监督原则》等国际标准。

3. 境内外币支付系统的业务规则

境内外币支付系统采用实时全额结算机制(RTGS),实时逐笔对参与者和特许参与者发起的支付指令进行处理,支付指令一经结算即具有最终性。为办理外币支付业务,参与者需在代理结算银行开立外币结算账户,并与代理结算银行签订代理结算服务协议。

境内外币支付系统的运行时序分为营业准备、日间运行、业务截止、清算窗口和日终处理五个阶段。在系统营业准备阶段,代理结算银行将各参与者的日初可用额度上传外币清算处理中心。在系统日间运行阶段,参与者可以向外币清算处理中心发起外币支付指令。当参与者的可用额度足够时,系统将结算该笔支付指令;当参与者的可用额度不足时,系统将对该笔支付指令进行排队。在预定业务截止时点,如果没有正在排队的支付指令,系统将进行日终处理;如果存在排队的支付指令,系统将开启清算窗口,可用额度不足的参与者可在此期间进行融资,以解救排队支付指令。在预定清算窗口关闭时间,系统将对排队支付指令做退回处理,同时将当日支付指令清算结果提交代理结算银行。在完成日终记账和对账后,系统将所有参与者的可用额度归零,同时进入下一工作日的营业准备状态。

境内外币支付系统的收费由两部分组成:一是代理结算银行对其提供的外币结算服务的收费;二是中国人民银行清算总中心对其提供的外币清算服务的收费。外币结算服务收费方案由代理结算银行按照市场化原则确定,代理结算银行在与参与者签订外币结算服务协议时具体协商相关收费项目和标准。外币清算服务收费按照成本补偿原则实行政府定价。

4. 境内外币支付系统的风险管理

境内外币支付系统引入了一系列措施和机制,以防范与信用风险、流动性风险、运行风险、法律风险和系统性风险。

(1)信用风险管理。境内外币支付系统采用实时全额结算机制,参与者和特许参与者的支付指令只有当其支付金额在可用额度内时才能完成结算,因此参与者不存在来自交易对手的信用风险。

（2）流动性风险管理。境内外币支付系统采用排队管理、清算窗口、排队撮合等机制，以降低流动性风险。同时，参与者可通过系统查询其支付指令排队、可用额度和外币结算账户余额等情况，以加强自身流动性管理。此外，代理结算银行将在授信额度内，为参与者提供日间信贷、隔夜信贷等流动性支持。日间信贷和隔夜信贷可采取透支和质押融资的形式。

（3）运行风险管理。境内外币支付系统采用"一点接入"策略，参与者必须以法人为单位接入境内外币支付系统（CFXPS），减少系统风险点。境内外币支付系统核心系统采用双机热备等措施，以确保主机和网络设备不存在单点故障；数据传输应用密押技术，以确保业务数据的传输安全和存储安全。建立应急处置、审计跟踪和病毒防范机制，保障系统的安全高效运转；建立健全系统内部控制制度，防止操作失误、操作差错和内部舞弊；加强系统运行维护和突发事件应急处置，保障系统的不间断运行和业务的连续性。

（4）法律风险管理。为防范法律风险，中国人民银行发布了《境内外币支付系统管理办法》《境内外币支付系统代理结算银行管理规定》等一系列规章制度，对系统相关各方在准入规则、风险管理、结算安排、收费策略等方面的权利和义务进行全面的规定。中国人民银行将依法对参与者、特许参与者、代理结算银行和清算总中心有关行为进行检查监督，以确保境内外币支付系统的安全、稳定、高效运行。

5. 境内外币支付系统的发展趋势

随着我国经济金融等外部环境变化特别是国家外汇管理体系改革的进一步推进，我国境内外币支付系统将得到进一步完善和发展。

一是券款对付（DVP）业务比重会逐步提高。目前，境内外币支付系统处理的主要是普通贷记业务，随着人民币资本项目可兑换的稳步有序推进，国内需要以外币计价结算的交易项目将不断减少。相应地，境内外币支付系统的业务重点将从普通贷记业务转向为证券存管机构等特许参与者提供 DVP 业务。

二是适时调整结算币种。根据设计，境内外币支付系统第一批将开通港币、美元等八种结算货币的支付业务。随着各种货币计价结算业务量的发展变化以及相关发币国外汇管理政策的调整，境内外币支付系统开通的币种将相应进行调整。

三是研究建立与其他相关系统的联系。首先，要研究境内外币支付系统与中国外汇交易市场的关系，为中央银行和国家外汇管理局统一监测境内外币资金流动情况创造良好条件。其次，要研究境内外币支付系统与境外支付系统之间的关系，为跨境支付提供安全、高效的通道。

3.2.7 人民币跨境支付系统

随着跨境人民币业务各项政策相继出台，跨境人民币业务规模不断扩大，人民币已成为中国第二大跨境支付货币和全球第四大支付货币。人民币跨境支付结算需求迅速增长，对金融基础设施的要求越来越高。为满足人民币跨境使用的需求，进一步整合现有人民币跨境支付结算渠道和资源，提高人民币跨境支付结算效率，2012 年初，人民银行决定组织建设人民币跨境支付系统（CIPS），满足全球各主要时区人民币业务发展的需要。

人民币跨境支付系统（Cross-border Interbank Payment System, CIPS）建设目标是保证安全、稳定、高效，支持各个方面人民币跨境使用的需求，包括人民币跨境贸易和投资的清算、境内金融市场的跨境货币资金清算以及人民币与其他币种的同步收付业务。

2015 年 10 月 8 日上午，人民币跨境支付系统（一期）成功上线运行，首批直接参与机构包括工农中建交五大国有银行，招商、浦发、民生、兴业、平安、华夏几家股份制银行，以及汇丰银行、花旗银行、渣打银行、星展银行、德意志银行、法国巴黎银行、澳大利亚银行、新西兰银行、东亚银行等外资银行境内机构共计 19 家。此外，同步上线的间接参与者范围覆盖 5 大洲 50 个国家和地区的 38 家境内银行和 138 家境外银行。CIPS 的建成运行是我国金融市场基础设施建设的又一里程碑事件，标志着人民币国内支付和国际支付统筹兼顾的现代化支付体系建设取得重要进展，对推动人民币成为全球主要的支付货币、推进人民币成为特别提款权（SDR）篮子货币发挥了重要作用。

作为国家级金融市场基础设施，CIPS 的建设、运营从始至终以自律、合规精神自觉遵守统一国际准则，在系统设计、规则制定等方面遵守并落实《金融市场基础设施原则》（Principles for Financial Market Infrastructures）与《重要支付系统核心原则》（Core Principles for Systemically Important Payment Systems）等相关要求。

CIPS 分两期建设：一期主要采用实时全额结算方式，为跨境货物贸易和服务贸易结算、跨境直接投资、跨境投融资和跨境个人人民币业务提供清算、结算服务；二期采用更为节约流动性的混合结算方式，提高人民币跨境和离岸资金的清算、结算效率。

CIPS 主要功能特点包括：

一是采用国际通用的 ISO20022 报文标准和统一的中文商用代码编码标准，充分考虑现行 SWIFT MT 报文的转换要求，相比清算行和代理行模式，减少了报文转换时的人工处理环节，实现了参与者跨境业务的自动转换和直通处理；

二是与国际接轨，采用全球唯一标识 BIC 码作为参与机构的行号标识，可兼容未来全球法人机构识别编码（LEI），清算路径清晰简洁，可扩展性强，有利于 CIPS 全球推广，与全球金融机构连接。

三是采取开放式的参与者管理模式，允许一家间接参与者与多家直接参与者建立业务代理关系。引入"一对多"机制，有利于直接参与者在提升服务水平、降低手续费用等方面贴近市场，从而提升 CIPS 客户的使用满意度。

四是服务时间覆盖欧洲、亚洲、非洲、大洋洲等人民币业务主要时区（运行时间是上午 9 点至晚上 8 点），参与者遍布全球六大洲，具有突出的渠道优势，能为外向型企业在全球主要市场的贸易、投资提供便利结算，发挥本币优势，便利企业开展人民币投融资业务。

五是按照信息安全保护等级三级标准建设，充分利用国产软硬件设备，并首次采用 SM2 国密算法实现跨境业务报文的加核签处理，最大限度确保参与者资金清算的安全、稳定。

六是通过自主研发的报文传输子系统（PMTS）为跨境支付业务搭建了安全、高效、专用的报文传输平台。并为参与机构提供了更加安全、可控的专线接入方式。

CIPS 上线以来，系统运行稳定，可用率保持 100%，参与者规模持续扩大，业务量稳步攀升。

截至 2017 年 12 月，CIPS 上线后，共有中银香港等 10 家中外资银行、中央结算公司和上海清算所 2 家金融基础设施以直接参与者身份成功接入 CIPS，直接参与者数量从上线时的 19 家增至 31 家，间接参与者从 176 家增至 695 家（其中亚洲 521 家，欧洲 88 家，北美洲

25家,大洋洲17家,南美洲16家,非洲28家),CIPS的实际业务范围已经覆盖到全球144个国家和地区的2 190家法人金融机构。

CIPS助力"一带一路"建设的纽带作用日益显现。CIPS参与者覆盖范围与"一带一路"高度重合,截至2017年末,CIPS间接参与者已覆盖37个沿线国家和地区(不含港澳台)的161家金融机构,CIPS实际业务覆盖51个"一带一路"沿线国家和地区(不含港澳台)的731家法人金融机构。CIPS为沿线国家和地区提供高效、便捷、安全的支付结算服务,有助于推动中国与"一带一路"沿线国家、地区的经贸往来,扩大人民币使用规模与范围,对"一带一路"的倡议实施起到重要支撑作用。

2017年7月3日,"债券通"正式上线运行,根据《内地与香港债券市场互联互通合作管理暂行办法》,"北向通"资金结算通过CIPS办理。10月9日,进一步提高债券通资金结算效率的CIPS双边业务成功上线。截至2017年末,已有26家直接参与者完成双边业务功能投产,业务开展情况良好。双边业务功能的开通有效提高了交易结算效率,降低了结算风险。

根据人民银行相关工作安排,CIPS(二期)将于2018年投产上线。CIPS(二期)将引入混合结算方式,延长系统对外服务时间,增加产品功能,进一步满足市场需求,拓展全球的人民币支付清算网络,为人民币国际化进程提供重要支撑。

复习思考

名词解释:中国现代化支付系统 大额实时支付系统 小额批量支付系统
支票影像交换系统 电子商业汇票系统 网上支付跨行清算系统

1. 简述中国现代化支付系统的发展历程。
2. 简述中国现代化支付系统的组成。
3. 简述大额批量支付系统的概念及业务分类。
4. 简述网上支付跨行清算系统的作用。
5. 简述境内外币支付系统的作用。
6. 简述人民币跨境支付系统发展的背景。

第4章 电子支付系统

4.1 电子支付系统概述

电子支付系统是指由提供支付服务的中介机构、管理货币转移的法规以及实现支付的电子信息技术手段共同组成的,用来清偿经济活动参加者在获取实物资产或金融资产时所承担的债务的系统,即把新型支付手段(包括电子现金、信用卡、借记卡、智能卡等)的支付信息通过网络安全传送到银行或相应的处理机构,来实现电子支付。因此,电子支付系统是电子交易顺利进行的重要社会基础设施之一,也是社会经济良好运行的基础和催化剂。

4.1.1 电子支付系统的发展历史

电子支付系统的产生与货币的产生与发展,计算机技术、网络技术、通讯技术的产生与发展有着密切的联系,表4-1为电子支付系统发展年限表。

表 4-1 电子支付系统发展变革表

时间	变 革
公元前700年	在土耳其西部出现最早的货币,用于缴税及雇用外籍兵团
1400 年	第一家银行在意大利和西班牙开设,承认对应于现金存款的支票方式
1694 年	英国银行(Bank of England)开幕,独占了银行票券的市场。它定义所有的存款证明并非均能立即在提领时取出存款的原则
1865 年	在英国银行的给付形式抽样调查中,显示有 97% 是使用支票
1887 年	在 Edward Bellamy 的小说"Looking Backward"中,出现"信用卡"的名词
1880—1914 年	黄金稳定的固定利率,使黄金成为当时的主要货币
1945 年	Bretton Woods 协议通过美元固定的价格连结货币与黄金的关系
1947 年	Flatbush 国家银行推出第一张可在纽约特定的商店使用的普通用途信用卡
1950 年	大额付费卡(Diners Club Charge Card)推出

（续表）

时间	变　革
20世纪50年代中期	磁性油墨字体认证技术（MICR）的发展适时帮助了支票的处理，增加了以支票签封做为无现金付款方式的选择
1958年	加州的 Bank of America 银行第一次信用卡大宗邮寄动作
1967年	Westminster 银行在伦敦装设第一部自动出纳机
1970年	纽约票券交换所启用 CHIPS 票券交换所内部银行付款系统，提供及时在线的美元转移及交易结算
20世纪70年代末期	Chemical 银行启用质子（Pronto）系统，提供3 000个电脑终端机与客户端家庭以电话连结中央电脑系统。并提供一些服务：财务收支平衡的询问、Chemical 银行账户间的转账行为及能特约当地商店得以使用支票给付款。第一代家庭银行普遍遇到的问题是：由谁给付家庭终端机的费用
1985年	银行体系间的付款系统广泛使用电子数据交换技术（EDI）
1994年	由荷兰 DigCash 发行的数字现金开始上线试用
1995年	Mondex 电子货币开始尝试在英格兰流通

4.1.2　电子支付系统分类及特点

电子支付系统按电子支付指令发起方式，可以分为网上支付、电话支付、移动支付、销售点终端交易 POS、自动柜员机 ATM 等。

电子支付系统按交易金额的多少来分，可以分为大额支付系统、脱机小额支付系统、联机小额支付系统等。大额支付系统主要处理银行间大额资金转账，是一个国家支付系统的核心应用体系，通常支付的发起方和接收方都是商业银行或在中央银行开设账户的金融机构。脱机小额支付系统（批量电子支付系统）主要处理预先授权的定期贷记（如代发工资）或定期借记（如公共设施缴费），支付数据以磁介质或数据通信方式提交清算所。联机小额支付系统包括 POS 和 ATM 等系统，其支付工具为银行卡（信用卡、借记卡等）。脱机和联机两类小额支付系统，主要特点是金额小、业务量大，交易资金采用净额结算。

4.2　ATM 系统

4.2.1　ATM 系统概述

1. 概念

自动取款机又称 ATM，是 Automatic Teller Machine 的缩写，意思是自动柜员机，因大部分用于取款，又称自动取款机。它是一种高度精密的机电一体化装置，利用磁性代码卡或智能卡实现金融交易的自助服务，代替银行柜面人员的工作，可以进行提取现金、查询存款余额、进行账户之间资金划拨等工作；还可以进行现金存款（实时入账）、支票存款（国内无）、存折补登、中间业务等工作。持卡人可以使用信用卡或储蓄卡，根据密码办理自动取款、查询余额、转账、现金存款、存折补登、购买基金、更改密码、缴纳手机话费等业务。

ATM 机的工作方式可分为脱机方式和联机方式。其中,联机方式又分为集中式、分布式、集中分布式。目前,我国的 ATM 系统采用的是联机方式。

2. ATM 系统主要功能

(1) 取现功能:即可以从支票账户、存款账户或信用卡账户提取现金。

(2) 存款功能:即可以存款到支票账户或存款账户。

(3) 转账功能:即可以实现支票账户与存款账户的相互转账。例如,从信用卡账户到支票账户的相互转化等。

(4) 支付功能:即从支票账户、存款账户或信用卡账户划拨现金。

(5) 账户余额查询功能:即系统可根据客户的要求检索该特定账户的余额。

(6) 非现金交易功能:包括修改个人密码、支票确认、支票认证、电子邮递、验证现钞、缴付各种公共事业账单等。

(7) 管理功能:包括查询终端机现金余额、终端机子项统计、支票确认结果汇总、查询营业过程中现金耗用、查询填补及调整后的现金及相关数据、安全保护功能等各种管理功能。

3. ATM 系统分类

ATM 系统主要被分为两种类型,如表 4-2 所示。

表 4-2　ATM 系统分类

		专有系统	共享系统
定 义		由一个金融机构独自购置网络中的 ATM 及其相关软硬件设备,并对其机构所发行银行卡有专有功能的系统	一个或多个金融机构的顾客,可以在自己的或别的金融机构操纵的 ATM 上进行存取款交易
特点	优点	可完全控制整个系统及其所有的装置,其产品也仅为该金融机构所识别	分享存取和协作控制
	缺点	投资大,交易额受该金融机构的持卡人规模的限制,偿还期长等	

4. ATM 的构成与工作方式

ATM 的构成可以分为硬件系统和软件系统。

1) 硬件系统

硬件系统由下半部分的保险柜和上半部分的电子柜构成主体框架;保险柜中包含现金处理模块——机芯,电子柜中包含 PC、读卡器、流水打印机、凭条打印机、通信控制板或者输入输出(IO)控制板。机器外部为面板部分。面板部分是按照人体工程学原理设计的,考虑了读卡口位置、键盘位置、闸门位置、显示器位置及其用户使用的高度和角度等。

2) 软件系统

软件系统一般分三级:第一级为介质程序级,是各个模块的底层驱动;第二级为动态库级,负责封装介质程序并向上给 ATMC(ATM 控制软件)提供接口;第三就是 ATMC,它向下负责调度各个模块,向上负责和银行系统通信,完成整个服务控制过程。操作系统方面则有四种选择:DOS, OS/2, LINUX, WINDOWS。DOS 的单任务性,使它在 ATM 平台市场竞争中输给了 OS/2,它所占比例目前不足 1%,只在运通等少数几家厂商的老式机器上使用,OS/2曾经是主流,现在IBM不再提供OS/2的支持了,所以也失去了市场,LINUX正在起步,现在市场主流是Windows系统,大部分采用的是陷入式Windows XP系统。

4.2.2 ATM系统的交易处理流程

ATM系统的交易处理流程可以有两种,一种是银行参与跨行交易清算的交易处理流程(见图4-1),一种是银行不参与跨行交易清算的交易处理流程(见图4-2)。

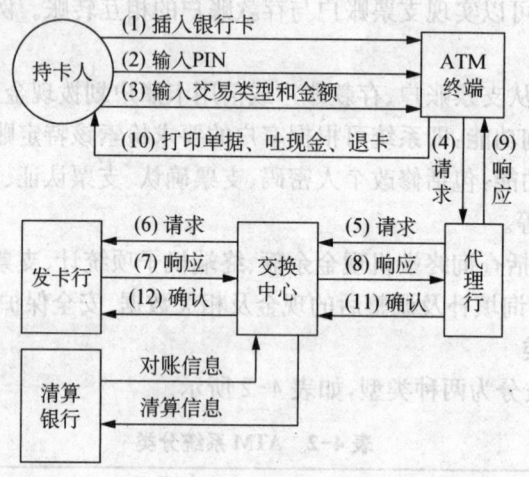

图4-1 银行参与跨行交易清算的交易处理流程

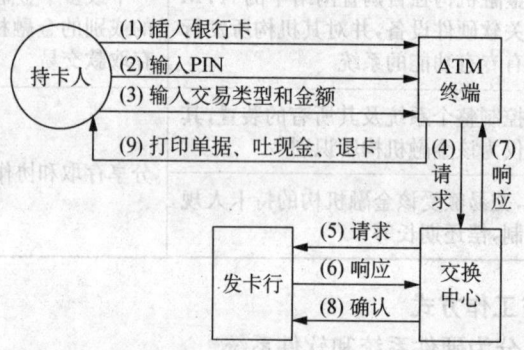

图4-2 银行不参与跨行交易清算的交易处理流程

4.2.3 ATM的安全保密

1. ATM常见的安全问题

ATM作为传统银行服柜台服务的一个延伸,以其强大的功能和便捷的自助金融服务,为人们提供了便利,ATM的应用也得到了迅猛的发展。尤其在沿海和新兴城市,商业银行的ATM装机速度较快,其产品以进口品牌居多,银行安装提供ATM服务的同时也取得了可观的经济效益,从而成为各大银行开展竞争的方向之一。

然而,ATM也因其遍布大街小巷而成为犯罪分子的攻击和利用对象。目前,伪造吞卡、假提示、假公告、假短信、假键盘窃号、调包、窥号、窃号,制作伪卡甚至假冒银行工作人员等针对ATM的犯罪手段层出不穷,不仅造成了银行储户资金的巨大损失,还给ATM金融安全带来了巨大的危害。为此,如何打造一个更高规格的 ATM 安全交易平台、有效防范 ATM 犯罪,已成为银行和 ATM 厂商共同的课题。

2. ATM 安全应对措施

(1) 建立一整套安全管理制度体系,从内部加强监管,防范风险。

(2) 组建切实可行的安全监控方案,在每台 ATM 机具上装备必要的监控设备、探测设备、对讲设备、报警系统,摄像监控实现全景覆盖,防止监控死角。

(3) ATM 的卡槽、吐钞口、按键区域、摄像头等整机组件要经过安全检查。

(4) 所有的 PIN 加密动作都要在硬件加密 PIN 设备(EPP)中完成,防止输出 PIN 明文,且加密 PIN 设备应经过第三方的安全评估检测。

(5) ATM 的 PIN 加密应该使用 3DES 算法或者中国银联允许的算法。

(6) ATM 核心应用要经过第三方功能测试。

(7) 应该安装防病毒和木马系统,并且及时升级测试。

(8) ATM 从 P 端到 C 端建立三级密钥体系,保证密钥生成、分发和接收、使用、存储、更新和销毁操作的安全。

(9) 修改 ATM 厂商初始密码,并且保证每台机器密码不一样。

(10) 保证 ATM 核心应用没有存储敏感信息,如磁条数据、PAN、PIN BLOCK 等。核心应用应该与中国银联的相关数据安全标准符合。

(11) 落实 ATM 机具维护的责任部分和责任人,定期地、经常性地巡检本行 ATM 机具的运行状况。

(12) 要同维护商签订保密协议和外包协议,协议中要明确双方权限和义务,限制维护人员对 ATM 的操作权限。

4.2.4 我国 ATM 发展历程

1. 我国 ATM 发展历程概述

世界上最早的 ATM 出现在 1967 年。我国的 ATM 是伴随着银行卡业务的成长而逐步发展起来的,为了满足持卡人在银行营业时间外也能够用卡存、取款,银行投资并安装了 ATM,以此提供 24 小时的自助服务。1987 年 2 月,我国第一台 ATM 在广东珠海投入使用。1993 年我国"金卡工程"启动后,国内银行对 ATM 需求激增。1998 年,全国 ATM 突破 2 万台。进入 21 世纪后,ATM 数量速度迅猛。到 2007 年底,中国联网 ATM 已经达到 12.3 万台。ATM 是社会发展过程中电子技术与银行业务完美结合的产物之一,信息技术的创新推动着 ATM 向更加智能化和人性化的方向发展。现在的 ATM 使用方便、界面更加友好,为广大客户提供了一种便捷的自助服务方式,不但增强了银行服务的灵活性,而且提升了银行的整体形象。

2. 我国 ATM 发展中存在的问题

1) 没有树立正确的 ATM 经营发展理念

大部分商业银行是将 ATM 作为形象宣传或者营业网点的补充,没有树立起一种新的经营理念,对 ATM 缺乏科学管理和经济效益的考核,导致银行在确定 ATM 安装选点时较少考虑经济效益,更多地考虑银行形象和减轻网点人员的工作压力。

2）对 ATM 管理不规范

首先是银行间管理差距较大,有些商业银行的形象设计不够人性化。有的银行功能齐全、形象统一,设备维护保养好;但也有的银行功能单一、外观五花八门,各类操作标识和提示牌随意张贴。其次是对于因 ATM 的设备问题导致客户遇到错账、出钞故障等情况的解决和处理没有统一的服务承诺。

3）ATM 布局不合理

从 ATM 交易量分析,业务量较大的地区主要集中在经济发展热点地区、繁华商业区、大型居民社区、大型批发市场周边,在这些地区经常出现排队取款的现象,而偏远地区和城镇的交易量较小。ATM 布局应该根据实际状况进行调整,交易量多的地区可以多装,少的地区可以少装或不装,以讲究实效、降低交易成本。

4）目前 ATM 功能单一、技术安全还待进一步提高

大多数的 ATM 仅有修改密码、查询、取现等功能。随着中间业务的发展,ATM 应开发多种业务,既方便客户也减轻柜台压力。此外,各地 ATM 技术故障事件屡见报端,如重庆观音桥步行街邮政储蓄 ATM 机取出 48 张同号百元假钞事件、"许霆案"等。

4.2.5 ATM 的发展未来策略

1. 注重 ATM 功能的创新

ATM 作为一种新型的服务渠道,与传统的柜台服务相比有许多优势。目前我国 ATM 的功能相对单一,大部分只办理存取款、转账、代收水电费等业务。我国商业银行应该根据客户的需要,开发设计贴近客户生活的新产品,还可以在 ATM 上不断推出多种增值服务,如彩票销售、手机充值、缴纳交通违章罚款、各类票务订购、广告业务等,甚至可以进行股票交易、缴纳保险费用,或者可以试听下载音乐。随着人们生活节奏的加快,银行应设法满足客户随时随地提取现金的需要,将 ATM 自助服务向商场、证券机构和超市渗透,扩大服务范围,延伸服务领域,以此吸引和稳定客户。

2. 积极引入竞争机制,提高 ATM 的服务效率

首先,要积极引入第三方 ATM 专业化服务商。第三方服务商的加入不仅能提高 ATM 整个市场的运营效率,而且能促进银行卡市场规模扩大。其次,第三方 ATM 服务商的引入,可以提高 ATM 市场的专业化水平,带来规模经济效应,从而提高市场的整体发展水平,并能有效降低交易费用。最后,在 ATM 网络服务商方面引入适当的竞争,以提高市场利益机制形成的效率和透明度。ATM 网络的多元化能为市场参与各方提供更多的选择,从而能有效提高网络服务水平,降低银行的交易费用。

3. 实现 ATM 服务专业化管理

ATM 的日常管理涉及硬件、软件维护和故障排除等技术问题,也涉及钞票运送、加钞、取钞等现金管理问题。因此要尽快建立全国 ATM 服务中心、组建一支专业化管理队伍,以满足 ATM 不断发展的多样化需求及应对 ATM 发生的突发事件。采用专门的 ATM 运营团队,不但有利于形成统一规范的操作制度和服务管理流程,还有利于提高工作的效率。一旦发生 ATM 故障等问题,就可以呼叫全国 ATM 服务中心,全国 ATM 服务中心再通过各地的服务网点及时抢修,这样能够避免过去传统管理模式中报修、抢修时间长的弊端,提高 ATM 的营运效率。

4. 灵活配置 ATM 的布局

银行布局 ATM 时要选择具有盈利潜力的地点,位置不同的 ATM 交易量相差也较大。首先,应该选择人口密集的繁华地区放置 ATM,因为客流量和客流群体的类型是影响 ATM 使用率的最重要因素,所以选择现金流量大、取款需求大的公共场所(如工业区、仓储区、批发市场、医院、商场等),可以达到吸引客户、方便客户取款、增大 ATM 交易量的目的。其次,银行布放 ATM 还必须从提高利用率出发,定期分析设备使用情况,根据利用率大小随时灵活调配。因此,对日均交易量极低的 ATM 要考虑撤迁,而对 ATM 日均交易量达到400 笔以上的网点,则应增设 ATM,以减少客户排队等候使用的现象。

5. 期待 ATM 投资主体的多元化

我国 ATM 市场的发展模式主要是以银行投资和布局为单一投资主体的模式,同时存在小部分的银行与运营商合作营运的模式。目前,国内 ATM 在管理上表现出来一些问题,如安装布局不尽合理、配置规模不足、离行式 ATM 过少等,这使该项业务发展出现了瓶颈。随着我国 ATM 市场的不断扩大,ATM 投资主体应该朝多元化方向发展。非银行 ATM 投资主体可以是专门经营 ATM 机具的厂商,也可以是零售业中的各种商业企业,如超市、购物商场等。ATM 投资主体的多元化不但有利于 ATM 分布的合理化,还有利于 ATM 市场朝更深层次推广和发展。

4.2.6 ATM 的发展趋势

目前,生物技术也已在 ATM 上使用。随着社会的不断发展,银行和客户需求的不断提升,将会有越来越多的生物技术在 ATM 上应用和推广,这也成为 ATM 风险防范的主要手段。此外,银行管理方式、ATM 功能模块、个性化营销策略等的创新都将使 ATM 日趋完善。

1. 生物技术应用趋于普遍

生物技术是通过计算机与光学、声学、生物传感器和生物统计学原理等高科技手段密切结合,利用人体固有的生理特性如指纹、面相、虹膜等和行为特征如笔迹、声音、步态等来进行个人身份的认证。由于人体特征具有唯一性,因此可有效确保银行和客户的资金财产安全。例如,可在 ATM 上安装指静脉和手掌静脉识别、指纹提取和识别、语音识别、视网膜(虹膜)识别、面部特征识别等人体生物认证装置,用户在 ATM 上存取款时必须在使用银行卡的同时将手指或手掌等在 ATM 的认证装置上检验以验证持卡人身份。使用这类人体生物认证装置具有银行卡不会被复制、持卡人身份能够准确确认、出现问题便于追查等优点。

2. 管理模式趋于集中

从国内外银行业的实践趋势来看,各银行将设立集中的 ATM 投诉和处理中心,统一 ATM 的日常管理,按照科学的规划,采取区域性集中管理模式,以提高 ATM 的处理效率和质量。因此,网点的 ATM 监控所采用的数字主机必须具备完善的网络功能。从目前实际情况和网络安全性考虑,传输网络采用 PSTN、ISDN 为宜。随着信息技术的进一步发展和完善,全行性、全国性的宽带互联,实时的集中监控也成为趋势之一。这一技术的实现,将使 ATM 的跨行、跨境查询和交易功能得以更快实现,使 ATM 的 7×24 小时监控模式得以更好实施。

3. 功能模块开发趋于全面

作为柜面业务的替代品,ATM 的新功能模块开发将更趋于全面和深入,在基础业务之上,还可适当增加中间业务和相关查询功能,如当客户在 ATM 上取款成功后,屏幕上不仅显示交易成功,还可显示卡的原余额、存取款金额、当前余额、可用余额,省去客户再次查询的麻烦;技术成熟时还可提供跨行转账和查询功能;在适当控制成本的前提下,实现网上银行的部分甚至全部中间业务,如可在 ATM 上添加基金业务、缴费业务、购票业务、充值业务等模块;增加营销功能,如在客户不办理业务时,ATM 循环播放银行新产品的广告;建立 ATM 定位系统,即登录某家银行网站或 ATM,输入所在的地区、街道,就可以方便地查询到离客户最近的 ATM,清晰地看到地图和运营时间等简介。此外,还有一些新型应用,如一些发达国家已在 ATM 上销售邮票或音乐会门票。

4. 个性营销手段趋于成熟

目前,国外发达银行已经将高达 75% 的交易转移至自助服务渠道。同时,大规模定制和选择性定制等新型信息系统的实践使在 ATM 上实施个性化营销成为可能,如客户生日祝福、节日问候等。以新加坡银行(OCBC Bank)为例,他们认为 ATM 不仅仅是一台存取款机,还是银行客户服务的中心,是发展新客户、维系现有客户并向其销售金融产品的重要渠道。如华侨银行的客户把银行卡插入 ATM 时,屏幕上就会出现一句带有客户姓名的个性化问候,还会邀请客户到柜台体验新产品。此外,华侨银行还根据 ATM 进行目标市场营销,通过数据分析,选择恰当的营销策略和推广方式。由此,华侨银行的客户响应率较直邮方式提高了 300%,在亚洲居于领先地位。

4.3 POS 系统

4.3.1 POS 概念及基本原理

1. POS 概念

POS(Point of Sales)即"销售时点情报系统",是一种配有条码或 OCR 码(Optical Character Recognition)终端阅读器,有现金或易货额度出纳功能,支持消费、预授权、余额查询和转账等功能,使用起来安全、快捷、可靠,被广泛应用在零售业、餐饮业、旅游业等的电子系统,主要功能在于统计商品的销售、库存与顾客购买行为。POS 系统可以有效提升经营效率,可以说是现代零售业经营上不可或缺的必要工具。但由于 POS 应用不断扩大,现时许多厂商已将英文"Point of Sale"改称为"Point of Service"(服务式端点销售系统)。

在现代化商场中,计算机管理系统分为前台 POS 系统和后台 MIS 系统两部分。POS 系统使用前台收款机,将销售业务自动化实现,实时对交易的物品进行管理,然后再通过后台的计算机系统中的计算和汇总等方式对销售物品的各种信息进行处理。MIS 系统则对整个商场的进、销、调、存、财务、考勤实现现代化的管理。MIS 系统利用商品的进货信息对供货商进行管理,将前台 POS 系统的销售记录进行分析统计,从而对进货数量和资金的周转进行控制。在现代化的商场管理系统中,前台 POS 系统与后台 MIS 系统是密切相关的,两者缺一不可。

2. POS 发展历史

POS 的产生与收单业务相关,收单业务最早起源于美国,1949 年的一个中午,纽约曼哈顿的一个餐馆里,麦克纳马拉先生再次因为忘带钱包而陷入尴尬,于是萌生了一个新的创意,创建信用卡公司,从而开辟了支付产业的一个革命性的时代。

1950 年,"大莱俱乐部"(即大莱信用卡公司前身)创立,大莱俱乐部首先说服一批餐馆、宾馆等商户加入,以此为基础在就餐者、住宿者人群中发展会员;为会员提供能够证明身份和支付能力的卡片,会员凭卡片可以记账消费。商户受理这些卡片交易后,定期把单据交与大莱俱乐部,大莱俱乐部扣除相应的手续费将资金支付给商户,这就是早期的"收单业务"。在这里,"单"就是客户签字的账单,在当时实际上就是"赊账单";收单最初的产生是为就餐者赊账提供便利;在某种程度上说,收单要早于发卡,这是因为:

(1) 大莱俱乐部的成立也标志着"通用信用卡的诞生"。

(2) 最初,大莱俱乐部只是向餐馆提供一份会员名单,即"有权赊账者"名单,并没有实质性的卡片。

当时,商户手续费为 7%,虽然费率很高,但因为有保障的赊账,能为餐馆带来更多的客户及交易,所以餐馆愿意为此付出代价。

20 世纪 50 年代,以大莱俱乐部为代表的发卡机构在发卡同时也拓展商户,大部分发卡机构拓展的商户只能受理自己发行的卡片,发卡机构同时向持卡人和商户提供服务,大部分收单交易是在同一个机构的商户和持卡人之间发生的,即"封闭式"的收单。

1966 年,美国银行开始在全国范围内有选择地许可一些银行运营美国银行卡业务,获得许可的银行可以使用"美国银行卡"的品牌独立运营;而与特许银行签约的商户必须受理所有的美国银行卡,这就是"威士国际组织"的前身。

随后,一些被美国银行排除在外的银行成立了"银行信用卡协会",即"万事达"前身。

迄今为止,POS 系统已经经历了四个时期。

在 20 世纪 70 年代商品的条码规格确立,制造商在商品出厂时直接印制条码,而店家便可以利用此条码来管理商品,这便是 POS 系统的主要功能。过去收钱、算钱是用算盘,之后是用电子收银系统(Electronic Cash Register, ECR),也就是一个钱箱配上几个按钮,每当收钱时会听到叮叮声的收钱、算钱系统,又被称为第一代及第二代 POS 系统。

到了第三代 POS 系统,便开始导入了个人电脑功能,利用个人电脑的结构来做文件的处理、库存及客户数据的管理、刷卡、验证等。第三代 POS 系统最常见到的是分离式架构,即一台个人电脑主机加上小型显示屏、打印机、钱箱及 POS 键盘等,不过也有将前述设备包装在一个机柜里的集成式架构。

第三代 POS 系统已开始跨到个人电脑领域,因软件采用微软 Windows 架构,所以有软件开发平台很完整,程序员可在 Windows 的开放式平台下来开发应用程序,包括网络、服务器链接程序等,免除过去 ECR 在封闭式平台下,可开发程序有限的瓶颈。

而第四代 POS 系统是拥有触控屏幕多功能一体机(Touch POS),现已成为市场主流。

表 4-3 展示了 POS 系统四个历史发展阶段。

表 4-3　POS 系统四个历史发展阶段

阶段	时间	特　点
第一阶段	20 世纪 70 年代至 20 世纪 90 年代初期	授权 POS,采用类 BASIC 解释语言应用开发,异步通信,8 位 CPU
第二阶段	20 世纪 90 年代中期	消费、转账 POS,采用 C51 的 C 语言应用开发工具,同步 SDLC 通信,8 位 CPU
第三阶段	1998—2001 年	16 位 CPU,C 语言应用开发工具。各种功能外型终端开始出现,如手持机、分体机等。
第四阶段	2001 年至今	采用 32(64)位 CPU,各种通讯方式、功能外形多样化。

3. POS 系统交易处理及基本原理解析

1) POS 机收单的参与主体与接入模式

第一类参与主体:是持卡人及潜在持卡人和特约商户。持卡人及潜在持卡人在银行卡市场中处于中心地位,是产生购买银行卡产品及其衍生产品需求的市场基础,是银行卡的领用者和金融机构、特约商户及银行卡组织利益的创造者,是市场营销的主要对象。特约商户是指与收单机构签有商户协议,受理银行卡的零售商、个人、公司或其他组织。

第二类参与主体:是整个产业的供给方,包括发卡机构、收单机构和银行卡组织。发卡机构是银行卡市场的发起者和组织者,是银行卡市场的卖方,它向持卡人发行各种银行卡,并通过提供各类相关的银行卡服务收取一定的费用。收单机构负责特约商户的开拓与管理、授权请求、账单结算等活动,其利益主要来源于特约商户交易手续费的分成、服务费。银行卡组织的关键职能在于建立、维护和扩大跨行信息交换网络,通过建立公共信息网络和统一的操作平台,向成员机构提供信息交换、清算和结算、统一授权、品牌营销、协助成员机构进行风险控制及反欺诈等服务。

第三类参与主体:是中间供应、服务商,包括机具、芯片生产商、系统供应和维护商以及各类第三方服务机构。其中,第三方服务机构包括除银行卡组织以外的信息交换和转接业务机构、第三方金融服务公司、支付处理支援商等。

第四类参与主体:是整个产业的宏观管理者,即政府和行业管理者。

POS 机收单的接入模式目前有银联直联模式、银联间联模式和第三方 POS 运营商间联模式三种。

2) 原理解析

POS 机具有脱机功能与联机功能。脱机功能指不与银行主机或网络中心连接的情况下自身具有的功能,如查询功能,可查询本台 POS 机当批未结算前的交易情况;柜员功能,包括增加、删除 POS 操作员、修改柜员和主管的操作密码、重打印功能等。联机功能中,非金融类交易包括查询、签到、签退等;金融类交易包括消费、消费撤销、预授权、预授权撤销、预授权完成、预授权完成撤销、自动冲正、退货、结算等。

POS 系统基本原理是先将商品信息存储在计算机内,通过计算机收银机联机系统,在收银设备上的光学读取设备读取商品条码后(或由键盘直接输入代号),显示屏上即可显示商品信息(单价,部门,折扣等)。收银员可以通过该方法将所有商品录入系统并进行总额计算,节省了大量的时间和精力。POS 机将每笔商品销售明细资料(售价、部门、时段、客户类型)自动记录下来,由联机系统传回到计算机数据库,经过计算机计算处理生成的各种销售统计分析数据信息便可以作为经营者的管理依据。

　　商品支付过程中,POS 机通过读卡器读取银行卡上的持卡人磁条信息或者芯片信息,由 POS 机操作人员输入交易金额,持卡人输入个人识别信息(即密码),POS 机把这些信息通过银联中心,传送到发卡银行系统,完成联机交易,给出成功与否的信息,并打印相应的票据。POS 系统的应用实现了信用卡、借记卡等银行卡的联机消费,保证了交易的安全、快捷和准确,避免了手工查询黑名单和压单等繁杂劳动,提高了工作效率。

　　除此之外,POS 系统还能对销售进行分析、统计,形成各种不同的销售报表,如售货员售货日报表、商品类别销售表等;同时形成各种分析表,如商品销售统计表、商品明细表、商品退货统计表、销售利润分析表、畅(滞)销商品分析表等。

　　POS 系统示意图如图 4-3 所示。

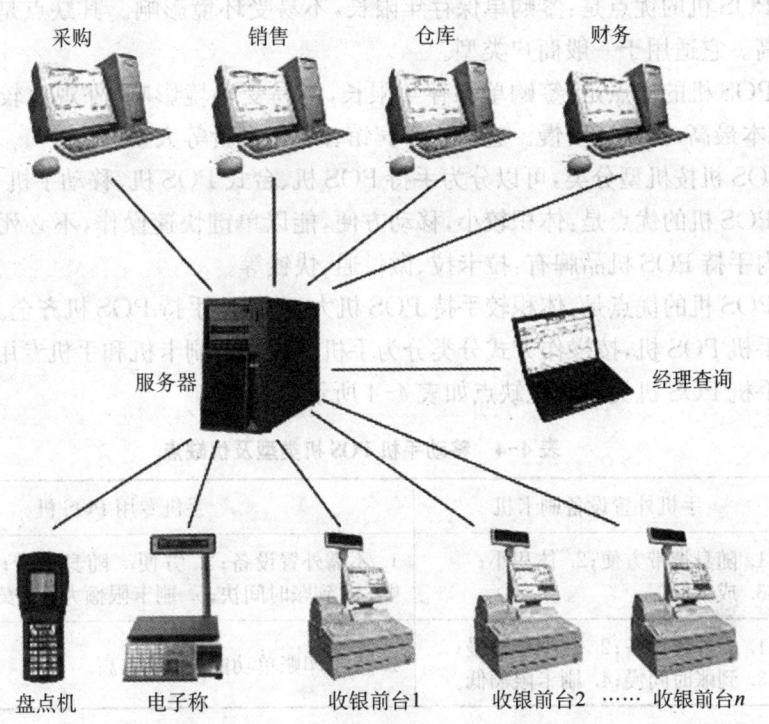

图4-3　POS 系统示意图

　　3) 内部分析

　　通信接口电路通常由 RS232 接口、PINPAD 接口、IRDA 接口和 RS485 等接口电路组成。RS232 接口通常为 POS 程序下载口,PINPAD 接口通常为主机和密码键盘的接口,IRDA 接口通常为手机和座机的红外通信接口。接口信号通常都是由一个发送信号、一个接收信号和电源信号组成。

　　MODEM 板由中央处理模块、存储器模块、MODEM 模块、电话线接口组成。首先,POS 会先检测/RING 和/PHONE 信号,以确定电话线上的电压是否可以使用、交换机返回有拨号音、POS 拨号、发送灯闪动、开始拨号、由通信协议确定交换机和 POS 之间的信号握手确认等,之后才开始 POS 的数据交换,信号通过 MODEM 电路收发信号,完成后挂断,结束该过程。

4.3.2 POS 机主要分类

（1）POS 机按通讯方式，可以分为有线 POS 机和无线 POS 机。

有线 POS 机的优点是：软件升级和维护比较容易；网络拨号方式，拨号速度快；POS 交易清算比较容易。其缺点是：需要连线操作，客人需要到收银台付账。

无线 POS 机的优点是：无线操作，付款地点形式自由；体积小。其缺点是：通讯信号不稳定；数据易丢失；成本高。它适用于到客人住所收款的商户类型。

（2）POS 机按打印方式，可以分为热敏 POS 机、帧打 POS 机、套打 POS 机。

热敏 POS 机的优点是：打印速度快、打印时无噪音、耗材成本低。其缺点是：签购单保存年限短，易受环境影响。它适用于一般商户类型。

帧打 POS 机的优点是：签购单保存年限长，不易受环境影响。其缺点是：打印噪音大，耗材成较高。它适用于一般商户类型。

套打 POS 机的优点是：签购单保存年限长，不易受环境影响，外观比较美观。其缺点是：耗材成本最高；打印速度慢。它适用于宾馆、酒店、百货等大型商户。

（3）POS 机按机型分类，可以分为手持 POS 机、台式 POS 机、移动手机 POS 机。

手持 POS 机的优点是：体积较小，移动方便，能以单键快速操作，不必死记及输入多位货号。国内手持 POS 机品牌有：拉卡拉、微付通、快钱等。

台式 POS 机的优点是：体积较手持 POS 机大，功能比手持 POS 机齐全。

移动手机 POS 机，按操作方式分类分为手机外置设备刷卡机和手机专用 POS 机。

移动手机 POS 机类型及优缺点如表 4-4 所示。

表 4-4　移动手机 POS 机类型及优缺点

	手机外置设备刷卡机	手机专用 POS 机
优点	1. 随身携带方便；2. 体积小；3. 成本低。	1. 不需外置设备；2. 方便．随身携带；3. 能够跨行转账；4. 到账时间快；5. 刷卡限额大；6. 安全性能高。
缺点	1. 需外置设备；2. 数据传输慢；3. 到账时间慢；4. 刷卡限额低。	1. 无打印账单功能；2. 成本高。

（4）POS 机按操作系统，可以分为 Windows 系统 POS 机、安卓系统 POS 机、其他系统。

Windows 系统 POS 机是基于 Windows XP 的 Windows Embedded 系统，市面上大部分的 POS 机采用此系统。优点是：系统通用性广，与电脑接近容易上手。缺点是：系统稳定性差、安全性差，开发成本高。

安卓系统 POS 机通常是基于安卓系统针对 POS 机应用进行了深度优化，是代表 POS 机行业最高水平的系统。优点是：高稳定性、不死机、不蓝屏、开发难度低、软件兼容性强、功能拓展性广。缺点是：作为新兴的系统，普及率还有待提高。

其他系统通常是各个厂家自己开发的嵌入式系统。优点是：成本低。缺点是：系统稳定性、兼容性不佳。

（5）POS 机按卡性能分类，可以分为刷磁卡 POS 机、刷接触 IC 卡 POS 机、刷非接触 IC

卡 POS 机。

刷磁卡 POS 机:磁卡成本低廉,易于使用,便于管理,但磁卡安全性隐患日益凸显。

刷接触 IC 卡 POS 机:长时间接触,容易造成 IC 卡接触不良,不易读出数据。

刷非接触 IC 卡 POS 机:该方法只需 IC 卡靠近 POS 机即可完成刷卡,无需输入密码、无需插拔卡片,提高了支付的效率和便利。

(6) POS 机按用途分类,可以分为金融类 POS 机、非金融类 POS 机。

金融类 POS 机主要用于银联商务体系、各商业银行、各地信用合作社等银行系统。

非金融类 POS 机可广泛适用于各种规模、各种类型的会员、连锁、加盟店,如餐饮娱乐企业、汽车养护中心、化妆品专卖店、旅游景点等领域。

(7) POS 机按用户分类,可以分为对公 POS 机、对私 POS 机。

对公 POS 机:对公取钱是在银行排队填资料取钱,费率高,与对公账户对应,办理手续复杂。

对私 POS 机:对私取钱可在自动取款机上取钱,费率低,与个人账户对应,办理手续简单。

根据《国家税务总局　财政部　信息产业部　国家质量监督检查检疫总局关于推广应用税控收款机加强税源监控的通知》(国税发〔2004〕44 号)规定,凡是使用 POS 系统、MIS 系统或者 ERP 系统进行企业管理、财务管理的大型零售商场、超市、大卖场以及大型连锁快餐企业,鉴于其核算相对健全,并且系统建设投资不菲,不宜全部更换成税控收款机,况且税控收款机也无法替代进行企业管理、财务管理,因此,待相关国家标准出台后再实施税控改造。

4.3.3　POS 机四种应用类型

1. 传统 POS 机

传统 POS 机(见图 4-4)是最常见也是应用最广泛的一款。它由主机、打印机、密码键盘、凭条纸几个部分组成,能满足各行各业商户受理银行卡的基本需要。

图 4-4　传统 POS 机

图 4-5　分体 POS 机

热敏纸纸槽

磁条卡刷卡槽

充电口

密码键盘

芯片卡插卡槽

2. 分体 POS 机

分体 POS 机(见图 4-5)类似于电话的子母机,适用于在一定范围内的移动刷卡消费,如饭店、酒店、KTV 等娱乐场所。

3. 移动 POS 机

移动 POS 机（见图 4-6）利用手机卡进行通信，不受地域范围的影响，有网络信号的地方，就可以使用，灵活性高，风险可控性差，适用于货物配送等需要远程收款的商户。

图 4-6 移动 POS 机

图 4-7 收银 POS 机

4. 收银 POS 机

收银 POS 机（见图 4-7）与收银机组合使用，实现 POS 机与收银系统的对接，满足商户的实际收银业务需求的同时，还可以与商户销售管理信息系统相连，对销售数据进行统计与分析。

4.3.4 POS 机收单常见的风险及问题

1. 信用风险

信用风险：商户因经营不善破产或在收到大笔清算款项后立即关门，销声匿迹，使收单机构承担此后的退单损失。欺诈特征：这类商户以预付款类商户居多，往往是新成立的企业，销售规模为中小型；申请时可能冒用其他具有良好声誉或已有正常经营记录的商户信息；一定时限内突然出现异常大额交易，之后销售金额立即下降或为零。

2. 套现风险

套现风险：信用卡用户不通过正常手续（ATM/柜台）提取现金，而是通过与商户协商以虚构交易，刷卡取现。套现特征：公开招揽，办卡、套现、过账，商户自刷；通过套现实现盈利，对应的商户特征为抵扣率、零扣率、固定扣率、封顶扣率等。

3. 洗单风险

洗单风险：与收单机构签署了有效商户协议的商户，将其他未签约商户的交易在本商户的 POS 机上刷卡，假冒本店交易与收单机构清算。欺诈特征：委托洗单的多为出于某些原因不能或不愿意签署受理协议的商户，如高风险的电话营销商户、邮购商户等，也有可能是专门受理伪卡、进行伪冒交易的非法商户等。

4. 信息泄露

信息泄露:不法商户或商户的不法员工在合法交易过程中将持卡人卡片磁道信息复制下来。信息复制包括在 POS 终端测录、POS 储存信息,这些信息可以在数据信息存储场所的商户主机上复制,或者通过专业化机构的主机系统中进行复制和窃取。

5. 违规分单

违规分单:逃避授权或获取发卡行活动奖励。其特征为盗取或拾到他人卡片,不了解卡内余额的试探性行为;犯罪分子为逃避发卡方的大额止付等防控机制;为获取更多的积分或活动奖励故意要求分单操作。

6. 设备遗失

设备遗失:以转卖 POS 机等设备获利为目的,利用收单机构审批环节的漏洞和疏忽,以临时商户或空壳商户名义虚假申请的行为。其违规特征有:商户规模小或手续不健全;申请人通过关系以为某大型市场代办的名义批量申请 POS 机;不愿接受实地考察,推脱签署协议。

4.3.5 POS 终端的发展趋势

1. 智能化

在互联网快速发展、移动支付大量普及、POS 刷卡手续费改革、聚合支付的需求、传统 POS 利润下降、智能设备硬件成本的降低等因素的综合作用下,POS 行业智能化已成为公认的趋势。

一方面,智能化最直观的体现在于操作系统变化。随着智能操作系统在个人手机与平板电脑上的应用,POS 终端同样可使用定制的智能操作系统,支持灵活的操作界面,能够与可信安全的外部设备相连。另一方面,智能化还体现在 POS 将提供唯一的身份标识,并在安全上具备主动风险识别与管理的能力。

此外,智能化 POS 还体现在 POS 服务平台的能力和整体解决方案的能力上。

POS 服务平台的能力包括终端管理能力、终端应用管理能力和商户服务能力等。其中,终端管理能力包括终端地理位置追踪能力、终端开关机状态监控能力、终端网络流向管理能力、终端支付渠道远程管理能力、终端日志远程抓取能力、终端固件 OTA 能力、终端云端备份能力(云还原能力)和终端主密钥远程罐装能力等;终端应用管理能力包括应用检测能力即安全性、适配性、功能性、稳定性和性能等,应用版本灵活发布能力即区域发布、灰度发布和商户发布等,应用远程静默推送安装、更新、卸载能力和应用参数远程配置能力等;商户服务能力则包括商户所属终端管理能力、商户所属终端应用管理能力、交易按渠道结算报表统计能力、会员管理能力、优惠配置核销能力、支付入口融合能力、团购及外卖入口融合能力、人流统计及预测能力和交易量预测能力等。

整体解决方案的能力与 POS 服务平台的能力侧重有所不同。POS 服务平台的能力更像是一个大而全的能力平台,择其几块即可服务某类商户。而整体解决方案能力则侧重于为大型商超或连锁商户提供一揽子解决方案的能力,具体包括终端侧一体化收银应用开发能力、服务端商家 MIS 系统对接能力、商家支付通道打通或建设能力、活动或营销开展能力、客流分析能力和商场周边服务能力等。

2. 多元化

伴随着智能化的发展,POS发展也必然是多元化的。首先是受理方式多元,除了磁条交易、接触式IC卡交易与非接交易之外,二维码和指纹等生物识别方式也开始崭露头角。2015年汉诺威消费电子、信息及通信博览会(CeBIT)开幕式上,马云的Smile to Pay让人脸识别技术火了一把,Apple Pay在全球数字支付市场1%的交易额也充分展示了指纹识别在支付应用上的巨大成功。除此之外,指静脉、手掌静脉、眼纹、虹膜、心电图和语音等生物识别技术逐步成熟,开始在支付领域使用,部分生物识别技术已开始在智能POS应用。据了解,中国银联目前也正在编写相关终端设备指纹方案的设计稿。其次是跨行业、跨终端的发展也成为趋势。最后是支付场景的多元化是POS多元化发展的直观体现。

3. 基于大数据的特色服务

云计算解决了服务器端计算快速高效、服务稳定健壮、存储安全便捷等问题。云计算是大数据的技术基础,各种挖掘算法和软件工具都只是工具,大数据最重要的东西只有两点:一是数据,二是创意。商户的智能POS即是重要的数据采集来源之一。单就智能POS本身,可以收集的数据就包括设备信息、运行时信息、地理位置信息、应用信息、交易信息、网络信息和人流信息等。如果商户的整体方案由机构拥有方承办,则会增加大量的来自整体方案中应用的信息,包括商户的会员信息、订单信息、商品信息和营销信息等。

有了这些数据,怎么加工才能让这些结构化的、半结构化的数据真正闪光才是最重要的。其中,大数据精准营销、大数据经营预测、大数据征信和大数据风控等应用是最为被商家关注的大数据特色服务。

大数据精准营销被提得最多,一般是指利用各个渠道收集到的数据,为商户提供精准的用户画像,从而细分客户粒度到每一个或每一类,达到对每一个或每一类客户的全面了解,进而挖掘出他们的兴趣点、可能的需求点,最终做到对每一个或每一类客户的针对性营销,达到节约商户营销费用,避免骚扰潜在客户,增加客户后续消费的目的。

大数据经营预测一般是指结合商户各种经营行为数据,如商户近期的进店流量、过店流量情况等,为商户第二天或之后的经营提供经营预测服务,为商户提供决策依据。

广义的征信是公司或机构对外提供的信用信息查询服务,狭义的征信指的是中国人民银行组织商业银行建成的企业和个人征信系统服务。征信一般分为个人征信和商户征信。原本征信只有中国人民银行可以做,如今有能力的公司或机构,基于其对大量的商户数据和个人数据,也可以对其他公司提供有价值的征信服务。

大数据风控一般是指根据多方位的数据积累,为商户或公司自身提供风险回避、损失控制、风险转移和风险保留的方案,做到风险预警和防范,减少商户或公司自身的损失。

4. 智能POS的安全防范

智能POS以其智能操作系统、平台开放和互联网接入而广受欢迎。与传统POS相比,以上这些特点均是优点,但每一个优点的背后都有潜在的风险。

智能操作系统方面,目前绝大部分智能POS的操作系统均是Android操作系统。众所周知,Android操作系统所有源码对外开源,因此,其漏洞更容易被发现,也更容易被攻击。据统计,2016年上半年Android新增手机支付病毒包高达32.33万个,相较于2015年增长了986.14%。感染用户数达1 670.33万,增长45.82%。智能POS由于使用了同样的Android系统,因此这些病毒的大部分将同样适用于智能POS。

平台开放方面,智能 POS 支持多应用,且支持智能 POS 厂商和收单机构之外的第三方开发的应用。因此,极易引入风险。引入风险的一种可能性是,应用开发方可能不受控,故意植入风险代码。引入风险的另一种可能性是,应用开发方开发中无意引入了有风险的插件。无论哪种情况,应用在平台的上传,都有可能给平台带来风险。应用在平台上架,最终在商户智能 POS 上安装,更是可能给商户带来不可预知的风险。

互联网接入方面,传统 POS 使用的是专网通信,智能 POS 使用的是开放的互联网通信。因此,智能 POS 的通信通道要面临大量的公网威胁。一旦智能 POS 应用和其后台通信通道保护不力,或对敏感数据保护强度不够,将随时出现严重的安全问题。

当然,智能 POS 面临的风险远不止这些,以上仅是希望能稍微点醒部分受理端市场参与方,因为安全无小事。上面三个方面的风险并不是无法预防和抵御的,可以采取的措施包括但不限于:对终端进行安全检测,通过安全检测的终端有安全保障;通过可信执行环境(TEE)加固终端;严格管理平台应用,审核强化确保平台安全。

智能 POS 终端能通过北京银行卡检测中心和 PCI 等权威检测机构的检测,本就已经证明智能 POS 终端本身安全可用。两个检测机构对于智能 POS 有着近乎一致的要求:智能 POS 终端必须是封闭的,应用的下装必须通过唯一或有限的安全可控的通道。这些要求的用意在于不管操作系统本身是否有漏洞、是否安全,外部都无法访问到操作系统或放入应用。因此,如果所有通过检测认证的终端若能有安全保障,市面终端和送检终端一致,一般不会有什么问题。除此之外,若能使用 TEE 对终端加固,更是能彻底隔绝终端风险。TEE 在智能 POS 中为需要安全保护的应用提供了一个受底层硬件保护的安全操作系统。

平台的严格管理主要包括:开发方资质的严格审查,确保开发可信;开发方上传文件的严格安全审查,确保不会对平台后台系统造成危害;开发方上传应用安装包的充分检测,包括但不限于兼容性、稳定性、功能性、稳定性和性能的检测。

短期内,安全防护差的终端可能会靠其低价短暂获得一部分市场,但长远来看,这些公司必受劣质终端所害。终端防护到位、平台审核严格、安全与服务并重的公司才能赢得长远,成为最终的受益者。

4.4　电子汇兑系统

4.4.1　电子汇兑系统的产生与发展

电子汇兑系统(Electronic Remittance System)是银行之间的电子资金转账系统(EFT),它的转账资金额度很大,是电子银行系统中最重要的系统。

银行与公司、企业单位、政府部门以及其他金融机构的资金支付与结算同面向大众的业务不同,它是一种大额支付业务,又称为批量业务。在银行实现电子化之前,大额业务的支付机制主要基于支票等纸质凭证。这种基于纸质凭证的手工支付机制,效率低、风险大、在途资金多,不能适应经济快速发展的要求,因此企业和银行开始研制和发展基于网络处理的大额支付系统。

大额支付系统可以处理金额巨大的交易,对支付的时间性、准确性和安全性都有一定的保证。它直接支持一国货币和资本市场的运作,支持跨国界、多币种交易。电子汇兑系统是金融机构之间的资金转账系统,它涉及的金额通常很大,是典型的大额支付系统。

4.4.2 电子汇兑系统的含义

电子汇兑,顾名思义,就是将用户所寄的汇款通过电子信息传送到兑付局进行兑付,而没有实物的传递。任何一笔汇兑交易,均由汇出行发出,至汇入行(解汇行)收到为止。

广义的电子汇兑系统泛指行际间各种资金调拨作业系统,包括:

(1) 用于行内或行际间的资金调拨的资金调拨作业系统。

(2) 用于行际间的资金清算的清算作业系统。

根据汇出行与汇入行间的不同关系,可把汇兑作业分成以下两类:

(1) 联行往来汇兑,是指汇出行与汇入行隶属同一个银行的汇兑,它属于银行内部账务调拨,按照联行往来约定办理各项汇入和汇出事宜。

(2) 通汇业务,是一种行际间的资金调拨业务,需经过同业多重转手处理才能完成。通汇业务又可分为本国通汇业务和国际通汇业务。汇出行与汇入行隶属同一个国家的,属本国通汇业务;隶属不同国家的,则属国际通汇业务。跨行或跨国通汇业务因涉及不同银行间的资金调拨,参与通汇的成员必须签署通汇协定,才能保证资金调拨作业系统的正常运行。

4.4.3 电子汇兑系统的特点

电子汇兑系统的主要客户首先是企业单位,其次是政府机构,社会大众用得少。这种系统同自助银行系统相比:前者额大量小,主要面对企业单位和政府部门;后者额小量大,主要面对社会公众。国外把前者划归批发银行系统,把后者划归零售银行系统;我国则把前者划归大额支付系统,把后者划归小额支付系统。

电子汇兑系统具有如下显著的特点。

1. 交易额大,风险性大

电子汇兑系统处理的交易金额较大,因而风险性也大。在银行系统的案例中,犯罪分子在电子汇兑系统里的作案比例大,作案金额是各类案例之首。

2. 对系统的安全性要求高于时效性要求

通过电子汇兑系统的汇兑金额大,客户汇款时最关心的首先是安全,其次才是及时送到。因此,要特别重视系统的安全性,而对系统在响应时间方面的要求则不必像零售银行系统那样严格。为了电子汇兑系统的安全,信息传输应采用先存后送的方式,确保信息在传输过程中所通过的每个站点都有确切的记录,以便万一汇兑业务出现问题时,也能迅速找出出事点。

3. 跨行和跨国交易所占比例较大

汇兑的业务处理有巨额的国际支付,有行际间的资金调拨,有企业间的贸易往来,有个人的小额汇兑,还有各种托收和代付。这些业务中,随着国际贸易的发展、跨国公司的壮大和全球经济一体化进程的加速,跨行和跨国交易所占的比重在增大。因此,设计电子汇兑系统时,应适应国际上通行的各种标准、规格和要求。

4.4.4 电子汇兑系统的类型

为适应国际贸易和国际金融交易快速发展的需要,国际上建立了许多著名的电子汇兑系统。这些系统所提供的功能不尽相同。依其作业性质,可把电子汇兑系统分成三大类:通信系统、支付系统和清算系统。

1. 通信系统

通信系统(Communicaion System)主要提供通信服务,专为成员金融机构传送同汇兑有关的各种信息。成员行接收到这种信息后,若同意处理,则将其转送到相应的资金调拨系统或清算系统,再由后者进行各种必要的资金转账处理。著名的 SWIFT 系统就属于这类系统。通过该系统可把原本互不往来的金融机构全部串联起来。

2. 支付系统

支付系统(Payment System)也称资金调拨系统,是典型的汇兑作业系统,这类系统的功能较齐全。

这类系统有的只提供资金调拨处理,有的还具有清算功能。在这类系统中,有代表性的系统如:美国的 CHIPS、FedWire,日本的全银系统。我国各商业银行的电子汇兑系统、中国人民银行的全国电子联行系统也都属于这类系统。

3. 清算系统

清算系统(Clearing System)主要提供清算处理。当汇入行接受汇出行委托,执行资金调拨处理,导致行际间发生借差或贷差时,若汇入行与汇出行之间又无直接清算能力,则需委托清算系统进行处理。美国的 CHIPS 除可做资金调拨外,还可兼做清算,但对象仅限于纽约地区的银行;纽约以外的银行清算则要交由具有清算能力的 FEDWIRE 处理。我国的异地跨行转汇,必须经过中国人民银行的全国电子联行系统,才能最终得以清算。而如英国的 CHAPS、新加坡的 CHITS 和日本的日银系统,都是纯粹的清算系统,负责行际间的账务清算工作。

4.4.5 电子汇兑系统的支付方式

电子汇兑系统是一个复杂的系统,电子汇兑往往是跨地区、跨系统进行的。以一笔电子汇兑的交易为例,在银行系统间处理资金的汇兑流程,由汇出行到汇入行,需要经过以下几个基本的作业处理:数据输入;电文的接收;电文数据控制;处理与传送;数据输出。在电子汇兑系统中,汇出行和汇入行可以是同一家银行,也可以是不同银行。电子汇兑系统的具体作业处理流程(见图 4-8)如下:

(1) 汇出行由内部输入电文。

(2) 系统对电文进行有效性检测,并为电文分配顺序号、存档。

(3) 对电文检测后进行加密,发送到专用通信网。

(4) 汇入行接收电文。

(5) 汇入行对电文进行测试和修正。

(6) 将数据发送会计系统进行账务处理。

(7) 向客户发送报表/客户通知。

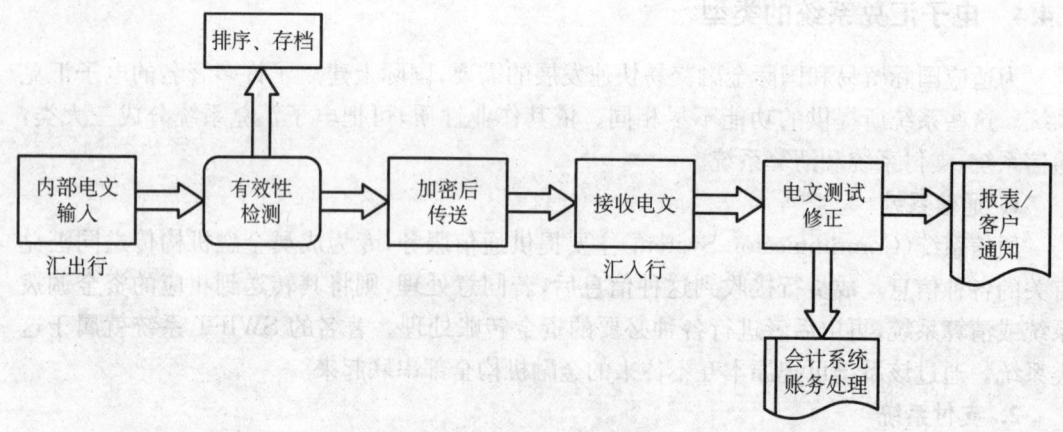

图 4-8　电子汇兑系统处理流程图

在整个处理流程中，需要进行边界控制和处理控制。边界控制就是对系统同外界的各个接口进行严格的检验控制，以防止错误的信息进入。处理控制是指当信息进入各子系统后，对子系统的相应操作进行监管和控制，以确保系统正确地执行处理操作。通过系统的边界控制和处理控制，可以保证各类交易电文在两个端点之间准确地传输。

4.4.6　我国的电子汇兑系统

1. 我国电子汇兑历史

北京邮政自 1998 年起在北京市各个邮政局、邮电所开始在窗口营业、内部生产作业等环节使用计算机，现已基本实现了对邮政基本数据的采集计算机化，但各支局间、支局与各专业局间、全国各省局间还没有做到数据通信及数据共享。

因此，邮政汇款的传递还是以实物为主，即汇款人汇款时填写邮政汇款单，将钱与汇款单交给邮局的营业员，营业员按此汇款单的收款人名址、汇款人名址填写汇票后，交给后台的复核员，复核员还要对开出的汇票进行检查，经查无误后将汇款单进行登记、封袋等，然后交邮政运输部门，运输部门在运输过程中。每经转一次，都要重复上述工作，最后将汇票及汇款单送达收款所在地的邮局，投递员将汇款单投递给收款人，收款人只能在指定邮政领取汇款。

可以看出，邮政内部作业处理的手续相当繁杂，处理时限相对较长，一般一笔汇款从汇款人汇出到收款人收到汇款单大约需 3～5 天时间。在以电子化、网络化为特征的信息技术已经成为经济发展的强大支柱的今天，邮政汇兑的手工作业已经不能满足用户的需要。

电子汇兑因此应运而生。在汇款局，用户将汇款单交给营业员，营业员将用户信息录入到计算机中，复核员进行审核后，汇票信息通过网络的传递，在短时间内就可传递到兑付局，兑付局在打印好通知单后，由投递员交给用户。兑付时，用户凭取款通知单可以在全市内所有电子汇兑联网的邮政局、所进行兑付。

电子汇兑的产生，改变了传统汇票传递方式，缩短了汇兑业务时限，大大方便了用户，满足了用户对业务的时效性和多样性的要求，能够为用户提供优质的业务服务。

2. 我国电子汇兑系统的特点

1）更加快捷

邮政电子汇款服务从汇款交易受理开始,到汇款信息的传输处理,全过程均由计算机系统控制完成,与传统邮政汇款服务相比,在业务处理手段、处理方式、处理流程等方面发生了质的飞跃,可以实现汇款的 24 小时（不受节假日的限制,节假日正常进行业务处理）到达兑付。

2）确保安全

邮政电子汇款系统在应用软件和硬件设备方面采用了先进的加密技术,并通过了整套成熟的内控制度,对系统作业组织等进行严格的控制和管理,确保信息传递的安全。

3）方便灵活

邮政电子汇款的服务方式非常灵活,既保留了传统的现金汇取款方式,又增加了账户汇款和到达方式,用户可以根据需要选用或组合（目前暂时只办理现金业务）。

4）方式多样

用户可以到邮局柜台办理业务,在已开通电话银行和电子邮政网上服务的城市,用户还可以足不出户办理邮政电子汇款业务;在通知取款时,汇款还可以选择自行通知收款人或委托邮局投递取款通知单两种方式,根据客户的要求,邮局还可以提供汇款投交到户的服务,同时,汇款人和收款人均可对汇款信息进行实时查询。

5）收费合理

邮政电子汇款业务资费与现行的普通汇款业务相同。

3. 我国的电子汇兑的类型

1）电子汇款

自柜台受理申请起,24 小时后（次日）即可办理兑付的汇款。电子汇款原则上不负责投递取款通知,由汇款人取款,或办理入账汇款;如需邮政企业投递取款通知,则全程处理应增加相应的投递时限。

2）加急汇款

自柜台受理申请起,4 小时后即可办理兑付的汇款,邮政企业不负责投递取款通知,由汇款人自行通知收款人取款,或办理入账汇款。

3）特急汇款

自柜台受理申请起,2 分钟后即可办理支取的汇款,邮政企业不负责投递取款通知单,由汇款人自行通知收款人取款,或办理入账汇款。由汇款人自行通知的汇款,汇款人必须预留汇款支取密码。国际电子汇兑是指自柜台受理申请起,24 小时内即可发往兑付国家的电子汇兑中心的汇款;自收到他国邮政发来的待兑汇款信息起,24 小时内即可到达通汇局的汇款。目前,已经完成国家局汇兑中心、31 个省局汇兑中心和 2 468 个市县汇兑中心的联网建设,并连通了一定数目的电子化网点,基本具备在市县以上取消实物汇票传递的条件,实现邮政汇兑业务的全面提速,首先向社会推出现金—现金、24 小时和 4 小时到达的电子汇兑;其次再考虑与邮政储蓄计算机系统对接,开办账户—现金、现金—账户、账户—账户的电子汇兑。

4.5 国外电子支付系统

支付系统是银行之间资金流动的通道与枢纽,是世界主要经济体国家的重要支撑。它不仅可以支持区域内银行之间、各区域间的全国性支付清算,还能连接全球的支付清算网络。现阶段,世界各国普遍对支付机构进行严格监管,建立起准入许可、资金监管、投资限制等监管措施。

国外最有影响力的支付系统是美国的银行清算系统,它在全球银行清算体系中处于核心地位。其中,FEDWIRE(联邦储备通信系统)和CHIPS(纽约清算所同业支付清算系统)是支持美元全球清算的两大主要大额支付清算系统。除完成银行间资金转账和清算外,两系统还共同维系着美元的国际货币地位。与我国支付系统不同,美国支付系统引领国际化清算的地位更为明显,在世界经济增长领域的作为空间更大。FEDWIRE是美国全国性的电子付款清算系统,由资金转移系统和簿记证券系统两部分组成,资金结算和证券交易可以同步进行,具有极高的处理效率和运行效率。在资金结算方面,FEDWIRE不仅提供大额资金支付功能,还具有清算功能,主要处理大额资金的转账,即将储备金账户余额从一个金融机构划拨到另一个金融机构的户头上。在证券交易方面则是支持处理美国政府和联邦机构的各种证券交易、票据处理、证券簿记等。CHIPS是全球最大的私营美元交换系统,它集合了净额高效清算系统和日清实时全额支付系统于一身。全世界银行同业间的美元清算95%以上通过CHIPS清算。

据有关统计资料,目前约有12 000个参与机构可以通过FEDWIRE发起或接收资金转账指令,日均交易量最高可达53万笔,日均交易额达2万亿美元。每天通过CHIPS清算的交易额超过1.9万亿美元,日平均清算量约为40万笔。美国的支付系统发达、业务运行时间长、业务处理规模大,有力支持了美国在世界经济的引领作用,特别是全球贸易方面,对维护美元的国际地位和国际资本流动的效率及安全十分重要。

此外,美国还有支票结算体系,美国约有30%的支票是行内清算,其余70%通过银行间的清算机制来进行清算。银行间的清算不仅能够直接提示付款行或者通过代理行和联储银行,还能够通过当地支票清算所进行清算。联储银行作为美国最大的自动清算所ACH运营者,每天要处理85%以上的ACH交易,纽约清算所的电子支付系统是全美唯一一家私营的ACH。

在证券交易结算方面,当前美国的证券市场包括政府债券市场、企业股票市场以及固定收益债券市场,不同的市场由不同的机构和系统分别负责清算和结算。

美国的证券结算系统采用的是商业银行货币与中央银行货币相结合的资金清算模式,证券交易中的有关各方,其中一方或几方在中央银行开户,另一方或几方在商业银行开户。中央证券登记结算公司作为特许参与者加入支付系统,负责提交清算轧差结果。

欧盟致力于建立统一、高效并富有竞争力的支付服务市场,首先在欧元区内引入欧元纸币和硬币,然后统一零售支付的业务和技术标准,之后再整合非现金支付系统,最终形成单一欧元支付区(SEPA)。在欧盟,支付机构被视为电子货币机构,赋予其等同于金融机构的法律地位,提供清算和结算服务的组织机构均可被批准加入"泛欧实时全额自动清算系统"(TARGET)。2007 年,该系统正式升级至 TARGET2 系统,实时全额处理欧元交易。目前接入 TARGET2 的直接参与者 999 个,间接参与者约 3 500 个,包括信用机构、政府机构和投资公司等。

TATGET2 连接了 24 个欧洲国家中央银行的 RTGS(实时全额支付系统)。除了提供 RTGS 的基础服务外,各国中央银行可以自主选择是否在 TARGET2 的单一共享技术平台 SSP 上实现日常操作、储备管理、账户管理和数据库等其他服务。TARGET2 的核心服务收费标准分两类:一是月固定费用 150 欧元＋每笔业务 0.8 欧元;二是月固定费用 1 875 欧元＋每笔业务收费(0.6～0.125 欧元,根据业务量阶梯递减)。TARGET2 提供丰富的流动性管理服务,主要包括:账户最低储备资金可在日间用于支付;提供隔夜融资应对不可预见的流动性需求;免费提供日间信贷(但需要提供抵押品)。

欧盟支付系统发展很快,也很完善,在欧盟经济一体化过程中发挥了重要作用。研究表明,没有现有欧盟统一标准完善的支付系统,很难保证欧盟经济的协同性和紧密性。特别是经济全球化愈加明显的今天,欧盟作为全球重要的经济体之一,其支付系统对欧盟经济发展的作用不可小觑。

4.5.1　SWIFT

1. SWIFT 概念

环球银行金融电信协会(Society for Worldwide Interbank Financial Telecommunication,SWIFT)是一个国际银行间非盈利性国际合作组织,是世界领先的安全金融报文服务提供者。SWIFT 的总部位于比利时的布鲁塞尔,同时在荷兰阿姆斯特丹和美国纽约分别设立交换中心(Swifting Center),并为各参加国开设地区处理站(National Concentration),为国际金融业务提供快捷、准确、优良的服务,为更好地为亚太地区用户服务,SWIFT 于 1994 年在香港设立了除美国和荷兰之外的第三个支持中心,这样,中国用户就可得到 SWIFT 支持中心讲中文的员工的技术服务。SWIFT 跨国治理和监管模式加强了其协作机制的中立性和国际性,其遍布全球的分支机构网络确保其在所有主要的金融中心都能有一席之地。

图 4-9　SWIFT 首页

SWIFT 运营着世界级的金融电文网络,银行和其他金融机构通过它与同业交换电文(Message)来完成金融交易。除此之外,SWIFT 还向金融机构销售软件和服务,其中大部分的用户都在使用 SWIFT 网络,SWIFT 首页如图 4-9 所示。

SWIFT 的报文传送平台、产品和服务对接了全球超过 11 000 家银行、证券机构、市场基础设施和企业用户,覆盖 200 多个国家和地区,每日处理的报文次数达到 1 500 万次。SWIFT 不代为客户持有基金或管理账户,而是帮助全球用户社区通过可靠途径,安全开展通讯并交换标准化金融报文,从而支持全球和本地市场的金融交流,并助力国际贸易和商业活动。

2. SWIFT 历史

SWIFT 成立于 1973 年 5 月,为其各成员银行提供报文传送平台、通讯标准及通讯业务,使银行结算安全、可靠、快捷、标准化、自动化,大大提高了银行的结算速度。

1974 年,SWIFT 开始设计计算机网络系统。

1977 年,完成了环球同业金融电信网络(SWIFT 网络)系统的各项建设和开发工作,并正式投入运营。

1977 年,SWIFT 在全世界就拥有会员国 150 多个,会员银行 5 000 多家,SWIFT 系统日处理 SWIFT 电讯 300 万笔,高峰达 330 万笔。

到 2007 年 6 月为止,SWIFT 的服务已经遍及 207 个国家,接入的金融机构超过 8 100 家。台湾地区唯一的具有商业策略以及服务供应伙伴资格的是资通电脑 Ares。

在国际贸易结算中,SWIFT 信用证是正式的、合法的,是被信用证各当事人所接受的、国际通用的信用证,信用证是指凡通过 SWIFT 系统开立或予以通知的信用证。采用 SWIFT 信用证必须遵守 SWIFT 的规定,也必须使用 SWIFT 手册规定的代号(Tag),而且信用证必须遵循国际商会 2007 年修订的《跟单信用证统一惯例》各项条款的规定。在 SWIFT 信用证可省去开证行的承诺条款(Undertaking Clause),但不因此免除银行所应承担的义务。SWIFT 信用证的特点是快速、准确、简明、可靠。

该组织创立之后,其成员银行数逐年迅速增加。从 1987 年开始,非银行的金融机构,包括经纪人、投资公司、证券公司和证券交易所等,开始使用 SWIFT。至 2010 年,该网络已遍布全球 206 个国家和地区的 8 000 多家金融机构,提供金融行业安全报文传输服务与相关接口软件,支援 80 多个国家和地区的实时支付清算系统。

1980 年,SWIFT 连接到香港。我国的中国银行于 1983 年加入 SWIFT,是 SWIFT 组织的第 1 034 家成员行,并于 1985 年 5 月正式开通使用,成为我国与国际金融标准接轨的重要里程碑。之后,我国的各国有商业银行及上海和深圳的证券交易所,也先后加入 SWIFT。

进入 20 世纪 90 年代后,除国有商业银行外,中国所有可以办理国际银行业务的外资和侨资银行以及地方性银行也纷纷加入 SWIFT。SWIFT 的使用也从总行逐步扩展到分行。1995 年,SWIFT 在北京电报大楼和上海长话大楼设立了 SWIFT 访问点 SAP(SWIFT Access Point),它们分别与新加坡和香港的 SWIFT 区域处理中心主节点连接,为用户提供自动路由选择。

SWIFT 自投入运行以来,以其高效、可靠、低廉和完善的服务,在促进世界贸易的发展、加速全球范围内的货币流通和国际金融结算、促进国际金融业务的现代化和规范化方面发挥了积极的作用。我国的中国银行、农业银行、工商银行、建设银行、交通银行、中信实业银行等已成为环球银行金融电信协会的会员。

3. SWIFT 成员分类

SWIFT 的成员分为持有股者和非持股者。

持有股者（会员），即 Shareholder(Member)包括银行、符合资格的证券经销商（Eligible Securities Broker-dealers）以及符合规定的投资管理机构（Investment Management Institutions），都可以持有 SWIFT 的股份。会员有董事选举权，当股份达到一定的董事有被选举权。

非持有股者（Non-shareholders)主要分为非参股成员、附属成员及参与者三类。

（1）非参股成员是那些符合成为参股人资格但是并未选择或不愿意成为参股人的机构。

（2）附属成员是持有股者（会员）对其拥有 50% 的直接控股权或 100% 的间接控股权的机构组织。此外，该机构组织还需满足附属会员条例中第 8 款第一节的要求，即必须和会员所参与的业务相同，但必须完全由会员控制管理。

（3）参与者是主要来自证券业的各个机构，如证券经纪人和经销商、投资经理、基金管理者、货币市场经纪人等。

4. SWIFT 银行识别代码

SWIFT 的设计能力是每天传输 1 100 万条电文，而当前每日传送 500 万条电文，这些电文划拨的资金以万亿美元计，它依靠的便是其提供的 240 种以上电文标准。SWIFT 的电文标准格式，已经成为国际银行间数据交换的标准语言。这里面用于区分各家银行的代码，就是 SWIFT Code，依靠 SWIFT Code 便会将相应的款项准确的汇入指定的银行。

SWIFT Code 是由该协会提出并被 ISO 通过的银行识别代码，其原名是 BIC（Bank Identifier Code)，但是 BIC 这个名字意思太泛，担心有人理解成别的银行识别代码系统，故渐渐大家约定俗成地把 BIC 叫作 SWIFT Code 了。

每家申请加入 SWIFT 的银行都必须事先按照 SWIFT 的统一原则，制定出本行的 SWIFT 地址代码，经 SWIFT 批准后正式生效。银行识别代码由电脑可以自动判读的 8 位或是 11 位英文字母或阿拉伯数字组成，用于在 SWIFT 电文中明确区分金融交易中相关的不同金融机构。凡该协会的成员银行都有自己特定的 SWIFT 代码，即 SWIFT Code。在电汇时，汇出行按照收款行的 SWIFT Code 发送付款电文，就可将款项汇至收款行。该号相当于各个银行的身份证号。

11 位数字或字母的银行识别代码可以拆分为银行代码、国家代码、地区代码和分行代码四部分。以中国银行北京分行为例，其银行识别代码为 BKCHCNBJ300。其含义为：BKCH（银行代码）、CN（国家代码）、BJ（地区代码）、300（分行代码）。

（1）银行代码（Bank Code)：由 4 位英文字母组成，每家银行只有 1 个银行代码，并由其自定，通常是该行的行名字头缩写，适用于其所有的分支机构。

（2）国家代码（Country Code)：由 2 位英文字母组成，用以区分用户所在的国家和地理区域。

（3）地区代码（Location Code)：由 0、1 以外的 2 位数字或 2 位字母组成，用以区分位于所在国家的地理位置，如时区、省、州、城市等。

（4）分行代码（Branch Code)：由 3 位字母或数字组成，用来区分一个国家里某一分行、

现代支付概论

组门。如果银行的 BIC 只有 8 位而无分行代码时，其初始值定为"×××"。

同时，SWIFT 还为没有加入 SWIFT 的银行，按照此规则编制一种在电文中代替输入其银行全称的代码。所有此类代码均在最后三位加上"BIC"3 个字母，用来区别于正式 SWIFT 成员银行的 SWIFT 地址代码。

5. SWIFT 提供的服务

1）接入服务

SWIFT 的接入服务通过 SWIFTAlliance 的系列产品完成，包括：

(1) SWIFTAlliance Access and Entry：传送 FIN 信息的接口软件。

(2) SWIFTAlliance Gateway：接入 SWIFTNet 的窗口软件。

(3) SWIFTAlliance Webstation：接入 SWIFTNet 的桌面接入软件。

(4) File Transfer Interface：文件传输接口软件，通过 SWIFTNet FileAct 是用户方便的访问其后台办公系统。

SWIFTNet Link 软件内嵌在 SWIFTAlliance Gateway 和 SWIFTAlliance Webstation 中，提供传输、标准化、安全和管理服务。连接后，它确保用户可以用同一窗口多次访问 SWIFTNet，获得不同服务。

2）金融信息传送服务

SWIFTNet 启用以后，传统的 FIN 服务转而在新的网络 SWIFTNet FIN（已于 2002 年 8 月开通）上提供。SWIFT 把传统的 FIN 服务与新开发的、交互性的服务进行了整合，开发出 SWIFTNet 信息传送服务以满足现代金融机构不断发展的需要。它包括以下三种服务：

(1) SWIFTNet InterAct：提供交互（实时）和存储与转发两种信息传送方式，适合要求实时应答的金融业务。

(2) SWIFT FileAct：提供交互和存储与转发两种文件自动传输方式，适合大批量数据的传输。

(3) SWIFTNet Browse：以浏览为基础，使用标准的 Internet 浏览器（如 IE）和 SWIFT Alliance Web Station 访问 Browse 服务，其安全由 SSL 和 SIPN 保证。

3）交易处理服务

交易处理服务是指通过 SWIFTNet 向外汇交易所、货币市场和金融衍生工具认证机构提供交易处理的服务，具体包括：

(1) 交易处理匹配服务（Accord Matching）。

(2) 实时报告的双边净额清算服务（According Netting）。

(3) 支持 B2B 的商务中的端对端电子支付（E-PaymentsPlus）。

4）分析服务与分析工具

SWIFT 也向金融机构提供一些辅助性的服务，即分析服务与分析工具。它包括以下工具：

(1) BIC Online 和 BIC Directory Update broadcast：向金融机构提供最新的、世界范围内的金融机构的代码（BIC）。

(2) Traffic Watch：可以监视 SWIFT 当前传送信息的数量。

(3) Transaction Watch：可以监视信息从发出到接收所经历的过程，获得各种参数，为提高证券系统和支付系统的效率提供分析数据。

（4）STP Review：金融机构为提高自身竞争力，直达处理（Straight Through Processing，STP）能力变得愈加重要。SWIFT 可以向用户提供独立、客观的 STP 评估。

6. SWIFT 的风险防范

SWIFT 安全威胁来自两个方面：一是支付风险，二是系统风险。

在支付风险方面，SWIFT 并不向金融机构提供直接的帮助。利用 SWIFT 所提供的服务，金融机构可以有效控制支付风险。例如，SWIFT 为支持大额支付与证券相关交易中的清算、结算、净额结算，提供了 FIN Copy 服务。在交易指令传达给接收方之前，指令要备份并通过第三方（如中央银行）的认证。

SWIFT 系统的安全主要遭受这几个方面的威胁：假冒，报文被截取（读取或复制）、修改、重播，报文丢失，报文发送方或接收方否认等。针对这些安全威胁，SWIFT 系统提供了安全策略，用以维护系统安全。SWIFT 安全层次分为：

（1）安全登入和选择服务。

（2）防止第三方冒充。

（3）防止第三方截取报文。

（4）使第三方无法修改、替换报文内容，或者使接收方可以发现报文在传输的过程中被修改。

（5）防止报文的重播和丢失。

（6）在系统内进行交换的报文被复制存储，与报文交换有关的各种活动及其发生的时间均被记录。

（7）相关安全责任的分离，即一人不能负责多项安全事务。

近年来，随着全球化水平不断提升，国际贸易与投资活动日益频繁，跨境支付成为与国际化企业息息相关的支付方式。但由于代理银行每天要为行业安全处理数百万笔的跨境支付业务，任务量大、中间环节多、时间周期长，银行很难明确告诉客户要经过多少环节、手续费是多少，再加上各国和地区跨境支付系统各不相同，企业很难掌控跨境汇款的到账周期和款项状态。

SWIFT GPI（SWIFT Global Payment Innovation）项目通过建立银行间的跨境支付业务圈，邀请全球大型银行参与，遵循共同设计的业务规则，实现资金当日到账、收费透明、汇款信息完整传递，大幅提升了跨境支付的效率。

根据 2017 年环球银行金融电信协会（SWIFT）数据显示，中国银行、工商银行、农业银行、建设银行、交通银行、中国民生银行、上海浦东发展银行、中国邮政储蓄银行、浙江省农村信用社联合社、兴业银行、中信银行、平安银行和广发银行这 13 家中国商业银行已经加入其全球支付创新项目 SWIFT GPI。这些银行的跨境支付业务量共占中国跨境支付金额总量的大约 80%，而从全球范围看，200 多个国家的超过 110 家银行已承诺使用 GPI 服务，这些银行的跨境支付业务量已占 SWIFT 系统跨境支付额的 75% 以上。

4.5.2　FEDWIRE

1. FEDWIRE 系统概念

FEDWIRE 是由美国联邦储备系统（简称美联储）开发与维护的电子转账系统，是一个贷记支付系统。FEDWIRE 提供电子化的联储资金和债券转账服务，是一个实时大额清算系统，在美国的支付机构中发挥着重要的作用。

美联储转移大额付款的系统 FEDWIRE 是美国金融基础设施的重要组成部分。FEDWIRE 和相关支付系统的运作,经常将大额短期信用暴露给系统的参与者(反映为通常所说的日间透支)。美联储还通过贴现窗口将隔夜信贷业务提供给存款机构。美联储对各种形式短期贷款的"信用风险管理",很大程度上依赖信息监管。

FEDWIRE 系统自 1914 年 11 月开始运行,1918 年起开始通过自己专用的摩尔斯电码通信网络提供支付服务,从每周结算逐渐发展到每日结算,联邦储备银行安装了一套专供其使用的电报系统来处理资金转账。20 世纪 20 年代,政府债券也开始用电报系统进行转让。直到 20 世纪 70 年代早期,美国国内资金、债券的转移仍然主要依赖此电报系统。1970 年美国开始建立自动化的电子通信系统。

直到 1980 年,美联储成员银行使用 FEDWIRE 提供服务,收费标准仍未明确,成员行不缴纳或很少缴纳费用。但是,随着对储蓄机构监管的放松,以及 1980 年《货币控制法案》的出台,FEDWIRE 服务收费被确定下来,并且非美联储成员的银行也允许使用该转账系统。为鼓励私营部门的竞争,法律规定 FEDWIRE 服务的收费必须反映提供此项服务的全部成本,以及因资金占用所带来的潜在成本和应有的赢利。

根据这些要求,联邦储备银行向那些资金余额不足以完成支付命令的 FEDWIRE 成员提供额外的信用,这使得联邦储备银行面临经济损失的风险。为减少这种风险,联邦储备银行采用了一系列控制日间信贷额的政策,其中包括债务最高限额以及日间信贷的管理和收费等。

FEDWIRE 的用户包括联邦储备银行及其分支机构,国库和其他政府代理机构,以及储蓄机构、信贷联盟、外国中央银行及政府机构等。储蓄机构主要利用 FEDWIRE 向伙伴银行转移账户余额,或根据客户要求向其他机构转移资金。根据银行客户的要求而进行的转账包括买卖政府的证券、储蓄和其他大额、时间性强的支付。国库和其他联邦政府代理机构利用 FEDWIRE 大量筹集、分配资金。

FEDWIRE 功能齐全,它不仅提供资金调拨处理,还具有清算功能。因此,FEDWIRE 不仅提供大额资金支付功能,还使跨行转汇得以最终清算。此外,FEDWIRE 还提供金融信息服务。

2. FEDWIRE 功能

(1) 资金转账(Funds Transfer)信息。

FEDWIRE 资金转账系统,是一个高速的电子支付系统,归联邦储备银行所有,并处于其操作与控制之下。其主要将储备账户余额从一个金融机构划拨到另一个金融机构的户头上,这些资金几乎全是大额资金。FEDWIRE 资金转账的主要功能是:通过各商业银行在美国联邦储备系统(简称美联储)中的储备账户余额,实现商业银行间的同业清算,完成资金调拨。FEDWIRE 真正建立自动化的电子通信系统是在 1970 年,此后 FEDWIRE 便获得了飞速的发展,其处理的各类支付业务逐年增加。FEDWIRE 将全美划分为 12 个联邦储备区、25 个分行和 11 个专门的支付处理中心,它将美联储总部、所有的联储银行、美国财政部及其他联邦政府机构连接在一起,提供实时全额结算服务。FEDWIRE 主要用于金融机构之间的隔夜拆借、行间清算,公司之间的大额交易结算以及美国政府与国际组织的记账债务转移等业务。该系统成员主要有:美国财政部、美国联邦储备委员会、12 家联邦储备银行、25 家联邦储备分行及全国 1 万多家商业银行和近 2 万家其他金融机构。

FEDWIRE 的资金转账能为用户提供有限的透支便利（Capped Intraday Credit），它根据各商业银行的资本来匡算其最大透支额。只有出现超过透支额的支付业务时，该支付命令才处于等待或拒绝状态。如果商业银行的账户余额不足，只要支付金额在透支额度内，美联储自动提供贷款，使支付命令得以执行。

FEDWIRE 的这一措施解决了商业银行资金流动性的问题，提高了支付系统的效率，能实现及时的资金转移，但同时也给中央银行带来了一定的支付风险，当某支付方发生清偿危机时，中央银行将承担全部风险，从 1994 年 4 月起，联邦储备银行开始对在其账户上的透支收取一定的费用，开始时年利率为 24％，至 1996 年已提高到年利率 60％，用以控制商业银行的日间信贷。

（2）传输美国政府和联邦机构的各种证券（Securities Transfer）交易信息。

（3）传输美国联邦储备系统的管理信息和调查研究信息。

（4）自动清算（ACH）业务。

在美国，大量采用支票作支付工具，通过 ACH 系统，就可使支票支付处理实现电子化。ACH 系统通过自动票据清分机，实现支票和其他纸凭证的自动阅读和清分，再进行传输和处理，以使支票支付的处理过程实现电子化。现在，所有的美国联邦储备银行都提供对支票的电子支付服务，大多数的金融机构可接收电子形式的支票。图像处理和条码技术是支票电子支付系统的两大关键技术。图像处理包括获得物理支票的图像和存储其中的数据信息，然后将图像信息传送到支付机构。条码技术使支付机构能对拒付支票自动进行背书，并可识别背书，以加快退票处理。

（5）批量数据传送（Bulk Data）。

通过 FEDWIRE 进行的资金转账过程，是通过美联储成员的联邦储备账户实现的。因此，资金转账的结果将直接影响成员行持有的联邦储备账户的储备余额水平。

这样，通过 FEDWIRE 结算的资金立即有效并可用。这也使 FEDWIRE 成为可使用在美国的任何资金转账（包括来自 CHIPS 和其他支付网络的资金转账）实现最终清算的唯一网络系统。

通过 FEDWIRE 的资金清算是双向的，即联邦储备银行借记寄出方账户，并以相同信息贷记接收方账户。FEDWIRE 允许白天透支。在转账时，如果寄出方在联邦储备账户中的资金不足，无法在其账户中对可用资金进行借记，即寄出方不能立即和联邦储备银行清算其资金余额，此时，FEDWIRE 则向其发出一笔贷款，并仍然贷记接收方储备账户。因此，不管寄出方能否同联邦储备银行清算其资金余额，对接收方来说，支付总是可以实现的。

通过 FEDWIRE 进行的资金转账，从寄出方发出，到接收方收到，几秒钟、最多几分钟就可完成。

（6）风险控制。

通过 FEDWIRE 进行资金转账时所引起的金融风险，主要是由于寄出行弥补日间透支失败而产生的。允许白天透支，是美国联邦储备系统为了提高国家支付系统的有效性和可靠性而采取的一项合理措施，美国联邦储备系统也因此要承担一定的风险。为了进行有效的风险控制，美国联邦储备系统为 FEDWIRE 制定了相应的规章和作业通告，并以此来保护自己。美国联邦储备系统的风险控制方法是针对资金寄出银行的。如果寄出行不能弥补日间透支，则联邦储备银行对寄出行在联邦的所有资产有扣押权。

为了加强风险管理，一方面，FEDWIRE 建立了以下风险控制系统：账户余额监控系统、日间透支报告和定价系统、风险管理信息系统。另一方面,FEDWIRE 实施了以下风险管理策略:对大额清算系统日间透支的收费;透支上限;记账证券交易抵押;对机构支付金额活动的监控。

(7) 收费政策。

FEDWIRE 服务收费根据联储的一般定价政策来制定,用于弥补运行成本。从 1999 年起,FEDWIRE 服务的定价采用按信息量计费的方式。FEDWIRE 收费的特点是:高固定费用,低边际收费。

纽约联邦储备银行于 1982 年 11 月初发布了"关于通过 FEDWIRE 进行资金转账的日间透支协定"的作业通告,该协定要求银行签署一封给联邦的信件,以银行的资产作为通过 FEDWIRE 进行资金转账的抵押品;协定要求银行向联邦表明,它将保证有效控制日间透支;协定还允许联邦根据该银行的资产、资本、总的金融条件、可用的附属担保品和网络传输量,来制定该银行的最高转账金额。初始的最高转账金额是该银行资本的 50%。

1985 年 5 月,董事会发表了大额电子资金转账的政策宣言,其中包括允许透支限额以及第二天必须补上资金等条款,以确保 FEDWIRE 对大额资金支付的安全,避免对美国的货币和经济系统产生不良的后果。

(8) FEDWIRE 证券簿记系统。

FEDWIRE 证券簿记系统建于 20 世纪 60 年代末,它的主要功能是:实现多种债务(如政府债券、企业债券、国际组织债券等)的发行、交易清算的电子化,以降低成本和风险。它是一个实时的、交割与支付同时进行的全额贷记转账系统。FEDWIRE 系统在安全控制、风险防范、电信格式、信息传递等方面都实行了严格的规范和标准化措施,使得利用此系统大大提高了美国国内资金清算的效率,确保了联邦储备银行中大额资金清算和证券交易的安全。

4.5.3　CHIPS

1. CHIPS 概念及发展历史

CHIPS(Clearing House Interbank Payment System)即纽约清算所同业支付清算系统,是由纽约清算所协会(NYCHA)经营管理的清算所同业支付清算系统,它是全球最大的私营支付清算系统之一,主要进行跨国美元交易的清算。

CHIPS 电子支付系统于 1970 年由纽约清算所协会建立并开始运行,代替了原有的纸质支付清算支付,为企业间和银行间的美元支付提供清算和结算服务。

纽约清算所协会作为 CHIPS 的创建和管理者,成立于 1853 年,是美国最早的清算机构,创立的目的是解决纽约市银行间混乱的交易情况,建立秩序。在美联储于 1913 年成立之前,纽约清算所协会一直致力于稳定货币市场的流通波动,在那以后,纽约清算所协会则开始运用自己的技术和组织能力来满足银行系统内部日益分化和交易量不断扩大的要求。

从 1998 年起,CHIPS 归 CHIPCo 公司所有并处于其管理之下。所有 CHIPS 的参与者(Participants)都是 CHIPCo 的公司成员(Members)。CHIPCo 公司由一个 10 人董事会进行管理;根据 CHIPS 参与者的交易量,董事会中有 4 人从其中选出,其余 6 人由纽约清算所协会任命。2001 年,CHIPS 采用新系统,开始向实时净额清算系统过渡。2007 年,它成为全球最大的私营支付清算系统之一,主要进行跨国美元交易的清算,拥有安全、可靠、高效的支付系统,处理全球 95% 左右的国际美元交易,每天平均交易量超过 34 万笔,金额约 1.9 万亿美元。

2. CHIPS 参与者及要求

参加 CHIPS 的参与者有两大类:

(1) 清算用户:在联邦储备银行设有储备账户,能直接使用该系统实现资金转移。目前共 19 个。

(2) 非清算用户:不能直接利用该系统进行清算,必须通过某个清算用户作为代理行,在该行建立账户实现资金预算。

Chips 对参与者的要求有以下几点:

(1) 在每天交易开始前储蓄一定数量的资金。

(2) 在系统运行时间内,只有参与者当前的资金头寸足以完成借记 CHIPS 才释放支付指令,而且任何参与者当前的资金头寸都不得小于零。

(3) 需要接受 CHIPCo 信用评估。CHIPS 参与者需要向 CHIPCo 董事会提交财务情况方面的文件,接受董事会定期问讯。

3. CHIPS 的运行

从 2001 年 1 月起,CHIPS 已成为一个实时的、终结性清算系统,对支付指令连续进行撮合、轧差和结算。CHIPS 的营业时间是从早上 7 时至下午 4 时 30 分,资金转移的最终完成时间为下午 6 时,遇到节假日则营业时间适时延长。对支付指令的处理通常只需几秒,85% 的指令可在下午 12:30 以前完成清算,这极大地提高了流动性。一般来说,新系统为从 CHIPS 队列中释放的支付指令提供实时的最终清算,支付指令的结算可以有三种方式:

(1) 用 CHIPS 簿记账户上正的资金头寸进行支付。

(2) 由反方向的支付来对冲。

(3) 以上两者结合。

为实现这一处理,纽约的联邦储备银行建立了一个 CHIPS 预付金余额账户。

Step1:预付金余额账户(Prefund Balance Account)。

在结算实时、终结性的安排下,每个 CHIPS 参与者都有一个预先设定的起始资金头寸要求(Pre-established Opening Position Requirement),一旦通过 FEDFIRE 资金账户向此 CHIPS 账户注入相应的资金后,就可以在这一天中利用该账户进行支付指令的结算。如果参与者没有向 CHIPS 账户注入这笔资金,未达到初始头寸要求,则不能通过 CHIPS 发送或接收指令。在东部时间凌晨 0:30,CHIPS 和 FEDWIRE 开始运行以后,这笔规定的资金头寸就可以随时转入 CHIPS 账户,转入时间不能晚于东部时间上午 9 点。

Step2:日常运行 9:00—5:00。

(1) 各参与者(银行)向 CHIPS 中心列队发送并接收支付指令,该队列由 CHIPS 维护。

(2) 在不违反 CHIPS 第 12 款规定的前提下,CHIPS 通过优化算法从中心列队选择要处理的支付指令。

(3) 进行结算时,优化算法将相关的支付指令从中心队列中释放出来,对支付指令做连续、实时、多边匹配轧差结算。

(4) 根据结果在相关参与者余额账户上用借记/贷记方式完成对支付指令的最终结算,同时标记 CHIPS 记录反映资金头寸的增减变化。

在系统关闭前,东部时间下午 5:00,参与者随时可以从队列中撤出指令。对当前头寸的借记、贷记只是反映在 CHIPS 的记录中,并未记录在纽约联邦储备银行的簿记账户中。按照纽约法律和 CHIPS 的规定,支付指令的最终结算时间是从 CHIPS 队列中释放的时间。

Step3:日常运行 5:00 之后。

(1) CHIPS 试图进行撮合、轧差、结算,尽可能多地释放尚在队列中的指令,但不允许某个参与者出现负头寸。

(2) 对于未释放的指令进行多边轧差结算,对每一个参与者而言,轧差后的净头寸与其当前头寸(为零或为正)相关,若轧差后的头寸为负,则其数值是参与者的"最终头寸要求"(Final Position Requirement)。

(3) 有"最终头寸要求"的参与者必须将所要求的资金转入 CHIPS 账户,这可以通过FEDWIRE 完成。

(4) 当所要求的资金转账后,资金将贷记到参与者的余额中去。当所有的 FEDWIRE资金转账收到后,CHIPS 释放余下的支付指令,并对其结算。

(5) CHIPS 将账户中尚存的余额转账给相应的参与者,日终时将其在 CHIPS 账户的金额减为零。

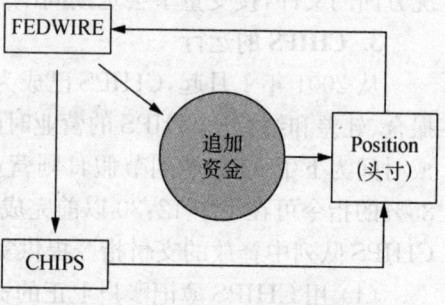

日间交易:

(1) 银行账户保持正余额,满足流动性需求。

(2) 交易优先级制度。参与者可以:追加资金并指定某些支付指令优先进行匹配,即立即清算;推迟未决支付。

CHIPS 清算流程如图 4-10 所示。

图 4-10 CHIPS 清算流程

东部时间上午 9:00 之前,FEDWIRE 向 CHIPS 划拨资金,为当天的交易形成资金池。在当天的交易中,头寸参与结算。当资金池中的资金不足以支付当天的交易时,通过FEDWIRE 追加资金,继续进行清算。

在图 4-11 中,银行 X 欠银行 Y 的资金。由于银行 X 和 Y 不是 CHIPS 的直接会员,所

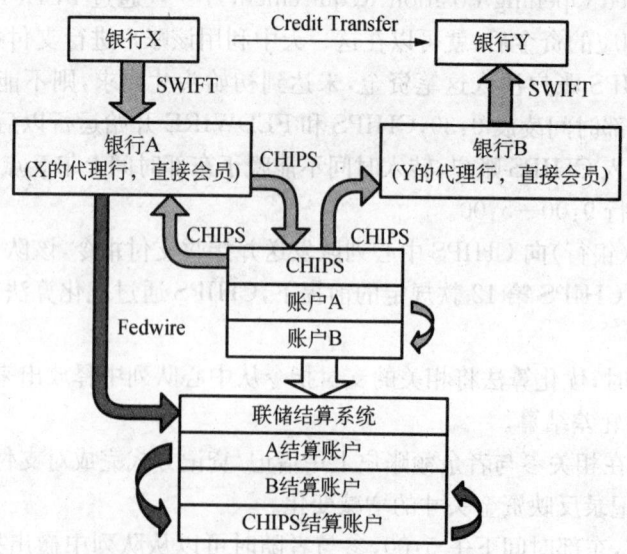

图 4-11 银行间清算流程图

以需要通过银行 A 和 B 作为代理行。银行 X、Y 通过 SWIFT 系统与 A、B 建立起联系。银行 A、B 则通过 FEDWIRE 系统向 CHIPS 划拨资金。信息流通过 SWIFT、FEDWIRE 系统转入 CHIPS 系统,清算流程结束最终通过 CHIPS 系统向银行 A、B 划拨资金。

4.5.4　TARGET

1. TARGET 概念及特点

欧盟统一货币计划的实施,需首先解决欧元区内多国、多币种支付系统并存的问题。为保证欧元的启动及贯彻实施欧洲中央银行体系的单一货币政策,需要构建一个连通欧洲的大额支付系统。为此,欧洲货币局于 1995 年 5 月宣布建立一个跨国界的欧元支付系统 TARGET(The Trans-European Automated Real-time Gross settlement Express Transfer,泛欧实时全额自动清算系统),为欧盟所有银行的实时支付业务提供实时全额结算服务,是欧元体系货币政策的实施工具,保障了欧元支付体系的稳定性,提高支付效率,为各国间的清算提供一个安全可靠的机制,使支付风险降低到最低,促进了欧元货币市场的一体化和业务运营的协同性。TARGET 由 16 个国家的实时金额支付系统(Real Time Gross Settlement,RTGS)、欧洲中央银行的支付机构(EPM)和相互间连接系统(Interlinking System)构成。相互间连接系统将各国的 RTGS 与 EPM 相连,这样支付指令就能从一个系统传递到另一个系统。

TARGET 的成员为欧元区各国的中央银行,欧元区任何一家金融机构,只要在本国中央银行开立汇划账户,即可通过该中央银行运行的支付系统与 TARGET 相连接,进行欧元的跨国结算。欧洲中央银行及参与国中央银行共同监督 TARGET 的运营,并作为结算代理人直接参与 TARGET 交易。TARGET 采用实时、全额的结算模式,具有高效、便捷、安全的显著优势,为欧元跨境支付和欧洲中央银行实施货币政策发挥了极为重要的作用。

TARGET 的特点:

(1) 采用 RTGS 模式,系统在整个营业日内连续、逐笔地处理支付指令,所有支付指令均是最终的和不可撤销的,从而大大降低了支付系统风险,但对参加清算银行的资金流动性具有较高的要求。

(2) 由于资金可以实时、全额地从欧盟一国银行划拨到另一国银行,不必经过原有的货币汇兑程序,从而减少了资金的占用,提高了清算效率和安全系数,有助于欧洲中央银行货币政策的实施。

(3) 欧洲中央银行对系统用户采取收费政策,用户业务量越大,收费标准越低,这一收费规则似乎对大银行更加有利。此外系统用户需在欧洲中央银行存有充足的资金或备有等值抵押品,资金规模要求较高;加之各国中央银行对利用该系统的本国用户不予补贴,故 TARGET 的清算成本高于其他传统清算系统。

2. TARGET 结构

TARGET 是一个非中心清算系统,支付信息在双方之间传递而不通过某个中心机构,在营业时间内支付指令不会送往欧洲中央银行。

TARGET 由以下三个部分构成:

(1) 欧盟成员国的实时金额支付系统。欧盟成员国包括:加入欧元区的国家,以及未使用单一货币、但在欧盟发展到第三阶段之前已经是欧盟成员国的国家。后者只要能够在处理本国货币的同时处理欧元就可以与 TARGET 相连。

（2）欧洲中央银行的支付机构（EPM）。

（3）相互间连接系统（Interlinking System），将 EPM 以及各国的 RTGS 连为一个整体。它包括：IT 系统，在此基础上建立了各国中央银行的往来账户，记录各国因资金流动而产生的资产与负债；通信系统，实时传递支付信息。

3. TARGET 交易服务

TARGET 主要处理以下三种交易：

（1）与中央银行动作直接相关的支付（即与实施货币政策直接相关的支付），发送方或接收方使用欧洲中央银行系统，该项支付是委托 TARGET 进行的清算服务之一。

（2）提供大额支付服务的净额清算系统以欧元为单位进行的清算，需委托 TARGET 完成，目的是降低支付系统的风险。

（3）以欧元为单位的银行间支付以及商业支付。

此外，TARGET 也用于处理欧洲中央银行系统的交易指令、EUROI（EBA）系统的日终结算以及持续结算（CLS）银行及其成员间的欧元结算。

TARGET 是一个实时全额清算系统。国内 RTGS 成员在该国的中央银行设立清算账户，支付命令发出方在该账户中的资金用来实现支付。在处理支付命令时，TARGET 采取实时、逐一处理的方式，支付信息在与之相关的两国的中央银行间直接传送而不通过某个中央机构，进行双边结算。

在进行跨国支付时，提出请求的信用机构先通过本地的 RTGS 系统将支付指令传送到国内的中央银行。中央银行检查支付命令的有效性（提交的支付命令要符合标准并包含必要的信息），以保证该机构拥有足够的资金或者未超出透支限额，对于接收方而言通过 TARGET 得到的资金都是无条件限制的、不会被撤销的，接收方不会因为这些支付而面临信用风险。

TARGET 的清算过程体现了两大特点：

（1）不可撤销性：各国的 RTGS 规定，当支付命令发送方在 RTGS 中的账户被该国的中央/欧洲中央银行借记后，支付命令不可撤销。

（2）终结性：一旦接收方在该国的中央银行/欧洲中央银行的账户被贷记后，支付即告终结。

4.5.5 其他欧元区支付系统

1. Euro 系统

Euro1 是逐笔处理跨境和国内银行间欧元支付交易的私营支付系统，主要为大额支付提供延时净额结算服务。该系统收费相对较低，降低了参与者的流动性风险。

Euro1 只处理贷记转账业务，尽管对支付的金额和发起行没有特殊限制，但 EBA 计划把 Euro1 建设成一个主要用于处理 EBA 成员间大额支付的系统。另外，EBA 跨境零售贷记转账服务 Step1 的差额将通过 Euro1 系统的参与机构进行结算。

2. Step 系统

Step1 是一个逐笔处理欧元跨境支付的清算系统，从 2000 年 11 月 20 日开始正式运行，主旨在于缩短处理跨境零售支付指令的时间，促进在报文传输中使用行业标准以提高银行的直通处理水平,推广并鼓励在跨境零售支付指令的处理中采用欧洲商业惯例。Step1使用 EBA Euro1 系统现有的基础设施来处理大额支付交易,不受对某些大额支付要进行分割的有关风险管理要求条款的制约,通常未能达到 Eruo1 注入条件的银行机构均会加入 Step1 系统。Step1 可以被用来处理信用转账交易,在实际运作中,每笔交易的上限为 5 万欧元。2002 年下半年,该系统开始应用于直接借记支付交易。

2003 年,欧元区又推出了 Step2,Step2 是在 Step1 基础上更加自动化的支付结算系统。Step2 既可以进行直接也可以进行间接支付,能处理以多种文件格式提交的大批量、非紧急欧元商业和零售支付业务,处理支付指令的能力有较大的提高,处理费用也大大降低。

3. 英国支付系统建设

英国采取的是清算公司经营管理模式。从 1997 年开始,英国的银行业监管责任方由英格兰银行变为 FSA。2001 年金融服务和市场法案生效后,FSA 正式成为证券、银行和保险业的统一监管者。在支付方面,主要的私营实体是支付清算服务协会(APACS),旗下拥有 3 家清算公司负责不同种类的业务,分别为:CHAPS 公司,它主要负责大额支付,是由 CHAPS 英镑系统和与 TARGET 连接的 CHAPS 欧元系统组成,两个系统共享同一平台;BACS 公司,它提供自动清算服务,处理电子支付委托(包括英镑和国内欧元)等小额支付业务,主要处理发放工资、保险金、政府救济金、直接借记等业务;支票和信用清算公司,主要负责在英国国内处理支票等纸质票据或银行汇划转账业务。

在支付系统中,英格兰银行是主要 3 家清算公司及 APACS 的成员和股东。实际上,英格兰银行是整个清算系统的间接控制者,控制着 RTGS 处理器以实时结算英格兰银行的账户。另外,为了平稳地通过 CHAPS 系统进行支付,英格兰银行通过回购协议使 CHAPS 成员银行拥有当日内额外偿债能力。同时,英格兰银行还负责英国支付系统的监管,以减少风险。

复习思考

名词解释: ATM 系统 POS 系统 电子汇兑系统 SWIFT 系统

1. 电子支付系统的分类是什么?
2. POS 机的四种应用类型是什么?
3. 电子汇兑系统的支付方式是什么?
4. SWIFT 系统的作用是什么?
5. FEDWIRE 和 CHIPS 的作用是什么?

第5章　电子银行系统

随着经济的发展,金融业已经成为一个国家的经济命脉,而金融业又以银行为主体。因此,国民经济的持续高速发展迫切要求银行业加快信息化进程。在国民经济整体趋向信息化的过程中,银行电子化是其中的关键。因为只有银行实现电子化,才能够为其他行业的生产和交换提供高效的支付手段,才可能有商业与服务业的真正信息化和现代化,才能够促进社会方式的进步。

5.1　电子银行系统概述

5.1.1　电子银行的产生背景

20世纪80年代以来,高速发展的现代信息技术展现出前所未有的发展空间和应用领域,信息技术也给传统银行业带来了巨大的影响。随着现代信息技术不断运用于银行业,银行业利用现代信息技术的广度和深度也在不断提高,电子货币、数字货币的出现,尤其网上银行的产生和广泛应用使得传统货币的形式、内涵、结构、支付方式,以及银行的定义和物理形态都发生了深刻的变化。这种变化对传统银行业带来了巨大的冲击与挑战,同时又对传统银行业的发展起着巨大的、积极的推动作用。

在此发展背景下,电子银行业务应运而生,其客观必然性包括以下三个方面。

(1)高速发展的现代信息技术为电子银行业务的产生和发展奠定了坚实的物质和技术基础。

信息技术为银行带来了更低的成本、更高的业务处理效率和更新的服务内容及手段,更重要的是,信息技术在银行领域的广泛运用使得商业银行彻底改变了传统的思维模式、经营模式和管理模式。信息技术成为银行业务、服务创新的重要工具。

(2)客户对银行服务的多样化和个性化需求促进了电子银行业务的产生和发展。

随着社会信息化程度的不断提高,客户对金融服务的要求越来越多样化。越来越多的客户愿意接受新鲜事物及便捷方式,希望得到更新、更好、更便捷、更富效率的银行服务,愿意通过使用更先进的技术来提高他们的生活质量、经营能力。电子银行与传统银行服务相结合,形成了营业网点、网上银行、电话银行、手机银行、自助银行等多渠道的综合服务体系,顺应了多元化、多渠道的市场需求。

(3)银行间日益激烈的竞争加速了电子银行业务的产生与发展。

银行在发展过程中,市场的竞争焦点逐渐从金融产品转向客户需求,如何有效分析客户的金融需求,及时提供满足客户个性化需求的金融服务,成为现代商业银行占据市场优势的核心能力。电子银行服务通过搭建多渠道、一体化电子金融服务平台,使银行能够与客户随时随地进行互动;通过收集客户信息,挖掘客户需求,设计高附加值、多元化、个性化的金融产品,大大提高了银行客户关系管理能力,彻底改变了银行与客户的关系,促使银行经营模式实现了由"从产品为中心"向"以客户为中心"的革命性转变。

5.1.2　电子银行的概念及特点

1. 电子银行的概念

电子银行是一种以网络为媒介,客户使用个人电脑、固定电话、移动电话、掌上电脑等各类接入设备,自助办理银行业务的新型服务手段,可以为客户提供全方位金融服务。2001 年 5 月,巴塞尔银行监管委员会发布的《电子银行的风险管理原则》,给电子银行业务下了定义:"持续的技术革新和现有的银行机构与新进入市场的机构之间的竞争,使得从事零售和批发业务和客户可以通过电子的销售渠道来获得更为广泛的银行产品和服务,这统称为电子银行业务。"国际清算银行认为,电子银行业务泛指利用电子化网络通信技术从事与银行业相关的活动,包括电子银行业务和电子货币行为,该业务通过电子渠道提供银行产品和服务,提供产品和服务的设施包括商业 POS 机终端、ATM 自动取款机、电话自动应答系统、个人计算机、智能卡等。电子银行业务的办理过程,实际上是电子货币应用的一种具体表现。货币作为支付工具在历经了实物、贵金属和纸张等载体之后,在支付领域出现了引人注目的电子货币形式。就现阶段而言,电子货币是以既有的实体货币(现金或存款)为基础而存在的,具备价值尺度和价值保存职能,而且与实体货币之间能以 1∶1 比率交换。电子货币的出现极大地突破了现实世界的时空限制,但是,作为支付手段,大多数电子货币不能脱离现金或存款,只是用电子化方法传递、转移,以清偿债权债务实现结算,现阶段电子货币与现金和存款之间有着密不可分的关系。电子货币的价值保存职能包括硬件设施和软件支持,即基于各种卡的"电子钱包"和基于网络技术的"数字化现金"。

电子银行涵盖的范围比较广泛,各界对电子银行的界定并不统一。根据中国银行业监督管理委员会(简称中国银监会)2006 年 3 月 1 日施行的《电子银行业务管理办法》的有关定义,电子银行业务是指商业银行等银行业金融机构利用面向社会公众开放的通信通道或开放型公众网络,以及银行为特定自助服务设施或客户建立的专用网络,向客户提供的银行服务。电子银行是一种新型的银行服务方式或渠道,使用户不需要到银行网点,只要通过电脑、电话、手机、ATM、POS 等电子终端,就可以方便地获得账户查询,转账汇款,缴费,网上购物,外汇、国债、基金、保险、股票买卖等多方位的金融服务。

中国银监会发布的《电子银行业务管理办法》中指出电子银行业务包括利用计算机和互联网开展的银行业务,利用电话等声讯设备和电信网络开展的银行业务,利用移动电话和无线网络开展的银行业务,以及其他利用电子服务设备和网络、由客户通过自助服务方式完成金融交易的银行业务。国内电子银行概念的提出是从网上银行普及开始的,各银行已经普遍建立了电子银行的业务渠道体系。接下来,分别建立的电话银行、网上银行、自助银行等系统将整合在一起,形成完整的电子银行系统。电子银行使银行业务、银行管理与决策融为一体,使 IT 技术(特别是计算机技术)渗透到银行的业务、管理和决策的全过程。

自 20 世纪 70 年代我国银行业推行电子化进程以来,我国电子银行系统和业务已经取得了令人瞩目的进展。尤其是进入 20 世纪 90 年代以后,我国电子银行业务发展进入快车道并已初具规模,在某些产品功能和客户服务等多方面已不亚于国外商业银行。在国内,工商银行是最早提出电子银行这一概念的银行之一。早在 2000 年,工商银行就推出了领先的网上银行、电话银行、手机银行服务,并旗帜鲜明地将这些服务归为一类,统称为电子银行。到目前为止,电子银行已经成为工商银行为客户提供金融服务的重要渠道,比重占全部业务量的 25％以上,而且仍在快速增长之中。电子银行之所以受到客户青睐,关键在于它的方便、快捷、安全,具有传统网点服务无可比拟的优势。比如,电子银行不受时间和场地的限制,可以 7×24 小时随时随地获得服务,不必为缴费、工资查询、汇款等奔波于银行之间;电子银行无需填写各类存款单、取款单等纸质凭证,只要通过点击鼠标或拨打电话等方式就可以享受到快捷的金融服务;电子银行还能够提供许多传统网点无法提供的服务,如网上购物、自动转账、家庭理财等。

2. 电子银行业务的特点(见表 5-1)

表 5-1　电子银行业务的特点

特点	具体说明
提供 3A 服务	真正实现了 3A(Anytime、Anywhere、Anyway)服务,即实现了 7×24 小时,随时随地只要有网络的地方均可以进行账务的查询。
客户自主服务	改原先由银行柜员服务的方式为客户自助服务方式。
低成本	交易无纸化,节约物料成本;客户操作自助化和业务处理自动化,节约了银行人力成本和原本要投资于网点建设的巨额资金。
高效率	方便客户,客户足不出户即可享受到银行服务,速度快,效率高。
虚拟网络	不设分支机构,没有实体网点的依托,全部银行业务都是在因特网和电话网络上完成。具体有网络化、无形化、信息化、国际化特点。
良好的客户体验	满足客户个性化需求,为客户提供高品质金融服务。

3. 电子银行对传统商业银行的影响

(1) 商业银行和非银行金融机构之间的界限越来越模糊。

由于电子银行交易成本的降低,银行与其他金融机构之间通过信息技术进行大量信息的传递与处理,打破了商业银行和非银行金融机构之间的专业分工,各种金融机构提供的服务日趋相似,商业银行逐步转变为理财型、咨询型的金融机构,不同金融机构的差别分工日趋淡化,"大金融"格局逐步形成。

(2) 银行业将从"分业经营"逐步转向"混业经营"。

电子银行的发展使银行业务的内涵和外延发生了重要的变化,银行开始涉足资本市场或金融衍生品市场,大量非银行金融产品及其衍生品已成为当今银行的主产品,传统业务给银行带来的收益逐渐退居其次。银行服务的综合化、全能化已成为现代银行的发展趋势。

(3) 加剧了金融"脱媒"趋势,证券市场作用有所加强。

由于市场主体能够通过网络方式方便、快速地获取各种市场信息,这将吸引更多的金融交易从传统的金融机构转向金融市场,特别是证券市场,结果是加剧了金融"脱媒"趋势,直接融资的数量大大增长,证券市场作用得到加强,而传统银行和金融机构的作用受到削弱。

(4) 金融服务业将出现"两级发展、协同共存"的格局。

随着电子银行业务的发展,银行服务将出现两个趋势:标准化和个性化。一是以更低的价格大批量提供标准化的传统银行服务;二是在深入分析客户信息的基础上为客户提供个性化的银行服务,重点在理财和咨询业务。银行将充分利用不断发展的信息技术深入分析客户,更好地满足客户个性化需求。

(5) 电子银行业务改变了银行传统的运作模式。

随着高科技的迅猛发展,电子银行业务的运作模式趋向虚拟化、智能化。银行不再需要在各地区大规模设置分支行来拓展业务,只要利用互联网便可将银行业务伸向世界的任何一个角落。传统银行业务借助资本、人力、物力等资源争夺客户的经营模式转变为借助技术、管理等智能资本的电子化经营模式。在传统业务中,银行以存款利差为主要收入来源。伴随电子银行业务的高速发展,中间业务的收入、代理业务的收入将大量增加。可以说电子银行业务的高速发展改变了银行传统的运作模式,进而改变了银行的收入结构。

(6) 电子银行业务将会使传统的银行营销方式发生改变。

电子银行能够充分利用网络与客户进行交互式沟通,从而使传统银行的营销活动以产品为导向转变为以客户为导向,能根据客户的具体要求去创新具有鲜明个性的金融产品,最大限度地满足客户日益多样化的金融需求。

(7) 对管理水平提出更高的要求。

首先,电子银行产品的出现,对于传统的柜面业务产生了较大的冲击,如何协调两者共同的发展是值得管理者关注的问题。其次,电子银行对于交易的安全性和银行内部风险防范提出了更多、更高的要求。最后,电子银行业务的发展也面临一定的法律风险。

5.1.3　电子银行的分类

(1) 电话银行:客户通过电话与银行相关的系统往来,办理咨询、密码修改、挂失等业务。

(2) 网上银行:网上银行是一种虚拟银行,属于电子银行的高级形式,通过利用互联网将银行服务面向全国乃至世界各个地方,能够使客户无论在什么地方,什么地点,都可以得到多方面的银行个性化的全方位服务。它的出现,提高了银行的工作效率,降低了银行的管理费用。

(3) 手机银行:将无线通行技术与银行的业务相结合,将银行中的某些业务连接到手机上,银行利用服务器,客户利用移动的支付终端和移动通信完成金融交易。

(4) 微信银行:微信银行作为一种新的金融业务服务方式,是通过微信端口接入手机银行模式的一种新兴银行业务,是银行在微信上推出的全客户群综合服务平台。

(5) 自助银行:利用现代通讯和计算机技术,为客户提供智能化程度高、不受银行营业时间限制的 24 小时全天候金融服务,全部业务流程在没有银行人员协助的情况下完全由客户自己完成。

5.2 电子银行业务

电子银行业务是进一步增强商业银行核心竞争力必然选择。商业银行的核心竞争力是指通过富有竞争力的金融产品和服务,战胜竞争对手而成为客户和市场金融服务供应商,并获得超额利润和持续发展的独特能力。核心竞争力可以体现在多个方面,如人才、组织、资本、风险、技术、业务等。

5.2.1 电子银行业务的核心竞争力

如果从业务结构入手对商业银行的核心竞争力进行分析,那么竞争目标客户和拓展核心业务是提升核心竞争力的两个关键。

1. 电子银行业务是提高客户忠诚度的有力手段

客户数量和质量,特别是目标客户的多寡,决定了一个银行的盈利能力,体现银行的核心竞争力。除客户数量外,更重要的是客户质量、竞争目标客户的能力、核心客户占比。调整客户结构,目的是增加有效客户、核心客户,使产品、服务水平与不同的客户实际需求相吻合,促进可持续发展。目标客户有两个最基本的属性:第一,能带来较大的利润贡献。第二,具有较好的成长性。不但现在能带来利润,而且以后业务能持续发展,利润贡献不断增加。客户选择银行的标准包括方便快捷、带来利润和提供高附加值等,这些都是电子银行渠道所具有的特性。

2. 电子银行业务已经逐步成为银行发展的核心业务

核心业务具备三个标准:一是成为收入的主要组成部分;二是满足客户的主要需要;三是代表未来的发展方向。目前银行电子银行业务收入占全部中间业务收入的比重接近20%,向客户提供了包括信息服务、资金交易、理财服务等在内、较为全面的金融服务。同时,电子银行作为一个创新能力极强的平台,它能够带动资产、负债、中间业务等各项产品进一步发展,进而带动相关的产品创新,使过去很多在柜台无法实现的业务在电子银行渠道实现。依托电子银行,可以为更多高价值客户设计更多高效的理财方案,提供更多差异化、个性化的服务,形成新型的合作关系,实现双赢,实现商业银行增长方式和盈利结构的根本转变。

目前,电子银行能处理的所有业务都属于离柜业务,如转账、查询、对账等。据中国银行业协会发布的《中国银行业发展报告(2014)》,互联网金融新业态下的业务模式和创新思路给商业银行带来了较大的理念冲击,带动了电子银行的迅猛发展。商业银行已经开始做出经营模式、盈利模式和服务模式等方面的调整和改变,银行业互联网金融发展提速,加速发展电子银行的离柜业务。2014 年网上银行交易总量 5 004 312.87 万笔,交易总额 1 066.97 万亿元,同比增加 190.87 万亿元,增长 21.79%;平均离柜业务率已达 63.23%,同比提高了 8.86 个百分点。银行离柜业务率已超六成,互联网金融全面提速。

5.2.2 电子银行业务的功能

一般来说,电子银行业务的功能包括以下几个方面:

（1）咨询业务：网点信息、ATM 分布、特约商户分布、银行业务资料、金融信息、其他。

（2）查询业务：个人账户（储蓄、信用卡、公积金等）的账户余额、账户明细、账户交易结果；对公账户（会计、公积金等）的账户余额、账户明细、按金额查询明细；利率；汇率；费率；顾客签约资料；其他。

（3）转账业务。银行转账结算是指不使用现金，通过银行将款项从付款单位（或个人）的银行账户直接划转到收款单位（或个人）的银行账户的币资金结算方式。它包括：活期存款账户转存活期存款账户；活期存款账户转存定期账户；缴费服务；活期存款账户交缴行政性事业收费；活期存款账户转账做公积金正常汇储等。

（4）通知服务业务：挂失通知；透支通知；到账通知；低于约定金额通知；余额不足通知；服务受理通知；缴费通知。

（5）客户管理业务：客户签约；资料修改；取消签约；客户资料查询；修改密码；暂停/开通服务；重置密码（密码挂失）；增加、取消功能。

（6）申请预约业务：大额取款预约；其他。

（7）证券保证金业务：成交查询；行情查询；资金余额查询；股票余额查询；新股配号查询；股票买入；股票卖出；买、卖撤单；修改密码。

（8）决策支持业务：客户在某一段时间内询问某一项业务的频率和数量；客户在某一段时间内通过本系统完成一些业务频率及数量；客户对某一类服务的投诉分析；客户对新业务的态度及意见。

另外，还有民航订票、存折口头挂失、银行及非银行产品营销、顾客投诉与建议、缴移动电话费等。

5.3　电话银行与呼叫中心

5.3.1　电话银行的发展

电话银行是 20 世纪 80 年代末推出的一种新型银行服务系统，它采用先进的计算机技术、通信技术和数字与语言转换技术，采用预先分配用户编号和个人密码控制，充分利用电话在时间上的及时性和空间上的无限性，为客户提供如查询、密码修改、挂失、转账等金融服务，是当今最先进的金融服务工具之一。

以电话为介质开发的电话银行综合服务系统，集成了信用卡、储蓄、对公存款和商户四大模块，电话银行的客户只要拨通专线电话，就可以在电话语音的提示下，通过"对话"方式获得所需的金融信息，完成所需的金融服务，具有快捷、简便、高效、安全等特点。并且只要在客户的计算机内安装 FAX/MODEM，通过电话线即可模拟成银行主机的终端，在权限允许的范围内，查阅其账务数据。

5.3.2　电话银行的系统构成

电话银行是利用计算机电话集成技术（Computer Telephone Integration），通过电话自动语音应答和人工服务等方式为客户提供金融服务的一种业务，它涉及多种技术和设备。

通常,电话银行系统主要由三部分构成:处理银行业务的计算机主机处理系统、前置机(即语音应答设备)和城市公用电话网与客户电话,结构如图5-1所示。

电话银行系统中的银行业务处理系统与通常的电子银行业务处理系统并没有很大的变化,只是增加了一台语音机,完成数字和语音的转换。因此,电话银行中最关键的设备是前置机。

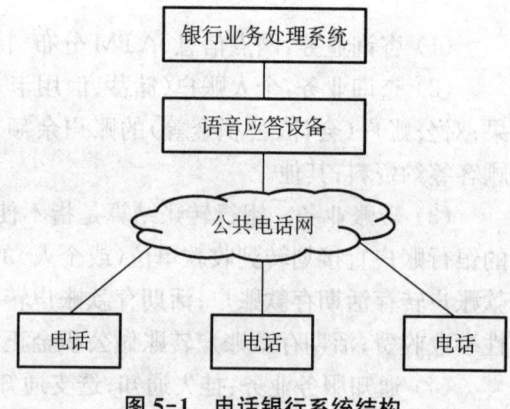

图 5-1 电话银行系统结构

前置机由计算机、以太网卡、语音卡和传真卡组成,主要完成电话用户的电话键入、主叫识别、按键识别、语音播放、传真处理等功能,目前,通常采用交互式语音应答(Interactive Voice Response,IVR)设备作前置机。IVR 设备作为银行主机和客户用电话机之间的一道桥梁,一端接银行主机,另一端接电话线,客户利用按键/音频电话接通银行主机,就可进行数据查询和财务处理。

电话银行性能好坏的关键在于语音,而语音质量的好坏依赖于 IVR,作为电话与计算机通信连接的中介,它一方面扮演"电话接线生",接受客户通过电话键入的各种请求,另一方面把客户程序的执行结果以人类语言的方式回送给客户。客户用电话接通电话银行系统后,IVR 设备用语音引导客户,然后自动到银行主机系统数据库中去找相关的数据,并将该数据转变成人的声音告诉客户,或依据客户按键输入的指令输入主机,进行指定的作业。另外,电话终端上要求的各种银行服务直接由银行主机系统完成,无需银行柜员操作,提高了效率,安全也有保障。

5.3.3 普通电话银行系统

普通电话银行系统(Telephone Banking System)是一个实时查询和转账交易系统,它采用先进的计算机技术、通信网络技术和数字语音转换技术,利用现实生活中广泛使用的普通音频电话同银行计算机相连接,客户通过电话机拨号发出服务请求,银行计算机系统将银行的客户数据信息转换成声音信息传给客户,满足客户的服务需要。因此,只要有电话机,客户就能方便地进行自我服务。硬件一般包括多媒体计算机(包含有声卡、录像采集卡、麦克风、扫描仪)、电话信息处理机和系统业务服务器。软件通常由两个部分组成:语音应答系统和数据管理系统。

目前,这种电话银行系统主要提供对公业务、储蓄业务、国际业务、信用卡业务、商户业务、利率查询、外汇牌价查询、汇价查询、公共语音信箱、个人外汇买卖、其他业务查询、代收费、银行金融信息发布、投诉留言和证券转账等多项银行业务。它可以实现对公业务的余额、发生额查询,修改密码,传真对账单,转账、支票挂失和到款通知;实现储蓄业务的余额、发生额查询,修改密码,代收费、转账和口头挂失;实现信用卡的卡卡转账、信用卡转储蓄账户和储蓄各储种转信用卡;实现银行、证券资金的转入、转出和转账明细查询;实现各种代缴费业务和查询各种代缴费业务;还能实现各类查询,如银行业务介绍、银行存贷款利率、外汇利率、各种费率、营业网点分布、特约商户分布、银行业务申办程序等。

5.3.4 银行呼叫中心系统

银行呼叫中心(Call Center)是金融服务和产品的新型分销渠道。从狭义上讲,它本身并不是一种新的银行业务或金融产品,而是一种银行业务或金融产品的新的服务手段,其与传统银行业柜台和面对面服务方式不同的根本区别在于它是建立在先进技术手段基础上的客户服务理念的应用。

银行呼叫中心发展经历了四个阶段:即第一代"人工应答"呼叫中心系统,呼叫中心由电话系统、公共电话交换网、业务系统、工作站、资料网组成;第二代"人工应答＋语音自助"呼叫中心系统;第三代"基于 CTI 技术服务"(计算机电信集成,Computer Telecommunication Integration)呼叫中心系统;第四代"Web 协同的服务"呼叫中心系统。银行呼叫中心的发展经历了以下变革。

1. 技术上的革新

迅速完成传统电话呼叫中心向新型互联网呼叫中心的转变,呼叫中心系统拓扑结构由以交换机为中心向以 CTI 服务器为中心转变。呼叫中心充分利用 CTI 技术使企业的业务系统最大限度地与用户建立联系,共享用户的需求等信息资源,从而能够最大限度地为用户服务。简单地说,呼叫中心系统是一个工作组,这个工作组由若干成员组成,这些成员既包括普通的人工座席代表,也包括一些自动语音设备、语音信箱等。这些成员通过网络实现相互间的通信,不仅共享网络上的资源,并且实现与业务系统及办公自动化系统的互联。现阶段一个全面的呼叫中心系统包含智能排队机(含接入服务器)、核心服务器 CCS、交互式语音应答系统 IVR,语音传真服务器、业务服务器、工作流服务器、数据库服务器、Internet 服务器、人工座席、寻呼机接口、手机短消息接口等。采用中间件(CII)构成服务中心系统平台,保证了系统的开放性和可扩充性。

2. 运营管理组织的变革

CTI 技术是一种集成方案,它不仅仅包括呼叫中心对外资料的接入集成,还包括呼叫中心解决方案与用户现有业务的紧密结合,同时在将来业务扩展时如何平滑过渡。呼叫中心的集成方案包括服务流程管理系统,将服务中心管理流程化、自动化、指针化、体系化能有效发挥呼叫中心的最大效益。

现代的银行业务逐渐地向以"客户为中心"的运营模式转变,根据客户的具体需求向客户提供相应的金融服务。只有获取完整的客户信息,并根据不同的客户行为对其进行类别划分,才能制定有效的决策影响客户行为并最终达到提高盈利的目的。银行的呼叫中心必须能够对每一位客户进行深入了解,满足每一位客户不同的需求,做到在不同的服务渠道上,都可以获得相同的客户信息和服务信息,从而使得银行可以在了解客户背景的前提下,在不同的服务渠道都为客户提供相同的服务,并与其建立长期有益的客户关系。

3. 强调服务水平

由于呼叫中心的广泛应用,具备明显出色的服务水平的呼叫中心必将脱颖而出。所以在同等服务条件的基础上,服务技巧和服务管理尤其重要。对座席代表服务水平的培训和业务信息集中、动态更新是银行呼叫中心提升服务水平的重要方面。

每一次与客户的接触,都是银行获得新信息、加强客户忠诚度和更多了解客户需求的一次机会。银行成功的希望在于瞄准客户的需求和日常生活,提供针对客户特性的产品和基于需求的服务,使客户有高度信任感,并让客户感受到银行是非常关心他的,银行呼叫中心应基于对客户信息的充分了解,迅速满足客户初始的需求,并在随后的接触中不断向客户建议新产品和新服务,将银行与客户的联系记录自动保存在客户信息库中,从而保证在将来的接触中,客户可以得到连续一致的服务,座席代表可以建立产品和服务的备注,以确保不会有客户的需求和问题被忽视。银行的呼叫中心必须能够依据客户的行为划分客户,否则银行将无法对相应的客户提供恰当的服务和推出恰当的产品;如果银行能够了解客户的行为,银行就能够以不同的尺度计算利益,依据客户的贡献提供符合银行承受力的相应服务,还可以锁定新的能使银行受益的客户。

银行呼叫中心不仅能提供传统的银行服务,如查询、咨询、转账、代缴费、挂失、催缴等,而且还可以通过呼叫中心产生的客户信息进行深入、有效的分析,了解客户行为,掌握目标市场的客户群体,以便对不同客户推出不同的营销服务品种和方式。随着呼叫中心技术的发展,银行还可以进一步利用呼叫中心的前沿技术,为客户提供如银行语音通知、客户留言录音和回拨、主叫号码记录和呼叫历史记录、三方会议、传真接收和自动生成发送等服务。银行呼叫中心将银行为客户服务的时空延伸,使服务提供的范畴不再受制于银行网点的地理分布和办公时间的限制。

5.3.5 电话银行呼叫中心

新一代的集中式电话银行呼叫中心则赋予了电话银行新的含义。它利用先进的计算机网络技术、数字语音技术和通信技术,如自动来电分配、交互式语音应答、计算机与电话集成等完成语音与客户数据资料的同时转接和协同运作,由银行座席代表依托庞大的后台系统向客户提供交互服务。

传统的呼叫中心是指有几个人工座席代表集中处理呼叫业务的场所。随着分布式技术的引入、自动语音应答设备的出现以及 Internet 的迅速发展,呼叫中心有了新的发展,既包括人工座席代表,又包括自动语音设备和网络设备,通过通信网络共享资源,为客户提供交互式服务。这种呼叫中心通常由程控交换机(PBX)、号码识别系统、自动来电分配、交互式语音应答系统、计算机与电话集成设备、应用服务器、应用系统网关、传真服务器、E-mail 服务器、人工座席代表、通信线路、电话终端等硬件设备和应用软件共同组成。

1. 自动来电分配

自动来电分配(Automatic Call Distributor,ACD)是一个分配客户来电的软件系统,一般安装在交换机上并与其协同工作。它运用智能排队技术,为客户提供满意的服务。例如:先来先处理,重点客户优先服务,等待时间预测和提示,按技能特长分组安排座席代表,等待时间用来进行新业务介绍或音乐播放。

2. 交互式语音应答系统

交互式语音应答(Interactive Voice Response,IVR)系统可以实现业务处理过程的自动化,可自动播放预先设计、录制好的语音信息,并提示来电者通过音频键或语音应答(配语音识别软件)选择并执行有关业务,它还能提供语音信箱、传真收发等功能,为客户提供快速、优化的服务。

3. 计算机电话集成

计算机电话集成技术(Computer Telephone Integration)提供计算机系统与电话系统

之间的智能连接,达到语音与数据的协同传送。通过这个中间件能自动将语音资料纳入客户信息库,并集合和整理与客户来电相关的信息提供给银行座席代表,使其能有针对性地为客户提供所需的服务,实现主动营销。

4. 人工座席代表

人工座席代表的工作设备包括数字或专用模拟话机、耳机、话筒及运行计算机电话集成技术应用程序的 PC 机或计算机终端,对于电话接听、挂断、转移和外拨等工作,座席代表只需通过鼠标和键盘就可以轻松完成。当客户拨打电话银行时,首先听到由 IVR 系统根据设定程序播送的问候词,同时进行号码识别与自动分配。服务器根据识别出的号码调出数据库中有关该客户的信息,自动送到值班座席代表的终端屏幕上,同时呼叫被转到该座席代表。如果数据库中没有该客户的资料,就自动记录当前可以获得的资料。如果暂时没有空闲,座席代表则把呼叫送去排队,或者请客户暂时挂断,对于重要客户可以优先处理。

5.4 网上银行

5.4.1 网上银行的概念与特点

1. 网上银行的概念

网上银行(Internet Bank,简称网银)又称网络银行、在线银行,是指银行利用互联网技术,通过互联网向客户提供服务的平台,它的主要服务内容有账户管理、交易查询、交易对账、行内转账、跨行转账、投资理财、网上信贷、网上支付等,使客户可以足不出户就能够安全便捷地管理活期和定期存款、支票、信用卡、投资理财、支付结算等活动。可以说网上银行是在互联网上的虚拟银行柜台。

网上银行的应用类型有两种:一种是完全基于互联网的无实体网点的电子银行,也叫"虚拟银行",这种网上银行完全采用互联网等技术服务手段与客户建立密切的联系,提供全方位的金融服务。1995 年 10 月 18 日在美国成立于的"安全第一网上银行(Security First Network Bank, SFNB)"标志着世界上第一家无营业网点的虚拟网上银行开始营业,它的营业厅就是网页画面,银行员工的主要工作就是对网络的维护和管理。另一种是将传统柜面业务延伸到互联网上的传统银行,即利用互联网作为新的技术服务手段为客户提供服务,这是目前网上银行的主要形式,也是绝大多数商业银行采取的网上银行发展模式。

近年来,互联网的飞速发展为网上银行的兴起提供了强大基础硬件设施和庞大的用户基础。以网上银行为基础的网上交易和网上支付也是电子商务得以实现的关键。从 1998 年招商银行的"一网通"网上银行服务正式推出开始,20 余年来中国几乎所有银行都将网上银行业务视为自身业务最重要组成部分之一。根据中央银行的数据显示,2017 全年网上银行交易达 1 171.72 亿笔,同比增长 37.86%;交易金额达 1 725.38 万亿元,同比增长 32.77%;网上银行个人客户达 14.31 亿户,同比增长 17.32%。

从我国网上银行发展历程来看,大概可以分为以下四个阶段:

(1)银行网站阶段:网上银行仅提供账户查询等简单信息类服务,服务内容单一。

(2)银行上网阶段:银行致力于将柜面业务迁移到网上银行,服务内容增加了转账支付、缴费、网上支付等。

（3）因需而变阶段：服务内容由以产品为中心转变为以客户为中心，传统银行的网上银行服务部分占比越来越大。

（4）移动互联网阶段：网上银行逐步向移动互联网发展，各大银行推出网上银行客户端APP软件。

目前，我国网上银行提供的金融服务主要包括两方面：一是基础网上服务，二是增值网上服务。

（1）基础网上服务。它是指网上银行向客户提供的基础性电子商务服务，又由两部分组成。基础网上服务的第一部分是银行电子化提供的金融服务，主要有以下特点：①银行批发业务服务电子化和规模化，大大提高了经济效益；②银行服务时空化，使银行服务摆脱了时空的限制；③银行同业清算转账电子化，如自动付费系统、电子资金转账系统和全球电子资金转账系统——转账系统的建立，也为网上银行的金融服务提供了重要条件。基础网上服务的第二部分是网上支付系统，它主要是向客户提供安全可靠的网上支付系统服务，这一服务是构成电子商务的核心服务项目。

（2）增值网上服务。增值服务主要体现在金融服务品种的在线多元化和品牌化两个方面。银行业务品种多元化，是网上银行金融服务的优势。目前，网上银行所提供的增值服务可分为：

① 在线交易，包括开户、存款、支付账单、转账、贷款、保险及通过经纪人购买各种金融商品。

② 各类信息，包括静态信息、动态信息和账户信息。

③ 新型服务，包括向客户提供投资咨询，股票分析等。

网上银行提供的增值服务还体现在金融服务品种的在线品牌化上。现在人们越来越重视品牌的选择，因为它有信誉，值得信赖。同样，在选择网上银行时人们也对传统的老牌银行情有独钟，因为它们比新创立的银行具有更深厚的企业文化基础和更高超的市场营销策划能力，也有实力提供更方便、快捷的金融服务。

2. 网上银行的特点

1）全面实现无纸化交易

以前使用的票据和单据大部分被电子支票、电子汇票和电子收据所代替，原有的纸币被电子货币，即电子现金、电子钱包、电子信用卡所代替，原有纸质文件的邮寄变为通过数据通信网络进行传送。

2）服务方便、快捷、高效、可靠

通过网上银行，用户可以享受到方便、快捷、高效和可靠的全方位服务。任何需要的时候使用网络银行的服务，不受时间、地域的限制，即实现 3A 服务（Anywhere，Anyhow，Anytime）。

3）经营成本低廉

由于网上银行采用了虚拟现实信息处理技术，网上银行不需设置物理的分支机构或营业网点，减少了人员费用，提高了银行服务的效率。

4）简单易用

网上银行依托互联网设备，重视客户体验，使客户轻点鼠标就可完成原本复杂的各项银行服务。

5.4.2　网上银行系统的功能分析

　　网上银行系统一般分为企业网上银行系统、个人网上银行系统(大众版和专业版)、信用卡网上银行系统、内部管理系统、柜面签约系统。

　　1. 企业网上银行系统

　　1) 企业网上银行的概念及特点

　　企业网上银行是指银行以互联网为主要媒介,为一般企业和集团企业提供的各项自助金融服务。一般企业客户和集团企业客户都需要在银行营业网点通过柜面签约系统办理签约,才能进行企业网银系统的各项操作。

　　普通企业客户企业经办人员通过银行企业网上银行系统,可以进行账户管理、账户查询、转账汇款、代收代付、费用报销、定活互转、票据结算、网上银行互联、电子商务、汇票服务、投资理财、国际结算、资产托管、供应链融资等交易。集团企业客户除了享受普通企业客户的服务外,还可以通过企业网上银行系统对子公司的账务进行实时监控,并在集团公司内进行资金调拨,完成集团资金的上拨下划、分公司之间划款及操作分公司账户完成对外支付。

　　企业网上银行具有安全可靠、灵活方便、高效快捷、节约成本的特点。首先,银行可以根据客户财务管理安全性的需要,通过各项安全控制手段将企业财务管理安全准则贯彻到网上银行服务之中;其次,客户可以通过网上银行对整个资金结算网络进行灵活配置,以最快的速度适应公司变化和业务发展要求。例如,可以进行个性化的授权模式定制、批量交易委托、严格锁定收款人的服务功能,满足企业灵活的资金汇划需求;还可以利用企业网银的第三方存管、银期转账、资产托管服务为企业历程提供便捷通道,帮助企业及时把握投资机会,实现收益增长。此外,网上银行还可以减轻客户的手工劳动强度,减少人为差错,节约时间、成本,提高工作效率;在线进行账户对账,省却纸质对账单邮寄的繁琐,轻松提高财务管理效率;客户留言互动、到账信息查询、交易数据下载等服务方便企业客户内部信息沟通、追踪交易进程。

　　2) 企业网上银行的服务渠道

　　企业网上银行提供服务的渠道有两种,WEB浏览器渠道与银企对接渠道。WEB浏览器渠道即企业通过 WEB 浏览器访问银行网站,登录网上银行,即可享受账户管理、转账汇款、代收代付等各项企业金融服务;银企对接渠道是指企业将财务系统或 ERP 系统与银行的网上银行系统进行直接对接,企业财务人员通过操作已熟练掌握的财务系统或 ERP 系统,即可通过该渠道完成双方数据传输并获得银行各项企业金融服务,也称为"主机对主机""银企直通""银企互联"等。

　　企业网上银行可为不同客户群体提供查询对账、现金管理、集团理财等服务,为不同需求的企业客户提供安全、优质、高效的全方位服务。以中国银行为例,中国银行企业网银服务在满足不同企业客户需求的基础上,对企业客户进一步,推出了财政公务卡服务,并依托国际业务以及全球服务网络的优势,推出了海外本地版服务、全球跨境版服务等更多网银服务版本供企业客户选择。目前,中国银行跨境集团服务已覆盖 27 个国家和地区。

　　同时,随着我国中小企业的蓬勃发展,国内多家银行针对中小企业自身规模较小、企业账户数和操作人员数较少、授权流程简单的特点,推出了企业网上银行中小企业版服务。在提供各类网银金融服务的同时,还为中小企业专门提供便利、快捷的开通网银渠道,帮助企业提高财务管理效率,实现财富与价值的增值。例如,中国银行企业网银中小企业版提供4项默认服务(账户管理、对账服务、便捷服务、服务设定)及19项服务选择,19项服务选择分别是:定期账户查询、跨行账户查询、转账汇划、跨行实时汇划、对私转账汇款、境内外币汇划、代发工资、其他代发、代收业务、企业第三方存管、银期转账、通知存款、定期存款、跨境汇款、外币结汇、协议付款签约、协议查询签约、B2B支付服务、单证服务。

3) 企业网上银行的电子汇票服务及国际结算服务

企业网上银行电子汇票是指出票人以数据电文形式制作的,委托付款人在指定日期无条件支付确定的金额给收款人或者持票人的票据。与纸质商业汇票相比,电子商业汇票具有以数据电文形式签发、流转,并以电子签名取代实体签章的两个突出特点。例如,中国银行网银为企业客户提供全流程的电子汇票服务,包括:出票、承兑、保证、背书转让、贴现、质押、提示付款、追索、汇票查询等服务。

企业网上银行国际结算服务:为客户提供国际结算服务中的跨境汇款、外币结汇、单证等主要产品,客户可通过网银渠道办理提交跨境汇款、外币结汇申请书、进出口单证申请并查询处理结果等业务。作为全球国际结算交易量排名第一的银行,中国银行在国际结算服务领域有着独特优势。例如:客户可以通过国际结算的单证服务查询进口信用证、出口信用证和代收业务的清单和详细信息,可查询各类进出口提示清单,在线提交进口信用证开证申请和修证申请。

2. 个人网上银行系统

个人网上银行系统分为大众版和专业版。大众版无需柜面签约。客户直接通过输入卡号和密码即可登录。专业版需要在银行营业网点通过柜面签约系统办理签约,才能进行个人网银系统的各项操作。大众版主要面对网银非签约客户,功能主要包括账户查询、个人贷款试算及介绍。专业版主要面对网银签约用户,业务功能主要包括账户查询,转账汇款,定期存款,自助缴费,结售汇,信用卡,电子支付,跨行现金管理,贷款管理,养老金查询,以及外汇、纸黄金、基金、证券期货、记账式国债、理财产品、贵金属代理等投资服务。

以中国银行为例,中国银行网上银行个人服务提供查询版、理财版和贵宾版服务。查询版服务只能进行账户的查询,不能进行转账汇款、投资及支付等。理财版和贵宾版服务为客户提供的服务功能包括:账户查询、电子现金、转账汇款(含预约转账)、批量转账、跨境汇款、主动收款、信用卡、养老金、外汇买卖、国债买卖、基金买卖、账户贵金属买卖、双向宝、B股银证转账、第三方存管、银期转账、贵金属代理、贵金属积存、中银理财计划、网上专属理财、结构性理财、保险、期权、小额结售汇、贷款管理、全球账户管理、中银财互通、借记卡临时挂失、跨行现金管理、网银支付、协议支付、理财直付、银联跨行无卡支付、自助关联账户、银行本票/汇票申请、民生缴费、第三方存管预约开户、汇款套餐、密码汇款、ATM无卡取款、智慧主办账户、申请定期/活期账户、虚拟银行卡、预付卡充值、预约换非预制借记卡、安全保护问询设置、跨行资金归集、大额存单、还贷套餐等。

中国银行个人网银各类金融业务服务如表5-2所示。

表 5-2　中国银行个人网银各类金融业务服务

业务类型	业务内容
查询服务	电子现金服务、账户查询、服务记录查询
转账汇款	跨行资金归集、转账管理、通知存款、预约管理、定期存款、银行本票/汇票申请、转账记录
民生缴费	预付卡充值、银医通服务、自助缴费
投资理财	贵金属积存、期权、双向宝(个人保证金外汇买卖业务)、中银理财计划、黄金交易、银商转账、保险查询、外汇交易、贵金属代理、基金交易
结售汇	小额结售汇
信用卡	信用卡申请、信用卡附属卡管理、信用卡查询、信用卡功能设定、虚拟银行卡服务、信用卡分期付款、信用卡转账还款
电子支付	网上分期付款、协议支付、网上支付、中银快付、理财直付
贷款管理	个人循环贷款、贷款提前还款测算、贷款查询
跨行现金管理	跨行现金管理
便捷服务	账户自助关联、个人设定、中银 e 信设置
在线预约申请开户	网点预约排队、在线预约申请开户
养老金业务	养老金业务个人账户查询
全球服务	个人全球网银账户余额查询及交易明细查询服务
民生服务	社保服务、公积金服务、银医通

3. 信用卡网上银行系统

信用卡网上银行主要分为信用卡大众版和信用卡签约客户,其主要区别在于:信用卡签约客户可进行金融类交易。信用卡大众版功能主要包括信用卡启用、申请进度查询、客户信息查询修改、账单查询、积分查询、礼品库查询、密码管理、永久信用额度调整申请、积分兑换申请。信用卡签约版功能主要包括信用卡启用、申请进度查询、客户信息查询修改、账单查询、积分查询、礼品库查询、密码管理、永久信用额度调整申请、积分兑换申请、信用卡还款、临时购汇还款申请等。

4. 内部管理系统

内部管理系统直接面对银行内部管理人员,通过该系统完成查询统计、内部管理权限维护、系统参数维护、理财产品协议的管理、信息资料的维护以及网银章程协议的维护等功能。

5. 柜面签约系统

柜面签约系统直接面向银行柜面操作人员,通过该系统完成网银签约、解约、账户冻结、账户解冻、功能设置、添加删除账户、添加删除企业操作员、数字证书发放、数字证书恢复等功能。

各银行的网上银行系统的功能实现可对照中国金融认证中心(CFCA)发布的全国网上银行功能清单进行分析,发现问题及不足。功能性的相对匮乏会导致网上银行客户的功能满足度较低,从而不利于潜在客户的营销。

5.4.3 网上银行系统的安全性分析

网上银行是一个直接将账户信息、交易信息、资金信息、控制信息、流程信息等整合在一起的系统,其服务对象数量众多。整个系统的运作涉及很多敏感信息,如资金、交易、商业机密、个人隐私等。与一般信息系统相比,网上银行对整个系统的安全性和可靠性有着更严格的要求。鉴于网上银行系统中各类敏感信息的重要性,银行网上银行系统安全体系的设计一般基于以下目标。

1. 保密性

保密性是指静态信息防止非授权访问和动态信息防止被截取解密。信息的保密性主要指关键信息、交易信息、资金以及信息系统敏感信息的加密、用户访问权限管理和不因信息泄露而造成损失等。

2. 完整性

完整性是指信息在存储或传输时不被修改、破坏,或产生丢失、乱序等情况。信息的完整性是信息安全的基本要求。目前许多协议采用收错重传、丢弃后续包的方法确保信息的完整性,但黑客的攻击可以改变信息包内部内容。因此,除以上方法外,还应重点考虑信息加密、签名、备份和恢复机制。信息系统中信息的完整性是系统正常运转的基本保障。

3. 可靠性

可靠性是指信息的可信度,包括信息的完整性、准确性和发送人的身份证实等方面,可靠性也是信息安全性的基本要素。

4. 可用性

可用性一般是指服务器和静态信息的可用性和可操作性。病毒往往会破坏信息的可用性,从而使系统不能正常运行或数据文件面目全非。关键服务器的可用性和连续运转直接影响网上银行的运行效果。

为了达到以上目标,网上银行系统可以从主机系统安全、网络系统安全和应用系统安全等三方面采取相应的安全策略。

5.4.4 网上银行系统的易用性分析

在互联网上,客户最关心的就是产品的易用性和使用的安全性,这也是大多数客户不去使用网上银行,以及一些复杂的网上银行产品失败的原因,在网上银行的竞争中,易用性和安全性将会越来越重要。易用性的问题可以归结为很多,可能是反应速度慢,也可能是流程太复杂,也可能是信息的质量太差,页面功能不够简捷等。因此,在网上银行系统的开发建设中,银行可以基于以下几个方面来提高客户的易用性:

(1) 从业务流程上,根据客户的操作习惯,通过鼠标和键盘特有的事件来完成客户的操作,无需客户通过点击等方式确认增加操作流程关键点的提示,使系统的操作流程更加合理。

(2) 从页面布局上,一是进行首页定制,尽量少用图片和特殊控件,减少页面的下载量,合理利用浏览器的缓存机制,分批下载所需的图片和脚本等;二是功能菜单自订制,主要优化菜单结构、自定义功能菜单、快捷操作菜单。

（3）输入、输出符合业务习惯。一是页面及功能优化,对系统页面进行全面的梳理,尽可能使企业网上银行页面输入、输出与会计凭证格式一致;二是减少客户的点击次数。对于前后有依赖关系的页面,尽可能符合业务习惯,前一页完成自行滚动到下一页。

（4）从系统响应速度上,一是提高平台的响应速度,减少页面冗余信息,提高代码的质量,增强代码的可读性;二是采用关键数据重复利用、页面数据局部刷新、同步更新技术,减少页面与服务器交互的次数,减轻服务器的负载,提高客户浏览的速度。

（5）为企业或集团企业客户提供脱机使用的工具,便于客户将一笔复杂的交易主要体现在代发工资和批量制单分期分批录入,提高客户工作效率,降低客户操作强度。

（6）提高简洁高效的帮助信息。在网上银行的每一个界面下方,都提供相应页面客户操作所必要的帮助信息,做到既能提示客户如何操作,又不至于内容过多而影响客户的操作体验。

（7）优化登录流程。网上银行系统作为一个银行部署在互联网上服务渠道,客观上要求功能性、安全性、易用性三方面的高度结合,任何一方面出现短板,都会造成客户体验上的不足,甚至是客户资金方面的损失。随着网上银行的发展,网上银行系统建立在互联网上直接面向客户的系统"以银行为中心"的概念已经被"以客户为中心"所替代,"以客户为中心"的核心内容是关注客户体验。也就是说,中国网上银行未来发展的落脚点是客户体验。

5.4.5　网上银行的应用

1. 交通银行

交通银行始建于 1908 年,是中国历史最悠久的银行之一,也是近代中国的发钞行之一。1987 年 4 月 1 日,重新组建后的交通银行正式对外营业,成为中国第一家全国性的国有股份制商业银行,总行设在上海。2005 年 6 月交通银行在香港联合交易所挂牌上市,2007 年 5 月在上海证券交易所挂牌上市。

交通银行是中国主要金融服务供应商之一,集团业务范围涵盖商业银行、证券、信托、金融租赁、基金管理、保险、离岸金融服务等。报告期末,交通银行境内分行机构 235 家,其中省分行 30 家,直属分行 7 家,省辖行 198 家,在全国 239 个地级和地级以上城市、158 个县或县级市共设有 3 270 个营业网点;旗下拥有 7 家非银子公司,包括全资子公司交银租赁、交银保险、交银投资,控股子公司交银基金、交银国信、交银人寿、交银国际。此外,交通银行还是常熟农商银行的第一大股东、西藏银行的并列第一大股东,战略入股海南银行,控股 4 家村镇银行。

交通银行已在 16 个国家和地区设立了 21 家境外分(子)行及代表处,分别是香港分行/香港子行、纽约分行、东京分行、新加坡分行、首尔分行、法兰克福分行、澳门分行、胡志明市分行、旧金山分行、悉尼分行、台北分行、伦敦分行/英国子行、卢森堡子行/卢森堡分行、布里斯班分行、交银(卢森堡)巴黎分行、交银(卢森堡)罗马分行、巴西子行和多伦多代表处,境外营业网点共 65 个(不含代表处)。

交通银行网银首页如图 5-2 所示,通过顶端导航栏可以看到网银业务包括:个人业务

（见图5-3）、企业业务（见图5-4）、同业金融（见图5-5）。此外，还包括市场研究、境外分支机构、投资者关系等信息。在页面的右下角，可以通过二维码扫描进入手机银行页面，里面提供：手机银行、买单吧、交银基金、交银人寿、交银国际信托等APP的下载链接，提供给客户的官方微信有交通银行微银行、交通银行信用卡|买单吧、交银基金、交银康联人寿官微、交银国际信托。可以点击手机版门户、微信银行、手机银行进入各类主题服务，同时网银还有在线客服，可以提供在线业务咨询。

图5-2　交通银行网银首页

图5-3　交通银行个人业务

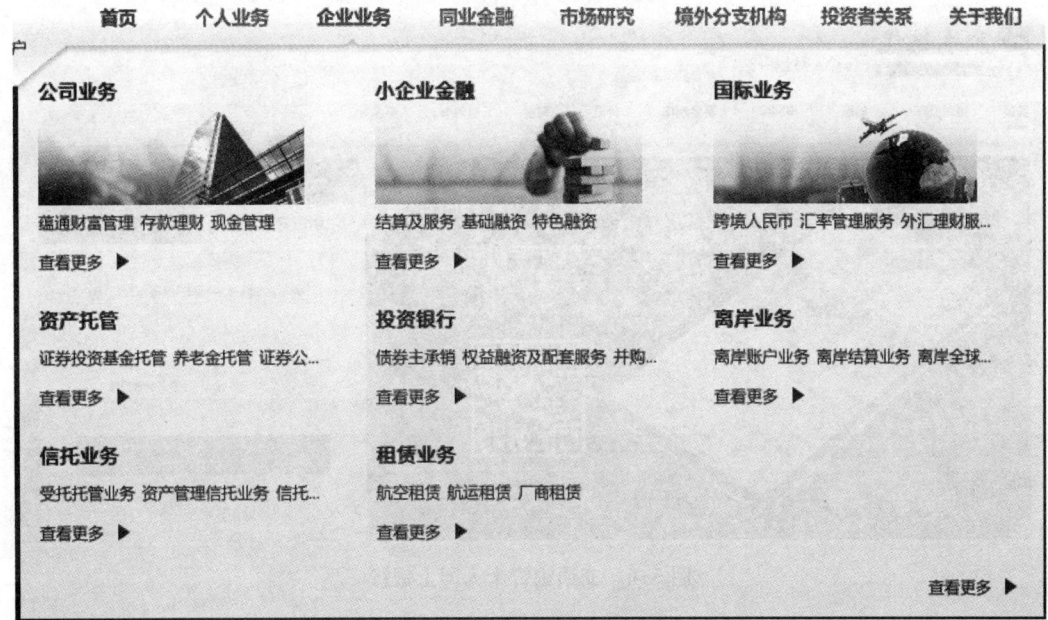

图 5-4　交通银行企业业务

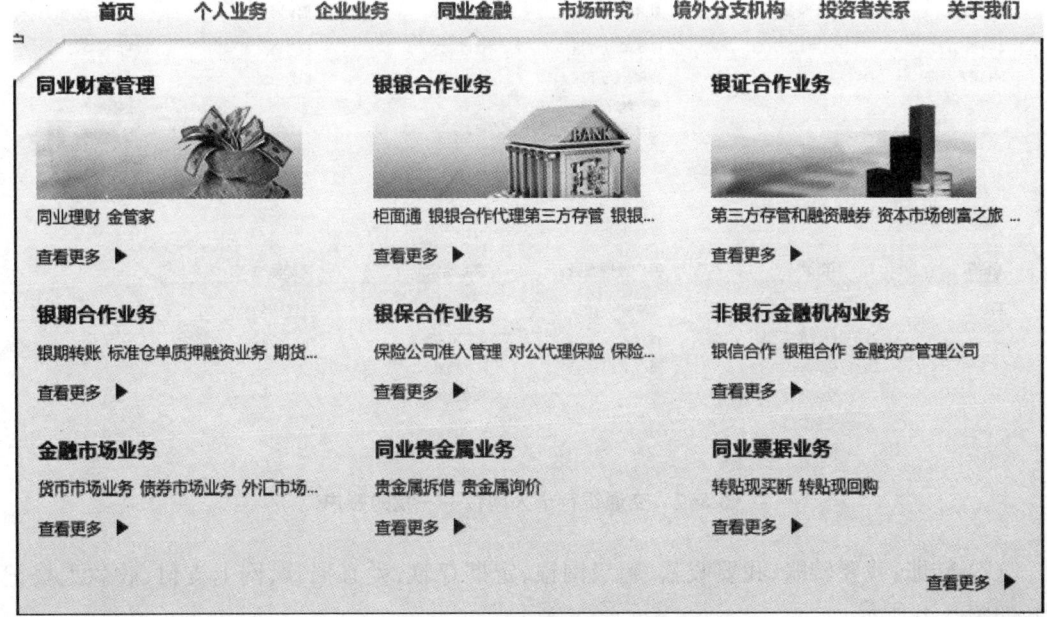

图 5-5　交通银行同业金融

在交通银行首页,点击"个人网银登录"以后,进入个人网上银行页面(见图 5-6),通过导航栏可以看到主要业务功能有:我的账户、转账、得利宝、基金超市、外汇、黄金、信用卡等。

(1)我的账户:账户查询、账户明细、账单服务、负债概览、借记卡积分、银行卡管理、工资单、年金、客户经理服务、家庭管家、风险测试等,如图 5-7 所示。

图 5-6　交通银行个人网上银行

| 首页 | 我的账户 | 转账 | 得利宝 | 基金超市 | 外汇 | 黄金 | 信用卡 | 更多 | 在线客服 |

账户查询	账户明细	账单服务	负债概览	借记卡积分	银行卡管理
本行账户查询	账户明细查询	账单申请/变更	负债概览	积分查询	账户维护
跨行账户查询		账单补发/下载		积分兑换	账号挂失
		寄送情况查询			卡号绑定
		电子月结单查询			电话查询密码修改
					交易密码修改
					更多

工资单	年金	客户经理服务	家庭管家	风险测试
工资单	个人计划选择	尊享服务介绍	资金归集	在线风险测试
	归属金额预算	签约	家庭资金管理	
	密码修改	撤约	家庭投资	
	个人年报下载		家庭账本	
	交易说明			
	更多			

图 5-7　交通银行个人网银——我的账户

（2）转账：我要转账、我要收款、超级网银、定期存款、爱心捐款、网上支付、收款人登记簿，如图 5-8 所示。

（3）得利宝：产品购买、我的理财存款、自动购买、预留产品购买、交易明细查询、对账单下载、增值服务订阅、自动赎回，如图 5-9 所示。

（4）基金超市：基金超市、我的基金、基金购买、账户管理、券商集合理财、基金专户，如图 5-10 所示。

交通银行
BANK OF COMMUNICATIONS
始于1908　您的财富管理银行　│　个人网上银行

首页　　我的账户　　转账　　得利宝　　基金超市　　外汇　　黄金　　信用卡　　更多　　　　　　　　　　在线客服

我要转账	我要收款	超级网银	定期存款	爱心捐款	网上支付
转账汇款	资金归集	快速汇款	定活互转	爱心捐款	网上支付开通
卡折互转	协议收款	协议收款	通知存款		网上支付维护
卡企转账	协议收款签约	协议收款签约	智能定存		协议支付解约
批量转账	协议收款解约	协议收款解约	双利理财		一键支付维护
跨境转账		协议支付解约			支付明细查询
更多	更多				更多

收款人登记簿
收款人登记簿

图 5-8　交通银行个人网银——转账

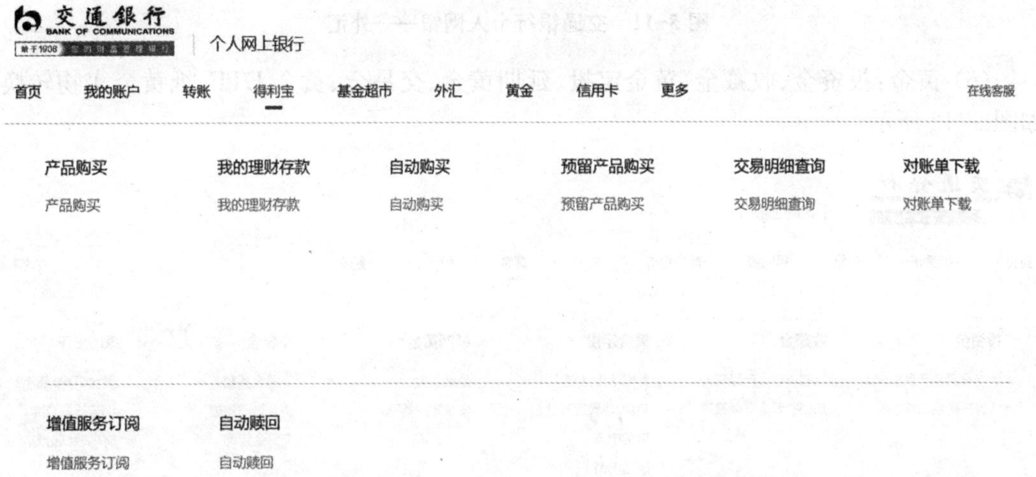

交通银行
BANK OF COMMUNICATIONS
始于1908　您的财富管理银行　│　个人网上银行

首页　　我的账户　　转账　　得利宝　　基金超市　　外汇　　黄金　　信用卡　　更多　　　　　　　　　　在线客服

产品购买	我的理财存款	自动购买	预留产品购买	交易明细查询	对账单下载
产品购买	我的理财存款	自动购买	预留产品购买	交易明细查询	对账单下载

增值服务订阅	自动赎回
增值服务订阅	自动赎回

图 5-9　交通银行个人网银——得利宝

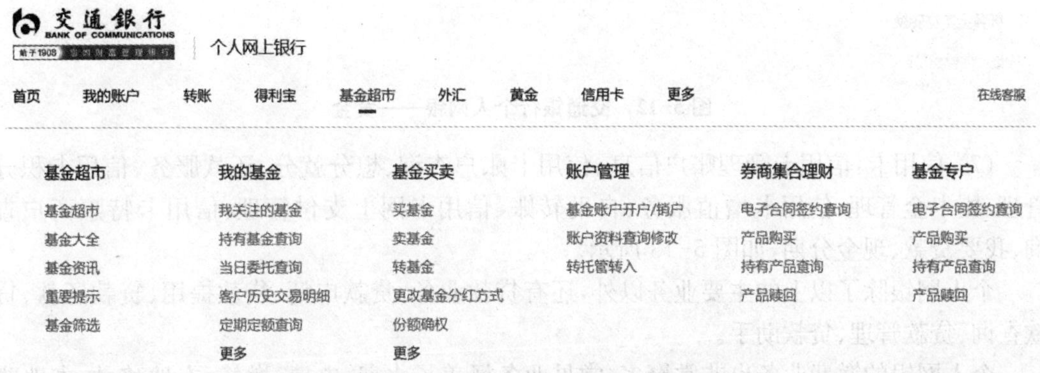

交通银行
BANK OF COMMUNICATIONS
始于1908　您的财富管理银行　│　个人网上银行

首页　　我的账户　　转账　　得利宝　　基金超市　　外汇　　黄金　　信用卡　　更多　　　　　　　　　　在线客服

基金超市	我的基金	基金买卖	账户管理	券商集合理财	基金专户
基金超市	我关注的基金	买基金	基金账户开户/销户	电子合同签约查询	电子合同签约查询
基金大全	持有基金查询	卖基金	账户资料查询修改	产品购买	产品购买
基金资讯	当日委托查询	转基金	转托管转入	持有产品查询	持有产品查询
重要提示	客户历史交易明细	更改基金分红方式		产品赎回	产品赎回
基金筛选	定期定额查询	份额确权			
	更多	更多			

图 5-10　交通银行个人网银——基金超市

（5）外汇：账户管理、外汇交易、资讯与定制，如图 5-11 所示。

账户管理	外汇交易	资讯与定制
活期查询	即时交易	汇率定制
定期查询	盈利挂牌	外汇资讯
合并转期	止损挂牌	交易说明
活期转定期	双向挂盘	
定期转活期	组合挂盘	
现钞转现汇	更多	

图 5-11　交通银行个人网银——外汇

（6）黄金：投资金、收藏金、黄金定投、延期黄金、交易金、黄金 ETF、纸黄金实物转换，如图 5-12 所示。

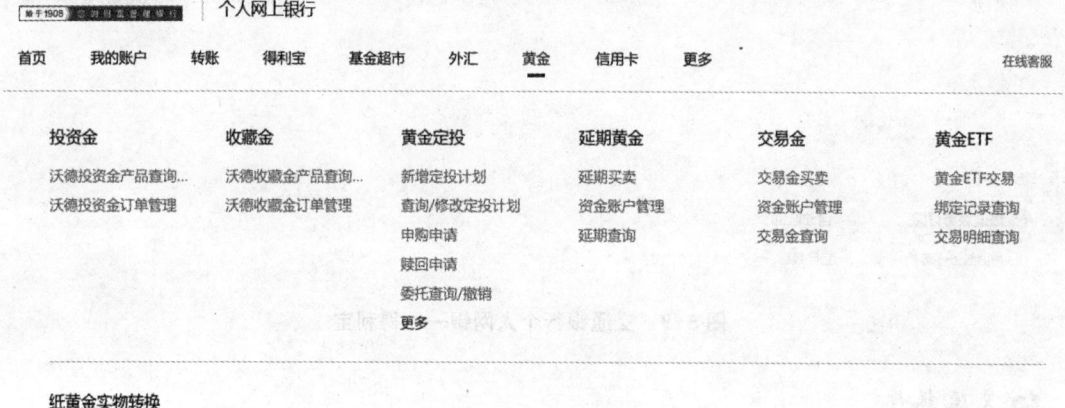

图 5-12　交通银行个人网银——黄金

（7）信用卡：信用卡管理账户信息、信用卡账户查询、想分就分、还款服务、信用卡积分管理、刷卡金管理、信用卡增值服务、自助转账、信用卡网上支付管理、信用卡特惠商户查询、我要贷款、现金分期，如图 5-13 所示。

个人网银除了以上的主要业务以外，还有贷款业务：贷款申请、贷款提用、贷款还款、贷款查询、贷款管理、贷款助手。

个人网银的缴费业务也非常繁多，常见业务涵盖了水费、电费、燃气、本地移动、本地联通、公交 IC 卡充值、交通罚款等，还可以针对常见的水、电、煤等缴费开通银行代扣功能，受

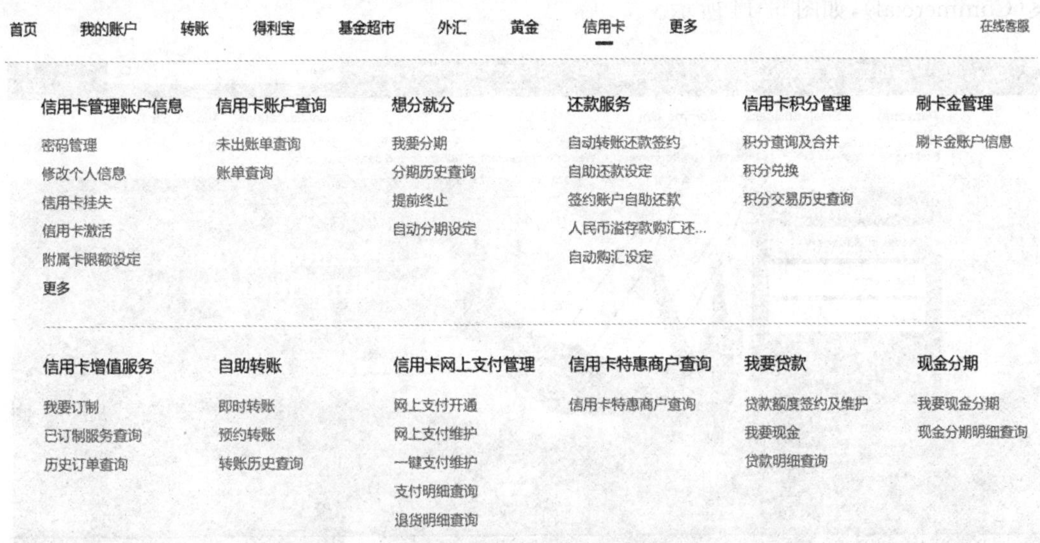

| 首页 | 我的账户 | 转账 | 得利宝 | 基金超市 | 外汇 | 黄金 | 信用卡 | 更多 | 在线客服 |

信用卡管理账户信息	信用卡账户查询	想分就分	还款服务	信用卡积分管理	刷卡金管理
密码管理	未出账单查询	我要分期	自动转账还款签约	积分查询及合并	刷卡金账户信息
修改个人信息	账单查询	分期历史查询	自助还款设定	积分兑换	
信用卡挂失		提前终止	签约账户自助还款	积分交易历史查询	
信用卡激活		自动分期设定	人民币溢存款购汇还…		
附属卡限额设定			自动购汇设定		
更多					

信用卡增值服务	自助转账	信用卡网上支付管理	信用卡特惠商户查询	我要贷款	现金分期
我要订制	即时转账	网上支付开通	信用卡特惠商户查询	贷款额度签约及维护	我要现金分期
已订制服务查询	预约转账	网上支付维护		我要现金	现金分期明细查询
历史订单查询	转账历史查询	一键支付维护		贷款明细查询	
		支付明细查询			
		退货明细查询			

图 5-13　交通银行个人网银——信用卡

到广大用户的喜爱。

交通银行个人银行中的理财板块有理财、家庭管家、得利宝、信托、基金超市、保险、黄金、外汇、国债证券期货、年金等,个人客户可以根据自己的资金储备情况选择自己喜欢的理财方式进行个人资产的管理,非常方便。

2. 富国银行

美国的银行卡基本分为借记卡 Debit Card 和信用卡 Credit Card,借记卡不可以透支,信用卡可以在银行给定额度内透支、每月按账单进行还款。但是,美国的借记卡和国内借记卡有一个很大的不同之处:美国的借记卡账户类型有支票账户(Checking Account)和储存账户(Saving Account)两种,支票账户是日常消费常用账户,利息很低或没有。在日常消费或需要填写支票时,银行会从支票账户中扣除相应款项;储存账户是储蓄账户,相对于支票账户来说,利息略高,通常将大额存款放入储存账户中,按消费需求将钱转入支票账户中。在外出消费时,一定要保证支票账户中有足够的余额,因为支票账户余额不足时,储存账户中的钱不会自动转移到支票账户中。一般银行会对每个月两个账户之间的转账次数有规定(一般为 6 次),超过规定次数会有额外的费用。

这里以美国富国银行为例,了解一下美国个人网银提供的服务。美国富国银行(Wells Fargo)1852 年成立于美国纽约,是一家多元化金融集团,总资产为 12 000 亿美元。今天的美国富国银行由 1998 年西北银行(Norwest)收购原有美国富国银行后改名并迁往旧美国富国银行总部旧金山而来。若以存款、家庭贷款与金融卡业务统计,美国富国银行则排名全美第二。从 1852 年起,美国富国银行已经成为美国西部信贷服务的标志性企业。美国富国银行向客户提供全能服务的银行,业务范围包括社区银行、投资和保险、抵押贷款、专门借款、公司贷款、个人贷款和房地产贷款等。

2017 年 6 月 6 日,《2017 年 BrandZ 最具价值全球品牌 100 强》公布,富国银行名列第 15 位。

富国银行首页显示了个人业务(Personal)、小企业业务(Small Business)和商业解决方案(Commercial),如图 5-14 所示。

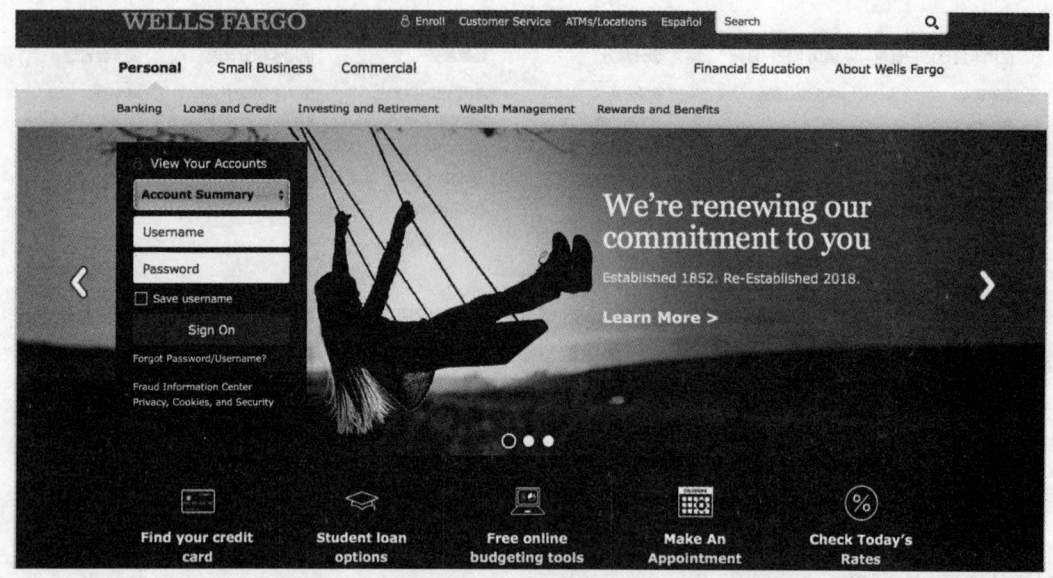

图 5-14   美国富国银行首页

富国银行的个人业务包含银行业务(Banking)、贷款与信用卡(Loans and Credit)、投资与退休(Investing and Retirement)、财富管理(Wealth Management)、奖励与收益(Rewards and Benefits),如图 5-15 所示。

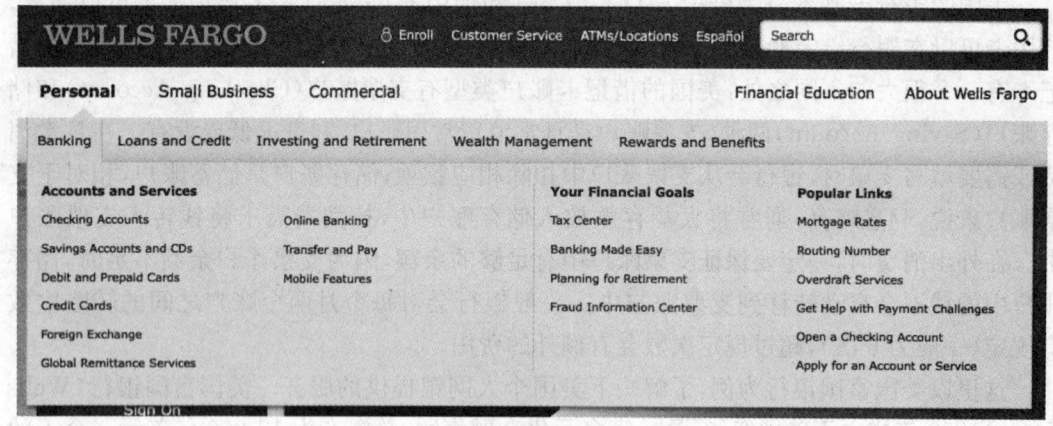

图 5-15   富国银行个人银行业务

(1) 银行业务:账户与服务(Accounts and Services)、个人财务目标(Your Financial Goals)和友情链接(Popular Links)。其中,账户与服务作为核心业务包括:支票账户、存储账户、借记卡及预付卡、信用卡、外汇兑换、全球汇款服务、网上银行、转账与支付、手机银行等业务。

(2) 贷款与信用卡:抵押贷款、家庭贷款、个人贷款、学生贷款、汽车贷款、信用卡等,如图 5-16 所示。

进入家庭贷款,可以看到这部分贷款主要用户与房屋相关的费用,如房屋购买、房屋翻

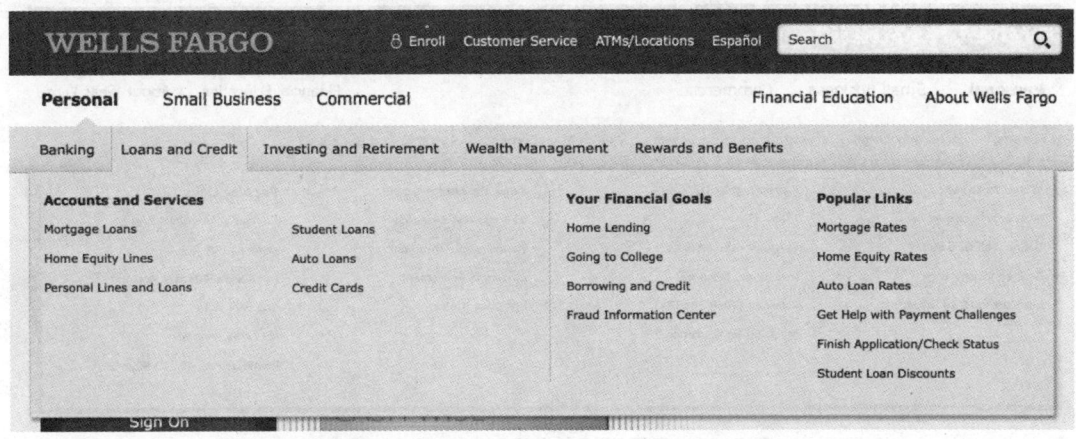

图 5-16　富国银行个人银行——贷款及信用卡

新、房屋修缮、房屋维护等，还有一个房屋借款与支付的网上计算器，用以计算该项的贷款与还款估算金额，如图 5-17 所示。

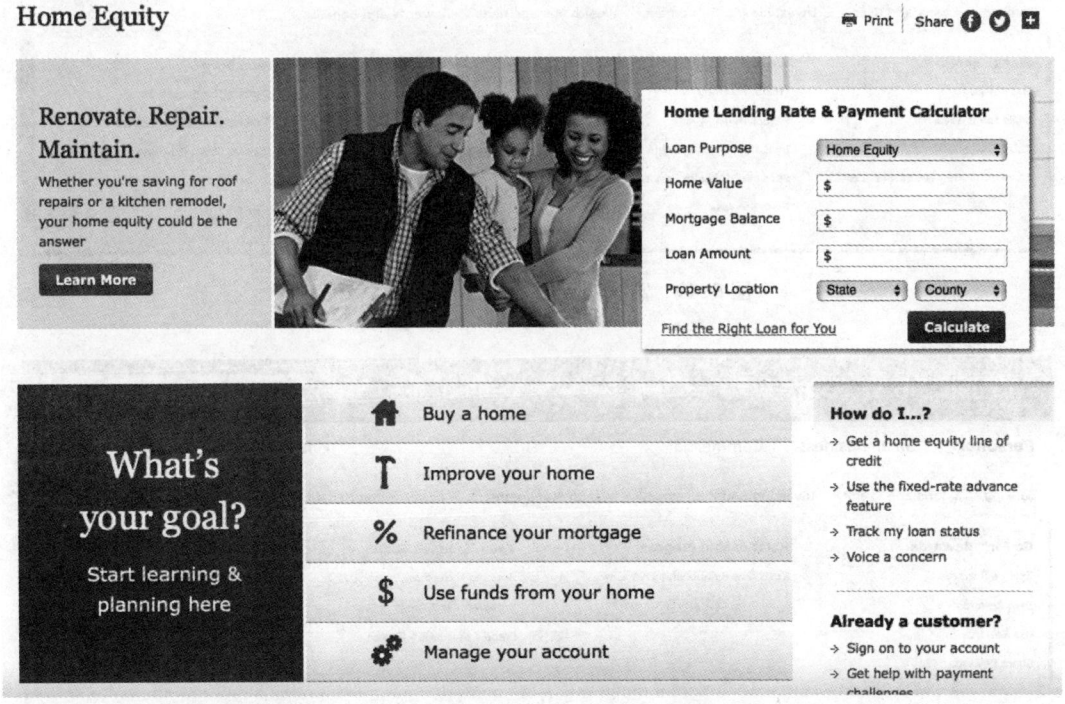

图 5-17　富国银行个人银行——家庭贷款

（3）投资与退休：核心业务有投资方式及投资解决方案，如图 5-18 所示。

（4）财富管理：核心业务有财富管理服务、财富管理解决方案、理财建议及指导等，如图 5-19 所示。

（5）奖励与收益：该部分包括奖励查询、获取、使用的方法、客户关系管理等，如图 5-20 所示。

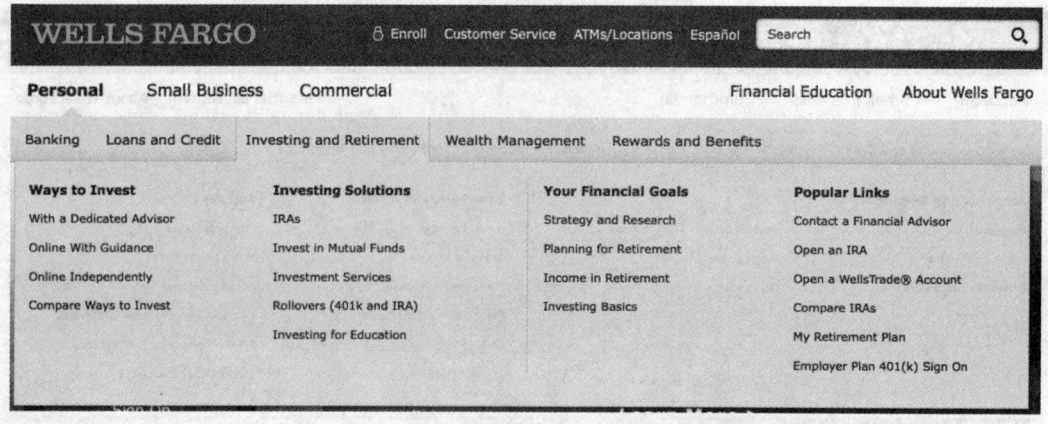

图 5-18 富国银行个人银行——投资与退休

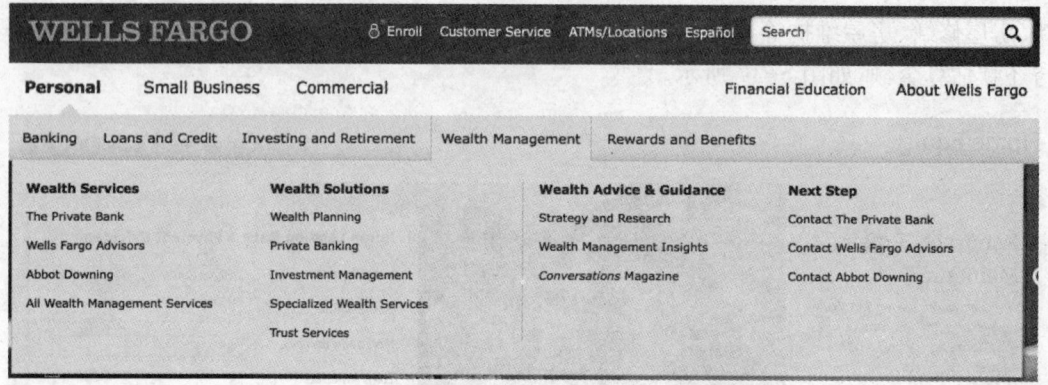

图 5-19 富国银行个人银行——财富管理

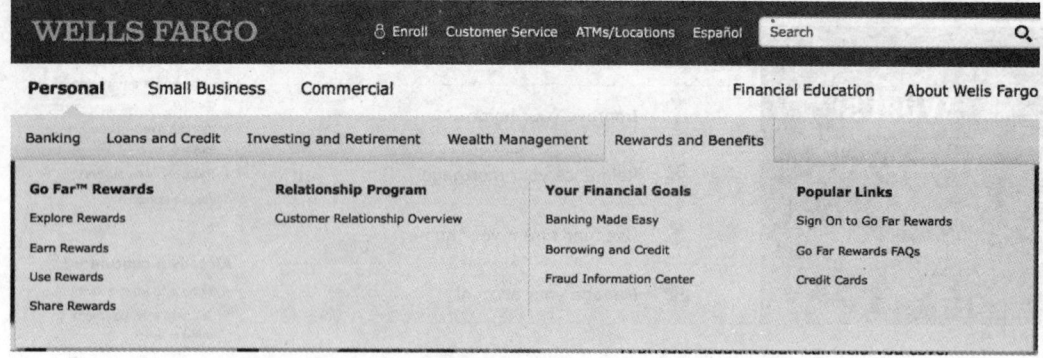

图 5-20 富国银行个人银行——奖励与收益

　　奖励与收益主要针对富国银行信用卡业务,通过信用卡的刷卡消费可以获得银行提供的一些返现奖励,主要业务功能如图 5-21 所示。

　　在富国银行的首页输入个人用户名及密码就可以登录个人网上银行,具体业务包括账户信息、佣金业务、转账与支付、个人计划、安全等,如图 5-22 所示。其中,账户信息中包括账户总览(Account Summary)、提醒管理(Manage Alerts,主要用于消费提醒的设置)、账户

You can start earning rewards with any of our Wells Fargo rewards-based credit cards.

Let your rewards take you far
You can redeem your *Go Far Rewards* for a wide variety of things, from once-in-a-lifetime travel experiences, to merchandise, digital entertainment, or select charitable donations. You can even share *Go Far Rewards* with other Wells Fargo *Go Far Rewards* customers, get gift cards for family and friends, or redeem *Go Far Rewards* as a credit to a Wells Fargo loan or other credit product, or apply them as a deposit to a Wells Fargo Checking or Savings account.

Earn rewards

Shop, book travel, and take advantage of special offers. There are many everyday ways to earn with *Go Far Rewards*.

Learn how to earn Go Far Rewards

Use rewards

You can redeem your *Go Far Rewards* in a variety of ways — such as Travel, Gift Cards, Merchandise, Digital Downloads, and Online Auctions. How far can you go with *Go Far Rewards*?

Explore ways to use Go Far Rewards

Share rewards

With great opportunities like Gifting, Pooling, and Donating, you can share your *Go Far Rewards* with the people and select charitable organizations you care about.

Learn how to share Go Far Rewards

图 5-21　富国银行信用卡返现奖励业务

管理(Manage Account，如添加或更改透支额、停止用支票账户支付、直接存款、下载账户动态记录、禁止转账等)、银行卡管理(Manage Cards)、账户清单及文件(Statement & Document)、支票购买(Order Checks & Currency)、备份信息索要(Request Copies)等。

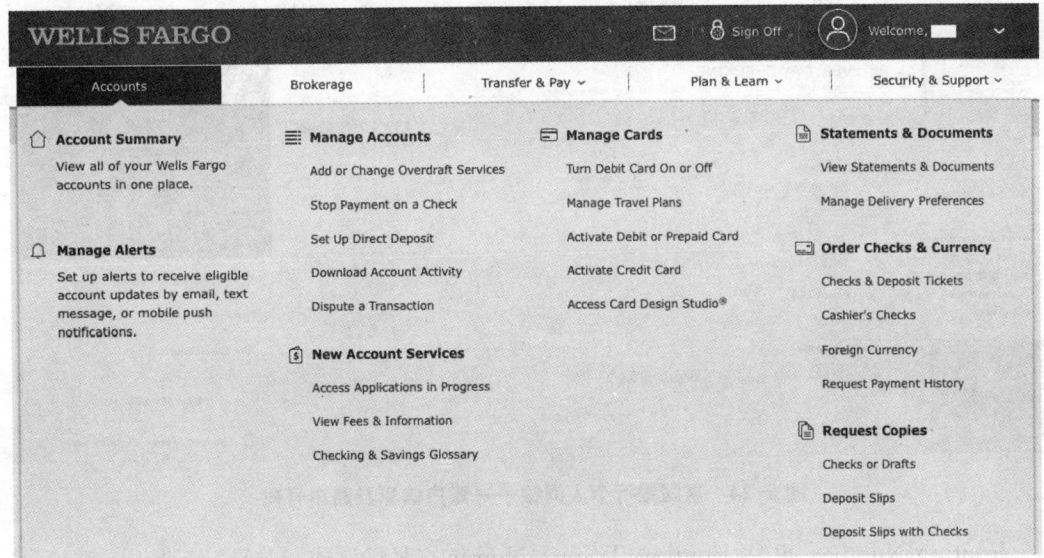

图 5-22　富国银行个人网上银行

通过点击"Everyday Checking"可以查询支票账户每天的消费记录，如图 5-23 所示。
点击"Everyday Checking"下方的数字(个人账号后 4 位)，即可查询到个人网银的账号

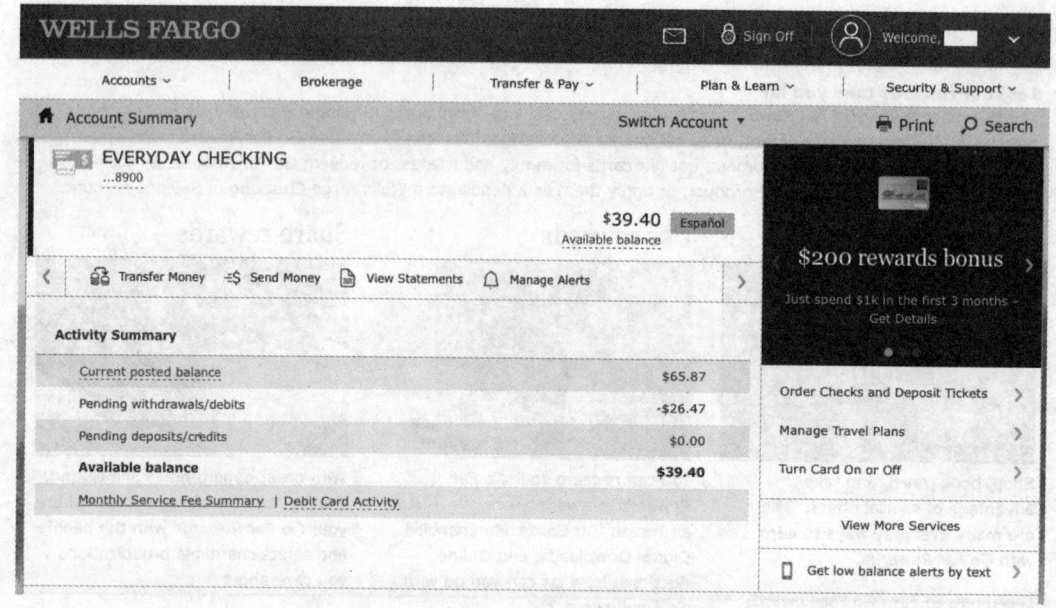

图 5-23　富国银行个人支票账户消费记录

（Account Number，10 位数字）及转账路由号码（Routing Number，9 位数字），如果别人要给该账户转账的话就要提供账号信息及路由号码，包括使用借记卡进行网上支付时也要输入账号信息及路由号码，如图 5-24 所示。

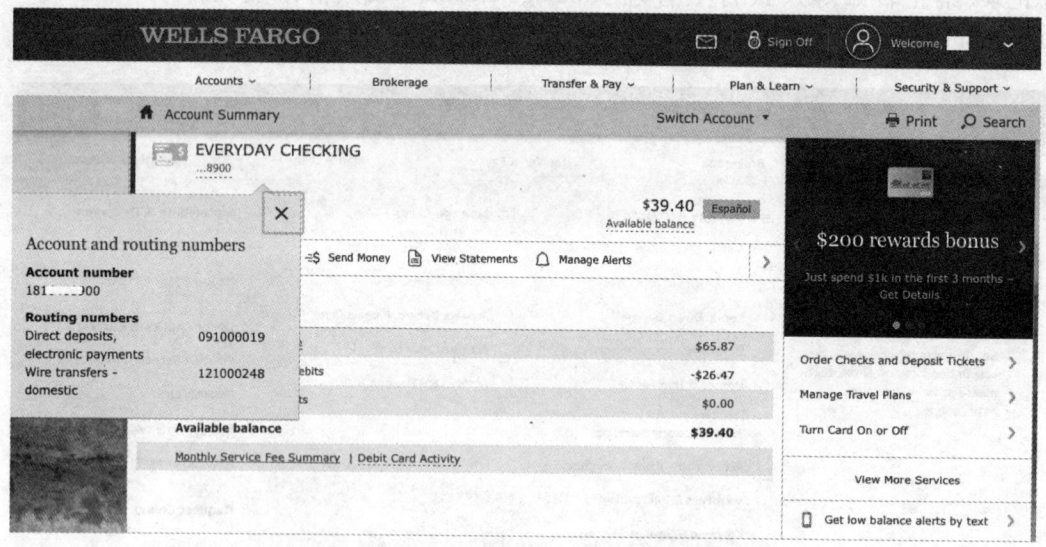

图 5-24　富国银行个人网银——账户信息及路由号码

Routing Number，也称 Routing Transit Number（RTN）或 ABA Number。ABA 是 American Bankers Association 的缩写，即"美国银行家协会"。

美国银行家协会成立于 1910 年，Routing Number/ABA Number 是他们给美国金融机构发的识别码，所有的美国金融机构都有；因为历史上的并购等原因，有些金融机构可能有多个 ABA 识别码。

通常,在美国的银行开通个人账户以后,客户就有了支票账户,所有的消费都记录在这个支票账户上,银行还会给客户一本支票簿,上面已经印好了支票账户的对应的个人账号及路由号,当客户线下支付的时候就可以选择填写支票,将支票交给商家,以支票方式进行支付,目前这种方式在美国非常普遍。富国银行的个人支票如图 5-25 所示,支票下方印刷有路由号码及个人账号。

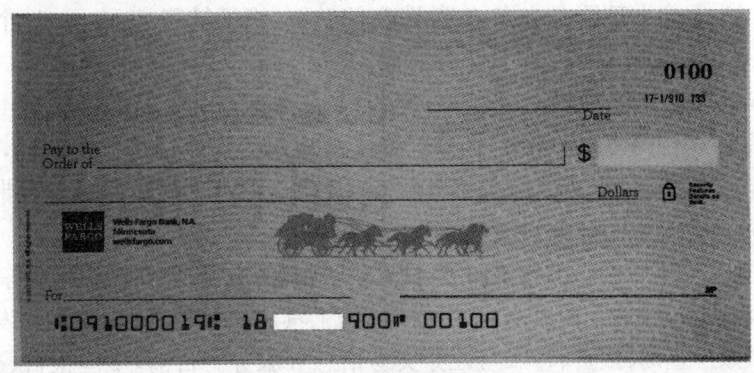

图 5-25　富国银行个人支票

同时,随着电子支付的普及,开户银行也会为支票账户的用户提供银行卡,让用户方便地通过 POS、ATM 等设备进行消费、取现及转账。银行卡与支票账户关联,印有 Visa 或 MasterCard 标志,是磁卡或者芯片卡,或者既有磁条又有芯片,银行卡有自己的 16 位卡号、持卡人姓名、发行日期、截止日期等信息。因此,用户在网上银行查询自己的交易动态的时候,如图 5-26 所示,可以查看交易记录(记录了与支票账户关联的银行卡的支付记录,即用户使用银行卡进行支付交易的记录)、存款记录、支票记录(如用户购物或支付时使用了支票,则均显示在支票记录中)、取款记录。

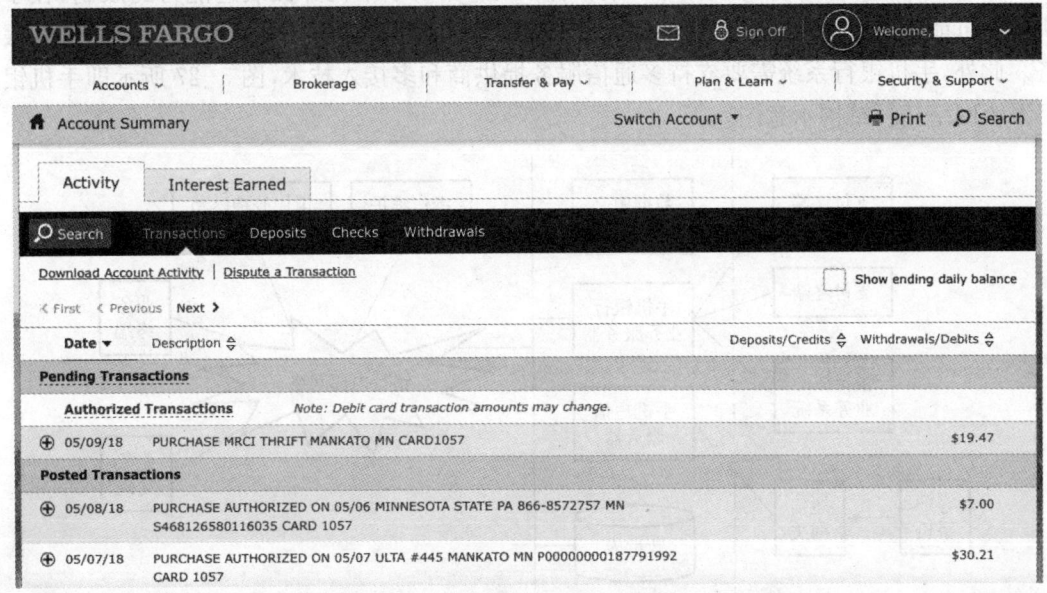

图 5-26　富国银行个人账户交易记录

5.5 手机银行

5.5.1 手机银行的定义

手机银行(Mobile Banking Service)也可称为移动银行,是指银行按照客户通过手机发送的短信指令,为客户办理账务查询、存款账户间转账、银证转账、证券买卖、个人实盘外汇买卖、代缴费、金融信息查询、捐款等业务,并将交易结果以短信方式通知客户的金融服务方式。Juniper 的最新研究报告指出,2009 年全球移动商务市场规模将达到 400 亿美元以上,通过移动电话进行的海量小额交易将汇聚成大规模的商业销售。在欧洲,2009 年人均每年进行 28 笔移动交易,每笔平均交易金额为 3 美元。移动商务的迅猛发展带动了移动支付的发展,因而移动银行也将成为银行业务发展的一个利润增长点。

手机银行是我国电子银行的重要发展方向。手机具有方便携带、操作简单等特征,用户可以随时与他人沟通联系,是一种大众化的便捷通信工具。1999 年,我国首次开发手机银行业务,为用户提供账户查询、缴费、转账与证券交易信息等服务。目前,中国银行、交通银行、工商银行等各大银行均已开通手机银行的业务,其中招商银行用户手机银行转账汇款 0 费用、建设银行用户可享受转账汇款 1 折优惠等活动,大大促进了我国手机银行业务的发展。据第 42 次《中国互联网络发展状况统计报告》数据显示,2018 上半年中国手机银行用户规模为 3.82 亿人,标志着我国手机银行业务已进入了一个崭新的发展阶段。

目前我国商业银行已基本建成由网上银行、手机银行、电话银行、电视银行、微信银行等构成的全方位电子银行服务体系。

手机银行作为一个实时在线、交互便捷的交易渠道,与单纯的手机业务不同,它是基于银行账户的交易手段,因此,客户需要将手机与其银行账户对应绑定。同时,银行需要将金融产品以手机银行渠道的方式发布到客户手机上,但由于手机界面表达能力的限制,在手机上不可能把所有的功能一次性全部展示给客户,所以需要为不同客户提供不同的定制服务。此外,手机银行系统需要支持多通信服务提供商和多接入技术,图 5-27 所示即手机银行系统网络拓扑结构示意图。

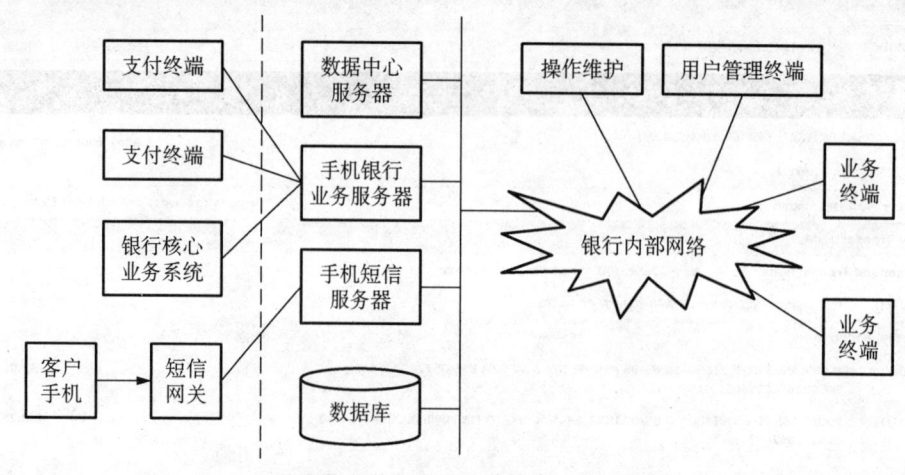

图 5-27 手机银行系统网络拓扑结构图

5.5.2　手机银行系统的组成

1. 集中签约（个性化设置）系统

通过集中签约系统,实现客户信息的集中共享,为以客户为中心的服务模式提供基础,方便客户完成签约过程,降低营销成本。目前,移动银行的集中签约系统主要实现以下功能:客户信息集中管理;提供客户定制的个性化信息;产品管理功能;统一的渠道属性管理;统一的产品计费管理。

2. 业务集成系统

业务集成系统主要包含两个方面功能:对于可单独提供产品能力的服务将其通过配置进行发布;对于需要组合使用的服务提供封装服务,以达到通过配置使其以新的产品服务形态表现的目的。同时,业务集成系统根据客户预先定制签约系统中的定制信息,自动组织并完成核心产品需要的交易信息,以满足不同客户对相同金融服务的个性化需求。

3. 交互流程控制

交互流程控制包括两个部分:一是对具体渠道的协议转换;二是对签约系统中制定的产品要素流程的具体交互控制。由于 USSD 接入模式的特性(面向实时连接)和手机终端表达能力的限制,客户在手机上对每个产品的每个交互步骤的控制均由 SP 前置系统控制。在设计和实施中除去与移动 USSD 平台的 SMPP 协议转换部分,SP 前置实际上是一个通用的交易交互流程控制系统,能够保持客户在具体渠道终端上的交易流程状态,并交互式再向渠道终端提供交易序列。SP 前置的交互流程控制通过与不同渠道的内容管理组件的配合,可以提供基于文本、语音、图形、图像等不同表现形式的业务流程,可以方便地将业务集成系统包装的产品实现在多媒体终端、电话银行、电视银行等渠道上。

5.5.3　手机银行的应用模式

手机银行以互联网为网络支持,以手机为接口设备,以 IC 卡为安全控制工具和交易手段,为客户提供更为方便、快捷的服务。手机银行可以分为以下几种基本模式。

1. SMS 应用模式

SMS 即"信息无线应用"。短信服务是一种在移动网络上传送简短信息的无线应用,是信息在移动网络上储存和转寄的过程。通过 SMS 技术开展的移动银行服务,客户和银行使用手机短信进行业务的交互,该种方式技术基础比较成熟,但是会产生电信商的费用,业务服务方式单一,只能实现请求—响应的非实时业务,单次交互的信息量有限,响应时间也存在一定不确定性。

2. STK 智能卡模式

STK(Sim Tool Kit)即"用户识别应用开发工具"。它包含一组指令用于手机与 SIM 卡的交互,这样可以使 SIM 卡运行卡内的小应用程序,实现增值服务的目的。STK 卡与普通SIM 卡的区别在于 STK 卡中固化了应用程序,通过软件激活提供给用户一个文字菜单界面,允许用户通过简单的按键操作实现信息检索和交易,并可以有选择性地和 PKI 结合使用,通过在卡内实现 RSA 加密算法来进行签名验证,从而增强手机交易的安全性。目前市面提供的主流 STK 卡主要有 16K、32K 和 64K 卡。

3．WAP 无线应用协议模式

WAP 无线应用协议是由多家大厂商合作开发的无线 Internet 标准，它定义了一个分层的、可扩展的体系结构，为无线 Internet 提供了全面的解决方案。使用 WAP 无线应用协议手机可以直接与互联网连接，利用银行提供的各种网上银行服务，摆脱电信商对银行增值服务的控制，但这种方式在安全问题方面还有待进一步加强。

4．GSM/USSD 模式

GSM/USSD 也叫做"移动通信/交互式数据业务"，USSD 即非结构化补充数据业务，是一种基于 GSM 网络的新型交互式数据业务，它是在 GSM 的短信系统技术基础上推出的新业务。USSD 的业务主要包括结构补充业务（如呼叫禁止、呼叫转移）和非结构补充业务（如证券交易、信息查询、移动银行业务）两类。

5．无线 Java 业务模式

无线 Java 业务是一种新的移动数据业务的增值服务，能更好地为用户提供图形化、动态化的移动增值服务。无线 Java 业务使得手机终端的功能类似于可移动上网的计算机，可以充分利用用户的固定互联网使用习惯及固定互联网应用资源，提供高性能多方位的移动互联网使用体验。用户使用支持 Java 功能的手机，通过 GPRS 接入中国移动无线 Java 服务平台，能方便地享受类似于 Internet 上的各种服务，如联网游戏、收发邮件、证券炒股、网上银行、信息查询等。

6．IC 卡上网交易模式

通过双卡手机，使用符合 ISO 国际标准的银行 IC 卡，银行可以开发更加广泛的业务，客户不仅可以使用不同银行的 IC 卡上网交易，而且使用成本降低，安全性提高。

目前，手机银行主要服务模式是 SMS 和 WAP 两种形式，SMS 是按条计费，WAP 则是按流量计费。SMS 类的手机银行业务由手机、GSM 短信中心和银行业务系统构成。手机与 GSM 短信中心通过 GSM 网络连接，而 GSM 短信中心与银行系统之间的通信可以通过有线网络来完成。某些情况下，短信中心还可能通过一个业务增值平台与银行前置机相连，以减轻短信中心的负担。WAP 类手机银行产品的主要特征则是执行无线连接协议，是目前在欧美市场上公认的主流产品。

国内的运营商和各商业银行也都开始进入这一市场，主要由各商业银行与中国移动、中国联通等电信运营商合作向社会推出手机银行业务。2005 年 2 月，我国首家真正意义上的手机银行——交通银行手机银行业务正式启动。交通银行的手机银行采用 WAP 通信方式，实现了办理业务最齐全和不限制机型网络两项突破，这使得手机银行的普及性大大增强。手机银行采用 WAP 通信方式在移动电话上为客户提供金融服务，客户只需手持手机，可以在任何地方遥控自己的银行账户。利用目前开通的功能，客户可以在手机上查询账户余额、交易明细、外汇汇率、进行转账、挂失信用卡、缴纳水电费，甚至可以认购、赎回基金等。使用方法也十分简单，不必更换手机 SIM 卡，不必改变手机设置，不必去银行柜面办理任何手续，只需要客户用手机登录银行网站即可。手机银行的交易采用多重高强度加密技术，确保客户资料和资金安全。客户每次退出交易网站后，系统会自动清除手机内存中关于卡号、密码等关键信息，客户即使丢失手机，也不会影响账户安全。

5.5.4　手机银行的应用——招商银行手机银行

　　2017 年 11 月 2 日,招商银行 APP6.0 在京举行发布会,其"全平台智能化、自动化运营"的口号成功吸引了零售银行界、金融科技界的注意。在众多银行 APP 中,招商银行 APP 表现突出。公开资料显示,截至 2017 第三季度,招商银行零售客户数突破 1 亿、总资产规模 6.17 万亿元、存款规模 3.97 万亿元,上述经营指标均位居股份制银行前列,更重要的是,在网银、ATM、VTM、网点等所有渠道中,来自手机银行 APP 的流量有 79%。以下为招商银行 APP6.0 的亮点功能,如图 5-28 至图 5-31 所示。

理财频道

理财产品、基金、证券、黄金、
保险、存款6大理财门户

每一分投资,都值得全面关注。

图 5-28　招商银行 APP6.0——理财频道

智能提醒

关注你的财务生活,
及时给你贴心提醒。

每一分收支,都值得细心提醒。

图 5-29　招商银行 APP6.00——智能提醒

闪电贷

全程线上申请,极速到账,
每一分热爱,都值得加速前进。

图 5-30　招商银行 APP6.0——闪电贷

AR看金

让你看的更真
每一分执念,都值得较真到底。

图 5-31　招商银行 APP6.0——AR 看金

　　通过招商银行官网的二维码扫描,或者手机应用中直接下载招商银行 APP,即可开始使用招商银行手机银行。打开招商银行手机银行,可以看到主要包含首页、参考、理财、生活、我的等五大频道,如图 5-32 和图 5-33 所示。

图 5-32　招商银行 APP6.0——首页、参考及理财

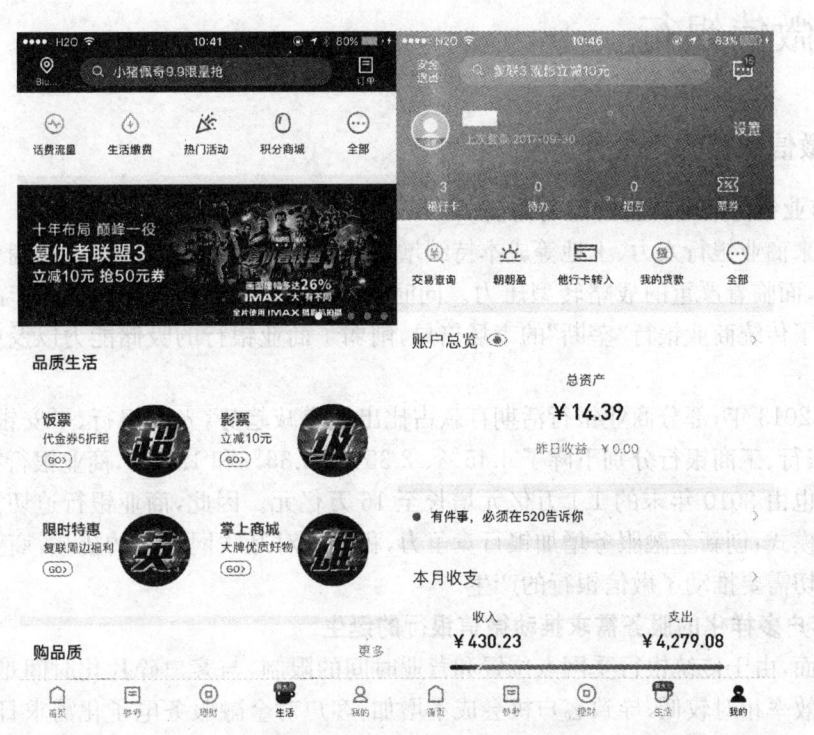

图 5-33　招商银行 APP6.0——生活、我的

在理财频道中,点击"全部",即可看到招商银行提供的所有理财服务,如图 5-34 所示。

图 5-34　招商银行 APP6.0——理财频道中的服务

5.6　微信银行

5.6.1　微信银行的产生背景

1. 商业银行战略转型的迫切需要

近年来商业银行人力、土地等成本持续增加,零售业务成本收益比走低,商业银行经营成本增加,面临着严重的战略转型压力。同时,第三方支付平台和网络理财产品等互联网金融打破了传统商业银行"垄断"的市场格局,削弱了商业银行的吸储能力以及中间业务市场份额。

截至 2013 年,部分商业银行活期存款占比出现递减趋势,光大银行、平安银行、中信银行、招商银行、工商银行分别下降了 4.45%、2.35%、5.36% 和 1.69%,商业银行第三方支付市场规模也由 2010 年末的 1.1 万亿元增长至 16 万亿元。因此,商业银行迫切需要改变传统的经营模式,创新金融服务增加银行竞争力,积极应对互联网金融的挑战,商业银行战略转型的迫切需要推动了微信银行的产生。

2. 客户多样化的服务需求推动微信银行的诞生

一方面,由于传统银行受网点位置和营业时间的限制,与客户碎片化时间难以协调,且柜台业务效率相对较低,导致客户机会成本增加,客户对金融服务电子化需求日益递增;另一方面,受互联网金融的影响,客户的资金管理方式逐步发生改变,各种高收益、高流动的"宝宝"类理财产品对商业银行理财产品发出了挑战,支付宝等第三方支付平台方便快捷的转账汇款、生活缴费等功能增加了客户对便捷的金融服务的需求。因此,合理利用客户碎片化时间、满足客户多元化需求是商业银行当前创新金融服务的重点。

3. 移动互联网的快速发展为微信银行打下基础

微信(英语:WeChat)是腾讯公司于 2011 年 1 月 21 日推出的一款支持 S60v3、S60v5、Windows Phone、Android 以及 iPhone 平台的即时通信工具,具有零资费、跨平台沟通、显示实时输入状态等功能,与传统的短信沟通方式相比,更灵活、智能,且节省资费。截至 2013 年 11 月,注册用户量已经突破 6 亿户,是亚洲地区最大用户群体的移动即时通信软件。

同时,根据中国互联网络信息中心第 42 次《中国互联网络发展状况统计报告》显示,截至 2018 年 6 月,我国网民规模达 8.02 亿人,普及率达到 57.7%,超过全球平均水平(51.7%) 4.1 个百分点,超过亚洲平均水平(46.7%)9.1 个百分点。我国手机网民规模达 7.88 亿人,网民中使用手机上网人群的占比由 2017 年的 97.5%提升至 98.3%;与此同时,使用电视上网的网民比例也提高 1.5 个百分点,达 29.7%;台式电脑、笔记本电脑、平板电脑的使用率均出现下降,手机不断挤占其他个人上网设备的使用。我国移动支付用户规模持续扩大,用户使用习惯进一步巩固,网民在线下消费使用手机网上支付比例由 2017 年底的 65.5%提升至 68%,线下支付加速向农村地区网民渗透,农村地区网民使用线下支付的比例已由 2016 年底的 47.1%提升至 57%。以上数据均表明,移动互联网的发展为微信银行打下了良好的市场基础,其技术特点完全满足客户对即时快捷的银行服务需求。

5.6.2　微信银行的功能及特点

1. 微信银行的功能

2013 年 3 月,招商银行率先推出信用卡微信客服,7 月又升级推出微信银行,随后,十几家全国性商业银行相继推出微信银行服务,截至目前,基本上所有的全国性商业银行都已推出微信服务。银行的微信服务目前大体分为微信客服和微信银行两种。微信客服主要提供与信用卡相关的服务;微信银行主要面向个人办理零售业务,提供包括信用卡、借记卡、理财产品等在内的一系列银行服务。

(1) 信息查询:如信用卡账单、积分及优惠信息查询,信用卡开卡查询,借记卡余额查询,网点信息查询等。

(2) 标准化业务办理:如信用卡账单分期、用户资料修改、信用额度提升申请、转账支付、网店预约、生活缴费、信用卡商城商品购买等。

(3) 提供业务办理渠道:申请信用卡、申请贷款、购买理财产品等。

2. 微信银行的特点

微信银行在应用中为银行业务拓展了服务方式,创造了效益。其主要特点主要有以下几个方面。

1) 降低服务成本

微信银行用智能客服代替传统人工座席,可以有效对柜面、电话银行等需人力成本投入的服务进行分流,节约服务成本。以信用卡业务为例,2012 年招商银行信用卡中心客服的人工话务量超过 6 000 万通,每通电话的成本大约为 5 元(包含人员工资、通信费、水电、座席硬件)。如果微信的自助和互动服务能节省 10%的话务量,则一年节省的费用大概为 3 000 万元。

目前,各家银行习惯用短信推送优惠活动信息。短信的发送成本为 3~5 分/条,以每个月 2 条短信计算,如果换成通过微信进行各类活动的推送,则 1 000 万用户规模的发卡行可节省 1 200 万元。由于微信的信息发送成本很低,商业银行可以采用微信方式进行每天优惠活动的信息推送。

此外,微信银行还可以在取代信用卡纸质账单、提供新的低成本办卡、放贷、理财产品销售渠道等方面为银行节省成本。

2)提升用户体验

以往银行客户遇到账单问题或者银行卡丢失挂失这类问题时,绝大多数情况下只能通过拨打客服热线寻求帮助。人工座席有时会存在无法接通、等待时间较长、选择菜单过多等问题,用户体验不是非常理想。有了微信银行以后,客户可以方便地随时查询账单、办理挂失、信用卡额度提升申请等,系统在很短时间内就可以快速响应,使得用户体验大大提升。

3)实现精准营销

微信的本身就是社交平台,在这个平台上每天都产生着大量个性化的个人数据,微信银行基于微信这个平台,会有很多有价值的客户数据,如微信银行可以利用"定位"功能,将客户在某个地点的某个消费刷卡行为都可以捕捉下来,银行在微信中显示交易提醒的同时,还可以为客户提供该地理位置附近的商家信息,这种精准营销有利于商业银行以最小的成本实现最有效的营销效果。

5.6.3 微信银行的应用

如果用户在银行开设有银行账户,包括活期存折、准贷记卡和信用卡等,同时拥有智能手机就可以开通自己的微信银行。用户登录微信客户端,关注所要开通微信银行的银行公众号,绑定名下银行卡即可开通微信银行。通常,每个客户只能绑定一个微信用户,且只能绑定一个储蓄账户。绑定银行卡后,在微信里就可以看到微信银行提供的各种功能,并可以进行业务操作,如智能客服、网点查询、理财产品、生活缴费、账户查询、信用卡等。

以平安银行信用卡为例,可以看到微信银行里提供的各项服务功能。如图 5-35 所示。

图 5-35   平安银行信用卡微信银行

在微信银行中,每笔消费动态均推送到微信界面,在直观看到自己消费动态的同时,还可以通过微信银行底端的菜单功能选择所要办理的业务。易服务中包含:查账明细、额度提额、分期借款、一键还款、更多服务;惠生活中包含:热门活动、充值缴费、保险卫士、口袋商城、开启 APP 服务;办卡福利中包含:在线办卡、推荐有礼、卡片激活、办卡进度、新客户福利服务。

不同银行的微信银行功能略有不同,招商银行信用卡微信银行的业务功能如图 5-36 所示。

图 5-36　招商银行信用卡微信银行

在微信银行中,每笔消费均有交易提醒,底端的菜单有三部分,办卡借钱包含:办卡推荐、开卡进度、提额测评、借钱 30 万、取现赢好礼;查账包含:查账明细、查询额度、查询积分、快速还款、账单分期;领积分包含:改资料密码、热门福利、签到领积分、游世界、更多优惠。

5.7　自助银行

自助银行(Self-service Banking)又称"无人银行",它属于银行业务处理电子化和自动化的一部分,是近年兴起的一种现代化的银行服务方式。它利用现代通信和计算机技术,为客户提供智能化程度高、不受银行营业时间限制的全天候金融服务,全部业务流程在无银行人员协助的情况下完全由客户自己完成。

1972 年 3 月在美国俄亥俄州哥伦布市开设的亨奇顿国民银行总行,标志着世界上真正的无人银行的出现。这种银行自动服务的诞生,为客户提供了方便、快捷的多功能银行服务,也为客户创造了一个良好的自助服务环境。1997 年初,我国第一家高科技、现代化水准的无人银行(中国银行上海市分行)在上海市虹桥开发区的启用,标志着我国自助银行从理论研究和技术准备阶段逐步转向实现阶段。

5.7.1 自助银行基本设施

通常,一个功能较为齐全的自助银行具备的以下设施:

(1) 自动柜员机(ATM):ATM 提供最基本的银行服务,即出钞交易。可以通过 ATM 对账户进行查询、改密、转账、存款等业务。作为自助式金融服务终端,除了提供金融业务功能之外,ATM 还具有维护、测试、事件报告、监控和管理等多种功能。

(2) 现金存款机(Cash Deposit Machine, CDM):CDM 是银行为个人用户提供的一种能存入人民币的自助银行设备,特点是能提供实时小额存款交易,存款功能可提供一次 15 张钞票清点和真伪识别,未被认可或被拒绝的钞票退回客户,认可部分存款金额实时入账。存取款速度比柜台快,能够减轻柜台小额存款的压力。全部过程均由持卡人自己在 CDM 上完成,操作安全,方便快捷,并可提供 24 小时全天候服务。

(3) 外币兑换机(Foreign Exchange Machine):外币兑换机适用于机场、旅游区、闹市区等地,主要服务对象为外国游客和有外汇收入的居民。外币兑换机能识别多种不同的货币,在兑换过程中自动累计总数,然后按照汇率进行兑换。各家银行的自助银行的设备和功能不一样,就算是同一家银行,也会在不同地点的自助银行内摆放不同的设备,提供不同功能的服务。一些自助银行还提供信用卡对账单打印功能,将信用卡插入,按照提示就可以打印一张对账单。还有转账服务,一般都只能提供同城账户的转账服务。一些自助银行还提供电话机,直接接通到各自银行的电话服务系统。

(4) 自动存折补登机(Automatic Passbook Utility Machine):自动存折补登机是一种方便客户存折更新需要的自助服务终端设备,通过存折感受器和页码读取设备的配合,实现自动打印,向前、向后自动翻页。客户将存折放入自动存折补登机后,设备自动从存折上的条码和磁条中读取客户的账户信息,然后将业务主机中的客户信息打印到存折上,打印结束后设备发出声音提示客户取走存折。整个过程自动完成,操作简便、打印迅速。

(5) 账户查询服务终端(Account Inquiry Terminal):通过该系统,客户可以查询到自己的账户基本信息,如账户余额等。

(6) 公共事务缴费服务机(Public Utility Terminal):公共事务包括水费、电费、煤气费、电话费等,通过公共事务缴费服务机扫描缴费单据上的条形码确认缴费金额,使用银行卡就可以方便地在线缴费,免去在银行柜面排队等候的麻烦。

(7) 夜间金库(Night Deposit):夜间金库可以进行大额现金、贵重物品的寄存,它是自动柜员机的一种延伸产品,解决了普通存款机巨额存款的烦琐和银行营业柜面网点夜间无法进行交易的矛盾,还增加了夜间贵重物品保管的功能,减少用户在夜间携带现金和贵重物品所造成的风险,积极推进了银行的业务扩展。该系统适于安放在繁华商业旺地,也可单独面向大额存款的企事业单位,如收费站、加油站、超市等。

(8) 多媒体查询机(Multi-media Service Inquiry):多媒体查询机利用触摸屏技术提供设备说明、操作指导、金融信息、业务查询等多种服务。精心设计的简洁、直观的画面以及语音提示都可以引导客户轻松操作,进行账户余额、近期交易查询、对账单打印、密码修改,还可以获得业务咨询、客户理财设计等多种信息服务。

(9) IC卡圈存圈提机:帮助客户实现储蓄账户、IC卡账户(电子存折)、电子钱包间的相互转账。

5.7.2 自助银行服务类型

自助银行的服务种类繁多,可以按照服务性质分为以下四类:

(1) 交易服务:包括银行各种金融卡的提现、存款、更改密码等;各类转账、账户资料查询;补登存折;对账单打印;夜间金库等。

(2) 销售交易:包括信用卡贷款、信用卡购物消费、新开户申请、支票申请、信用卡申请、银行业务介绍及查询等。

(3) 客户服务:包括公用事业缴费、理财试算服务、自动保管箱服务、金融顾问服务及信用卡缴费等。

(4) 资讯服务:包括为客户提供金融信息、让客户享受高质量的金融附加服务,如金融市场行情、汇率、利率、股票行情、房产销售情报及热点购物信息等。

(5) 外汇买卖、银证转账。客户在银行柜面办理银行卡、交易开通手续,在自助终端可以根据外汇牌价和利率等综合信息的查询,进行外汇买卖交易。同时,还可以通过自助终端完成银证转账业务,提高资金转账效率。

随着计算机技术、通信技术与网络技术的发展,自助银行逐渐与电子银行自助服务终端融合起来。除了常规的存款、取款、付账、打印交易流水、IC卡业务、补登折业务、兑换货币等,自助银行也会逐渐提供购买彩券、邮票、电话充值等业务。同时,还有可能引入生物识别功能来确认客户身份,如通过指纹识别和视网膜信息取代常规的密码输入,用更安全的方式确认客户的身份。此外,随着银行业务的发展,业务数据的分析对提高银行服务效率是非常重要的,自助银行随着交易活动的增多、数据量的增大,为银行提供了大量的数据,因此,如何有效利用这些客户交易数据进行分析,为银行提供服务的决策支持也是未来自助银行关注的发展趋势。

5.7.3 自助银行的新模式

随着技术的发展及客户的需求,自助银行服务以客户为导向,充分考虑到不同消费者的消费需求,出现了一些新型的自助银行服务模式。

(1) 社区模式:在居民小区、厂矿企业、办公楼及其附近提供银行服务的分行模式,强化中间业务服务及营销,是一种类型的"自助银行增强型"设计,即以自助设备为主,并不定时地配给必要的人工服务,以期同时达到高效率服务和业务推广的双重业务目标。

(2) 商业区模式:在商业区、闹市区提供快速现金服务的自助银行,强化快速取现服务和卡发行,以自助银行或自助银行增强型为主。

(3) 校园模式:在校园及其附近提供简单存取款服务,其交易特征为"频度高、单次交易额小",以特殊形式自助银行为主,如网吧银行、书吧银行等。同时,还提供圈存服务,主要为校园卡充值提供圈存服务。

(4) 店中行模式:在便利店、机场、加油站、商场、酒店等其他行业的营业厅内提供银行服务;这些营业场所也是银行客户最常光顾的场所,在这些场所提供银行服务显然给银行储户提供了最大的方便。可以结合所在营业场所的具体情况设计成咖啡吧银行、超市银行、专卖店银行等。

（5）顾问银行模式：又称 VIP 分行，一种专门为其附近的 VIP 客户提供专业理财服务的网点。

复 习 思 考

名词解释： 电子银行 网上银行 手机银行 微信银行 自助银行

1. 电子银行的概念及特点是什么？
2. 电子银行的分类有哪些？
3. 网上银行的功能有哪些？
4. 手机银行的定义及应用模式是什么？
5. 微信银行的功能及特点是什么？
6. 自助银行的优点有哪些？

第6章　电子商务支付系统

6.1　电子商务系统中的支付结算

6.1.1　电子商务的概述

1. 电子商务概念

电子商务于 20 世纪 80 年代初兴起于美国、加拿大等国。电子商务的实施可以分为两个阶段,其中基于 EDI 的电子商务始于 20 世纪 80 年代中期,基于 Internet 的电子商务始于 20 世纪 90 年代初期。

狭义上讲,电子商务(Electronic Commerce,简称电商或 EC)是指:通过使用互联网等电子工具(这些工具包括电报、电话、广播、电视、传真、计算机、计算机网络、移动通信等)在全球范围内进行的商务贸易活动,是以计算机网络为基础所进行的各种商务活动,包括商品和服务的提供者、广告商、消费者、中介商等有关各方行为的总和。人们一般理解的电子商务是指狭义上的电子商务。

广义上讲,电子商务一词源自 Electronic Business,就是通过电子手段进行的商业事务活动。具体来说,就是通过使用互联网等电子工具,使公司内部、供应商、客户和合作伙伴之间,利用电子业务共享信息,实现企业间业务流程的电子化,配合企业内部的电子化生产管理系统,提高企业的生产、库存、流通和资金等各个环节的效率。

电子商务伴随着计算机技术、网络技术及通信技术的迅速发展出现在人们生活中,企业实施电子商务经历了从单纯的网上发布信息、传递信息到在网上完成供、产、销全部业务流程的电子商务虚拟市场,从封闭的银行金融系统到开放的网络电子银行,从传统的电子商务网站到移动商品平台应用等各个发展阶段,目前,电子商务作为商业贸易领域中一种高效、先进的交易方式,对该领域中传统的观念和行为方式产生了巨大的冲击和影响。

电子商务环境下,买卖双方的交易都在网络这个虚拟市场中进行,而一笔交易的完成必须经过支付才能最终实现,因此,网上电子支付是电子商务最重要的环节之一,也是电子商务得以顺利发展的基础与平台支持,电子商务环境下的支付环节通常包含买卖双方支付信息的传输与交易支付资金的划拨,同时还可以进行支付交易的信息记录及查询。

2. 电子商务支付系统概念

电子商务支付系统是指支持消费者、商家和金融机构之间使用安全电子手段交换商品或服务的支付系统,即把新型支付手段包括电子现金、信用卡、借记卡、智能卡等支付信息通过网络安全传送到银行或相应的处理机构来实现电子支付,是融购物流程、支付工具、安全技术、认证体系、信用体系以及现代的金融体系为一体的综合大系统。

电子商务的支付系统由客户、商家、认证中心、支付网关、客户银行、商家银行和金融专用网络七个部分构成,如图 6-1 所示。

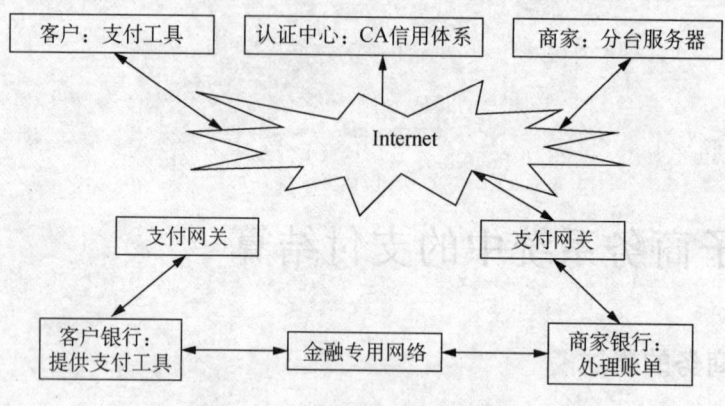

图 6-1 电子商务支付系统的构成

客户是指利用电子支付工具进行电子商务交易的单位或个人,客户在确定交易订单后,用自己拥有的支付工具发起支付,它是电子支付系统运转的原因和起点;商家是拥有债权的商品交易的另一方,它向客户提供商品和服务。

认证中心就是通常所说的第三方非银行金融机构,它是交易各方都信任的公正的第三方中介机构,它用于确认客户商家双发真实身份的验证,为整个交易工程提供安全保障;支付网关是公用互联网平台和银行内部的金融专用网络平台之间的桥梁,它为银行网络和因特网之间的通信、协议转换和进行数据加、解密提供技术服务,是专门用来保护银行内部网络安全的。

客户银行是指客户在其中拥有账户的银行,客户的资金账户和电子支付工具都是由客户银行提供的,在利用卡基作为支付工具的电子支付体系中,客户银行又被称为发卡行,客户银行保证了支付工具的真实性,确保了每一笔认证成功交易的付款;商家银行是指商家在其中拥有账户的银行,商家收到客户发送的订单和支付指令后,将客户的支付指令提交给商家银行,之后商家银行和客户银行进行清算工作,由于商家银行是依据商家提供的合法账单(客户的支付指令)来工作的,因此又称为收单行。

金融专用网络是网络银行与其他各银行交流信息的封闭式的专用网络,拥有很强的稳定性和安全性。我国银行的金融专用网发展很迅速,为逐步开展电子商务提供了必要的条件。

3. 电子商务支付系统的功能

虽然现在的电子商务支付系统各种各样,但是安全、有效、便捷是各种支付方式追求的共同目标。对于一个电子商务支付系统而言(无论是只用一种支付方式,还是兼容几种支付方式),它应有以下的功能。

1) 更加安全的认证和加密功能

为实现交易的安全性,电子支付商务系统对参与贸易的各方身份使用数字签名和数字

证书实现对各方的认证,通过认证机构或注册机构向参与各方发放数字证书,以证实其身份的合法性。同时,电子商务支付系统还是用各种先进的加密技术单钥体制或双钥体制对业务进行加密,并采用数字信封、数字签字等技术来加强数据传输的保密性,以防止未被授权的第三者获取消息的真正含义,确保了交易的安全进行。

2) 先进的数字摘要算法功能

电子商务支付系统采用数据加密技术来保护数据不被未授权者建立、嵌入、删除、篡改、重放,从而完整无缺地到达接收者一方,通过先进的数字摘要算法,可以使得电子商务信息的传递更加安全,接收者可以通过数字摘要来判断所接受的消息是否完整,接受者一旦发现消息不完整,就可以要求发送端重发以保证其完整性。

3) 存储交易记录的功能

由于电子商务支付系统对交易的全程存储记录,当交易双方出现纠纷时,电子商务支付系统就可以调出交易记录提供足够充分的证据来迅速辨别纠纷中的是非,这样保证交易双方对业务的不可否认性。

4) 能够处理贸易业务的多边支付问题的功能

网上贸易的支付要牵涉到客户、商家和银行等多方,其中传送的购货信息与支付指令必须连接在一起,因为商家只有确认了支付指令后才会继续交易,银行也只有确认了支付指令后才会提供支付。但同时,商家不能读取客户的支付指令,银行不能读取商家的购货信息,这种多边支付的关系就可以通过双重签名等技术来实现。

6.1.2　商品交易方式的发展

随着电子商务的发展和广泛应用,人们的交易方式逐渐从传统以现金和实物为主的方式转变为以 Internet 为基础的交易方式,这时,传统意义上的现金、支票等都将以电子现金和电子支票等电子货币的形态参与到整个电子商务交易流程之中。

1. 从传统货币到电子货币

货币的产生是生产力发展的必然结果。当生产力发展到一定阶段,人类有了剩余产品,就产生了产品交换。起初的产品交换是以物易物,但是,这种方式受主观意识的影响很大,如果交易双方在产品价值上没有达到一致性的认可,那么交易双方就很难达成最终的交易。人们需要一种可以交换任何商品的媒介物,于是货币就产生了。此后,随着人类社会经济和科学技术的发展,货币的表现形式经历了几次大的变革。

1) 商品货币

商品货币以普通商品的形式出现,如贝壳、兽皮、牲畜等都充当过一般等价物,但是这种货币难保存、易损耗,不便于携带和流通。

随着交易范围的扩大,逐渐出现了以金银等贵重金属铸造的货币,这种货币具有质地均匀、不易腐烂、体积小、价值大、便于携带等优点。后来,国家以政治强权铸造和推行贵金属货币,由此,产生了具有一定重量和成色以及形状的金属货币,称金属铸币。典型的金属货币的特点是,它实际价值与名义价值相等,它是以自身所包含的实际价值同商品世界的其他一切商品相交换,一般具有自发调节货币流通的功能。

2) 纸币(代用货币)

典型意义上的纸币是指国家发行并强制流通的货币符号。由于流通中不足值铸币仍然可以充当流通手段,国家便利用这种货币名义价值与实际价值相分离的现象,有意识地铸造不足值铸币,以致后来发展为发行没有内在价值的纸币。纸币是金属货币的代表,相对它代表的价值来说,它本身只是一个符号,因而纸币的流通有着特殊的规律。一个国家无论发行多少纸币,它只能代表商品流通中所需要的金属货币量,纸币发行数量与金属货币必要量是相一致的。发行纸币过多,会引起纸币贬值、通货膨胀;发行纸币过少,则不能保证正常的商品流通需要。

3) 信用货币

从形式上来看,信用货币也是一种纸制货币。信用货币本身已脱离了金属货币,成为纯粹的货币价值符号,它本身不能与金属货币相兑换,因而信用货币是一种债务型的货币。20 世纪 30 年代,世界各国因经济危机与金融危机先后脱离金本位,纸币成为不可兑换的信用货币,目前已是世界上绝大多数国家采用的货币形态。信用货币的主要形式有纸币、辅币和银行存款货币。

4) 电子货币

电子货币是计算机介入货币流通领域后产生的,是现代商品经济高度发展要求资金快速流通的产物。电子货币利用银行的电子存款系统和各种电子清算系统记录来转移资金,它使纸币和金属货币在整个货币供应量中所占的比例越来越小。电子货币使用方便、流通快速,而且成本较低。电子货币的出现彻底改变了银行传统的手工记账、手工算账、邮寄凭证等操作方式。同时,电子货币的广泛使用也给普通消费者在购物、饮食、旅游和娱乐等方面的付款带来了更多的便利。

2. 电子货币的特点和功能

电子货币是以计算机技术和通信技术为手段,以金融电子化网络为基础,以商用电子化设备和各类交易卡为媒介,以电子数据(二进制数据)形式存储在银行的计算机系统中,并通过计算机网络系统以电子信息传递形式实现流通和支付功能的货币。

1) 电子货币的特点

(1) 电子货币是一种电子符号,其存在形式随处理的媒介变化而变化。

(2) 电子货币的流通以相关的设备正常运行为前提,新的技术和设备也引发了电子货币新的业务形式的出现。

(3) 电子货币的安全性不是依靠普通的防伪技术,而是通过用户密码、软硬件加密、解密系统及网络设备的安全保护功能来实现的。

(4) 电子货币集储蓄、信贷和非现金结算等功能于一体,可广泛应用于生产、交换、分配和消费领域。

(5) 电子货币无须实体交换,从而简化异地支付手续,节省流通费用,特别是节省了处理现金、支票的人力和物力。

2) 电子货币的功能

(1) 转账结算功能:直接消费结算,代替现金转账。

(2) 储蓄功能:使用电子货币存款和取款。

(3) 兑现功能:异地使用货币时,进行货币汇兑。

(4) 消费信贷功能:先向银行贷款,提前使用货币,这是传统货币所不具备的。

3. 电子货币能否取代信用货币

从货币理论的角度来看,货币是商品经济发展到一定阶段的必然产物,它是由国家法律确定的、被广泛接受的、固定的充当一般等价物的金融资产。有些学者把电子货币视为一般等价物,即真实货币,也具有交换媒介、价值尺度和储藏手段等货币职能。然而,从目前电子货币的应用现状来看,电子货币只是蕴涵着可以执行货币职能的某种可能性,还不能完全地被视为硬通货。

就交换媒介而言,首先,现在大多数电子货币还没有被广泛地用于支付,只能在愿意接受这种电子货币的场所使用,而且在向特约商户支付时,特约商户并没有完成款项的收回,他们还需从电子货币的发行机构收取实体货币之后才真正完成款项的收回;其次,电子货币是以现金、存款的既有价值为前提,通过发行主体将货币的价值信息化之后制造出来的,人们愿意接受电子货币,并不是基于电子货币本身,而是其所代表的等额法定货币。从这个意义上说,电子货币是以既有通货为基础的二次货币。

就价值尺度和储藏手段而言,单凭电子货币本身也不能实现这两种货币职能,只有当电子货币能随时兑换成等值的实体货币时才能充分地发挥这两种货币职能。而实际上,有些电子货币是由非国家的经济主体发行的,当发行主体出现财务危机时,就难以保证电子货币兑换成等值的实体货币,甚至变得一文不值。

因此,现阶段的电子货币还不能作为一种独立的货币形式完全地取代信用货币。

4. 电子货币的形式及其应用

电子货币根据不同的标准可以进行不同的类型划分,不同类型的电子货币具有不同的特征。按照电子货币价值的存储媒介,可以将其分为卡基型电子货币和网基型电子货币;按照在流通和支付过程中,是否需要同中央数据库进行联机授权,可以将其分为联机型电子货币和脱机型电子货币;按照电子货币与银行账户的关系,可以将其分为存款型电子货币和现钞型电子货币;按照电子货币的发行人的行业性质,可以分为金融型电子货币和商业型电子货币;按照电子货币的使用范围,可以分为单一型电子货币和复合型电子货币。

1) 卡基型和网基型电子货币

卡基型电子货币是以各种类型的含有计算机芯片的塑料卡为货币价值的存储媒介的电子货币。该种电子货币内嵌集成电路芯片,利用芯片的计算、存储等功能来实现货币价值的转移。

网基型电子货币是以计算机为基础的电子货币,它是将特殊的软件装在用户的计算机上,通过计算机网络同银行和商户相连,并通过计算机网络传输货币的一种支付手段。

2) 联机型和脱机型电子货币

联机型电子货币通常存在一个中央数据库,这个数据库可以是电子货币的发行人设立的,也可以是委托第三人设立的,它的主要作用是对电子货币使用者的电子货币进行确认。

脱机型电子货币:在使用这种电子货币进行交易时不需要提前联机授权,在这种电子货币系统中没有中央数据库,鉴别这种电子货币的真伪主要依靠货币卡、交易终端本身的技术措施,也就是利用加密技术和数字签名技术来保证这种电子货币的真实性。

3) 存款型和现钞型电子货币

存款型电子货币是指以特定账户为载体,只能在不同账户中流动的电子货币。这种电子货币不能脱离账户而独立存在,只能在账户之间实现货币价值的转移,不能像现钞货币一样由其拥有主体直接掌握和支配并完全独立地进行各种直接的支付。

现钞型电子货币是指具有电子货币的独立载体,并且该载体可以直接由电子货币拥有主体控制和支配的电子货币。它由使用者直接持有,在实际使用中也可以像现钞货币一样直接用于支付,货币流通和支付行为可以在交易双方直接完成,不需要委托第三方代理其支付活动。

4) 金融型和商业型电子货币

电子货币的发行主体并不完全局限于金融机构,它既可以由金融机构发行也可以由非金融机构发行。金融型电子货币是指以金融机构为发行主体发行的电子货币,金融机构作为社会法律体系中的特殊主体,有着严格的设立制度、经营制度、挽救制度和破产保护制度,同时也受到法律的严格规范和监督,因此,在正常情况下,不会出现用户的财产权利经常受到威胁的情况。

商业型电子货币是指以非金融机构为主体发行的电子货币,商业组织作为社会法律体系中的普通主体,其设立制度、经营制度和破产制度都是一般性的,这就使得商业组织在法律上和实际上都难以达到和金融机构相同的信用水平,从而使其发行的电子货币难以像金融机构发行的电子货币一样具有比较完善的法律体系保护。

5) 单一型和复合型电子货币

单一型电子货币和复合型电子货币的区别主要在于流通与支付领域的不同。单一型电子货币是指只能用于某一特定领域或特定类型的流通与支付的电子货币。复合型电子货币则是可以用于两个以上特定领域或特定类型的流通与支付的电子货币,使用者可以根据其需要选择其中最满意的方式进行电子货币的支付。

6.1.3 常用的电子商务支付形式

电子商务出现至今,针对不同的用户需求,常用的支付形式按照交易中的货币形态可分为两种:传统货币支付和电子支付方式。

1. 传统货币支付方式

传统货币支付的主要形式为"货到付款""邮局汇款"和"银行转账"。

1) 货到付款

消费者在网站上购买商品以后,在"付款方式"中选择"货到付款",当商品配送人员送货上门的时候,双方当场验收商品,确认无误之后消费者将全额货款以现金的方式支付给配送人员。由于"货到付款"的环节比较简单,又必须通过当面验货来确保商品的完好,所以这种方式至今在电子商务领域还是很多客户经常选择的交易支付模式。

2) 邮局汇款

邮局汇款也属于传统货币支付方式。消费者在网站上购买商品以后,在"付款方式"中选择"邮局汇款"。同时,消费者必须携带身份证和现金前往邮局汇款,汇款时必须填写"邮局汇款单",在汇款单中注明:客户真实姓名,汇款金额,客户编号,详细地址,详细电话,邮政编码以及网上购物的订单号。通常,款项自消费者银行汇款2~7天到达商家账户,商家收到货款后进行商品配送。这种方式到款时间长,而且货款要事先汇给商家,一旦商家出现诚信问题,就会造成交易的风险。同时,邮局汇款会收取一定的手续费,产生一定的交易成本。

3）银行转账

银行转账需要消费者到全国任何一家的银行柜面去办理,同样也要携带身份证和现金,根据商卖家提供的银行账号进行转账电汇单的填写,汇款人要填写自己的真实姓名、汇出地点和汇出行名称,同时也要填写商家收款人的姓名全称或者公司全称、转账账号、汇入地点和汇入行名称等,到款时间需要花费 1～5 天。和邮局汇款一样,银行转账也是将货款事先汇给商家,如果商家出现诚信问题,也会造成交易的风险。而且,银行转账也会产生一定的转账手续费用,交易成本较高。

2. 电子支付方式

电子支付是电子商务的基础与平台,指交易双方通过电子终端,直接或间接地向金融机构发出支付指令,实现货币支付与资金转移的一种支付方式,它是以电子方式处理交易的各种支付方式的总称。与传统的支付方式相比,电子支付具有以下特征:

(1) 电子支付通过数字流转完成信息传输,各种款项的支付都采用数字化的方式进行,货币形态为电子货币形式;而传统支付则通过现金的流转、票据的转让及以后的汇兑等物理实体的流转方式完成。

(2) 电子支付的工作环境基于一个开放的系统平台(如 Internet);而传统的支付则是在较为封闭的系统中运作。

(3) 电子支付对软、硬件设施的要求很高,需要相关的安全技术及安全协议支持。

(4) 电子支付具有方便、快捷、高效、经济的优势。随着通信技术、计算机网络技术日渐成熟,加上消费者消费意识的改变,目前,"网上支付"成为越来越多电子商务环境下消费者的首要选择。

3. 网上支付工具简介

1）银行卡在线支付

银行卡是由商业银行或其他金融机构向社会发行的具有消费信用、转账、结算、存取现金等全部或部分功能的信用支付工具。银行卡主要包括可透支的信用卡和不可透支的借记卡。银行卡在线支付是目前我国应用非常普遍的电子支付模式。付款人可以使用申请了在线转账功能的银行卡(包括借记卡和信用卡)转移小额资金到收款人的银行账户中以完成支付。

从 20 世纪 90 年代初期开始在 Internet 上使用到现在,银行卡网上支付的安全性逐步提高,先后出现了无安全措施的、基于 SSL 协议的和基于 SET 协议的银行卡网上支付等多种形式。

(1) 无安全措施的银行卡网上支付。

该模式是指客户与商家确立订单后,直接通过电话、传真等手段进行交易付账。它是客户在用银行卡进行支付时几乎没有采取技术上的安全措施就把银行卡号码和密码等敏感信息直接传送给商家,然后由商家负责后续处理的模式。

在这种交易模式中,持卡人的银行卡信息主要依靠商家的诚信来保护,商家有义务妥善保护用户的银行卡等客户隐私信息,但也存在着不法商家会把消费者的信息透露给第三方或者商家数据库被人盗取导致的客户信息遭到侵犯及丢失等风险。无安全措施的银行卡网上支付模式主要是在 20 世纪 90 年代初期,电子商务各方面发展还不太成熟,特别是银行对电子商务的支持还不完善的情况下出现的,因此这种交易模式安全性非常薄弱。

（2）基于 SSL 协议的银行卡网上支付。

该模式是在利用银行卡进行网上支付时遵守 SSL 协议，通过它实现银行卡的即时、安全可靠的在线支付。SSL 协议是对计算机之间整个会话过程进行加密的协议，在 SSL 协议中采用了公开密钥和私有密钥两种加密方法，持卡人通过对银行卡账号、密码等数据的加密，在开放的互联网上，安全地与银行间进行相关信息的交互，实现快速安全支付的目的。SSL 协议已成为事实上的工业标准，在网上支付中应用非常广泛。

在 SSL 协议支付过程中，经过加密的客户信息只有业务提供商或第三方付费处理才能够识别，杜绝了商家泄露用户隐私的可能性，这种模型只要保证了业务服务器和专用网络的安全就可以使整个系统处于比较安全的状态。消费者只要拥有一个有效的信用卡号就能进行电子商务交易，更方便快捷。但是为了确保用户在交易时的安全，这种模型需要对信用卡等关键信息加密，使用对称或非对称加密技术，可能还要启用身份认证系统，以数字签名确认信息的真实性，需要业务服务器和服务软件的支持等这一系列的加密、授权、认证及相关信息传送，因此该种方式的交易成本较高。

（3）基于 SET 协议的银行卡网上支付。

SET 是安全电子交易的简称，SET 模型是在开放的 Internet 上实现安全电子交易的国际协议和标准。SET 协议最初是由 Visa Card 和 Master Card 合作开发完成的，其他合作开发伙伴还包括 GTE、IBM、Microsoft、Netscape、SAIC、Terisa 和 VeriSign 等。

SET 协议是以信用卡为基础的网上支付系统规范，实现银行卡的即时、安全可靠的在线支付，确保信息在 Internet 上安全传输，不能被窃听或被篡改；用户资料要妥善保护，商家只能看到订货信息，看不到客户的账户信息；持卡人和商家相互认证，以确定对方身份；软件遵循相同的协议和消息格式，具有兼容性和互操作性。

该协议是专门针对使用银行卡进行网上支付而设计的支付规范，是目前最安全，同时也是最复杂的 Internet 网上支付方式。电子交易各方都必须拥有由可信赖的 CA 中心签发的数字证书，来证明自己的身份。SET 具有加密和认证功能，确保交易双方的信息传递的安全性和对双方的身份认证。SET 协议使用的主要技术包括：对称密钥加密、公开密钥加密、Hash 算法、数字签名以及公开密钥授权机制等。SET 通过使用公开密钥和对称密钥方式加密，保证了数据的保密性，通过使用数字签名来确定数据是否被篡改，保证数据的一致性和完整性，并可以防止交易方抵赖。交易各方之间的信息传送都使用 SET 协议以保证其安全性。电子钱包是 SET 协议在用户端的实现，电子商家是 SET 协议在商家端的实现，支付网关是银行金融系统和 Internet 之间的接口，负责完成来往数据在 SET 协议和现存银行卡交易系统协议（如 ISO 8583 协议）之间的转换。IBM 公司宣布其电子商务产品 Net.commerce 支持 SET。IBM 建立了世界第一个 Internet 环境下的 SET 付款系统——丹麦 SET 付款系统，此外微软公司、Cyber Cash 公司和 Oracle 公司也宣布他们的电子商务产品支持 SET 协议。目前，SET 协议已获得 IETF 标准的认可，是电子商务的发展方向。

2）电子现金

电子现金（Electronic Cash），又称数字现金，是纸币现金的电子化。广义上来说是指那些以数字（电子）的形式储存的货币，它可以直接用于电子购物。狭义上通常是指一种以数字（电子）形式存储并流通的货币，它把用户银行账户中的资金转换为一系列的加密序列数，通过这些序列数来表示现实中各种金额的币值。用户在开展电子现金业务的银行开设账户,并在账户内存钱后,就可以在 Internet 上在允许接受电子现金的商店购物了。电子现金不同于银行卡,它具备纸币的基本特点,具有货币价值、可交换性、可存储性和不可重复性等四个基本属性。客户与商家在运用电子现金支付结算过程中,基本无需银行的直接参与,也不需要经过一系列特殊的认证,这不但方便了交易双方,提高了交易与支付效率,而且还能够降低支付成本,最终能降低消费者购物的费用。电子现金主要应用于小币值的电子交易中。

E-cash 是一种匿名的电子现金系统,由 1994 年 5 月成立的 DiditCash 公司开发,使用的是纯数字形式的电子现金。使用 E-cash 时,客户和商家都必须在 E-cash 的发行银行开设账户,并安装客户端软件,用于管理和传送 E-cash。客户要先将银行账户上的一定数量的存款金额换成电子现金,电子现金是一些序列数,分别表示币值和电子现金的原始序列号以及致盲系数,致盲系数的目的是为了使银行无法将电子现金的序列号和用户账户联系起来,从而实现匿名性,整个过程使用盲签名。这类似于客户将现金和复写纸放进一个信封交给银行签名,银行在信封上签名,透过复写纸,印到现金上,该现金就可以使用了,但银行看不到现金的序列号,从而实现现金的匿名性。购物付款时,客户直接将其发送给接受电子现金的商家,商家可以直接从银行兑换等值金额到特定账户,也可以将其作为货币转发给其他商家使用。目前,使用该系统的银行有 MaskTwain、Eunet、Deutsche、Advance 等 10 多家世界著名银行。

1995 年,在英国的温斯顿市开始使用 Mondex 系统。它属于电子钱包卡式的电子现金系统,可以说是全球唯一的国际性电子现金系统,在欧洲、美洲、澳洲、亚洲都发行了大量 Mondex 卡,但是近年来由于企业经营管理上的原因,其发展受到一定限制。

电子现金不同于银行卡,它具有手持现金的基本特点。目前,我国电子现金方面的开发和应用与国外比还有很大差距,实际网络交易中使用电子现金的交易也不多。

电子现金兼有纸质现金和数字化的优势,具有安全性、匿名性、不可伪造性、方便性、成本低等特点,具体表现如下:

(1) 安全性。电子现金是高科技发展的产物,它融合了现代密码技术,提供了加密、认证、授权等机制,只限于合法人使用,能够避免重复使用,因此,防伪能力强;纸币有遗失、被偷窃的风险,而电子现金不用携带,没有遗失、被偷窃的风险。

(2) 匿名性。电子现金由于运用了数字签名、认证等技术,也确保了它实现支付交易时的匿名性和不可跟踪性,维护了交易双方的隐私权。

(3) 不可伪造性:用户不能造假币,包括两种情况:一是用户不能凭空制造有效的电子现金;二是用户从银行提取 N 个有效的电子现金后,也不能根据提取和支付这 N 个电子现金的信息制造出有效的电子现金;

(4) 方便性。纸币支付必须定时、定点,而电子现金完全脱离实物载体,既不用纸张、磁带,也不用智能卡,使得用户在支付过程不受时间、地点的限制,也不需要像电子信用卡那样的认证处理,使用起来更加方便。

(5) 成本低。纸币的交易费用与交易金额成正比,随着交易量的不断增加,纸币的发行成本、运输成本、交易成本越来越高,而电子现金的发行成本、交易成本都比较低,而且不需要运输成本。

3）电子支票

电子支票是网络银行常用的一种电子支付工具。支票一直是银行大量采用的支付工具之一。将支票改变为带有数字签名的电子报文,或利用其他数字电文代替传统支付的全部信息,就是所谓的电子支票。电子支票借鉴了纸张支票转移支付的特点,利用数字传递将钱款从一个账户转移到另一个账户中。电子支票和传统支票工作方式相同,客户易于理解和接受。不同于传统的支票人为签名,电子支票需要经过数字签名,被支付人数字签名背书,使用数字凭证确认支付者、被支付者身份、支付银行和账户。从伪造签名的意义上说,伪造一个电子支票远远比伪造一个传统的支票的签名难度大,所以安全度上电子支票比传统支票高。在网上进行大额币值的支付时,电子支票比银行卡和电子现金更具有优势。

电子支票不仅事务处理费用较低,而且银行也能为参与电子商务的商户提供标准化的资金信息,因此电子支票是最有效率的支付手段之一。

NetBill 是美国匹兹堡一所大学开发的一种电子支票支付系统,NetBill 拥有自己的服务器,客户与商家需要在该系统注册账户,这些账户可以与金融机构中的传统账户相连。NetBill 与客户服务器协作,利用各种文库提供交易的支持,客户的 NetBill 账户可从传统银行账户转入资金到 NetBill 账户,商家 NetBill 账户的资金可转到其传统银行账户,付款时商家端和客户端分别依次与客户和商家进行通信,通信内容都是加密的。

电子支票系统包含三个实体——客户、商家及金融中介。在客户和商家达成一笔交易后,商家要求客户付款。客户从金融中介那里获得一个唯一凭证(相当于一张支票),这个电子形式的付款证明表示客户账户欠金融中介的钱。客户在购买时把这个付款证明交给商家,商家再交给金融中介。整个事务处理过程与传统支票查证过程一致。但作为电子方式,付款证明是一个由金融中介出文证明的电子流,而且付款证明的传输及账户的负债和信用几乎是同步发生的,如果客户和商家没有使用同一家金融中介,那么交易过程就会使用金融中介之间的标准化票据交换系统,这通常由国家中央银行(国内贸易)或国际金融机构(国际事务)协同控制。

在电子商务交易过程中,客户通过 Internet 访问网上的商城,当商品选择完毕进行电子支票支付时,由三个阶段完成整个支付过程:

(1) 第一阶段,购买商品。

客户访问商家的网站,进行商品的选购,当商品选购完毕以后,客户向商家发出电子支票;商家通过开户银行对支付进行认证,验证客户支票的有效性;如果支票有效,商家将认可该笔交易生效。

(2) 第二阶段,支票存入商家开户行。

商家根据自己的需要,将收到的电子支票发送到商家开户行。

(3) 第三阶段,银行之间交换支票。

商家开户行把电子支票发送给票据交易所,以兑换现金;票据交易所向客户的开户行兑换支票,并把现金发送给商家的开户银行,同时,客户的开户行将客户账户变动情况进行明细记录。

电子支票支付目前一般通过专用网络、设备、软件将一套完整的用户识别、标准报文数据验证等规范化协议完成数据传输,从而控制安全性。电子支票支付现在发展的主要方向是逐步过渡至在公共因特网络上进行传输。目前的电子资金转账 EFT 或网络银行服务方式是将传统的银行转账应用到公共网络上进行资金转账。一般在专用网络上的应用具有成熟的模式(例如：SWIFT 系统)，目前大约 80％的电子商务仍属于贸易上的转账业务。

但是，目前国内由于大多普通消费者对票据的使用了解不多，再加上我国网上支付的相关法规还不是很健全及金融电子化的发展程度和市场需求等问题，使得在网上交易中电子支票的应用还比较少。

4) 第三方支付平台结算支付

在电子商务的整个流程中，信息流、资金流和物流是组成电子商务的最基本的三个要素。作为电子商务最为关键的资金流，第三方支付平台在电子商务的资金支付中起到了重要的作用。

第三方支付模式的典型业务流程为：

(1) 客户访问主页，浏览商品，验证商户数字证书，申请空白订货单。

(2) 客户挑选商品，填写订单，同时输入信用卡信息和身份识别码，经浏览器扩展部分验证无误后，读取信用卡信息，并由用户形成支付指令，与订单同时发往商户。

(3) 商户后端服务器中的支付处理模块在收到订单信息和支付信息之后，初步确认客户的交易意图，在对客户身份认证完成之后，将两种信息发往信用卡信息中心进行确认并申请授权。

(4) 经支付平台检查过的合法支付指令被传送到信用卡信息中心进行联机实时处理，经过卡片真实性、持卡人身份合法性以及信用额度的确认后，信用卡信息中心决定是否授权，并将结果传回商户服务器。

(5) 接到信用卡授权之后，商户便可继续交易，向客户发送货物，并向客户索取交易完成的标志。

(6) 信用卡信息中心在当日、次日或约定的一定时间间隔内将信用卡授权产生的转账结算数据传往收单行，进行账务处理。

(7) 收单行将转账数据及相关信息传往发卡行进行认证(在信用卡信息中心认证基础上的认证，充分保证支付系统的安全性)。

(8) 转账业务经发卡行认证传回收单行，同时发卡行将客户的消费金额记入其消费信贷账户中并开始计息；收单行则把商户的货款收入记入其存款账户中。

(9) 转账结果再分别由发卡行和收单行传往信用卡信息中心，以便其更新数据库，从而方便商户和客户查询。

目前，第三方支付平台大致可以分为以下两类：

第一类，网关型第三方支付平台。

网关型第三方支付平台没有内部交易功能，只是银行网关代理的第三方支付平台。所谓的支付网关是指连接银行内部的金融专用网络与互联网公用网络的一组服务器，其主要作用是完成两者之间的通信、协议转换和对数据进行加密、解密，以保护银行内部数据安全。

在这种模式下，支付平台之作用支付通道将客户发出的支付指令传递给银行，银行完成转账后再将信息传递给支付平台，支付平台将此信息通知商户并与商户进行账户结算。网上消费者的付款直接进入支付平台的银行账户，然后由支付平台与商户的银行进行结算,中间没有经过虚拟账户,而是由银行完成转账。在支付过程中,交易双方不能看到对方银行卡号码等支付信息,商品种类、规格等交易中信息也不能让交易双方以外的人获取。

第二类,信用担保型第三方支付平台。

为了建立网上交易双方的信任关系,保证资金流和货物流的顺利对流,实行"代收代付"和"信用担保"的第三方支付平台应运而生。信用担保型第三方支付平台通过改造支付流程,起到交易保证和货物安全保障的作用。

在该种第三方支付平台中,买卖双方必须在第三方支付平台开设虚拟账户(通常可以运用客户的 Email 作为账户),消费者需要将实体资金转移到支付平台的支付账户中(可以使用开通了网上银行功能的银行卡进行账户充值)。当消费者发出支付请求时,第三方支付平台将消费者账户中相应的资金转移到自己的平台上,然后通知商家已经收到货款,可以发货。通过物流,消费者收到商品并检查是否存在缺损等问题,如果没有问题则确认收货,第三方平台收到收货确认信息之后将临时保管的商品资金划拨到商家账户中。最后商家可以将账户中的款项通过第三方支付平台和实际支付层的支付平台兑换到银行的账户中保管。

信用担保型第三方支付平台为电子支付提供了信用保障,不仅保证了资金的安全转让,还可担任货物的信用中介,从而约束交易双方的行为,并在一定程度上缓解彼此对双方信用的猜疑,增加对网上购物的可信度,大大减少了网络交易欺诈。而且安全措施也更为严密,普遍实现了通过电子签名等手段来保障账户安全。

但是,第三方支付模式在为用户提供便利之余仍然存在一些问题:比如,第三方支付平台在提供支付服务后,就聚集了大量的用户资金或者发行了大量的电子货币,从某种程度上说已经具备了银行的一些特征,甚至被当作不受管制的银行,但至今在法律概念上它仍然是非金融机构。另外还存在一定的金融风险问题,比如,容易形成资金沉淀;有可能出现不受有关部门的监管,而越权调用交易资金的风险;其可能成为某些人通过制造虚假交易来实现资金非法转移套现,以及洗钱等违法犯罪活动的工具。

5) 移动支付

中国移动支付业务开展于 1999 年,中国移动通信集团有限公司与中国银行、工商银行、招商银行合作,在北京等 17 个省、市开通移动支付业务。中国电子商务研究中心监测数据显示,移动电子商务用户规模逐年递增。

据工业和信息化部 2017 年数据显示,我国的电子商务、移动支付、共享经济全部引领全球。截至 2017 年 10 月底,我国网络零售额超过 5.5 万亿元,同比增长 34%;移动支付交易规模近 150 万亿元。根据纽约市场调研机构 eMarketer 的数据,中国已经成为世界上移动支付最大的市场,同时也是增速最快的市场。我国拥有庞大的用户群,为移动电子商务发展奠定了基础。而移动电子商务的快速发展,推动了移动支付的快速发展,同时也提出了更高的要求,使移动支付成为移动商务交易中最重要的环节。

移动支付,是指交易双方通过移动设备,采用无线方式所进行的银行转账、缴费和购物等商业交易活动。通常移动支付所使用的移动终端是手机、掌上电脑、个人商务助理 PDA 和笔记本电脑。作为新兴的电子支付方式,移动支付具有随时随地、方便、快捷和安全等诸多特点,消费者只要通过便携的手机等就可以完成理财或交易等金融业务,享受移动支付带来的便利。移动支付的应用领域包括充值、缴费、小商品买卖、银证业务、商场购物和网上服务等。

　　根据移动支付业务产生的历史和现状,可以将移动支付的运营模式分为以下四类:以移动运营商为运营主体的运营模式、以银行为运营主体的运营模式、以独立的第三方支付平台为运营主体的运营模式,以及银行与移动运营商合作的运营模式。

　　第一,以移动运营商为运营主体的运营模式。

　　当移动运营商作为移动支付平台的运营主体时,移动运营商会以用户的手机话费账户或专门的小额账户作为移动支付账户,用户所发生的移动支付交易费用全部从用户的话费账户或小额账户中扣减。如图6-2所示,在以移动运营商为运营主体的移动支付业务模式中,移动运营商除了承担基础网络服务和内容增值服务外,还承担了账户系统的责任,不需要银行的参与。

　　以移动运营商为运营主体的运营模式具有如下特点:直接与用户发生关系,不需要银行参与,技术实现简便。

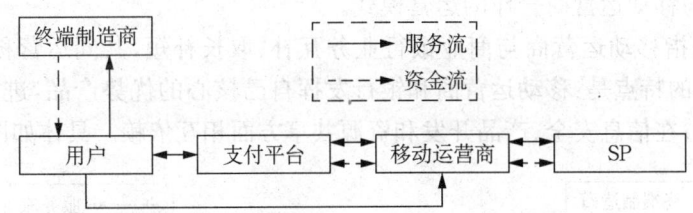

图6-2　以移动运营商为运营主体的运营模式

　　第二,以银行为运营主体的运营模式。

　　银行通过专线与移动通信网络实现互联,将银行账户与手机账户绑定,用户通过银行卡账户进行移动支付。银行为用户提供交易平台和付款途径,移动运营商只为银行和用户提供信息通道,不参与支付过程,如图6-3所示。当前,我国大部分提供手机银行业务的银行(如招商银行、广发银行、工商银行等)都由自己运营移动支付平台。

　　以银行为运营主体的运营模式以下具有几个特点:各银行只能为本行用户提供手机银行服务,移动支付业务在银行之间不能互联互通;各银行都要购置设备并开发自己的系统,因而会造成较大的资源浪费;对终端设备的安全性要求很高。

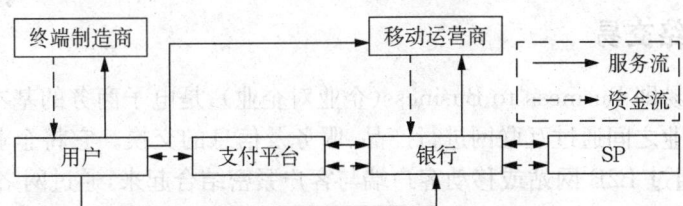

图6-3　以银行为运营主体的运营模式

　　第三,以独立的第三方支付平台为运营主体的运营模式。

　　移动支付服务提供商是独立于银行和移动运营商的第三方支付平台,同时也是连接移动运营商、银行和商家的桥梁和纽带。通过独立的第三方支付平台,用户可以轻松实现跨银行的移动支付服务。具体如图6-4所示。

　　以独立的第三方支付平台为运营主体的运营模式的主要特点是:银行、移动运营商、平

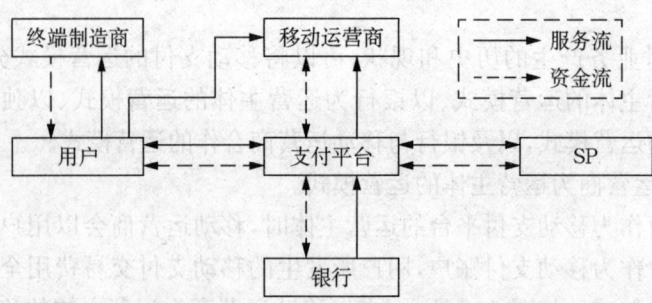

图 6-4　以独立的第三方支付平台为运营主体的运营模式

台运营商以及 SP 之间分工简单明确,从而大大提高了商务运作的效率;用户有多种选择,只要加入到平台中即可实现跨行之间的支付交易,但需要独立的第三方支付平台具有很强的技术能力、市场能力和资金运作能力。

第四,银行与移动运营商合作的运营模式。

这种模式是指移动运营商与商业银行业务互补、取长补短,共同运营移动支付服务的模式。这种模式的特点是:移动运营商和银行发挥自己核心的优势产品,进行业务整合,合作开展移动支付;在信息安全、产品开发和资源共享方面相互依赖。具体如图 6-5 所示。

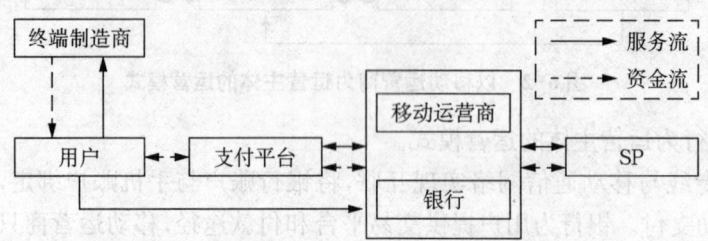

图 6-5　银行与移动运营商合作的运营模式

6.2　B2B 网络交易的结算

6.2.1　B2B 网络交易

B2B 网络交易即 Business to Business(企业对企业),是电子商务的基本模式之一。具体是指企业与企业之间通过互联网进行产品、服务及信息的交换。它将企业内部网和企业的产品及服务,通过 B2B 网站或移动客户端与客户紧密结合起来,通过网络的快速反应,为客户提供更好的服务,从而促进企业的业务发展。

B2B 网络交易从其交易量和交易成本来看,业务量大、操作量小,对于降低疏通成本,提高市场效率,改善国民经济运行质量有着明显的作用。通常,企业间单笔成交额是个人的上百倍乃至上万倍。它所涉及的交易金额,交互信息的规模与参与企业的主体数量巨大,先进信息技术介入企业间交易,可以提高速度,节省传统业务中人员往返、住宿、交易设施投入等费用。此外,B2B 网络交易可以分阶段进行,线上线下结合便于操作。相对 B2C 业务而言,B2B 交易对于支付和配送体系的配套性要求较低,在起步和操作两个阶段可以分步实施。

1. 国内 B2B 模式

目前,国内 B2B 领域按照行业类型具体可以分为以下四种模式:

(1) 行业垂直类 B2B 模式。这类行业垂直类 B2B 网络交易网站,针对一个行业做深入、做透,如中国化工网、全球五金网等。此类网站无疑在专业上更具权威性、精确性。

这类模式可以分为两个方向,即上游和下游。生产商或商业零售商可以与上游的供应商之间的形成供货关系,生产商与下游的经销商可以形成销售关系。垂直类的网站服务和专业化网站服务因其易出奇、出新、灵活而将成为各个 B2B 公司和大型企业争夺的焦点,也是未来 B2B 市场的另一新的发展方向。虽然现在垂直类 B2B 模式中的企业占中国 B2B 份额小,但却是许多风险投资家所看好的模式。比如,海尔推出的 B2B 网站,面向的对象就是同行业的垂直类公司,通过在海尔的 B2B 网站注册,利用采购平台和定制平台与供应商和销售终端建立紧密的互联网关系,建立起动态企业联盟,最终达到双赢的目标,提高双方的市场竞争力。

(2) 面向中间交易市场的 B2B 模式。这类水平型的 B2B 网络交易网站,将各个行业中相近的交易过程集中到一个场所,为企业的采购方和供应方提供了一个交易的机会,如阿里巴巴、环球资源网等。此模式相较垂直类 B2B 模式更加成熟、风险低,但模式单一、陈旧,包括以"供求商机信息服务"为主的、以"行业咨询服务"为主的、以"招商加盟服务"为主的、以"项目外包服务"为主的、以"在线服务"为主的、以"技术社区服务"为主的模式,如商格里拉、中企动力等。

(3) 行业龙头企业自建 B2B 模式。这是大型行业龙头企业基于自身的信息化建设程度,搭建以自身产品供应链为核心的行业化电子商务平台。行业龙头企业通过自身的电子商务平台,串联起行业整条产业链,供应链上下游企业通过该平台实现资讯、沟通、交易。但此类电子商务平台过于封闭,缺少产业链的深度整合。

(4) 关联模式。这是行业为了提升电子商务交易平台信息的广泛程度和准确性,整合行业龙头企业自建 B2B 模式和行业垂直类 B2B 模式而建立起来的跨行业电子商务平台。

2. 国内 B2B 企业

1) 阿里巴巴

阿里巴巴是世界上最大最有影响力的 B2B 电子商务网站,由马云于 1999 年在杭州创立。阿里巴巴树立了 B2B 网站的标准规范,成功创造了 B2B 这种互联网商业模式。阿里巴巴于 2007 年 11 月在香港上市,市值一度达到 250 亿美元,称为中国最大的互联网公司。其网页如图 6-6 所示。

1999 年 6 月,阿里巴巴网站上线。

2002 年 3 月,为从事中国国内贸易的卖家推出"诚信通"服务。

2003 年 11 月,推出通讯软件"贸易通",让买方和卖方通过网络进行实时沟通交流。

2007 年 11 月,阿里巴巴(HK1688)成功于香港交易及结算所有限公司(简称港交所)主板上市。

2008 年 4 月,中国交易市场推出"Winport 旺铺"服务,为中小企业提供企业建站,帮助中小企业迈开网上生意第一步。

2008 年 6 月,"诚信通个人会员"服务正式上线,帮助企业发展中国国内贸易。

图6-6　阿里巴巴网页

2010年3月,阿里巴巴1688.com正式上线。

2012年9月,阿里巴巴1688.com推出主题为"中国好货源"的备货狂欢节活动,活动首日线上交易额上涨十倍,在线交易平台初具规模。

2013年6月,阿里巴巴1688.com注册会员数突破1亿。

2013年11月,在"1118备货狂欢节"中,阿里巴巴1688.com首日交易额超45亿元,实现从信息平台到交易平台的转型。

2014年7月,1688无线客户端上线,从此1688进入无线时代。

2015年7月,"实力商家"正式上线,在获得更多权益的同时,满足买家对源头品质货源的要求。

阿里巴巴1688.com为千万中小企业服务,以批发和采购业务为核心,通过专业化运营,完善客户体验,全面优化企业电子商务的业务模式。该平台覆盖原材料、工业品、服装服饰、家居百货、小商品等16个行业大类,49个一级行业,1 709个二级行业,提供从原材料采购—生产加工—现货批发等一系列的供应服务,它还和全国百强产业带签约达成合作,带动产业带政府实现电商化,更加效率地服务更多线上的采购批发商。

2)慧聪网 hc360.com

慧聪集团有限公司及其附属公司(统称慧联集团)是中国领先的产业互联网集团之一。慧聪集团于1992年成立,于2003年在香港联合交易所有限公司(联交所)创业板上市及2014年10月10日成功转入联交所主板上市。2017年8月,慧聪公司获恒生指数有限公司选为多个指数系列的成份股,同年九月被调入深港通名单。截至2017年12月31日,慧聪集团之业务范围已经拓展至全国上百城市,在9个城市拥有分支机构,服务团队约2 578人。

慧聪集团业务由信息服务、交易服务及数据服务——三大业务板块构成。作为综合产业互联网服务之提供商,慧聪集团在顺应市场及国家战略的双层次需求下,依托自身在产业链核心地位优势,产业集群优势,资源利用优势,服务产业链上下游企业,赋能企业转型,聚力产业改造。

在过去之几年里,慧聪集团通过信息服务板块,延续在B2B、B2C领域的核心优势,并依托搜索引擎、大数据、人工智能、SAAS等技术服务体系之支撑,全面提升产业互联网信息服务能力,推动产业互联网转型升级。

此外,慧聪集团通过交易服务板块,强化原有交易平台优势的同时,将金融、物流、仓储等环节融入交易,为交易注入资金流、物流、信息流,搭建全场景解决方案,深度贯穿各垂直行业,为产业链上下游企业提供互动营销、咨询研究、商品交易和供应链服务。

同时,慧聪集团通过数据服务板块,致力于构建起中国制造"2025数据引擎",为客户打造全新的数据营销格局,树立从数据生产到数据应用的数据营销生态链。2018年初,慧聪集团与清华大学、联想控股佳沃股份、丝绸之路国际合作工作委员会、中国电子商务协会等多个平台、企业、组织开展合作,打造"慧链"核心产品,为客户把握品牌数据脉搏,优化品牌商业行为,保持品牌的持续发展,促进品牌业务不断升级,让数据成为品牌的核心动力。

伴随着产业链生态的不断深化及产业边际效果不断扩大,慧聪集团从专注服务内贸到跟随国家"一带一路"战略向服务内贸、外贸并重转型。此外,慧聪集团从服务于中小企业的单轮业务模式向服务于中小企业和大客户的双轮业务模式转型,同时建立以数据服务业务为基础、交易服务业务为场景、信息服务业务为支撑的产业互联网全产业链生态。

慧聪网网页如图6-7所示。

图6-7 慧聪网网页

3) 上海钢联

上海钢联电子商务股份有限公司(简称上海钢联),2000年成立于中国金融和贸易中心——上海。10余年来,上海钢联始终引领着中国大宗商品的电商热潮,并逐步打造了以大数据为基础的网络综合资讯、上下游行业研究、专家团队咨询、电商交易平台、智能化云仓储、信息化物流、供应链金融为一体的互联网大宗商品闭环生态圈,并形成了以钢铁、矿石、煤焦为主体的黑色金属产业及有色金属、能源化工、农产品等多元化产品领域的集团产业链。

上海钢联现已成为国内领先的从事钢铁行业及其他大宗商品行业信息和电子商务增值服务的互联网平台综合服务运营商。

2005年3月,北京分公司及多个办事处成立。

2008年2月,钢银电商成立。

2010年9月,我的有色及能源网上线,全面跨入大宗商品多品种行列。

2011年6月,上海钢联深交所成功上市(股票代码:300226)。

2013年11月,与国家统计局签署大数据合作框架协议。

2014年3月,钢联物联网成立。

2015年1月,运钢网成立。

2015年7月,南昌大宗商品资讯及研发中心启航。

2015年7月,上海钢联金属矿产国际交易中心在上海自贸区成立。

2015年8月,Mysteel Singapore成立智维资管合资公司成立。

2015年12月,钢银电商新三板挂牌835092.OC。

2016年7月,上海钢联首次上榜2016《财富》中国500强,排名253位。

2016年7月,旗下钢银电商入选新三板创新层,位居创新层营收排行榜榜首。

上海钢联网页如图6-8所示。

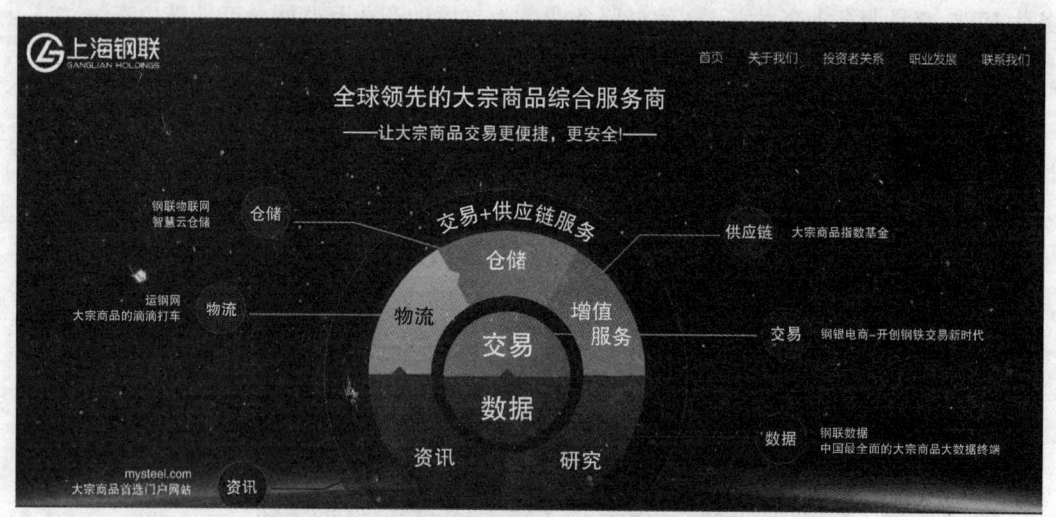

图6-8　上海钢联网页

3. B2B网络交易发展特征

(1)大型企业电子商务建设快速发展,但还处于内部流程整合阶段,向企业外部延伸(上下游和行业的横向扩张)比较少,这与我国大型企业IT建设起步相对较晚有关。

(2)中小型企业电子商务发展迅速,尤其是定位于满足中小企业需求的B2B网络交易平台发展迅猛,第三方B2B网络交易平台行业竞争加剧。

(3)市场细分趋势更加明显,市场发展由初级阶段的重视信息宽度向深度演进。垂直类行业网站的网络交易与产业融合程度较深,理解行业需求,提供精细化服务在专一领域具有一定发展优势。

(4)第三方网络交易平台不断升级优化,交易平台由早期的信息发布型向交易撮合型升级,在满足商家搜索用户信息的前提下,围绕客户需求提供增值服务以延伸产品生命周期,注重网站在搜索引擎中的排名,通过对网站进行相关优化提高其搜索引擎排名,从而提高网站访问量并最终提升网站的销售能力或宣传能力。

(5) 买方和卖方双赢。通过 B2B 电子商务提供个性化的服务,买方可以在众多的供应商中进行挑选,同时产品价格更加透明,可以清楚地了解原材料的市场供应情况,卖方可以了解市场需求,减少了产品推广的成本和由于对买方的要求不了解造成的错误。同时对中小企业则有机会平等地参与到产品销售的竞争中,降低了进入市场的门槛。

(6) 供应链管理大大改善。供应链是企业得以生存的重要商业循环系统。降低供应链的运营成本对企业提高利润有重要影响。B2B 电子商务技术通过互联网,动态维持企业的供货、合同制造、分销、运输和与其他贸易合作伙伴的关系,真正建立高效的全球供应链系统。

(7) 配送和结算相对比较容易。B2B 电子商务大多为企业之间大批量交易,可以利用企业现有的配送网络或第三方物流实现大批量的集中配送。此外,企业间电子商务的交易额也一般较大,而且涉及的交易主体都是企业,相对于其他电子商务系统来说客户群较小,信用容易控制。随着社会信用体系的逐渐完善和电子结算的发展,不论是采用电子结算方式,还是传统结算方式,B2B 的交易结算都能较方便地进行。

4. 我国 B2B 电子商务的发展趋势

我国 B2B 电子商务市场自出现以来,交易规模一直以较快速度增长。2012 年,我国 B2B 电子商务市场交易规模是 6.82 万亿元,2016 年 B2B 电子商务市场交易规模达到了 13.8 万亿元,2017 年达到了 16.6 万亿元,2018 年上半年中国 B2B 电子商务市场交易规模为 11.2 万亿元,相比 2017 上半年 9.8 万亿元,同比增长 14.2%。我国 B2B 电子商务市场交易规模每年都以两位数增速在稳定增长。我国 B2B 电子商务的发展趋势如下:

(1) 我国 B2B 平台呈现寡头垄断的行业格局。2009 年中国 B2B 电子商务运营商经营收规模达到 65.8 亿元,其中阿里巴巴所占市场份额为 58.9%,垄断优势明显。随着中国电子商务的飞速发展,B2B 电子商务市场规模将会以几何级数扩大,综合类的 B2B 网络交易平台将得到更好的发展,阿里巴巴仍将处于寡头垄断地位。

(2) 垂直 B2B 电子商务平台迎来发展机遇。垂直 B2B 电子商务深入到了各个产业链的上下游中,特别是以前市场相对比较封闭的钢铁、煤炭、工业品、物流、化工、涂料、玻璃、卫生用品、电子元器件等领域。垂直 B2B 电子商务平台终将会成为未来国内 B2B 市场的后发力量,具有巨大的发展空间,并且开始受到更多投资商青睐。

(3) B2B 平台功能开发走向深入。随着 B2B 平台的不断成熟,B2B 平台将更加重视企业用户的实际应用。大量中小企业的 B2B 电子商务意识的增长,促使 B2B 平台功能开发向纵深发展,需要更加专业更加细化的功能模块,未来 B2B 平台功能开发将围绕企业用户实际应用需求展开,最直接的应用包括:大数据智能分析,通过大数据平台的个性化分析使得企业"按需采购"成为可能,同时让智能化仓库管理和精准营销准时达至企业,帮助企业提前做好采购计划和安排,也帮助企业作出更好的决策。

(4) 行业 B2B 平台将会被重新定义或优化。随着越来越多的中国企业运用 B2B 平台,企业类型的不同、行业类型的不同,将促使现有的行业 B2B 平台在服务内容等方面做出革新,逐渐渗透 B2C 等内容,B2B 平台模式将会被重新定义或优化。

(5) 行业 B2B 网站将在更多环节充当行业服务角色。对供应商、采购商的信用、实力评估体系进一步完善,并得到创新,随着行业 B2B 门户网站的逐步深入行业,行业企业的信用、实力得到进一步透明化。让采购商有更多机会选择更多最合适的供应商,许多线下服务会深入到企业内部,比如:一对一的培训服务,实地评估、考察工厂、市场调查、人才招聘,行业软件服务等将会获得更多的应用。

总之,B2B 网络交易作为电子商务的一种最主要的应用模式,市场潜力巨大,蕴涵着无限的商机。随着 B2B 电子商务的环境(网络基础建设等运行环境、法律环境、市场环境、信息安全、认证中心建设等条件)逐步完善,国家有关电子商务网络交易的各项政策、法规日益健全,政府机构、商业银行、认证服务等更加完备,多方条件为我国 B2B 网络交易的规范和高速前行提供了推力。B2B 网络交易必将为我国企业提供更广阔的发展空间,我国的 B2B 网络交易也将发展得日趋成熟。

6.2.2　B2B 网络交易结算的主要形式

B2B 电子商务的交易模式与传统的交易类似,企业间交易金额数目较大,但由于网络安全尚未能普及,交易风险较大,而相关法律法规也还没有健全,因此在 B2B 电商发展初期,企业们更倾向于采取线上交易、线下支付的方式来进行。

随着 B2B 电子商务市场的发展和成熟,越来越多的企业与政府组织部门拓展电子商务以及电子政务,这些均迫切需要发展适合中大额网络交易与服务的网络支付手段。

1. 商业银行 B2B 电子支付业务创新

商业银行是最早的 B2B 电子支付服务提供方。随着电子商务的深化和发展,各家银行都在寻求新的业务增长点,银行在线交易的功能成为银行最为关注的新业务。电子商务网上支付业务通过银行支付网关与电子商务网站对接,提供与交易订单紧密捆绑的在线支付服务,使买家通过网上银行安全、轻松地完成在线交易和支付。

目前银行提供的 B2B 网上支付方式主要有两种:一种是电子支票类,如电子支票、电子汇款(EFT)、电子划款等;另一种是电子信用证类,即把传统的信用证方式转换成网上发证的方式,利用银行信用和网上银行转账完成买卖双方的网上支付。

2000 年 6 月,工商银行在率先推出 B2B 在线支付业务,即利用企业与企业之间电子商务活动产生的订单信息通过因特网实时办理资金转账结算。工商银行 B2B 在线支付业务的开办手续简便,只要企业是工商银行网上银行的客户,均可使用工商银行在线支付功能。在线支付业务不仅适用于撮合型网站(为买卖双方提供交易平台的资金结算),也适用于网上采购及分销型网站(由卖方搭建的网上商城的资金结算)。企业可以通过电子商城或直接在工商银行支付平台提交加密的电子支付指令,工商银行将在接到指令并解密后即时向交易双方及中间网站反馈处理信息,企业随时可以上网追踪查询支付信息,掌握交易进度。

2010 年 3 月,中国银行推出了 B2B 电子商务服务,并与商户开展了业务合作。目前中国银行针对 B2B 电子商务提供的支付服务有:B2B 协议支付、B2B 直付、B2B 保付及报关即时通——税费 e 支付。

1) B2B 协议支付

该服务为具有多币种支付业务的进出口企业及货代公司提供服务,可支持国际贸易进出口交易中海运费等费用支付,支付币种支持人民币、外币(英镑、香港元、美元、瑞士法郎、新加坡元、瑞典克朗、丹麦克朗、挪威克朗、日元、加元、澳大利亚元、欧元、澳门元、新西兰元)。

该服务目前主要为进出口企业及货代公司提供多币种支付业务,用于支付海运费等进出口费用。客户在中国银行进行企业信息维护并通过中国银行合作的支付平台完成账户备案后,可通过电子化的处理流程完成支付交易(其中人民币业务全自动处理,外币业务需到柜台进行单据审核），提升企业的进出口业务效率。

2）B2B 直付

中国银行 B2B 直付服务面向通过自有 B2B 电子商务平台直接向买方企业客户提供商品及服务的电子商务企业，也面向为 B2B 电子商务平台企业提供支付服务的第三方支付公司。B2B 直付服务包括订单采购、订单复核、订单授权、订单查询、文件下载、订单批量退货、订单联机退货、订单时效控制等功能。

B2B 直付服务为进行 B2B 电子商务交易的企业双方提供在线支付、资金结算、订单查询、交易对账、订单退货等功能。B2B 电子商务平台企业（或第三方支付公司）签约成为中国银行 B2B 网上支付商户后，中国银行对基于商户电子商务平台（或第三方支付公司支付服务）进行 B2B 交易的买方企业客户和商户之间提供交易资金结算服务。

3）B2B 保付

B2B 保付服务主要面向通过自有 B2B 电子商务平台向买方和卖方企业客户提供电子交易渠道，但自身不直接向客户提供商品及服务的独立第三方 B2B 电子商务平台企业。B2B 保付服务为进行 B2B 电子商务交易的企业双方提供在线支付、资金结算、订单查询、订单实付、交易对账等功能。B2B 保付通产品不仅能够保证买方企业资金的安全性，同时也能对卖方企业提供商品或服务后的货款回收提供保障。

买方企业采购人员在商户网站上选购商品，选择"中国银行网上银行"作为支付方式，并下订单；买方企业财务人员登录企业网银对订单进行复核、授权，确定支付；支付成功后，资金会从买方账户划转至银行监管账户；待买方验货完毕并通知商户、商户向中国银行发送实付指令后，中国银行根据商户的指令，再将款项从监管账户实付至卖方账户，完成整个支付过程。

4）报关即时通——税费 e 支付

报关即时通是中国银行于 2002 年率先推出的、用于进出口企业缴纳海关税费的网上支付服务。在与海关总署的长期深度合作过程中，中国银行全新推出"报关即时通——税费 e 支付"，服务内容更丰富、签约流程更简便，可以为客户提供即时报关及网上税费支付担保功能。报关即时通申请流程及操作流程如图 6-9 和图 6-10 所示。

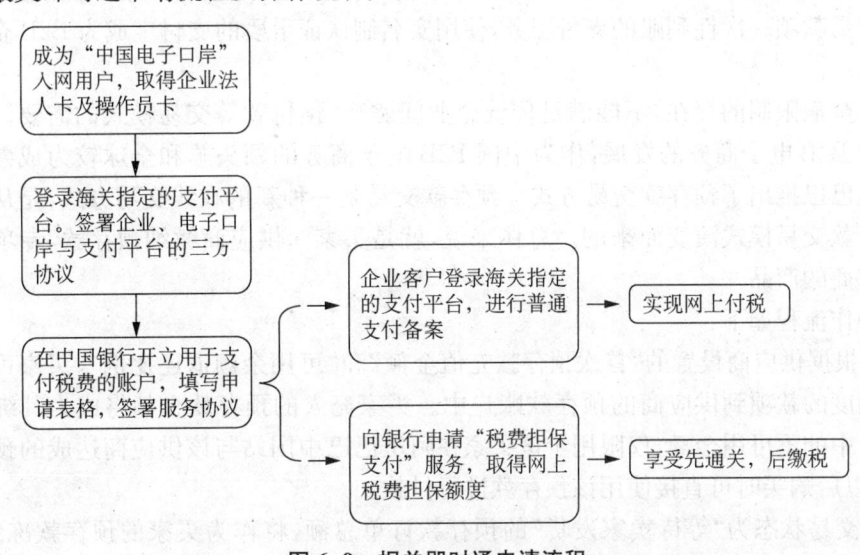

图 6-9　报关即时通申请流程

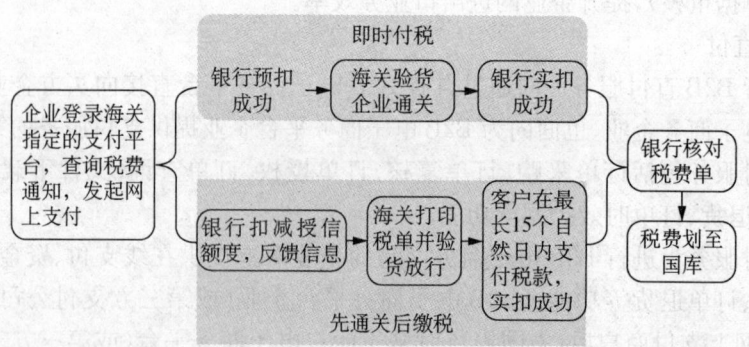

图 6-10 报关即时通操作流程

报关即时通具有简化通关手续、提供换税便利、方便异地报关、提高资金效率、交易权限控制、税费种类丰富、提供代理支付、签约手续简便、功能全面实用、税单流转简化、技术安全可靠等特点。

2. 第三方支付平台服务 B2B 交易

第三方支付平台财付通、支付宝、首信易支付等也在积极开展 B2B 网上支付业务。

财付通相继与中国南方航空股份有限公司(简称"南航")、中国东方航空股份有限公司(简称"东航")成为战略伙伴之后,2010 年 11 月 9 日起,全面支持中国国际航空股份有限公司(简称"国航")的 B2B 网站的在线支付业务,财付通根据航空公司代理和直销两个渠道的不同业务需求,为航空公司量身定制安全、便捷、专业的支付解决方案。财付通针对机票平台、供应商及分销商之间复杂的支付结算需求,提供定制化、安全、专业的机票行业支付解决方案。财付通针对机票代理人快速出票、大额支付、对账准确、资金管理便捷等需求,提供专业化、多元化、定制化的解决方案。

财付通除了为机票行业提供 B2B 支付解决方案以外,还在物流行业、保险行业、钢铁行业、游戏行业等行业提供专业的支付解决方案。

2010 年,阿里集团突破了支付宝账户内即时到账单笔交易金额 2 000 元的限制,提供大金额交易款项一次性到账的支付服务,使用实名制认证手段的支付宝成为 B2B 企业交易的方式之一。

交易金额限制的存在,不能满足传统企业间赊账、预付款等交易模式的需要。为了更好地促进 B2B 电子商务的发展,作为中国 B2B 电子商务的领头羊和全球较为成熟的 B2B 网站阿里巴巴推出了预存款交易方式。预存款交易是一种新的在线交易方式,是从现有的线下预存款交易模式演变而来的。总体来说,就是买家向供应商缴纳预存款,专项用于购买此供应商的产品。

其操作流程如下:

(1) 根据供应商设置的"首次预存款充值金额"和"可用余额退还比例",买家可预先充值一定额度的款项到供应商的预存款账户中。买家充入的预存款金额将成为其绑定的支付宝账户中的不可用金额,仅限用于该买家在阿里巴巴中国站与该供应商达成的预存款交易订单,以后购买时可直接使用该预存款进行付款。

(2) 交易状态为"等待卖家发货"的预存款订单总额,将作为买家的预存款冻结余额。当供应商声明发货后,无须买家确认,该笔订单金额将会在 24 小时后转入供应商绑定的支付宝账户中。当买家希望与某个预存款供应商结束预存款交易关系时,买家可以根据充值时所确认的"可用余额退还比例",主动退还预存款可用余额。

6.2.3 B2B 网络融资

中国电子商务在发展过程中,中小企业面临着巨大的机遇,也面临着巨大的挑战,其原因之一在于企业在发展过程中,需要融资时通常选择银行等金融机构进行融资,但是中小企业在传统金融机构融资过程中存在融资困难的问题。2009 年开始,"网络融资"的概念从国外引入中国,一时间成为银行界与电子商务圈内颇为时髦的词汇,网络融资这种服务在美国急剧成长,而能否在中国大规模应用,则受到了业内的普遍关注。

据中国电子商务研究中心《2011 年(上)中国电子商务市场数据监测报告》,2007 年、2008 年、2009 年、2010 年的网络融资总额分别为 2 000 万元、14 亿元、46 亿元、140 亿元;而 2011 年上半年,同时受到企业服务扩张和全国信贷紧缩影响,整体市场规模为 60 亿元,与 2010 年同期基本维持相当。

目前 B2B 网络交易中的网络融资形式主要有以下三种形式。

1. 信息平台模式

该类服务以生意宝"贷款通"、敦煌网、全球网等 B2B 电子商务服务商为代表,服务商主要为双方构建信息平台,使企业用户可以在线向银行递交融资申请。

2. 仓单质押模式

该类服务以金银岛、欧浦等大宗交易平台为代表,通过将仓单电子化的方式极大提升了融资效率。

3. 保理模式

该类服务以阿里巴巴旗下"一达通"为代表,服务商通过对流程的控制,成为企业应收账款的实际接收方,让订单融资实现落地操作。

当前国内提供"网络融资"服务的第三方电子商务企业,以阿里巴巴、网盛生意宝、一达通、敦煌网和金银岛这五家最为典型,其服务比较如表 6-1 所示。

表 6-1 第三方电子商务企业"网络融资"服务对比表

	阿里贷款	网盛生意宝"贷款通"	一达通外贸融资服务	敦煌"e保通"	金银岛"e单通"
服务群体	限诚信通、中国供应商会员	不限会员含个人	外贸会员企业	外贸会员企业	大宗商品交易商
合作银行	工商银行、建设银行	工商银行、泰隆银行等6家	中国银行	建设银行	建设银行
贷款额度	20万～200万元	1万～500万元	1万～400万元	小额	50万～200万元
电子商务平台特点	最大的综合电子商务平台	"小门户"的行业网站联盟	外贸交易平台	小额外贸交易平台	大宗商品交易平台
黏合度	中	中	较高	高	高

图表编制:中国电子商务研究中心　　　　　　　数据来源:b2b.toocle.com

1）阿里贷款

阿里贷款引入了其平台上的"网商网上行为参数"加入授信审核体系,同时"资金风险池"的设立有助于提高贷款成功率。阿里贷款无须提供任何抵押,即可获贷;每家企业最高可获得 200 万元贷款;贷款利率远远低于其他无抵押民间借贷;普通会员、诚信通会员及中国供应商会员都可以申请贷款,通过门槛设置有助于提高贷款需求信息的准确性和有效性。

2）网盛生意宝"贷款通"

网盛生意宝的"贷款通"是针对初创期和成长初期的小企业、微小企业、甚至个体户的开放式融资平台,作为"开放式"的银企第三方服务平台,可接受多家银行合作,帮助银行了解行业特性,实现达成小额贷款的去人工化操作。网盛生意宝平台尚缺乏采用信用评价体系,初期发展是参照自身电子商务平台的供需对接模式,其放贷对象群体不限于会员企业,与电子商务结合度较低,但在处理小额贷款零售业务时显现出灵活机动等亮点。

3）一达通外贸融资服务

深圳市一达通企业服务有限公司(简称一达通)成立于 2001 年,为中国第一家面向中小企业外贸综合服务平台,通过互联网一站式为中小企业和个人提供金融、通关、物流、退税、外汇等所有外贸交易所需的进出口环节服务,改变传统外贸经营模式,集约分散的外贸交易服务资源为广大中小企业和个人减轻外贸经营压力、降低外贸交易成本、解决贸易融资难题。

由中国银行对一达通进行综合授信,然后由一达通的企业客户进行无抵押、无担保的贷款,信贷风险由中国银行和一达通共同承担,包含进口综合贷款、出口信用贷款、出口退税贷款三项服务。

2010 年 11 月加入阿里巴巴后,一达通形成了从"外贸资讯"到"外贸交易"的中小企业外贸综合服务平台,为广大中小企业和个人从事对外贸易提供了更为全面的外贸服务,是典型的中小企业外贸综合服务平台。

一达通进入了进出口交易环节,为企业代办报关、收付外汇、物流等进出口服务,根据客户提供的产品发票和装箱信息,以及出口环节需求,预计各项环节效果包括时间和开支,办理通关和物流手续,向海外买家交付货物,办理收汇、退税、融资手续,并利用进出口管理软件,将贸易融资所需的调查、跟进、资金使用监管等全部执行,掌握对外贸易的货权以及应收应付账款,增强了融资贷款归还的保障性。

4）敦煌网"e 保通"

"e 保通"降低了传统贷款业务对于小企业的准入门槛,无须实物抵押、无须第三方担保,只要在敦煌网诚实经营的卖家,都有望依靠在敦煌网积累的信誉向建设银行申请贷款。根据申请人在平台的交易情况和资信记录,建设银行线上信贷审核后,申请人便可以获取资金。

5）金银岛"e 单通"

金银岛"e 单通"业务是金银岛与建设银行、中远物流三方系统对接,通过对企业"资金流""信息流""物流"的监控,为金银岛交易商办理全流程网上操作的短期融资服务。受益于平台封闭式交易的特殊性,交易商通过大宗商品质押的形式达成供应链融资,同时全流程网上操作极大缩短了放款时间。

B2B网络融资对于银行而言,线上数据的整合(整合的信息包括企业工商、环保、质检、法律记录等),保证了数据的真实性,减免了银行线下审核步骤甚至达成全程的线上授信审核。平台完成信用体系自建后,银行可以对平台进行集合授信,再由平台对用户分别授信。通过这种方式,银行可以对风险进行批量管理,平台则掌控贷款流程,完全把握用户体验。

对于企业而言,在当前情况下,用生产设备、半成品、原材料向银行进行抵押融资,往往抵押率过低甚至不予受理,通过电子商务平台发布进行评估或者是反担保处理,将有效提高抵押率。中国社会科学院金融研究所金融市场研究室主任曹红辉认为,此前银行之所以不愿意贷款给中小企业,主要原因在于中小企业"没有信用"。这不是说中小企业不诚信,而是它们的信用信息严重不足。B2B网络融资将是破解我国中小企业融资难的重要突破口。这对改变中小企业信用信息不足的现状具有积极作用。

当然,对于第三方服务平台来讲,也存在一定融资风险。有关数据显示:当前我国中小企业平均存货时间不到3年,中小企业普遍存在财务报表混乱、缺少可抵押物、抗风险能力薄弱等问题。而他们承担了小企业信誉的保证责任,一旦小企业出现问题,那么受损失的就是第三方企业。

因此,需要更好地引导B2B网络融资健康持续地发展:一方面,中小企业要认识自己的抗风险能力,提出适合自己的贷款金额,真实地提供企业各方面信息,从而提高信誉度;另外一方面,作为第三方服务平台,必定要落实对企业提供的信息进行详细核查,从而最有效地降低风险。此外,第三方企业需要建立风险等级划分标准,对风险等级不同的企业进行不同融资金额限定,从而有助于对风险进行分类管理。

总之,B2B网络融资从结构上改变了传统金融机构独立面向中小企业开展融资贷款的模式,利用第三方服务平台可以把原先金融机构很难做到的高成本调查、控制、资金使用等合理进行掌控,取代单纯的融资担保能力,这更符合中小企业融资的特点和需求。

6.3　跨境电商与跨境支付

6.3.1　跨境电商的概念及发展

1. 跨境电商的概念

跨境电子商务,简称为跨境业务,属于不同的交易主体区域,通过电子商务平台交易、支付结算、国际商务活动和通过跨境物流配送,完成交易。跨境电子商务是基于网络的发展的。网络空间是相对于物理空间的一个新的空间,是一个虚拟但与客观世界存在真实联系的有站点和密码的空间。网络空间的独特价值和行为模式对跨境电子商务产生了深刻的影响,使其不同于传统的交易方式,并呈现出其自身的特点,其特点主要包括:全球、无形、匿名、实时、无纸、快速进化等。

跨境电子商务不仅冲破了国家间的障碍,使国际贸易走向无国界贸易,同时它也正在引起世界经济贸易的巨大变革。对企业来说,跨境电子商务构建的开放、多维、立体的多边经贸合作模式,极大地拓宽了进入国际市场的路径,大大促进了多边资源的优化配置与企业间的互利共赢;对于消费者来说,跨境电子商务使他们非常容易地获取其他国家的信息并买到物美价廉的商品。

2. 跨境电商的发展历程

在中国最初并没有跨境电商的称法,大多数人只是把它归为外贸的一种形式,包含进口和出口两部分。2008年,随着国际环境的变化,尤其是2008年全球金融危机对国内出口的影响,我国外贸企业的电子商务应用出现了新的契机。一方面国际市场需求萎缩,持续增加的贸易摩擦对我国出口贸易造成严重的冲击,另一方面中国劳动力、土地、能源资源等要素成本上升,人民币持续升值。传统外贸"集装箱"式的大额交易逐渐被小批量、多批次、快速发货的贸易订单所取代。

根据《2013年中国跨境电子商务市场数据监测报告》(以下简称报告)数据显示,2013年中国跨境电商市场出口交易额为2.37万亿元人民币,其中B2B市场交易额为2.17万亿元人民币,同比增长25.4%,B2C市场交易额0.2万亿元人民币,增长27.8%。

近两年来,跨境进口电商发展迅猛,类似"海淘""海外代购"等名词深入人心,这主要是由于国内消费者消费能力的提升和需求的扩大,对网购商品的关注已逐步从价格、服务转移到品质和品牌。而"海淘"恰好满足了消费者从价格到个性化的多种需求,并成为跨境进口高速发展的巨大推力。2010—2013年,中国跨境电商得到初步发展,以C2C代购模式为主的洋码头、跨境电商购物经验分享社区小红书相继成立。2014—2015年,大量跨境电商平台成立,天猫、亚马逊、网易等巨头公司纷纷进入此市场。2015年,顺丰推出丰趣海淘。2016年以来,跨境电商平台市场快速发展,竞争越发激烈。

6.3.2 跨境支付产生背景及应用模式

1. 跨境支付产生的背景

1) 中国跨境支付市场政策逐渐放宽

2007年9月,国家外汇管理局批复,允许支付宝公司办理境外收单业务,境内个人可通过支付宝用人民币购汇,购买境外合作商户网站上以外币标价的商品。中国银联也开展了跨境支付业务。2011年,财付通和美国运通合作,2012年2月支付宝与MasterCard合作。2012年7月16日,世界贸易组织裁定中国银联存在部分垄断,中国面临开放国内电子支付服务市场的巨大压力。2013年10月,《关于开展跨境电子商务外汇支付业务试点的批复》批准17家第三方支付机构开展跨境电子商务外汇业务试点。2014年2月18日,中央银行上海总部发布《关于上海市支付机构开展跨境人民币支付业务的实施意见》,上海银联、通联、东方电子、快钱、盛付通5家第三方支付机构取得了首批跨境人民币支付业务资格。2015年1月20日,国家外汇管理局发布《支付机构跨境外汇支付业务试点指导间见》(简称《指导意见》),在全国范围内开展支付机构跨境外汇支付业务试点,2015年1月30日,国家外汇管理局发布《关于开展支付机构跨境外汇支付业务试点的通知》,将支付机构跨境外汇支付业务试点范围扩展至全国,允许支付机构为跨境电子商务交易双方提供外汇资金收付及结售汇服务,并将跨境电商网购单笔限额由等值1万美元提升至5万美元。

此外,"一带一路"倡议的实施,将推动区域基础设施的完善、陆海空网络的形成,使投资贸易更加便利化、经济联系更加紧密。支付机构将通过贸易、投资、旅游等实现线上、线下跨境支付的发展,将会对我国支付行业带来巨大的发展。

2) 跨境电商的迅猛发展加速了跨境支付产业的建设

据艾瑞咨询数据显示,2016 年中国进出口跨境电商(含零售及 B2B)整体交易规模达到 6.3 万亿元。至 2018 年,中国进出口跨境电商整体交易规模预计将达到 8.8 万亿元。伴随互联网跨境电子商务的迅猛发展,企业和消费者对跨境支付的需求也呈几何级数增长。

3) 社会对便捷的跨境支付有着较强的需求

随着人们生活水平的提高,人们对海外产品的认知和需求也逐渐提高。2014 年中国居民全年海淘支出超过 15 亿美元;中国内地出境游人次超过 1 亿人,海外交易总额达 1 648 亿美元;中国出国留学人数为 45.98 万人,比 2013 年增加 4.59 万人,增长了 11.09%。这些社会普遍需求都对第三方机构开展跨境支付业务起到推动作用。

4) 人民币跨境支付系统(CIPS)对跨境支付的重要作用

2009 年,国务院批准开展跨境贸易人民币结算试点,人民币国际化的第一步正式启动。2012 年,人民银行启动人民币跨境支付系统建设工作。2014 年,人民币已成为我国第二大跨境支付货币。2015 年,李克强总理政府工作报告中指出"加快建设人民币跨境支付系统,完善人民币全球清算服务体系"。2015 年 10 月,人民币跨境支付系统一期工程上线。

人民币跨境支付系统(CIPS)覆盖面广,运行时间覆盖欧洲、亚洲、非洲、大洋洲等人民币业务主要时区;CIPS 为境内直接参与者提供专线接入方式;CIPS 采用实时全额结算方式处理客户汇款和金融机构汇款业务;CIPS 各直接参与者一点接入,集中清算业务,缩短清算路径,提高清算效率;它还采用国际通过 ISO20022 报文标准,便于参与者跨境业务直通处理。

2. 跨境支付概念

跨境支付,一般是指两个或两个以上国家或地区之间因国际贸易、国际投资及其他方面发生的国际间债权债务,借助一定的结算工具和支付系统实现的资金跨国和跨地区转移的行为。与境内支付不同的是,跨境支付付款方所支付的币种可能与收款方要求的币种不一致,或牵涉外币兑换以及外汇管制政策问题。我国国家外汇管理局给出的支付机构跨境外汇支付业务定义是:"支付机构通过银行为电子商务(货物贸易或服务贸易)交易双方提供跨境互联网支付所涉的外汇资金集中收付及相关结售汇服务。"开展跨境支付业务的必要条件包括通过国际卡组织认证(国际卡收单)、相关支付牌照(汇款、结售汇)、综合收单能力(移动支付收单)以及银行通道和客户资源等。一般而言,跨境支付可以分为传统跨境支付和新型跨境支付两种。

1) 传统跨境支付方式

传统跨境支付方式包括银行电汇和专业汇款公司汇款。该模式即线上下单、线下支付模式,境内消费者通过电商平台查询、搜索海外商品信息、挑选商户,再通过与海外商户"充分沟通,了解交易信息"后发出订单信息,待消费者完成付款后,由海外商户通过国际快递发货。在此模式下,消费者需要应海外商户要求通过银行柜台或网上银行购汇,并填写汇款申请表,按照订单金额汇入海外商户指定账户,并承担汇款后,海外商户不发货等风险。

(1) 银行电汇(Telegraphic Transfer)。

银行电汇是卖家在实际外贸中运用最多的支付方式,大额的交易基本上选择电汇方式。但实际上,低于 1 万美元高于 1 000 美元的交易选择电汇方式也是一种不错的支付方式。

银行电汇的银行手续费一般分三部分,第一部分是付款人付款银行产生的手续费,可以由付款人单独支付,也可以在付款金额中扣取;第二部分为中转行的手续费,一般在汇款金额中扣取;第三部分为收款人收款行的手续费,在汇款金额中扣取。

银行电汇时间根据各个银行不同区别很大,从3个工作日到一周不等。看汇款路线,有的中间经过的银行少就快,多则慢些。核心是商家一定要等客户水单到后确认到账再安排发货等预先约定事项。

国内主要的商业银行都具有办理跨境支付的业务资格,银行电汇主要通过 SWIFT 系统进行报文传输,指示代理行将款项支付给指定收款人。SWIFT 连接超过 200 个国家和地区的 11 000 多家银行和证券机构、市场基础设施和公司客户。银行电汇需要客户去银行网点填写表格,也有部分银行开通了网上银行境外汇款的功能。由于涉及的中间环节较多,费用较高且到账时效性不高。电汇的费用通常包括两个部分:手续费和电报费。手续费通常为汇款金额的 0.05%~0.1%,电报费从 0~200 元不等。

以中国银行为例,中国银行基于网上综合支付系统(EBCT)进行改造,通过调用相关系统接口的方式,与跨境电商试点城市公共服务平台、电子口岸、跨境电商商户平台进行对接,为跨境电商进口环节中的跨境电商平台、商户、消费者和海外供货商提供资金线上支付、跨境资金清算、国际收支申报、反洗钱、客户身份核实等综合金融服务。

第一,产品主要功能。

该产品能够为不同客户群提供了四套解决方案,主要包括:为跨境进出口企业提供跨境电商线上收单和跨境清算服务;为境内个人客户提供便捷的跨境电商平台线上支付服务;为海关电子口岸提供电商交易的资金流数据,核实个人买家身份信息;为第三方支付机构提供后台的结售汇、跨境资金清算等服务。

主要功能包括:

① 提供交易明细。可提供涵盖支付、清算费用类型、对应平台、商品物流等明细信息。

② 提供分类资金清算。针对跨境电商平台商品销售价格(含税等),分别提供商品货款、物流费用(含境外物流+境内物流)、海关行邮税、电商平台手续费(佣金)等的分类、细目金额核算。

③ 提供拓展性关税自动化处理。可根据各地海关要求,实现行邮税的自动核对、入库处理。

④ 跨境资金清算的实时跟踪。通过中国银行海内外清算网络,可实现对跨境资金的实时跟踪及收款方资金等管理。

第二,产品亮点。

整合银行内已有系统资源,与外部商户通过接口对接方式自动化办理跨境电商结算业务,以电子化、互联网方式为跨境电商交易主体提供全流程的自动化处理方式,降低操作风险,提升业务处理效率。构建完善的商户管理体系,封装独立的反洗钱接口,提升跨境电商结算业务合规性。

可归入传统商业银行付款模式的还有信用卡支付模式,即消费者在完成订单确认提交订单后,选择信用卡完成支付,海外商户在收到支付完成信息后发货。使用信用卡支付的情况下:如果海外商户接受人民币,那么境内消费者可以使用人民币信用卡向境外商家付款;如果海外商户接受其他货币(如美元),则境内消费者应使用双币种或多币种信用卡支付。

银行电汇流程图如图6-11所示。

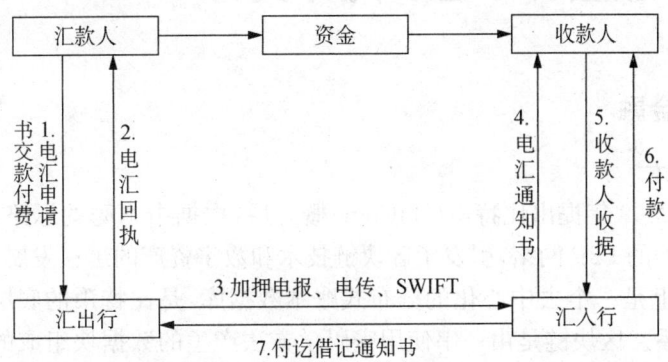

图6-11 银行电汇流程图

（2）专业汇款公司汇款。

专业汇款公司以西联汇款和速汇金为代表，汇款流程更加简便，到账时间更快。目前这两家公司通过和国内的银行和支付公司合作拓展业务。西联汇款是国际汇款公司（Western Union）的简称，是世界上领先的特快汇款公司，迄今已有150年的历史，它拥有全球最大最先进的电子汇兑金融网络，代理网点遍布全球近200个国家和地区。而西联公司也是美国财富五百强之一的第一数据公司（FDC）的子公司。

目前，农业银行、光大银行、邮政储蓄银行、建设银行、浙江稠州商业银行、吉林银行、哈尔滨银行、福建海峡银行、烟台银行、龙江银行、温州银行、徽商银行、浦发银行等多家银行是西联中国合作伙伴。使用这种方式支付大概要花费15分钟的时间。目前，西联公司汇款在欧洲和美国客户中接受度比较高，一般是小额美金汇款比较方便。

速汇金公司全球有347 000个代理点，覆盖200个国家，汇款金额为1万美元以下，费用为13~33美元，到账时间为10分钟。

与银行电汇相比，汇款人无需开设汇款账户，收款人也可凭身份证件和汇款密码取款。汇款公司之所以能做到快速到账是因为在全球各地设立了资金池进行即时支付，再通过SWIFT电汇进行轧差结算。

2）新型跨境支付方式

新型跨境支付主要是指线上化的第三方支付，支持银行账户、国际信用卡、电子钱包等多种支付工具，满足小额高频的交易需求，进一步提高效率，降低成本。消费者通过电商平台提供的海外特约商户，选择自己希望购买的商品，以电子订单的形式发出购物请求，然后通过与第三方支付机构账号绑定的银行卡，支付相应的人民币给第三方支付机构即可以完成付款；第三方支付机构通过备付金存管银行或合作银行来完成外汇兑换；最后由第三方支付机构将货款划转给境外商户的开户银行。像国外的Paypal、国内的支付宝都提供该种业务。由于Paypal国外买家使用率占80%以上，买家在欧美地区覆盖广，所以目前是跨境小额支付的首选。而国内行业龙头支付宝已支持18种外币的支付结算，覆盖到欧美、日韩、东南亚、中国港澳台等27个国家和地区，接入超过12万家海外线下商户门店，发展势头强劲。

6.4 区块链金融与电子商务支付

6.4.1 区块链金融

1. 区块链技术

自中本聪在 2009 年提出比特币（BitCoin）概念后，根据中本聪的思路设计发布的开源软件以及据此建构的 P2P 网络，引发了区块链技术和数字资产的迅猛发展。

区块链本质上是一个去中心化的分布式账本数据库，是比特币的底层技术，和比特币是相伴相生的关系。区块链是由一串使用密码学方法产生的数据块组成的，每一个区块都包含了上一个区块的哈希值（Hash），从创始区块（Genesis Block）开始连接到当前区块，形成块链，每一个区块都确保按照时间顺序在上一个区块之后产生。区块链是比特币的核心创新。

每当有加密交易产生时，网络中有强大运算能力的矿工（Miner）就开始利用算法解密验证交易，创造出新的区块来记录最新的交易。新的区块按照时间顺序线性地被补充到原有的区块链末端，这个账本就会不停的增长和延长。

根据工业和信息化部《中国区块链技术和应用发展白皮书（2016）》定义，区块链技术是利用块链式数据结构来验证与存储数据、利用分布式节点共识算法来生成和更新数据、利用密码学的方式保证数据传输和访问的安全、利用由自动化脚本代码组成的智能合约来编程和操作数据的一种全新的分布式基础架构与计算范式。

通过复杂的公共钥匙和私人钥匙的设置，区块链网络将整个金融网络的所有交易的账本实时广播，实时将交易记录分发到每一个客户端中，同时还能保证每个人只能对自己的财产进行修改。当然，账本里也有别人的交易记录，虽然你可以看到数值和对应的交易地址（基本上这是由一段冗长的乱序字母和数字组成），但是如果不借用其他技术手段，你也根本无法知道交易者的真实身份。

2. 区块链的优点

（1）分布式去中心化：区块链中每个节点和矿工都必须遵循同一记账交易规则，而这个规则是基于密码算法而不是信用，同时每笔交易需要网络内其他用户的批准，所以不需要一套第三方中介结构或信任机构背书。

在传统的中心化网络中，对一个中心节点（比如，支付中介第三方）实行有效攻击即可破坏整个系统，而在一个去中心化的，如区块链网络中，攻击单独一个节点是无法控制或破坏整个网络的，掌握网内 50% 的节点只是获得控制权的开始而已。

（2）无须信任系统：区块链网络中，通过算法的自我约束，任何恶意欺骗系统的行为都会遭到其他节点的排斥和抑制，因此，区块链系统不依赖中央权威机构支撑和信用背书。

传统的信用背书网络系统中，参与人需要对于中央机构足够信任，随着参与网络人数增加，系统的安全性下降。和传统情况相反，区块链网络中，参与人不需要对任何人信任，但随着参与节点增加，系统的安全性反而增加，同时数据内容可以做到完全公开。

（3）不可篡改和加密安全性：区块链采取单向哈希算法，同时每个新产生的区块严格按照时间线形顺序推进，时间的不可逆性导致任何试图入侵篡改区块链内数据信息的行为都很容易被追溯，导致被其他节点的排斥，从而可以限制相关不法行为。

2016 年被称为"区块链元年"，同时也是区块链概念被不断验证的一年。去年第一季度，区块链初创企业获得的总投资额达 10 亿美元。投资者展现出的巨大热情让人们更加预感到未来区块链技术的重要地位。就如"云计算""大数据"一样，"区块链"这个词已经在各国监管层和商业界广泛使用。

区块链技术适用范围非常大，可以理解"下一个互联网"，现在互联网上所有的应用基本都可以建立在区块链上。互联网的中心化发展模式是传统网络安全的软肋，因此要想彻底解决这个问题，必须实现去中心化的网络。区块链技术可以成为保卫互联网安全的强大工具。

以区块链为底层技术，实现去中心化、不可篡改等安全信任机制，结合当前电子商务的黄金时期，进行电商和区块链技术深度融合，意在通过区块链技术打造优质商品，实现全民收益、全民受益。

6.4.2　区块链支付与电子商务

1. 区块链支付与电子商务

区块链＋电商，是基于区块链的共享信任体系，区块链上的所有参与者（买家和卖家和其他人）都是在一个共享的信任体，无论是谁出现问题，所有记录都可以查询。区块链的应用可能使电商行业里不属于中心市场的商家不必花费大量精力和做广告来获得消费者的信任。这是因为该技术是基于分布式账本模式运作，并记录每一笔交易，在一个安全且防篡改的全球性网络上维护信息的可靠性。

目前区块链在资产证券化及跨境电商的跨境支付领域有着具体的应用。对于跨境支付场景来说，传统的跨境支付方式周期长、费率高、易出错，而 Circle、Veem、Ripple 等企业基于区块链技术，将初始货币如美元经自身比特币池兑换为接收货币如英镑，便可实现不同国家间的货币传输任务。

1）Circle

Circle 于 2014 年底上线其第一款 APP，基于 Circle 的跨境汇款几乎没有迟滞，用户也无需支付任何手续费或外汇加价费的特点，目前已吸引 150 个国家的数百万用户。区块链技术加快了价值传输速度、降低了价值传输成本。安全方面，Circle 采用 AES128 位对称加密技术进行加密，用户还可自行采用其他安全措施，如触摸 ID 和 PIN 码等。目前，Circle 已支持美元、英镑的兑换及服务。在中国市场，Circle 的 D 轮融资顺利引入了 IDG、百度、中金、光大、宜信、万向等机构，同时成立了世可中国（Circle China），可期待美元、英镑和人民币的消费者无障碍连通时代的到来。

2）Veem

Veem 是一家使用比特币区块链来简化全球法定货币支付的创业公司，现已完成了2 400 万美元 B 轮融资。Veem 采用基于比特币区块链技术的方案解决中小企业跨境支付问题。

Veem 业务流程和货币资金转换流程分别如图 6-12 和图 6-13 所示。

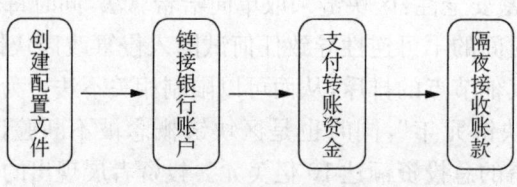

图 6-12　Veem 业务流程

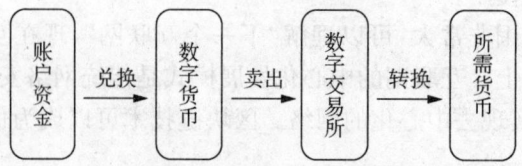

图 6-13　Veem 货币资金转换流程

首先创建相关配置文件,再链接跨境支付客户的银行账户,汇款者输入具体金额的货币资金后,Veem 会帮助其进行货币兑换成所需的货币,隔夜后收款者将会收到这笔跨境汇款。基本的工作方式:比特币区块链技术仅用于通过消除中介来加快结算时间。交易中通常收取的所有费用发生在您的付款中银行账户时,通过使用比特币区块链来消除所有这些额外的费用。一旦货币从发货人的银行到达,就可以利用这个技术来转换货币并将其直接交付给接收方的银行账户。发送者和接收者能够每一步追踪他们的钱。在这个服务流程的背后涉及的是比特币和区块链技术,借助它们可以完成货币的快速兑换。

3) Ripple

Ripple 支付网络是一个开放式支付清算网络,以 RTXP(支付协议)为基础,具有去中心化的特点,能够快捷、低廉地实现转账业务,支持包括人民币、美元、欧元,甚至比特币在内的多种货币,交易便捷,节省了传统支付中的跨行、异地等费用。

Ripple 由 Ripple Labs 进行维护,通过两项关键措施——XRP(瑞波币)和 Gateway(网关),有效地解决了信任问题,使得支付网络功能更加完善。Ripple 由以下四个关键部分组成:

(1) RTXP(支付协议)。该协议与 SMTP(邮件传输协议)相似,其成功构建了一个去中心化的支付清算网络,将相关机构和个人节点连接到网络中,所有节点之间实现"点对点"资金转移和信息交流,达到方便、快捷的效果。

(2) Consensus("共识")总账机制。在 Ripple 支付网络中,发生的每一笔交易都是由网络中所有节点达成"共识"(一般情况下为超过 51% 的节点确认通过)后生成的,并在系统中进行记录,有效防止非法交易和数据篡改。

(3) Authorized Liquidity Maker(做市商)机制。通过这种机制,Ripple 支付网络实现了资金的转移,发生每笔交易时,通过系统自动选择报价最优的市商,达到转账成本最小化的目的。理论上讲,Ripple 支持世界上任何一种货币,既包括现实货币,也包括虚拟货币。Ripple 网络中有很多市商,可以有效防止 Funds Exchange Provider(单一货币兑换服务商)的出现。

(4) XRP(瑞波币)。瑞波币虽然是数字货币,但与比特币等数字货币不同的是,它主要是满足 Ripple 支付网络媒介货币、保护网络安全的需求。XRP 的媒介货币功能是指无法找到合适的市商完成交易时，交易双方可以将 XRP 作为媒介进行交易。因为 XRP 无法交易费用，同时作为 Ripple 支付网络中唯一的原生货币，没有交易风险。

Ripple 支付网络主要为银行和个人两类客户提供支付服务。

(1) 为银行提供技术服务，主要是底层协议和汇款技术。银行直接通过 Ripple 支付网络实现资金转移，在这个过程中银行相当于 Ripple 的网关，对银行的客户来说看不到任何影响，在实际业务办理中，客户可以选择 SWIFT 或 Ripple 进行汇款，由于 Ripple 跨境转账成本低廉，所以在一定程度上对 SWIFT 有替代作用。目前，Ripple 已经和众多全球性银行建立了合作关系，如美国银行、渣打银行、加拿大皇家银行等，我国的上海华瑞银行已与 Ripple 进行合作，通过 Ripple 支付网络为留学生提供外币汇划服务。

(2) 为个人提供转账服务。整个流程分为四个步骤：首先，需要注册 Ripple 钱包。注册时需要设置钱包的账户和密码，Ripple 钱包注册不需要进行实名验证，在注册时会生成私钥，可以用来恢复账户。其次，需要设置信任网关。在 Ripple 支付网络中，网关是资金进出网络的关口，能够有效保证资金的安全，我国有 XRPChina、RippleChina 和 RippleCN 等3家 Ripple 网关。再次，需要为 Ripple 钱包充值。个人用户进行交易前需要保证 Ripple 钱包里有"钱"，目前，淘宝有 RippleChina 官方充值店，可以为 Ripple 钱包充值。最后，对 Ripple 钱包进行转账或者赎回操作。在进行交易时，只需要提供对方账户并输入转账金额，就可以完成转账，同时，Ripple 钱包中的资金可以进行赎回。

2. 区块链技术在支付领域的优点

(1) 货币兑换方便快捷。比特币作为一种虚拟货币，在支付清算时可以根据相关货币汇率，通过数字交易所处理转化为其他所需的货币类型，从而解决跨境支付汇兑周期长、手续繁琐的问题。

(2) 数据安全保密性好。源于区块链的技术特性，区块链本身作为一个去中心化的数据库，能够实现里面的数据受全球用户监督，不能轻易地修改、盗取。在跨境支付中，特别是对于企业级的交易数据，企业本身希望自己的交易数据能够得到妥善地保管。

3. 区块链技术在金融支付中的应用前景

与传统支付体系相比，通过区块链技术实现的支付是在双方之间直接进行的，不涉及第三方机构；即使部分网络瘫痪也不影响整个系统运行，区块链技术降低了支付成本，提高了支付效率；利用区块链技术转移电子货币，进行支付，大缩减到了到账时间，现有支付结算系统十分复杂，资金需要通过商业银行、人民银行，涉及跨境支付则还需通过国际组织等多个清算系统的转移才能到账，而区块链技术可以做到点对点即时支付。综上所述，通过区块链技术建立起的去中心化的支付系统，其核心机制主要体现在两个方面：一是引入网关解决非熟人之间转账汇款的信任问题。网关一般由具有公信力的主体来担任，用户与网关之间的关系在整个系统中反映为一种债权债务关系，即如果用户甲需要通过区块链钱包汇款给用户乙，则其间的网关就与用户甲生成了债务，与用户乙生成了债权。通过将该网关对用户乙的债权转为用户甲对用户乙的债权并进行清算，反映在双方余额变化上就完成了交易。这种债权债务关系会通过分布式网络储存在若干个服务器上，服务器之间以点对点的方式进行通信，以避免单一、集中式服务器所带来的各种风险。二是根据共识，设置多个可选择结算加密数字货币。数字货币在交易过程中可以起到类似保证金和交易费的作用。为了防止恶意攻击者大量制造垃圾账目影响网络正常运行，区块链钱包要求每个网关都必须持有一定限额的数字货币量,并且每进行一次交易,就会有额定数字货币被销毁,以此提高恶意攻击者的攻击成本。如果要参与数字货币的跨境结算,银行可以把指定的数字货币作为银行技术支持和底层协议,代替传统成本高昂的 SWIFT 技术,从而帮助传统银行以更快的速度、更低的成本进行跨境清算和汇款。当然,银行还可以选择覆盖更多币种和支付场景。对于不同币种的货币兑换,区块链钱包建立起一套算法,迅速匹配到提供最优惠换汇价格的做市商,然后由该做市商接收付款行的货币并向收款行支付其所需的货币。做市商承担的就是网关的责任,即通过对双方债权债务的清算完成跨境支付。

4. 区块链技术在金融支付中存在的问题

1)支付确认时间的问题

以比特币区块链为例,当前比特币交易的 1 次确认时间大约平均是 10 分钟,如果 6 次确认就需要等待约 1 小时。相较信用卡交易的确认时间,比特币交易尽管已经有了很大的进步,但仍无法满足很多客户的要求。

2)支付处理频率的问题

区块链技术在支付处理频率方面还比较低,比如,当前以比特币进行网络交易每秒最多只有 7 笔,而支付宝则可以实现每秒上万笔的交易确认。从便捷性上来看,区块链技术与主流支付方式还存在着较大差距。

3)监管的问题

区块链技术还存在着很多不确定性。区块链技术对于一个国家的中央银行构成了"假设挑战",它削弱了中央银行对金融领域的监管。这意味着它并不会轻易地被纳入现有的监管框架内。目前,各国中央银行对区块链技术都予以密切关注,然而,新技术的成熟和应用取决于多种因素,特别是涉及金融监管政策层面的问题,已经超出了技术的范畴。

复习思考

名词解释: 电子商务 B2B 网络融资 跨境电商 跨境支付 区块链金融

1. 常用的电子商务支付形式有哪些?
2. B2B 网络交易结算的主要形式有哪些?
3. B2B 网络融资的三种主要形式是什么?
4. 跨境支付的产生背景有哪些方面?其应用模式有哪些?
5. 如何看待区块链技术在电子商务中的应用?

第7章　第三方支付平台及服务

7.1　第三方支付平台

7.1.1　第三方平台概念

第三方支付是指具备一定实力和信誉保障的独立机构，采用与各大银行签约的方式，通过与银行支付结算系统接口对接而促成交易双方进行交易的网络支付模式。在第三方支付模式，买方选购商品后，使用第三方平台提供的账户进行货款支付（支付给第三方），并由第三方通知卖家货款到账、要求发货；买方收到货物，检验货物，并且进行确认后，再通知第三方付款；第三方再将款项转至卖家账户。

从中国目前的发展情况来看，电子支付服务机构主要包括中国人民银行清算中心、商业银行和包含中国银联在内的第三方支付服务商。第三方支付服务商通过和银行、运营商、认证机构等合作，并以银行的支付结算功能为基础，向企业和个人用户者提供个性化的支付清算服务和营销增值服务。简单来说，它的功能就是为电子商务网站的交易者，以及其他网络交易的双方乃至线下交易者提供"代收代付的中介服务"或"第三方担保服务"。

第三方支付平台在成为人们在电子商务交易中的重要支付工具以后，为满足用户的多样支付需求，第三方支付平台除了对水电费、宽带、移动手机代缴服务等众多公共事业缴费领域、房产交易领域等提供支付服务外，还对其他各应用领域积极拓展。例如：

(1) 支付宝新增数字娱乐、教育等领域的支付解决方案，支持使用支付宝交易服务的商家已经超过46万家，涵盖了虚拟游戏、数码通讯、商业服务、机票等行业。

(2) 财付通推出信用卡还款业务，并与东方航空合作，深入拓展航空客票领域，财付通构建全新的综合支付平台，业务覆盖B2B、B2C和C2C各领域，提供卓越的网上支付及清算服务。针对个人用户，财付通提供了包括在线充值、提现、支付、交易管理等丰富功能；针对企业用户，财付通提供了安全可靠的支付清算服务和极富特色的QQ营销资源支持。

(3) 快钱加快保险与教育领域的拓展，快钱创新的信息化金融服务广泛应用于零售、商旅、保险、电子商务、物流、制造、医药、服装等各个领域；合作伙伴覆盖东方航空、南方航空、平安集团、中国人寿、京东商城、当当网、宅急送、百度、新浪、李宁、联想、戴尔、神州数码等各行业内领军企业，也同时延伸到越来越多成长型的中小企业之中。

(4) 易宝增加公益捐款支付，2008年易宝公益圈成立以来，已经入驻联合国儿童基金会、壹基金、扶贫基金会等 50 多家公益慈善机构,2013 年 12 月,引领移动互联公益潮流,易宝公益圈手机捐款平台上线,免费午餐、上学路上公益等项目第一批入驻。同月,易宝支付和中国文学艺术基金会启动了朝霞工程专项基金。

7.1.2 第三方支付发展历程

1. 第三方支付发展缘由

在社会经济活动中,结算归属于贸易范畴。贸易的核心是交换。交换是交付标的与支付货币两大对立流程的统一。在自由平等的正常主体之间,交换遵循的原则是等价和同步。同步交换,就是交货与付款互为条件,是等价交换的保证。在实际操作中,对于现货标的的面对面交易,同步交换容易实现;但许多情况下由于交易标的的流转验收(如商品货物的流动、服务劳务的转化)需要过程,货物流和资金流的异步和分离的矛盾不可避免,同步交换往往难以实现。而异步交换,先收受对价的一方容易违背道德和协议,破坏等价交换原则,故先支付对价的一方往往会受制于人,自陷被动、弱势的境地,承担风险。异步交换必须附加信用保障或法律支持才能顺利完成。

同步交换,可以规避不等价交换的风险,因此为确保等价交换要遵循同步交换的原则。这就要求支付方式应与交货方式相适配,对当面现货交易,适配即时性一步支付方式;对隔面或期货交易,适配过程化分步支付方式。过程化分步支付方式应合了交易标的流转验收的过程性特点,款项从启动支付到所有权转移至对方不是一步完成,而是在中间增加中介托管环节,由原来的直接付转改进到间接汇转,业务由一步完成变为分步操作,从而形成一个可监可控的过程,按步骤有条件进行支付。这样就可货走货路,款走款路,两相呼应,同步起落,使资金流适配货物流进程达到同步相应的效果,使支付结算方式更科学化,合理化的应合市场需求。

传统的支付方式往往是简单的即时性直接付转,一步支付。其中钞票结算和票据结算适配当面现货交易,可实现同步交换;汇转结算中的电汇及网上直转也是一步支付,适配隔面现货交易,但若无信用保障或法律支持,会导致异步交换容易引发非等价交换风险,现实中买方先付款后不能按时按质按量收获标的,卖方先交货后不能按时如数收到价款,被拖延、折扣或拒付等引发经济纠纷的事件时有发生。

在现实的有形市场,异步交换权且可以附加信用保障或法律支持来进行,而在虚拟的无形市场,交易双方互不认识,不知根底,故此,支付问题曾经成为电子商务发展的瓶颈之一,卖家不愿先发货,怕货发出后不能收回货款;买家不愿先支付,担心支付后拿不到商品或商品质量得不到保证。博弈的结果是双方都不愿意先冒险,网上购物无法进行。

为迎合同步交换的市场需求,第三方支付应运而生。第三方是买卖双方在缺乏信用保障或法律支持的情况下的资金支付"中间平台",买方将货款付给买卖双方之外的第三方,第三方提供安全交易服务,其运作实质是在收付款人之间设立中间过渡账户,使汇转款项实现可控性停顿,只有双方意见达成一致才能决定资金去向。第三方担当中介保管及监督的职能,并不承担什么风险,所以确切地说,这是一种支付托管行为,通过支付托管实现支付保证。

2. 第三方支付发展历程概述

1998 年 11 月 12 日,由北京市政府与中国人民银行、原信息产业部、原国家国内贸易局等共同发起的首都电子商务工程启动,确定首都电子商城(首信易支付的前身)为网上交易与支付中介的示范平台。

1999 年 3 月,具有半官方性质的首信易支付作为最早的实践者开始运行,标志着我国在第三方支付方面的实践拉开了序幕。紧随其后,环迅支付也于 2000 年在上海开始运营。

2002 年 3 月,经国务院同意、中国人民银行批准,中国银联成立。同年 6 月,中国银联控股的银联电子支付服务有限公司(ChinaPay)揭牌。从 2005 年起,第三方支付市场规模迅速扩张,每年增长幅度都在 100% 以上。

2005 年被誉为第三方支付的元年,2005 年 2 月,阿里巴巴旗下的淘宝网花费 3 000 万美元,联合工商银行、建设银行等国内多家金融机构共同打造"支付宝"交易服务工具。时隔不久,国内最早成立的第三方支付平台——首都信息发展股份有限责任公司(简称首信)的"易支付",推出了一定期限内的退货服务项目。2005 年 4 月 7 日,从事多元化电子支付应用及服务的提供商易宝支付公司推出"YeePay"电子支付平台,进军国内电子商务支付。2005 年 5 月 12 日,云网正式推出企业级在线支付系统"支付@网"。2005 年 5 月 20 日,网银在线携手 VISA 国际组织共同宣布,在中国电子商务在线支付市场推广 VISA 验证服务信用卡安全支付标准,期望提高在线支付的便捷性和安全性。2005 年 7 月 11 日,全球最大的在线支付商 PayPal 宣布落地中国。2005 年 10 月,腾讯公司推出"财付通",进军网上支付领域。

尽管国内的第三方支付很早就出现了,但受限于市场需求和环境影响,前期的发展速度却极其缓慢,官方对第三方支付的认证也迟迟未进行,直到 2011 年,中央银行才正式发放第一批支付牌照,共有 27 家支付公司获得,走过 2011 年的"牌照年",法律地位的确立,让第三方支付企业走向了新的发展阶段——平台经济阶段。

2014 年 5 月,中央银行在其网站挂出了第五批第三方支付牌照名单。此次获批企业共计 19 家,据公开资料显示,此次牌照发放后,支付持牌单位增加到 269 家。

到了 2015 年底,获得支付牌照的公司达到了 267 家。2015 年,第三方支付全年交易额达到 31.2 万亿元,同比增长 35% 左右。

自首次发放第三方支付牌照起,截至 2017 年底,中国人民银行累计发放 272 张。为防范金融风险、整顿市场乱象,中央银行通过支付业务许可证续展加大市场退出力度,29 张支付牌照被注销,部分支付牌照被整合,全国剩余牌照 243 张。

鉴于从 2012—2017 年年初,全国累计有 13 家第三方支付机构因违反客户备付金相关管理规定被处罚,最高罚款金额近 3 000 万元,2017 年 1 月 13 日下午,中国人民银行发布了支付领域的新规定《中国人民银行办公厅关于实施支付机构客户备付金集中存管有关事项的通知》《中国人民银行办公厅关于调整支付机构客户备付金集中交存比例的通知》,明确了第三方支付机构在交易过程中,产生的客户备付金,今后将统一存至指定账户,由中央银行监管,支付机构不得挪用、占用客户备付金。

针对预付卡消费侵权、恶意圈钱甚至卷款潜逃等违法违规行为,2017 年 8 月,中央银行还联合商务部、教育部、公安部等 8 部委对预付卡违规经营开展联合打击专项行动。

2017 年 11 月,中国人民银行下发《中国人民银行办公厅关于进一步加强无证经营支付业务整治工作的通知》,集中整治无证支付机构,并要求持证支付机构资自查。

7.1.3 第三方支付平台的分类

对于第三方支付平台来说,在支付环节中,扮演的角色是不同的。根据第三方支付平台在交易过程中所扮演角色以及参与程度的不同,可以将第三方支付模式分为两种支付模式,即支付网关模式和账户支付模式。

1. 支付网关模式

1) 支付网关定义

在一个完整的交易过程中,银行内部网需要与 Internet 网进行交互,为了保证银行系统和支付活动的安全性,需要在银行内部网(金融专用网络,简称银行专网)与 Internet 网之间建立一道安全屏障,以隔离银行网和 Internet 网,通常我们将其称为支付网关。

2) 支付网关作用

支付网关的作用是解密从 Internet 传过来的通信协议,并按银行专网的协议标准重新打包数据,再传给银行专网,这样银行主机就不用作任何修改。

将从银行专网传过来的通信协议,并按 Internet 的协议标准重新打包数据,加密之后,再在 Internet 网中传输。

3) 支付网关流程

支付平台只作为支付通道将买方发出的支付指令传递给银行,银行完成转账后再将信息传递给支付平台,支付平台将此信息通知卖方并与卖方进行结算。支付网关位于 Internet 和传统的银行专网之间,其主要作用是安全连接 Internet 和银行专网,起到隔离和保护银行专网的作用。在支付网关模式下(见图 7-1),第三方支付平台扮演着"通道"的角色,并没有实际涉及银行的支付和清算,只是传递了支付指令。

图 7-1 第三方支付——支付网关模式

具体操作流程:卖方平台确认订单→第三方支付平台选择付款银行→跳转至所选银行界面选择支付方式→按"银行"要求完成付款。

从上面的流程可以知道,网关支付最大的特色就是第三方支付平台只作为银行的网关,相当于银行的看门人,控制谁可以进出银行,至于完成最终的付款操作,用户需要在银行的网站界面上按银行的要求完成付款,注意不同的银行可能要求不一样。

支付网关模式是发展的比较成熟的一种模式了,其核心价值在于集成了各大银行的网关,卖方只需要和一家第三方支付平台的接口相连,用户便可使用绝大部分银行进行付款,大大为商户节省了一家一家接入银行网关的成本。

2. 账户支付模式

1) 账户支付定义

账户支付指买卖双方必须先到第三方支付平台进行资质审核,注册一个第三方支付平台的虚拟账户,用户将自己的银行账户关联/绑定到第三方支付账户,可以通过网银或其他方式先往虚拟账户中充值(资金流:资金从用户的银行账户划转到第三方支付公司在其备付金存管银行开立的备付金专用存款账户),用户消费付款时,从虚拟账户直接扣除(这里并不涉及实际的资金划转,只是数据层面上数字的减少),典型的如支付宝、PayPal。

2) 账户支付流程

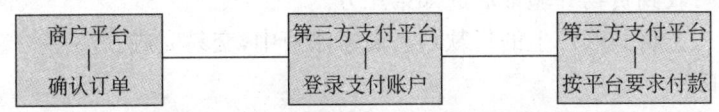

图 7-2　第三方支付——账户支付模式

用户使用账户支付模式支付(见图 7-2),首先要在第三方支付平台上申请一个账户,在网上支付时选择第三方账户支付,即登录第三方支付账户,按照支付步骤要求完成网上支付(如输入支付密码、手机验证码等,如果账户余额不足,得先充值或者选择与第三方支付平台绑定的银行卡进行支付)。支付转账时原则如下:

(1) 转账(不使用银行卡):第三方支付平台在自己的虚拟资金账户体系中,将某个用户的虚拟账户余额减额,将另一个用户的虚拟账户余额增加,便实现了第三方支付公司在虚拟资金体系内部的资金划账。在资金流向上,客户资金仍然统一托管在第三方支付平台在存管银行开立的备付金账户中,未有实质变动。

(2) 转账(使用银行卡):用户将资金从银行账户转到另一个用户的第三方支付账户,在资金流向上,第三方支付公司合作的备付金存管银行接受第三方支付平台的指令进行资金操作,将资金由用户的银行账户转至第三方支付公司在存管银行开立的备付金账户,银行资金操作成功后,第三方支付平台记账系统会产生两条记录:借:备付金账户 100 元;贷:另一个用户的支付账户 100 元。

账户支付的优势在于有较强的用户黏性,可以追踪收集用户的消费习惯。但是账户支付得先充值,用户体验不好,同时涉及资金池,有较大的政策风险。

7.1.4　第三方支付平台支付流程及特点

1. 第三方支付平台支付流程

一个完整的第三方支付平台支付流程,包括代收、清结算和代付三个环节。代收是指第三方支付平台把资金从买方的银行卡转移到第三方支付平台银行账户(或卖方银行账户)的过程。清结算是指支付完成后第三方支付公司与银行、卖方之间处理债权债务关系(如果涉及跨行支付,还涉及银行与银行之间的清结算)。代付可以理解为第三方支付公司在完成清结算之后,结清交易当事人之间的债权债务关系,并最终完成资金转移的过程。

以 B2C 交易为例(见图 7-3):

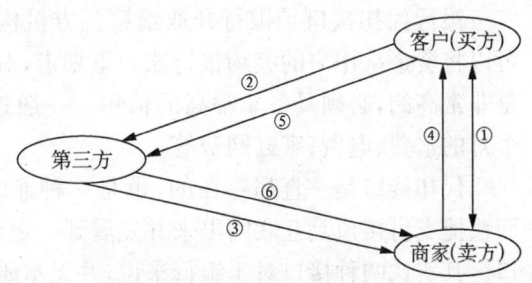

图 7-3　第三方支付流程

第一步,客户在电子商务网站上选购商品,最后决定购买,买卖双方在网上达成交易意向。

第二步,客户选择利用第三方作为交易中介,客户用信用卡将货款划到第三方账户。

第三步,第三方支付平台将客户已经付款的消息通知商家,并要求商家在规定时间内发货。

第四步,商家收到通知后按照订单发货。

第五步,客户收到货物并验证后通知第三方。

第六步,第三方将其账户上的货款划入商家账户中,交易完成。

2. 银行接口

目前银行开放给第三方机构(包括第三方支付平台)的接口大概有四类:网银接口、快捷支付接口和代扣接口、POS收单接口。这四类接口的作用就是把资金从用户的银行卡划转出来。我们经常所说的网银支付、快捷支付其实是针对银行接口来说的。第三方支付平台要完成扣款的操作,必须要接入这些银行接口,用户在第三方支付平台选择网银进行支付时,此时的第三方支付平台就是支付网关。

1) 第三方支付平台+网银接口

第三方支付平台接了银行网银接口后,从银行的角度讲,这只是对外开放了一个网银接口。对于第三方支付平台来说,这种支付模式其实就是上面讨论的支付网关模式。

2) 第三方支付平台+快捷支付接口

从银行角度讲,这是其对外开放的快捷支付接口,而对于普通用户的感知来说,就是我们经常所说的快捷支付。进行快捷支付时,第三方支付平台往往会要求用户先在第三方支付平台注册成为会员,然后进行四要素绑卡(姓名、身份证、卡号、银行预留手机号),最后才能完成付款。注意:有些商户平台(如P2P)与第三方支付平台深度合作,用户只需要在商户平台界面上完成绑卡即可,整个绑卡流程下来都不会出现第三方支付平台的界面,这是由于用户在商户平台填写的信息都在后台传给了第三方支付平台,然后第三方支付平台为用户隐式注册了第三方平台账户,这么做只是为了让用户的绑卡流程不会被打断,让用户体验好一点而已,原理还是与用户在第三方支付平台显式注册一样。

从第三方支付平台来讲,一般能接上银行快捷支付接口的平台是需要有一定实力的,对于安全性的要求非常高。银行的接口也不是想接就能接的。

从用户体验角度讲,使用快捷支付比使用网银支付的体验好,因为快捷支付不需要开通网银,而且一次绑卡之后,第二次就可以直接支付了,方便快捷。

3) 第三方机构+代扣接口

银行代扣接口是银行开放给第三方机构的接口,用户只要一次性签约,第三方机构就可以将资金从用户的签约银行账户里划走,对于接银行代扣接口的第三方机构的资质要求是非常高的,必须具备非常高的信用。一般这种接口会开放给水电公司,用于用户缴纳每个月的水费、电费、家庭网费等。

代扣接口是一直都存在的,也是一种非常传统的银行支付接口,可以方便民众生活。而快捷支付接口是互联网出来并发展到一定阶段后,银行专门开放给第三方支付公司的接口。其实这两种接口对于银行来说,并无本质区别,因为二者都是在用户在完成签约之后,就可以通过第三方机构把资金从用户的签约银行账户中划走。但是银行为方便管理,于是给第三方支付公司专门开了一套与代扣接口功能一样的快捷支付接口给第三方支付公司。

这两种接口都需要三方签约，即用户、第三方机构以及银行三方签约。

从用户体验上讲，对于代扣，用户只需要与第三方机构一次性签约，以后资金就会到点被第三方机构划走，而无需用户再输入密码或其他验证手段，最典型的就是每个月底，水电公司会把水电费从用户的签约卡上划走。对于快捷支付，用户第一次签约完成后，以后付款时只需要输入第三方支付平台的支付密码或第三方支付平台要求的其他验证手段（如支付宝的动态密码）。这里要注意的是，第三方支付平台的支付密码是支付平台为了保证用户的支付安全，而要求用户设置的，与银行无关。

4）第三方机构＋POS收单接口

POS收单接口是银行开放给第三方机构用于线下收单业务的，主要用于POS机刷卡支付。

3. 第三方支付平台特点

（1）支付的便捷性：采用第三方支付，既可以约束买卖双方的交易行为，保证交易过程中资金流和物流的正常双向流动，又增加了交易的便捷性，支付过程同时强调支付方的信用度和支付限额以及每24小时之内支付的笔数，同时对买卖双方具有监督作用。

（2）支付的平衡性：第三方支付平台将守信用、重安全、保守秘密的思想运用到支付中，优化了原有的传统支付流程，在整个支付过程中扮演了信用中介的角色，在收到货物后，才通知第三方支付平台将货款发给卖家，增加了用户的参与度，满意度和安全感，也符合我国消费者的消费习惯。

（3）支付的主导性：第三方支付的最终决定者和主导者是消费者，消费者来评判商品的成色、质量及其满意度以便付款，体现了"用户是上帝"的商品交易法则。

（4）购买商品广泛性：在各个提供第三方支付平台的机构中，除了开展此业务的银行外，多数配套的销售平台都无一例外提供了不计其数的、琳琅满目的商品展示，消费者可以在其中任意选择和对比商品的价格、质量，无形之中为物美价廉、信誉良好、服务高效的企业增强了竞争力，为商品找到了更广阔的市场。

（5）交易的安全性：相对于传统的资金划拨交易方式，第三方支付可以比较有效地保障货物质量、交易诚信、退换要求等环节，在整个交易过程中，都可以对交易双方进行约束和监督，在不需要面对面进行交易的电子商务形式中，第三方支付为交易提供了安全保障。

7.2　第三方支付系统

7.2.1　支付宝

1. 概述

支付宝，是支付宝公司针对网上交易而特别提出的安全付款服务，其运作的实质是以支付宝为信用中介，在买家确认收到商品前，由支付宝替买卖双方暂时保管货款的一种增势服务。

支付宝（中国）网络技术有限公司（简称支付宝公司）是国内领先的第三方支付平台，致力于提供"简单、安全、快速"的支付解决方案。支付宝公司从 2004 年建立开始,始终以"信任"作为产品和服务的核心。旗下有"支付宝"与"支付宝钱包"两个独立品牌。自 2014 年第二季度开始成为当前全球最大的移动支付厂商。

　　使用支付宝付款要首先成为其注册用户,此过程与 PayPal 的过程具有类似性,不过支付宝的注册需要相应的激活过程。

　　支付宝与国内外 180 多家银行以及 VISA、MasterCard 国际组织等机构建立战略合作关系,成为金融机构在电子支付领域最为信任的合作伙伴。

　　支付宝功能如图 7-4 所示。

图 7-4　支付宝功能

2. 支付宝的运营方式

1) 营销策略

从创办伊始,支付宝就致力于为用户服务,为商家服务,为银行服务的营销策略,免费为用户提供各项服务,新商家入驻上限营业额提成,与多家银行开通卡通,U 盾合作等,以微利的姿态出现在商场之上,一举获得大家的认可。

2) 用户价值体现

支付宝坚持用户价值的经营理念,以亲切便捷的交互界面为用户服务,不论是充值、交易,还是提现,一条链的服务在便捷服务的同时有保证了交易的安全进行。并且通过各种增值性服务,技术解决方案,不断为用户提供方便的同时,又为合作伙伴提供了高效方便安全的链接接入手段。

3) 沟通价值体现

支付宝注重问题的发现与解决,通过一系列手段的应用,快速便捷的为用户提供问题的解决通道,例如:在线客服中心分类解决问题;支付宝热线电话。此外,支付宝独创的帮助中心,结合阿里学堂,以用户贡献加官方支持的方式为用户答疑解惑,不仅节省成本,而且可以为用户提供更具针对性的解决方案。另外,支付宝通过阿里巴巴的系列产品阿里旺旺加深用户与商家的沟通交流,加快问题和矛盾的解决,缩短问题处理周期,是用高效的沟通加深用户价值核心的体现。

4) 信誉体系

支付宝创新地提出了信誉管理评价体系,通过用户、商家、官方三方协调合作的方式营造出一整套的信誉管理评价体系,打破了一般网上交易的信任问题,加速了可靠的电子商务环境的创立,一定程度上解决了网上交易的信任危机。

3．支付宝的业务流程(见图7-5)

(1) 网上消费者浏览检索商户网页。

(2) 网上消费者在商户网站下订单。

(3) 网上消费者选择支付宝平台,直接链接到其安全支付服务器上,在支付页面上选择自己适用的支付方式,点击后进入银行支付页面进行支付操作。

(4) 支付宝平台将网上消费者的支付信息,按照各银行支付网关的技术要求,传递到各相关银行。

(5) 由相关银行(银联)检查网上消费者的支付能力,实行冻结,扣账或划账,并将结果信息传至支付宝平台和网上消费者本身。

(6) 支付宝平台将支付结果通知商户。

(7) 支付成功的,由商家向网上消费者发货或提供服务。

(8) 各个银行通过支付宝平台向商户实施清算。

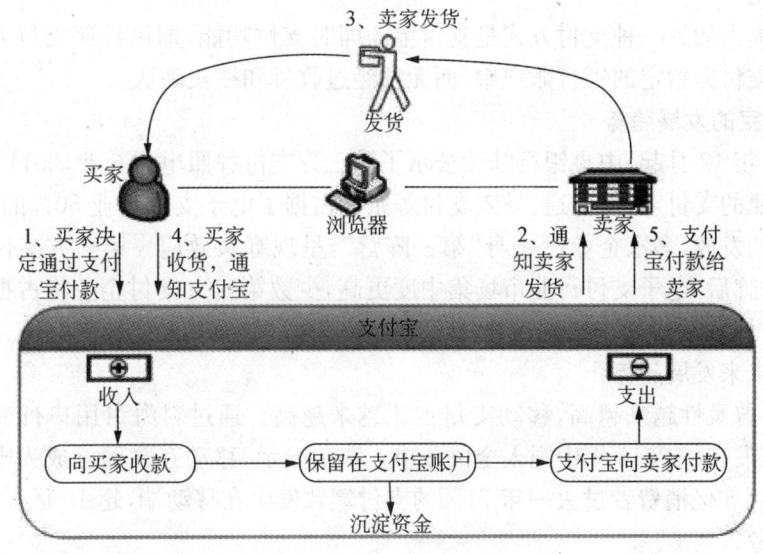

图7-5 支付宝的业务流程

目前,为了避免沉淀资金的问题,中央银行通过《关于实施支付机构客户备付金集中存管有关事项的通知》对第三方支付平台备付金存管加以限制,抑制第三方支付行业违规违法操作。

4．支付宝的特色分析

1) 安全

担保交易,货到付款,确保买卖双方货款都安全;三大安全法宝——支付宝实名认证、数字证书、手机动态密码,提升账户安全;128位SSL加密传输技术,确保交易信息的安全;风险控制系统24小时运作,做到事前防范,事中控制与事后处理相结合;订单管理与资金进出分权限管理,保障账户操作安全;全国唯一一家在工商银行进行资金托管的第三方支付公司,确保您的资金安全。

2) 简单

操作流程简单,交易、账单管理体系一目了然;提供全套在线资金结算服务,简化传统业务流程；7×24小时服务热线，及时解决客户的问题。

3）快捷

即时到账业务加快资金的周转；绑定支付宝卡通业务，银行资金及时到账；支持全国95％以上的银行，其中包括15家全国范围银行以及众多的地方银行，外加移动与线下支付功能，为用户提供多种充值及支付渠道，极大拓展用户。

4）免费

使用支付宝购物全部免费。支付宝提供的另一种支付方式是支付宝的即时支付功能，即可按照支付方的要求直接将款项付到支付方指定的银行账户中，而无须经过收货和授权确认。

5）保证买卖双方利益

买家先将汇款汇入中间账户（支付宝），在收到卖家发来的货品后在"我的淘宝"一栏里确认收货，再由支付宝打款给卖家，如遇交易不成功，可通过退款手续拿回汇款，支付宝不收取任何费用。

支付宝提供的另一种支付方式是支付宝的即时支付功能，即可按照支付方的要求直接将款项付到支付方指定的银行账户中，而无须经过收货和授权确认。

5. 支付宝的发展趋势

从2010年12月起，中央银行陆续公示了第三方支付牌照申报企业，2011年5月23日首批发放牌照的支付宝、财付通、易宝支付等企业占据了电子支付行业80％的市场份额，随着首批牌照的发放，多家企业已跻身"第一阵营"，呈现寡头效应。第三方支付行业将面临一轮洗牌，洗牌后，电子支付行业市场集中度更高，少数第三方支付企业将占据更大的市场份额。

支付宝未来发展趋势：

趋势一：普及性越来越高，移动支付占比越来越高。通过对海量用户行为进行计算和分析，支付宝发布了2016年中国人全民账单。账单显示，移动互联网已成为中国人生活方式的一部分，4.5亿消费者过去一年71％的支付笔数发生在移动端，超10亿人次使用"指尖上的公共服务"。

趋势二：基于移动支付的应用场景越来越多，移动支付具有随时、随地、随身的特点，与传统支付方式相比，多应用于小额、快捷、便民等支付领域，如公共交通、旅游、菜场、便利店、移动互联网消费等。部分银行手机银行业务、非银行支付机构钱包产品中嵌入与百姓日常生活息息相关的服务，如话费流量、火车票、机票、酒店预订、网点门票、医疗、签证、游戏点卡、油卡代充、违章罚款等，移动支付生态圈正逐步形成。

趋势三：覆盖面越来越广，农村地区手机银行开通数累计3.73亿户，2017年手机支付业务笔数为50.86亿笔。

随着海淘市场快速发展和国内居民出境旅行大幅增长，我国跨境支付业务整体呈快速上升趋势，支付宝开始向海外拓展。近年来，商业银行、银行卡清算机构和非银行支付机构积极将我国移动支付手段和技术向境外商户拓展，将国内移动支付的业务模式和用户体验直接复制到境外，既方便了我国居民到境外旅游消费，也将我国移动支付技术标准和影响力迅速拓展到全球，引领世界移动支付发展。

7.2.2 微信

1. 概述

微信支付是集成在微信客户端的支付功能,用户可以通过手机完成快速的支付流程。微信支付以绑定银行卡的快捷支付为基础,向用户提供安全、快捷、高效的支付服务。

微信支付为腾讯公司旗下财付通(类似支付宝)的产品,被嵌入微信当中。用户只需在微信中关联一张银行卡,并完成身份认证,即可将装有微信 APP 的智能手机变成一个全能钱包,之后即可购买合作商户的商品及服务,用户在支付时只需在自己的智能手机上输入密码,无需任何刷卡步骤即可完成支付,整个过程简便流畅。

微支付是指在互联网上,进行的一些小额的资金支付。这种支付机制有着特殊的系统要求,在满足一定安全性的前提下,要求有尽量少的信息传输,较低的管理和存储需求,即速度和效率要求比较高。这种支付形式就称为微支付。现在大家所说的微支付,主要是指微信支付。

微信支付支持多家银行的贷记卡,如深圳发展银行、宁波银行。此外,微信支付还支持多家银行的借记卡及信用卡,如招商银行、建设银行等。

目前微信支付已实现刷卡支付、扫码支付、公众号支付、APP 支付,并提供企业红包、代金券、立减优惠等营销新工具,满足用户及商户的不同支付场景。

2014 年 9 月 26 日,腾讯公司发布的腾讯手机管家 5.1 版本为微信支付打造了"手机管家软件锁",在安全入口上独创了"微信支付加密"功能,大大提高微信支付的安全性。

2017 年 1 月 13 日下午,中国人民银行发布了一项支付领域的新规定《中国人民银行办公厅关于实施支付机构客户备付金集中存管有关事项的通知》,明确了第三方支付机构在交易过程中,产生的客户备付金,今后将统一交存至指定账户,由中央银行监管,支付机构不得挪用、占用客户备付金。

微信支付方式如图 7-6 所示。

图 7-6 微信支付方式

2. 微信支付的业务流程

(1) 商户后台系统根据微信支付规定格式生成二维码,展示给用户扫码。

(2) 用户打开微信"扫一扫"扫描二维码,微信客户端将扫码内容发送到微信支付系统。

(3) 微信支付系统收到客户端请求,发起对商户后台系统支付回调 URL 的调用。调用请求将带 Productid 和用户的 Openid 等参数,并要求商户系统返回交数据包。

（4）商户后台系统收到微信支付系统的回调请求,根据 Productid 生成商户系统的订单。

（5）商户系统调用微信支付"统一下单 API"请求下单,获取交易会话标识。

（6）微信支付系统根据商户系统的请求生成预支付交易,并返回交易会话标识。

（7）商户后台系统得到交易会话标识 Prepay_id(2 小时内有效)。

（8）商户后台系统将 Prepay_id 返回给微信支付系统。

（9）微信支付系统根据交易会话标识,发起用户端授权支付流程。

（10）用户在微信客户端输入密码,确认支付后,微信客户端提交支付授权。

（11）微信支付系统验证后扣款,完成支付交易。

（12）微信支付系统完成支付交易后给微信客户端返回交易结果,并将交易结果通过短信、微信消息提示用户。微信客户端展示支付交易结果页面。

（13）微信支付系统通过发送异步消息通知商户后台系统支付结果。商户后台系统需回复接收情况,通知微信后台系统不再发送该单的支付通知。

（14）未收到支付通知的情况,商户后台系统调用"查询订单 API"。

（15）商户确认订单已支付后给用户发货。

微信支付付款指引如图 7-7 所示。

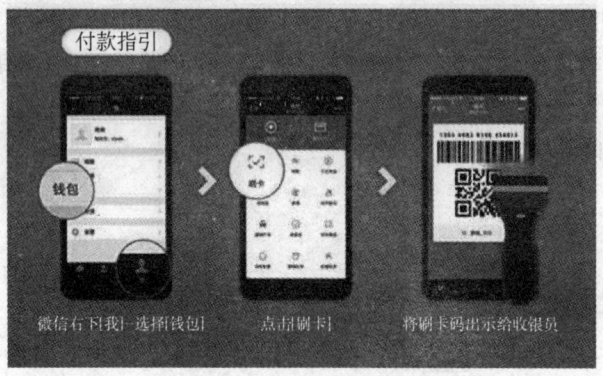

图 7-7　微信支付付款指引

3. 微信支付的特色分析

微信支付的特征是能够处理任意小量的钱,适合于因特网上不可触摸(Non—tangible)商品的销售。微信支付要求商品的发送与支付几乎要同时发生在因特网上。微信支付同传统的电子商务支付不同,具有其自身的特点,总的来说具有以下几个特点。

1）交易额小,交易频率高

微支付主要是指微信支付,顾名思义,显然微支付的首要特征是能够处理任意小量的交易额。一般交易中所购买的商品价格通常在几分到几元之间,不像传统支付通常一次交易的金额比较大。也可能正因为交易额小,其交易的频率要比传统的电子商务要高。

2）安全性需求不高

微信支付本身的交易额一般都很小。在这种情况下即使交易过程中有关的支付信息被非法截获、窃取或者是篡改，对交易双方的损失也不大。对安全性的需求就不如其他电子支付那么严格。

3）交易效率高

由于微信支付交易量很大，要求微信支付系统有较高的交易效率、可以忽略的交易延迟，使得消费者的交易请求得到即时满足。

4）交易成本低

由于小额交易的价值本身就很小，如果采用传统的支付方式，那么商家根本就无法赢利，这就要求采用微信支付机制的交易费用非常低。

微信支付场景如图 7-8 所示。

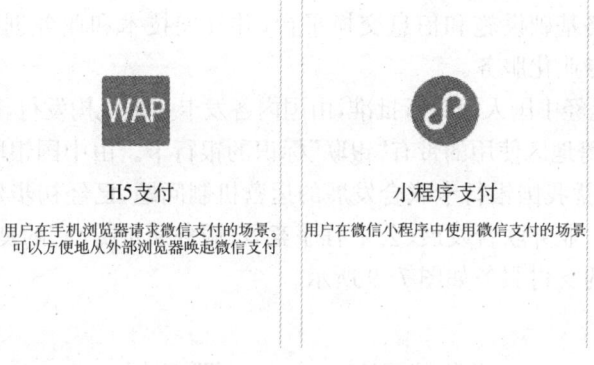

H5支付　　　　　　　　　　　小程序支付

用户在手机浏览器请求微信支付的场景。　　用户在微信小程序中使用微信支付的场景
可以方便地从外部浏览器唤起微信支付

图 7-8　微信支付场景

4. 微信支付的发展趋势

1）电商"支付"

微信"支付"（原微信"钱包"）中的京东优选、唯品会特美、美团外卖、蘑菇街女装等都是嵌入微信的电商平台。另外，微信公众账号中的千万商家也会充分利用微信庞大的 6 亿用户群，因此，基于微信的微店、微商城必将成为未来移动电商一个重要组成部分。

2）生活服务

"支付"栏目中，涉及的生活服务有：手机充值、生活缴费、Q 币充值、城市服务、火车票机票、滴滴出行等，极大丰富和方便了人们使用移动终端进行生活场景支付，而且按照互联网产品的习惯，先让用户习惯使用手机充值、打车、电影票、彩票等基础服务，待用户的使用习惯培养完成后，更多的生活服务会进入到该领域中来，微信通过这种方式会在客户基数增多、黏性增强的条件下提供更多的应用。

3）理财

微信"支付"界面，即可查看到理财通，理财通是腾讯财付通与多家金融机构合作，为用户提供多样化理财服务的平台。在理财通平台，金融机构作为金融产品的提供方，负责金融产品的结构设计和资产运作，为用户提供账户开立、账户登记、产品买入、收益分配、产品取出、份额查询等服务，同时严格按照相关法律法规，以诚实信用、谨慎勤勉的原则管理和运用资产，保障用户的合法权益。

此外,微粒贷借钱为微信用户提供了"5 秒出额度、1 分钟借钱、3 分钟到账"的个人小微贷服务。

4)游戏

微信 7.0 整合了包括欢乐麻将、欢乐斗地主等 11 款社交类游戏,腾讯在游戏领域的成功,很大程度上得益于其与社交的结合。

7.2.3 中国银联

1. 概述

中国银联是中国人民银行批准的、由 80 多家国内金融机构共同发起设立的股份制金融服务机构,注册资本 16.5 亿元人民币。公司于 2002 年 3 月 26 日成立,总部设在上海。中国银联股份有限公司,负责建立和运营全国统一的银行卡跨行信息交换网络,制定统一的业务规范和技术标准,改善用卡环境,保障银行卡跨行通用以及业务的联合发展;为各商业银行提供共享的网络基础设施和信息交换平台,并开展技术和业务创新,提供先进的电子支付手段和相关的专业化服务。

"银联"标识卡是经中国人民银行批准,由国内各发卡金融机构发行,采用统一业务规范和技术标准,可以跨行跨地区使用的带有"银联"标识的银行卡。由中国银联推行的"银联"标识卡,解决了多年来困扰我国银行卡联合发展的运营机制问题,已经初步建立并将不断完善银行卡"市场资源共享、业务联合发展、公平有序竞争、服务质量提高"的良性发展环境。

中国银联提供的支付服务如图 7-9 所示。

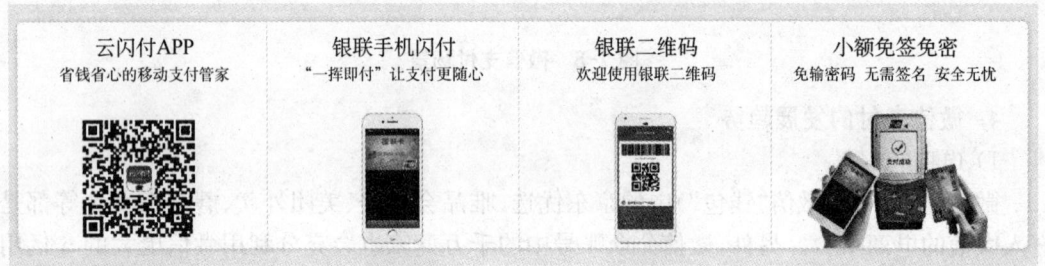

图 7-9　中国银联提供的支付服务

2. 联网通用

中国银联从 2002 年成立伊始,通过三步走的方法,推动银行卡联网通用在全国的实现。

第一步,同城联网通用。通过城市银行卡信息中心,实现银行卡在中心城市的同城通用。

第二步,重点城市联网通用。按照温家宝总理提出的联网通用"314"目标(即在全国 300 个以上地市级城市实现各商业银行系统内银行卡的联网运行和跨地区使用,在 100 个以上城市实现各类银行卡的跨行通用,在 40 个以上城市推广普及全国统一的银联卡),实现银行卡在重点城市的跨银行、跨地区通用。

第三步,全国联网通用。在重点城市联网通用的基础上,逐步把网络覆盖到全国地市以上城市和发达地区县级城市,并通过农民工银行卡特色服务,把联网通用扩大到农村地区。

3. 服务体系

1）银联商务有限公司

银联商务股份有限公司（简称银联商务）是中国银联控股的，专门从事线下、互联网以及移动支付的综合支付与信息服务机构，成立于2002年12月，总部设在上海市浦东新区。银联商务有限公司是从事银行卡受理市场专业化服务的全国性集团公司。依托广泛的服务网络、高素质的服务队伍、先进的管理、领先的技术，为发卡机构、特约商户和广大持卡人提供优质、高效、规范、专业的银行卡收单专业化服务。银联商务坚持服务实体经济发展，心系小微企业、个体创业者，建设了中国首个B2B互联网金融平台——"天天富"，切实解决众多小微商户"贷款难、融资难"的问题。银联商务首页如图7-10至图7-12所示。

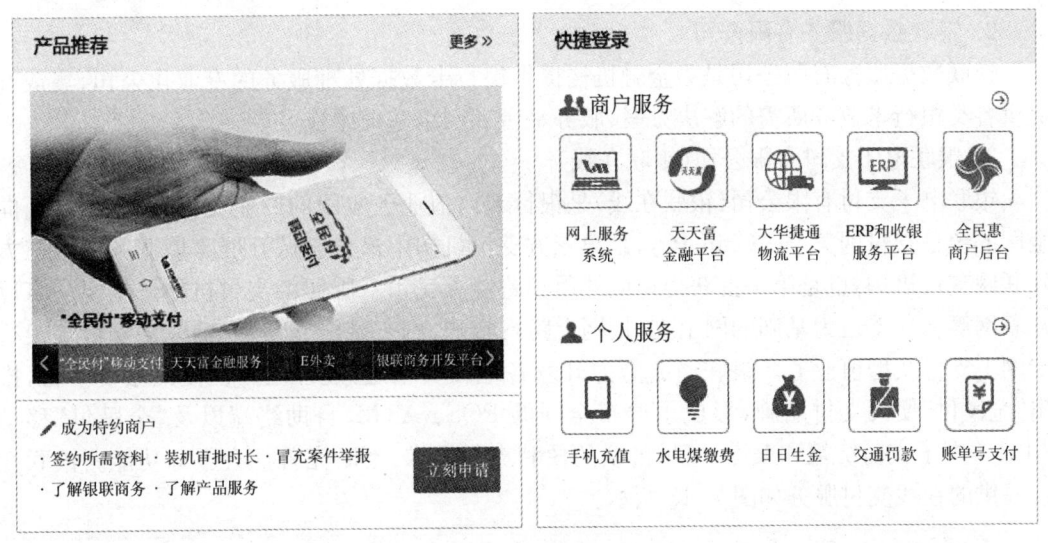

图 7-10　银联商务首页

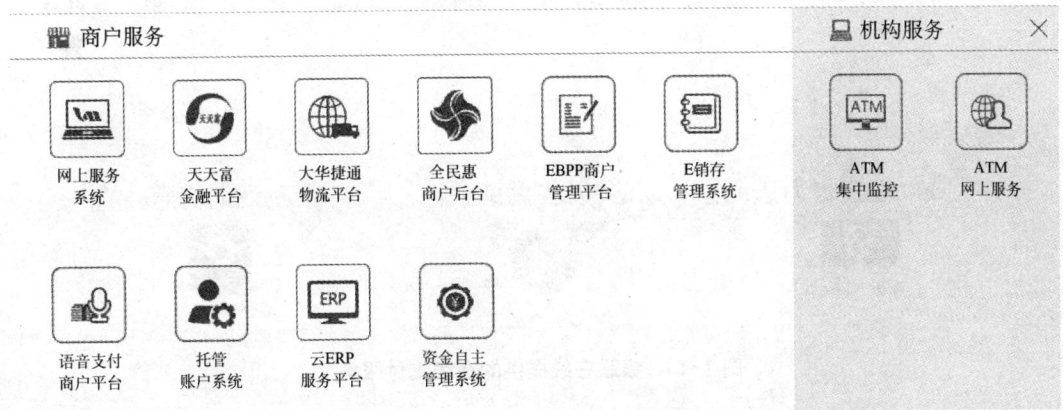

图 7-11　银联商务——商户服务

个人服务

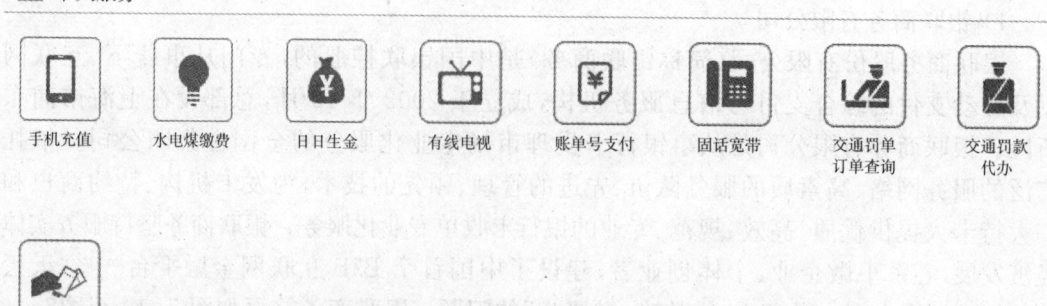

图 7-12　银联商务——个人服务

2）银联数据服务有限公司

银联数据服务有限公司是为金融机构提供银行卡数据处理服务的专业化公司,集成和提供各类银行卡业务所需的解决方案、服务平台和网络基础设施。

3）银联电子支付有限公司(银联在线)

银联电子支付有限公司(银联在线)是银行卡增值业务应用的专业支付公司,拥有面向全国的统一支付网关——ChinaPay,是第三方支付机构中最先尝试开展跨境业务的第三方互联网支付机构,也是第一批获得跨境外币和跨境人民币双牌照的支付机构。主要从事以互联网等新兴渠道为基础的网上支付、网上跨行转账、网上基金交易、自助终端支付等银行卡网上支付及增值业务。银联商务努力开发各地缴费渠道,建设全国性便民缴费平台,推出"全民付"便民支付品牌,形成了遍布全国的 POS、ATM、自助终端以及"全民付"移动APP 等电子支付终端和渠道,满足公众的便利支付需求,不断完善社会服务功能。银联在线提供的在线支付服务如图 7-13 所示。

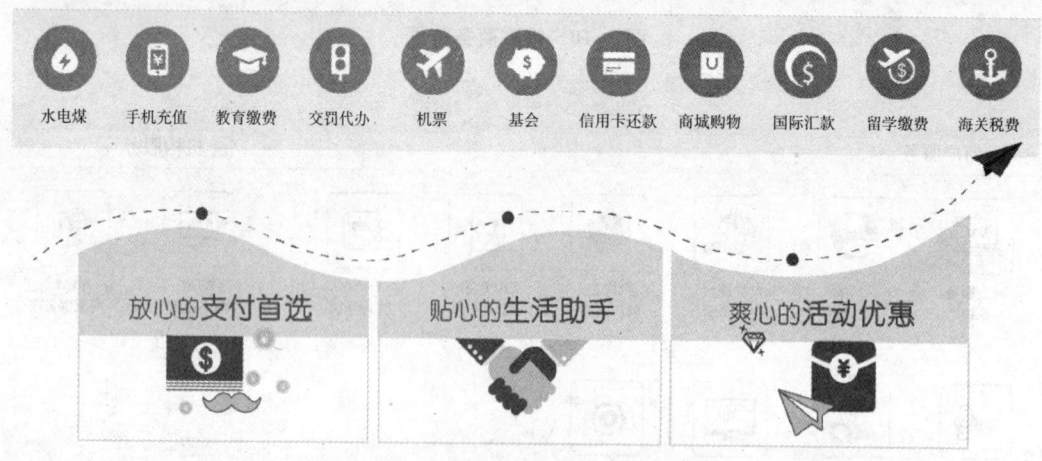

图 7-13　银联在线提供的在线支付服务

4）银行卡检测中心

银行卡检测中心是银行卡产品和机具检测机构,拥有国家级检测中心资质以及符合国际标准的 EMV 检测实验室,对各种银行卡和受理机具等进行科学、公正的技术质量检测,确保银行卡交易通畅、安全。

5）中国金融认证中心

中国金融认证中心，即中金金融认证中心有限公司（China Financial Certification Authority，CFCA），是中国银联的全资子公司，是由中国人民银行和国家信息安全管理部门批准成立的互联网第三方安全认证机构，通过发放数字证书为网上银行、电子商务、电子政务提供安全认证服务。

4. 中国银联云闪付

1）概念

云闪付是随着 NFC 主机卡技术的成熟以及 Google Android 4.0 的推出，中国银联在闪付 Quick Pass 的基础上，推出的可以通过支持 NFC 的以 Android 手机为载体的虚拟银行卡非接支付产品，基础的支付标准依然是 PBOC2.0/3.0；可以在支持非接的 POS 终端上进行联机交易，也可以使用线上支付。

广义的云闪付概念指：基于云计算架构，依托互联网和移动互联网，以智能手机终端为载体，为包括个人、家庭、商户、企业在内的客户提供以安全支付为基础的结算、金融业务、信息、电子商务、公共服务行业应用、大数据等各种云服务的新一代支付模式。

目前，云闪付主要产品技术有两种：一是基于卡模拟技术（如 HCE），以软件模拟卡的形式，将数据认证信息等储存在云端，不依赖安全芯片，用户在交易时，则通过与云端服务器联机交互，完成身份认证等操作。二是基于 TEE（可信执行环境）技术（如 Apple Pay 等），在手机内开辟一块独立的空间作为安全执行环境，用于保护用户信息、支付敏感信息和交易数据的保密性、完整性和安全性。

2）云闪付的技术原理

云闪付主要构成组件有：移动设备，即具有 NFC 功能的智能手机；移动 APP，即安装在移动设备上的云端支付应用；云端支付平台，包括账户申请系统、凭证管理系统、交易处理系统、TR 服务处理等，其中交易处理系统主要完成对交易请求的验证和处理，可以由云端支付平台实现，也可以由发卡行实现；远程通知服务，指云端支付平台使用推送机制将消息推送至移动应用中；移动应用平台，即移动应用的后台服务器，它是数字钱包的提供方，主要负责与发卡行、云端支付平台一起完成云端支付卡的下载和配置。

在手机上模拟实现银行卡的支付功能，涉及的主要问题就是如何保护用户账户交易的敏感信息、敏感信息的存放以及如何实现手机与 POS 终端的通信。目前，保护账户信息主要使用支付标记化技术（Tokenization），敏感信息的存放方式主要有 HCE、TEE 等，与 POS 终端的通信技术主要有 NFC、MST 等。

云闪付整体架构图如图 7-14 所示。

3）云闪付的应用

不同的云闪付方式通过不同的"特定方式"完成"在手机里生成一张虚拟的银行卡"这个流程。支付时，用户在 POS 机上挥手机后，输入密码，完成支付。如果把手机作为卡片的承载体的话，有 2 种实现方式：一是通过硬件方式，即手机上有 SE（安全单元），存储了银行卡的敏感信息，目前很多手机 pay 就是这种实现方式。二是把银行卡的安全信息通过移动网络存储到云端，在进行交易的时候，通过手机去云端读取敏感信息。使用云闪付付款现有三种方式：Apple 用户的 Apple Pay（用 iPhone、Apple watch、iPad 等）、三星用户的

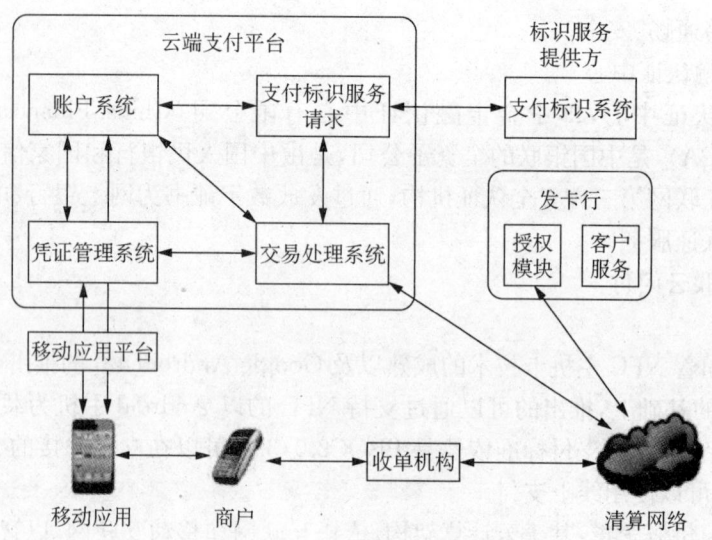

图 7-14 云闪付整体架构图

Samsung Pay、安卓用户的 HCE 方式。

　　Apple 用户:将银联卡添加到 iPhone、Apple Watch 以及 iPad 上,在银联云闪付线下商户及线上 APP 即可支付。例如:用 iPhone 完成支付,将 iPhone 靠近带有"银联云闪付"标识的 POS 机感应区域,并将手指放在 Touch ID 上验证指纹,将会在显示屏上看到"完成",同时感受到轻微的震动,并听到提示音。

　　三星用户:将银联卡绑定到三星手机上,用手机背面靠近付款机器(POS 机),即可一闪即付。

　　安卓用户:在一部具备 NFC 功能的手机(操作系统为安卓 4.4.2 以上版本)上绑定银联卡。付款时,轻触手机,点亮屏幕;将手机靠近支持非接触功能的 POS 机;输入银行卡密码;完成线下支付。

5. 中国银联的发展趋势

　　2018 年 5 月 22 日,中国银联发布《中国银行卡产业发展报告(2018)》。此次发布的最新报告指出,2017 年,在全球经济温和复苏及中国供给侧结构性改革深化的宏观背景下,中国以银行卡为基础的支付产业继续稳步发展,移动互联网新的支付产品、新的使用场景、新的合作关系不断出现,新技术与支付的融合加速渗透至商业和生活各领域,自主支付技术发展与标准国际合作不断取得突破。同时,行业监管规范趋严,市场竞争程度加剧,支付体系制度建设加快推进。展望未来,一系列监管措施的加强落实将为产业发展创造更为规范有序及公平竞争的市场环境;产业各方对新兴支付技术的持续探索将为产业发展注入新活力,带来新的业务及合作模式。

　　1) 以银行卡为基础的支付产业继续保持平稳增长态势

　　报告显示,2017 年中国银联网络转接交易金额 93.9 万亿元,占全球银行卡清算市场的份额进一步提高并继续保持全球第一。同时,银行卡发卡和受理规模进一步扩大,银联卡全球发行累计超过 66.9 亿张,银联卡全球受理网络已延伸到 168 个国家和地区,覆盖近5 000 万家商户和近 260 万台 ATM,用卡增值服务不断丰富。其中,境内非接受理环境显著改善,不仅促进了中国银联手机闪付、中国银联 IC 卡闪付等基于 NFC 技术的支付产品迅速应用,而且推动了小额免密免签业务的快速发展。中国银联二维码支付在功能支持上不断丰富、在行业适用范围上不断扩展,并已在境外多国实现受理。

2) 多元账户合作与统一 APP"云闪付"促进产业共赢发展

2017 年,个人银行账户、支付账户分类监管政策的落地实施及优化改进,进一步支持和促进了持有支付业务牌照的互联网公司、商业银行及卡组织之间开展账户端创新合作。其中,卡组织为创新产品提供技术支撑,平台价值愈发凸显,成为移动互联网时代商业银行、非银行支付机构之间重要的合作连接点。中国银联联合商业银行、支付机构等产业各方共同发布统一 APP"云闪付"。作为在人民银行的指导下,由各商业银行等产业各方与银联共同开发建设、共同维护运营的移动支付统一入口平台,"云闪付"APP 的推出对促进移动互联网获客、移动互联网交易增长,以及线上、线下各类支付场景的拓展将发挥重要作用。

3) 规范发展与顶层设计对行业健康发展影响深远

在"推进全面深化改革,防范系统性金融风险"的整体基调下,2017 年监管机构密集出台了一系列关于推动银行卡清算市场准入开放、支付市场管理与规范、创新业务监管等方面的文件,带动产业合规监管持续升级。国内支付产业基本形成"角色清晰、分工明确、风险可控、安全高效"的体系,正逐步走上分类明确、各方回归本位的健康发展轨道。2018 年,监管机构在促进产业创新的同时,进一步加强对产业的监管。其中,非银行支付机构将回归小额、快捷、便民支付的业务本质,围绕丰富支付场景、便利金融服务和提升客户体验来开展业务。支付监管体系的进一步完善将有助于防范和化解系统性金融风险、促进金融服务实体经济,并切实保障消费者的资金安全和合法权益。

4) 金融科技推动支付业态全面升级

2017 年,大数据、云计算、物联网、人工智能等技术不断发展,在支付领域逐步应用,对支付业态产生了深刻影响,为大众日常生活提供了更多便利和安全,为商家带来了效率和价值提升。支付载体进一步多元化,传统交通、家居、医疗等领域智能化程度不断提升,已逐步形成新的支付场景,汽车、家用电器、可穿戴医疗设备等向新型支付载体演变。支付流程迈向无感化,借助智能设备和系统,用户身份和行为可被自动捕捉、分析并验证。支付操作实现自动化、后台化,后台风控不断精细化,风控手段逐步从人工审核、后验策略转向自动化决策、模型预测为主,通过基于多维度数据关联的用户行为分析、深度学习建模开展实时监控,系统初步具备一定的风险自动识别能力。

5) 国产芯片和金融技术标准国际合作取得新突破

2017 年,在国家政策的大力支持下,国产芯片和国产密码算法应用进一步推进并取得显著应用效果。全国性银行和地方性银行加大力度推动电子认证、网上银行、金融 IC 卡及移动支付等重要系统的国密算法应用实施,已基本实现国密算法 IC 卡的规模化应用。同时,我国金融技术标准的国际合作取得新突破。一方面,以中国银联标准为基础,建成了老挝国家银行卡支付系统、泰国转接网络 TPN,中国银联与白俄罗斯、塔吉克斯坦、塞尔维亚等"一带一路"沿线国家达成共识,协助其建设本地转接网络;中国银联标准成为亚洲支付联盟的芯片卡标准,并授权新加坡、韩国等七国的主流转接网络使用。另一方面,中国银联积极参与国际标准制订,发挥影响力,以中国银联标准为蓝本,牵头编制并发布 EMVCo(国际芯片卡及支付技术标准组织)二维码支付标准,并推动该标准成为泰国中央银行推荐标准。

6) 中国银联电子支付与 Computop 合作提供海外支付服务

2018 年 5 月 21 日,在中国北京,全球领先的支付服务供应商(PSP)Computop 宣布与支付服务提供商中国银联电子支付(ChinaPay)建立合作伙伴关系,推进电子商务实施"一带一路"倡议。

Computop 总部位于德国班贝格,在中国,英国和美国均设有独立的分公司。Computop 为其全球客户提供市场本地化和创新综合多渠道解决方案,用于支付处理和欺诈预防。Computop Paygate 支付平台为电子商务,POS 和移动设备提供无缝集成的支付流程。凭借这款内部开发的软件,零售商和服务提供商可以灵活自由地从超过 250 种支付方式中进行选择,使他们能够针对每个国家/地区专门定制支付选项。20 多年以来,Computop 一直为服务业、零售业、移动端、游戏和旅游业的大型跨国公司提供服务。Computop 还为银行和金融服务提供商提供作为白标签解决方案的支付系统。通过其客户网络和与全球市场 Rakuten 的合作,Computop 每年为超过 15 000 家零售商处理总价值达 310 亿美元的商业支付交易。

中国银联电子支付计划将来可接入欧洲、北美、南美等多个地区的支付方式,其中包括的付款方式有奥地利在线支付 EPS、德国支付 Giropay、荷兰支付 iDeal、欧洲在线支付 Sofortbanking、波兰支付 Przelewy24、澳大利亚本地支付 Poli、秘鲁主流在线支付 Safetypay、欧洲在线支付 sofortbanking、中欧和东欧网银转账支付 Trustpay、单一欧元区支付 SEPA、俄罗斯本地支付 Qiwi 等。Computo 公司能够向中国商户提供安全、经济有效和灵活的方式,这些商户将能够使用海外客户首选的付款方式销售商品和服务。

7.2.4 PayPal 支付系统

1. 概述

PayPal 公司由 Peter Thiel 及 Max Levchin 于 1998 年 12 月联合创立,总部位于美国加利福尼亚州圣荷西市。2002 年 3 月,PayPal 公司在美国达斯达克上市,同年被全球当时最大的电子商务平台 eBay 收购。

PayPal 允许用户使用电子邮件来标识身份及在用户之间进行资金转移,避免了传统的邮寄支票或者汇款的方法,开创了全球第三方支付的先河。据 PayPal 公司 2017 财年第四季度及全年财报显示,截至 2017 年底,PayPal 活跃客户账户总量达到 2.27 亿个,全年交易 76 亿笔,公司总支付额为 4 510 亿美元,能接受全球 203 个国家和地区卖家的付款。

PayPal 公司致力于为人类社会提供安全、高效的支付服务,通过持续不断的技术与产品服务的创新以及商业性的收购与并购最终凝聚成企业的核心竞争力。例如,2008 年通过收购以色列著名的反欺诈技术公司 Fraud Sciences 增强了 PayPal 公司对于实现交易全过程的反欺诈监控的能力,充分保障交易安全;又如,PayPal 公司通过对个人消费信贷公司 Bill Me Later 的并购,公司的信用支付正式上线,拓展了公司的业务能力。

PayPal 公司于 2005 年正式进军中国,中国业务总部设在上海,中国区隶属于设在新加坡的 PayPal 国际业务总部下的亚太区,针对中国当时独有的政策环境,PayPal 公司同上海网付易科技有限公司达成战略合作协议拓展中国区业务,成立贝宝品牌。当时 PayPal 公司在中国区的业务主要是通过两种账户类型完成,分别是贝宝与 PayPal 国际,两者独立运行,前者主要是针对中国境内的人民币第三方支付结算业务,收支均为人民币;而后者是针对涉及跨境的第三方支付结算业务,主要是为中国境内的中小商户开展跨境电商提供外汇收支平台,同时也为中国境内的消费者进行"海淘"提供外汇支付服务。2011 年 PayPal 公司因外资身份未能获得支付牌照,贝宝在中国境内的人民币第三方支付业务正式停止运行,PayPal 中国区的业务重心开始转向为中国境内的中小商户开展跨境第三方支付服务。截至 2013 年,PayPal 中国区成为 PayPal 公司的第四大利润中心,其交易规模达 100 亿美元,并以三位数的增速快速增长。

2017 年 4 月,Android Pay 与 PayPal 合作,PayPal 将成为 Android Pay 用户可使用的移动支付平台。

2. PayPal 的业务流程

(1) 注册。付款人使用任一电子邮件地址开通 PayPal 账户,通过验证成为其注册用户后,并提供信用卡或者相关银行资料,增加账户金额,将一定数额的款项从其开户时登记的账户(如信用卡)转移至 PayPal 账户下。

(2) 发起支付。如果付款人拟向第三人付款时,须先进入 PayPal 账户,填写收款人的电子邮件地址、支付金额及币种等相关支付信息并提交给 PayPal。

(3) 通知收款。PayPal 在收到付款人的支付指令后,通过电子邮件的方式向商家或者收款人发出通知,告知其有等待领取或转账的款项。

(4) 接收款项。如果接收款项的商家或者收款人决定接受后,PayPal 即将款项转移至收款人指定的位置,如收款人自己的 PayPal 账户,转换成支票寄到指定的处所、转入其个人的信用卡账户或者转入另一个银行账户。

从以上流程可以看出,PayPal 平台在交易者中间实现了很好的支付中介服务,起到了安全屏障作用,很好地隔离了信用卡相关敏感信息,并简化了跨行之间、跨国和跨地区之间繁琐的转账程序。图 7-15 展示了 PayPal 支付流程。

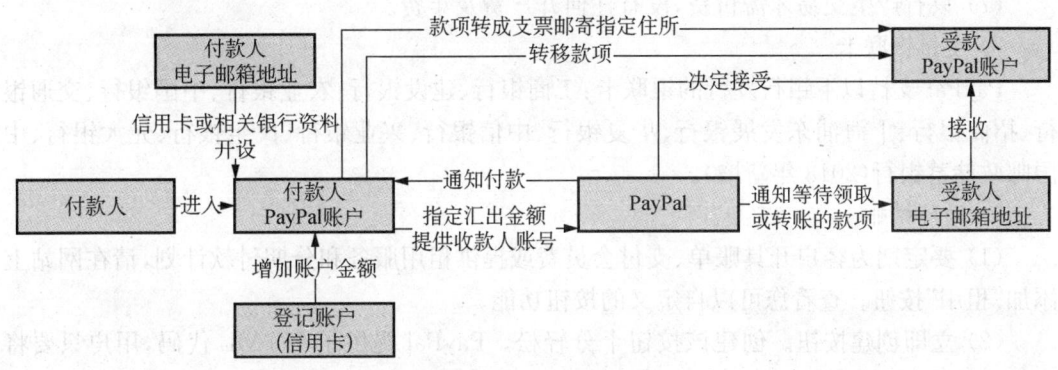

图 7-15　PayPal 支付流程

3. PayPal 的特色

1) 品牌效应强

PayPal 在欧美普及率极高,是全球在线支付的代名词,强大的品牌优势能让网站轻松吸引众多海外客户。

2) 资金周转快

PayPal 独有的即时支付、即时到账的特点,让用户能够实时收到海外客户发送的款项。

最短仅需 3 天,即可将账户内款项转账至用户国内的银行账户,及时高效地帮助用户开拓海外市场。

3) 安全保障高

完善的安全保障体系,丰富的防欺诈经验,业界最低风险损失率(仅 0.27%),不到使用传统交易方式 1/6。确保交易顺利进行。

4) 使用成本低

无注册费用、无年费,手续费仅为传统收款方式的 1/2。

5) 数据加密技术

注册或登录站点时,会验证网络浏览器是否正在运行安全套接字层 3.0(SSL)或更高版本。传送过程中,信息受到加密密钥长度达 168 位(市场上的最高级别)的 SSL 保护。

用户信息存储在服务器上,无论是服务器本身还是电子数据都受到严密保护。为了进一步保护信用卡和银行账号,PayPal 不会将受到防火墙保护的服务器直接连接到网络。

6) 全球用户

PayPal 在全球 203 个国家和地区,有超过 2.27 亿用户,已实现在 24 种外币间进行交易。

(1) 使用 PayPal 可以轻松拓展海外市场,因为其已经覆盖国外 85% 的买家。

(2) 使用 PayPal 降低相关成本,比起西联和电汇(Telegraphic Transfer,TT),PayPal 针对单笔交易在 1 万美元以下的小额交易更划算。

(3) 使用 paypal 可以加强买家对商家的信任度,因为很多国外买家都已非常习惯用 PayPal 付款。

(4) 相比到银行汇款,PayPal 要省时省力得多,而且支持的是即时到账。

(5) 商家因欺诈所遭受的平均损失仅为其他信用卡支付方式的 1/6。

(6) 支持包括国际信用卡在内的多种付款方式。

(7) 只有产生交易才需付费,没有任何开户费及年费。

7) 支付银联卡

PayPal 支持以下银行发行的银联卡:工商银行、建设银行、农业银行、中国银行、交通银行、招商银行、上海浦东发展银行、华夏银行、中信银行、兴业银行、民生银行、光大银行、中国邮政储蓄银行(2013 年新增)。

8) 循环结账

(1) 要定期为客户开具账单、支付会员费或提供租用服务和分期付款计划,请在网站上添加"租用"按钮。查看您可以自定义的按钮功能。

(2) 立即创建按钮。创建该按钮十分轻松。PayPal 提供了 HTML 代码,用户只要将它复制并粘贴到网站,便能点击该按钮设置租费付款。

(3) 立即接受支付租费的信用卡、借记卡和 PayPal 付款。没有月费、开户费或注销费,只需支付低廉的交易费。提示:创建"租用"按钮后,即可将这些按钮添加到网站上以查看其外观。要让按钮起作用,则需拥有高级账户或企业账户。

9) "租用"按钮

比如,您很喜欢折纸,并且开设了一家俱乐部来分享您对折纸艺术的热爱。您希望每月收取一笔小额的会员费,但不想每个月都向俱乐部会员发送账单那么麻烦。添加"租用"按钮后,俱乐部的折纸艺术爱好者们便可以享受每月自动付款带来的便捷。

4. PayPal 的账户类型

PayPal 账户分三种类型：个人账户、高级账户和企业账户。用户可根据实际情况进行注册，个人账户可以升级为高级账户进而升级为企业账户，反之企业账户也可以降为高级或者个人账户。

1) 个人账户

它适用于在线购物的买家用户。主要用于付款，可以收款，但比起高级或企业账户少了一些商家必备的功能和特点，例如：查看历史交易记录的多种筛选功能、商家费率、网站集成、快速结账等集成工具，因此不建议卖家选择。

2) 高级账户

它适用于在线购物或在线销售的个人商户。可以付款、收款，并可享受商家费率，使用网站付款标准、快速结账等集成工具以及集中付款功能，帮助商家拓展海外销售渠道，提升销售额，推荐进行跨国交易的个人卖家使用。

3) 企业账户

它适用于以企业或团体名义经营的商家，特别是使用公司银行账户提现的商家用户。拥有高级账户的所有商家功能，可以设立多个子账户，适合大型商家使用，每个部门设立子账户进行收款，另外，企业账户需要添加企业名开办电汇银行账户进行转账，添加个人名字开办的电汇银行账户可能导致转账失败。

7.2.5　Apple Pay 支付系统

1. 概念

Apple Pay（见图 7-16）是苹果公司于 2014 年 10 月推出的基于 NFC 技术的移动支付手段，主要应用于 iPhone6 及以上，以及 iPad air2、iWatch 等最新苹果设备。具体而言，Apple Pay 主要包括了 NFC 近场通信、Touch ID 指纹验证、SE/Enclave 安全芯片、银行卡 Tokenization 令牌技术、Wallet 卡券管理等一系列新技术集成和应用，并具有以下特征：一是办理流程简便，用户仅需要在支持 Apple Pay 的苹果设备上打开 Wallet 应用，并使用苹果设备的拍照功能添加银行卡，银行审核完银行卡的有效性后，即可完成银行卡与手机绑定。在实际使用中，用户按住 Touch ID 并靠近支持 NFC 的

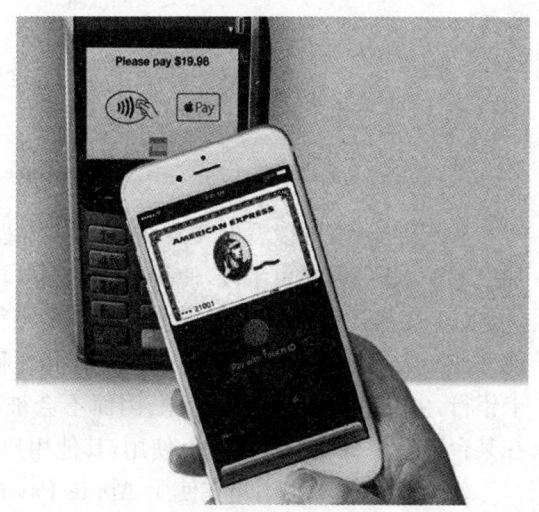

图 7-16　Apple Pay

POS 端即可完成支付。二是支持线上线下两种模式，目前 Apple Pay 提供线上线下两种支付模式。在线上支付模式中，用户在手机商城选定商品后，将银行卡与 iTunes 软件和 App Store 相绑定，选择使用 Apple Pay，然后通过指纹即验证就可完成支付，不再需要输入信用卡信息等。在线下支付模式中，用户在消费门店完成商品选购后，用户按住通过 Touch ID 指纹验证并靠近支持 NFC 的 POS 端即可完成支付。

2. Apple Pay 的支付原理

首先,用户在苹果手机上的 Wallet 中绑定自己的银行卡信息,银行验证信息之后向手机下发 Token(苹果公司称之为设备账号 DAN),但银行卡信息(如卡号 PAN)并不存储于手机中,手机中存的是 Token。

其次,通过 NFC 与 iTouch 指纹验证技术,用户将手指放在苹果手机的指纹识别传感器上,然后将手机靠近商家的 POS 机,从而实现对手机中 Token 信息的读取。

最后,商户的 POS 机将读取的 Token 传递给银行,从而实现扣款,完成交易。

具体流程如图 7-17 所示。

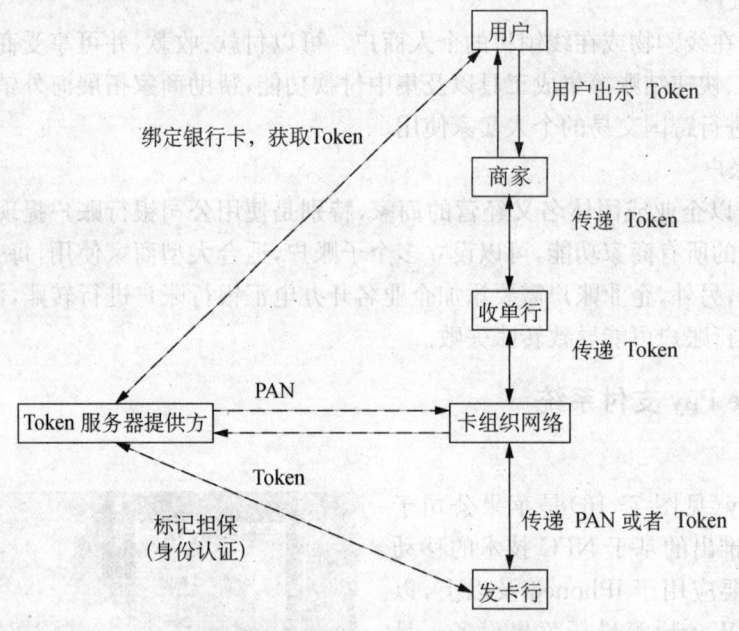

图 7-17 Apple Pay 支付流程图

从支付流程,可以看出 Token 为支付流程中的用户账户信息安全起到了核心作用,再加上基于 NFC 的支付手段,使得 Apple Pay 与支付宝、微信支付相比更加安全。

(1)交易过程依靠的是 Token 而不是银行卡的卡号 PAN,使得卡号信息得到保护,即使 Token 被黑客截取,由于同时掌握 Token 和卡号的只有 Token 服务提供方、卡组织和发卡银行,由它们负责验证和还原,因而不会被再次利用。此外,Token 具有专用性,只限定在某台苹果手机或平板电脑上使用,其他用户或商户则无法使用它来支付。

(2)NFC 技术使用户在使用 Apple Pay 时可以不需要联网,只要靠近具有 NFC 功能的 POS 机,并在手机上按指纹就可以完成支付。因此,这也使银行卡密码等安全系数要求较高的相关数据不需要通过无线网络进行传输,避免了像支付宝、微信支付那样需要依托开放式网络才能支付所带来的安全隐患。

3. Apple Pay 发展的机遇与挑战

作为苹果的移动支付服务,Apple Pay 于 2014 年 10 月 20 日在美国正式上线,2015 年 7 月登陆英国,11 月在澳大利亚和加拿大推出。苹果和中国银联 2015 年 12 月 18 日联合宣布,Apple Pay 正式登陆中国,正式投入使用后,中国银联卡持卡人可以将他们的银联卡添加到 iPhone、Apple Watch 以及 iPad 上。2016 年 2 月 18 日凌晨 5:00,Apple Pay 业务在中国上线,2016 年 10 月在日本上线 Apple Pay。

苹果官方发布的新闻稿中强调了 Apple Pay 的安全和私密性:中国银联云闪付与 Apple Pay 结合,增加了对 IOS 设备的支持,它们通过应用业界领先的 Token(支付标记)安全技术,保障用户的支付信息。安全性是 Apple Pay 的核心所在,添加信用卡或借记卡时,实际的卡号既不存储在设备上,也不存储在 Apple 的服务器上。系统会分配一个唯一的设备账号(Device Account Number),对该账号进行加密,并以安全的方式将其存储在设备的安全芯片(Secure Element)中。每次交易都使用一次性的唯一动态安全码进行授权。

然而,面对于国内支付宝、微信支付的庞大的二维码支付用户群体,Apple Pay 也面临巨大的挑战。

(1) Apple Pay 的用户群体有限制。因为 Apple Pay 的使用人群是所有 Apple 产品的用户,但是移动产品除了 IOS 系统以外还有安卓系统,因此 Apple Pay 的用户群体并没有像支付宝和微信支付覆盖得那么全面。

(2) Apple Pay 的功能单一。目前 Apple Pay 的功能只是线上及线下付款,没有支付宝和微信支付那样包括付款、转账、收款、信用卡还款等,而且支付宝和微信支付的支付方式有二维码、收银机扫码、转账付款、店铺直接收款、发红包等,可选择的范围很大,此外,Apple Pay 没有支付宝和微信支付所拥有的生活、理财等功能。

(3) 硬件成本是 Apple Pay 面临的另一个问题。Apple Pay 相当依赖终端环境,也就是需要硬件终端改造(非接触式支付的 POS 机)。数据显示,在人均 POS 数量上,中国大概是 185 台/万人(中央银行 2016 年第三季度数据 2 600 万 POS,人口 14 亿)、而支持非接 POS 约为 75 台/万人(中国银联 2016 年第二季度报告非接 POS 为 1 050 万台)。在金融消费市场更成熟的日本和韩国,这个数据大概是 600 台/万人。对商户来说,贴个二维码几乎没有成本,但支持 Apple Pay 需要升级 POS 设备。

7.3　第三方支付存在的问题

7.3.1　安全问题

1. 我国第三方支付存在的安全问题

随着第三方支付的广泛应用,其安全性问题也越来越突出。由于我国电子支付方面的法律较为滞后,对第三方支付市场监管不够,目前存在的 300 多家第三方支付产品质量参差不齐,机构员工安全意识薄弱,安全防护措施不够,用户的交易安全和个人信息存在很大的风险。安全问题可以归纳为以下几个方面。

1) 第三方支付机构安全意识薄弱

相对于银行业金融机构,非金融支付机构安全意识还比较淡薄,还不能充分认识到信息安全面临的形势和信息安全工作的重要性,对支付平台的操作风险、信用风险和法律风险等重视不够。

领导对信息安全的不重视,就会导致信息安全工作不到位和难于开展。

一些员工思想上有麻痹意识,存在侥幸心理,从而导致安全措施执行不到位,安全制度无法贯彻的现象。

正是这些安全意识上的薄弱环节,导致了安全威胁有机可乘。很多信息安全事件往往不是因为技术原因,而是由于系统运维人员的疏忽或不作为引发的。安全意识薄弱是安全问题发生的根源。

2)安全管理机构不健全,安全管理制度不完善

多数第三方支付机构还没有形成信息安全组织结构,管理较混乱,安全管理人员配备不足。信息安全管理制度还不成体系,没有建立总体方针,安全管理制度和操作规程缺失,安全策略不完整,且已有的安全管理制度也不完善。以上问题易使工作上出现较大的漏洞,操作上出现失误,引发安全事故,造成损失。

3)安全技术防护能力薄弱

在第三方支付平台建设中,没有充分重视安全技术防护能力的建设。安全技术防护能力薄弱。有些支付系统中没有部署防火墙和入侵检测系统,没有划分安全域,没有安全事件监控、统一防病毒等防护措施,重要数据的传输和存储存在安全隐患,重要网络设备没有进行安全策略配置,应急处理方案不完备,应对和处理危机的能力还比较弱。

以上问题易使非法访问网络系统、假冒网络终端/操作员、用户信息被窃取、截获和篡改传输数据等安全事件发生,而且不能及时响应和控制事件的影响。

4)应用程序中存在安全漏洞

系统上线前,没有对应用程序进行全面的测评,致使生产系统存在功能、安全性及性能方面的问题。对第三方支付系统应用程序进行检测,会发现大量的安全隐患,如 SQL 注入漏洞、跨站点脚本编制漏洞、网络钓鱼以及登录方式不安全等,这些安全隐患可以被不法分子利用,窃取系统数据或用户的敏感信息,给第三方支付机构和用户造成严重损失。

5)个人信息不能得到保护

有些第三方支付平台要求用户提供真实姓名、联系方式、住址、银行账号甚至身份证号,个别网站在设计上存在问题,致使这些信息很容易被泄露。

第三方支付平台隐私政策不合理,免责条款过多,用户为了使用其服务只能同意该条款,导致发生问题时维权艰难。第三方支付机构除了应采用技术手段对个人信息进行保护之外,还应该以文件、政策或公告的方式,在网站上公开对用户信息的安全进行承诺。

2. 国家对第三方支付的监督管理

我国电子商务自 20 世纪 90 年代起步以来,很快进入快速发展期,交易额以年均 40%的速度增长。如今,电子商务已渗透到经济和社会各个层面。与此同时,有关非金融机构备付金管理、系统稳定性以及消费者权益保护等问题,已经引起了国家的重视。中央银行采取了相应的措施加强对第三方支付的监管。

2009 年 4 月,人民银行发布公告,对从事支付业务的非金融机构进行登记。

2010 年 6 月 14 日,人民银行发布《非金融机构支付服务管理办法》(简称《管理办法》),对非金融机构支付业务实施行政许可。

2010 年 12 月,发布《非金融支付服务管理办法实施细则》(简称《实施细则》)。《管理办法》和《实施细则》的发布,意味着我国非金融机构支付市场监管的基本原则已经确立。

《管理办法》中规定,对于《支付业务许可证》的申请人必须具备符合要求的支付业务设

施,在申请许可证时,支付业务设施必须符合中国人民银行规定的技术和安全标准,提交"技术安全检测认证证明"。

2011年6月,为做好《管理办法》实施工作,保障非金融机构支付服务业务系统检测认证工作规范有序开展,中国人民银行制定了《非金融机构支付服务业务系统检测认证管理规定》。

2012年9月,为规范支付机构从事预付卡业务行为,维护预付卡市场秩序,防范支付风险,中国人民银行制定了《支付机构预付卡业务管理办法》。

2013年6月,为规范支付机构客户备付金管理,保障当事人合法权益,促进支付行业健康有序发展,维护金融和社会稳定,中国人民银行制定了《支付机构客户备付金存管办法》。

2013年7月,为规范银行卡收单业务管理,保障各参与方合法权益,防范支付风险,促进银行卡业务健康有序发展,中国人民银行制定了《银行卡收单业务管理办法》。

由此可见,中央银行对非金融机构支付的技术和安全性的高度重视,技术和安全检测是非金融机构申请许可证过程中最关键也是最严格的环节。

7.3.2　法律问题

我国网络第三方支付机构是随着电子商务的发达而发展起来的,其在网络购物中所起到的信用担保作用对于电子商务的繁荣产生了很大的影响。但是这种新兴的中介支付机构本身也存在一定的问题。

1. 我国网络第三方支付机构的性质和法律地位模糊

我国网络第三方支付机构尽管已经存在10年之久,但是其性质和法律地位一直模糊不清,法律并没有给其以明确的法律地位。尽管2010年我国前后出台了《非金融机构支付服务管理办法》及其实施细则,在第三方支付机构的法律监管上有了相关法律的支持,但是其具体内容的规定还是过于笼统,仅仅把网络第三方支付机构的性质进行了笼统的规定,把其笼统定性为非金融机构,但是关于网络第三方支付机构的其他规定并没有进一步明确。第三方支付机构并非银行等金融机构,但是其提供的服务却是一种类似于银行的存款和资金支付结算业务,从这个方面看,网络第三方支付机构就类似于银行的结算机构。但是根据我国法律的规定,进行存贷款及支付结算等业务,需要经过中国银行业监督管理委员会的批准,但是第三方支付机构并没有经过这些机构的批准,因此网络第三方支付机构才出现目前这种非金融机构但是从事着金融服务的现状。非金融机构的这种行为是否符合我国的相关要求,针对这种情况我国的相关机构应该如何应对,第三方支付机构的支付行为在法律上到底属于一种什么行为等,都是在网络第三方支付机构监管中应该注意的问题。

2. 我国网络第三方支付机构存在沉淀资金的风险

我国网络第三方支付机构的沉淀资金问题是伴随着网络第三方支付机构的产生而产生的问题,是一个与网络第三方支付机构相伴相生的问题。沉淀资金主要包括两种:一种是在交易过程中由于货款支付与收款的时间差而产生的一种在途资金。另外一种是暂存于网络第三方支付机构账户中的资金,主要包括账户中的预存资金和网络交易产生纠纷后暂时存放于账户中待纠纷解决后再支付的资金。这些沉淀资金留存于第三方支付机构,产生了诸多的问题。具体来说,网络第三方支付机构为了获得沉淀资金及其收益,可能会拖延沉淀资金沉淀的时间;第三方支付机构可能为了获取收益而短期甚至处分沉淀资金;巨额的沉淀资金存在于网络第三方支付机构中,其所获得的利息的归属以及巨额资金保管的费用等,都需要进一步明确。2013年6月7日,中国人民银行公布了《支付机构客户备付金存管办法》(中国人民银行公告2013年第6号),该办法规定了备付金,并且确立了沉淀资金的利息,除提交至少10%的风险准备金外,剩余的利息归第三方支付机构。这一规定是否合理,且这一规定是否会加剧网络第三方支付机构滞留沉淀资金等问题也是需要我们进一步解决的。

3. 我国第三方支付机构的法律监管欠缺

我国网络第三方支付尽管已经有10多年的发展历程,但是对其进行的法律监管却相对欠缺,其欠缺主要表现在两个方面,一方面是监管法律欠缺或不健全,另一方面是监管主体的缺失或不作为,在法律的缺失方面主要表现为相关的法律欠缺。目前,第三方支付机构的监管还主要集中在依托电子商务的法律,如《电子支付指引(第一号)》《支付清算组织管理办法》《中华人民共和国电子签名法》《非金融机构支付服务管理办法》(简称《办法》)及其实施细则等,并没有专门的网络第三方支付机构的相关法律,将这些法律或法规等运用于网络第三方支付机构,并不能全面解决网络第三方支付机构的问题。此外,我国也没有专门针对网络第三方支付机构的监管机构,没有明确的部门对其进行监管。如前文所述,网络第三方支付机构尽管被定性为一种非金融机构,但是其本身却从事的是金融服务。金融服务的监管关系到我国的金融和经济安全,目前网络第三方支付机构发展迅速,但是相应的监管主体却没有配套跟上,这是非常不利于我国网络第三方支付机构的良性发展的。

7.3.3 反洗钱问题

伴随着信息技术与互联网的高速发展,第三方支付成为主要的支付手段,其方便、快捷、高效和经济的结算方式带来了极大的社会效益。然而,其应用也给洗钱犯罪分子的违法活动提供了广泛的空间。

1. 第三方支付存在的洗钱隐患

1) 特有的交易模式为洗钱活动提供渠道

第三方支付业务特有的交易模式主要是指其存在的虚拟账户和虚假货币。客户在第三方支付机构开立虚拟账户时,自行登记姓名、证件号码、联系电话和地址等信息,非金融机构难以逐一核实查证信息的真实性,也没有进行核实查证的内在动力和外在压力。这种交易模式使得资金的流转具有很强的隐蔽性和匿名性,很容易被洗钱分子利用,成为洗钱犯罪的源头。比如,客户在第三方支付机构转账或支付时,通过银行账户转入或使用现金购买不记名充值卡充值等方式将资金注入虚拟账户,形成非金融机构客户资金的来源,利用互联网输入支付指令将资金由客户账户划入支付中介的账户并最终划入目标账户,这一方式规避了虚拟账户不能存取现金的限制,实现了隐蔽资金流转的功能。非法资金可以借此被披上合法的外衣,自由出入金融系统,进行各类正常经济活动。

2) 巨额沉淀资金的存在为洗钱活动提供可能

沉淀资金包括交易过程中的在途资金和交易前后暂存在支付平台的资金,当业务达到一定规模时,由于不同客户的结算周期不同和结算时间间隔的存在,第三方中介账户中的资金量会相当可观。这些沉淀的资金会被存放在以网络为基础的支付平台上,虚拟账户的余额只是一个代表符号,真正的货币资本则完全受控于第三方支付企业。第三方支付企业可以通过存入银行获得利息收入,也可以进行其他投资获得收益。第三方支付企业虽然不是金融企业,却具备了类似吸收储蓄资金、集资、组织基金等功能,并形成资金沉淀,成为"天然的资金池"。在监管不到位的情况下,基于利益的驱使很容易产生资金转移和挪用的冲动,成为不法分子攻击的对象。

例如:首先犯罪分子事先在第三方支付平台上用虚假的身份信息开设一个账户,然后再利用平台店铺发布一个虚构的交易信息,假装成是一家正常经营的店铺,以此来掩盖其违法活动,但该货品没有任何的描述和备注,淘宝店铺也异常简陋。之后,犯罪分子与买家谈好价格,就会指示买家进入店铺内拍下与不法商品等额的商品,买家一旦确认收货,不法资金就会以商品款项的名义被放入犯罪分子预先开设在第三方支付平台的账户内。然后,犯罪分子只需要将平台账户内的资金提现到不同的银行账户即可。至此,犯罪分子所获得的不法资金就变身为正当的款项了。由于第三方交易平台没有设定每日的交易限额,犯罪分子每日可以进行大量的交易和进行现金的转移,并不受任何的监管。

3) 反洗钱法律制度缺失,容易滋生洗钱犯罪

在我国,第三方支付行业的反洗钱工作起步晚、基础薄弱,反洗钱工作机制尚不健全,在反洗钱意识、内控制度建设、组织机构及人员配备、工作人员反洗钱知识教育与培训方面存在不足。而在反洗钱监管方面,中央银行于 2010 年 12 月 3 日发布了《非金融机构支付服务管理办法实施细则》,虽然在一定程度上涉及反洗钱措施相关内容,也将第三方网上支付企业纳入反洗钱监管体系,但反洗钱监管措施并不齐全,没有专门针对这类机构的反洗钱监管办法,反洗钱监管体系仍不完善。

2. 反洗钱的政策与措施

《非金融机构支付服务管理办法》以及《非金融机构支付服务管理办法实施细则》的出台,正式启动了非金融机构支付业务的反洗钱工作。第三方支付业务发展迅猛,介入金融业务的广度和深度不断增加,随之而来的被利用洗钱的风险已不容回避。因此,可以从以下几个方面考虑防范洗钱行为的发生:

(1) 规范第三方支付行业反洗钱职责,认真落实交易账户实名制和可疑交易报告制度。

根据《非金融机构支付服务管理办法》《非金融机构支付服务管理办法实施细则》等相关法律、法规,采取风险为本的反洗钱监管模式,要求第三方支付机构切实履行防范洗钱行为的职责:

① 客户身份识别方面。这要求各第三方支付机构在开立虚拟账户时,要遵循实名制原则,确保客户身份资料的真实、准确和完整。对于收款方,除要求其提供有效的证明文件保证实名开户外,还应审核其资格。

② 大额交易和可疑交易报告。第三方支付机构应设计交易监控程序,对支付交易进行实时监测,对于不符合正常贸易行为或洗钱风险度高的交易采取相应的措施,及时、有效地识别大额交易和可疑交易,并依法向中国反洗钱检测中心报告。

③ 保存客户身份资料和交易记录。客户身份资料和交易记录是一切业务活动的原始记录,是判断洗钱行为的重要依据。第三方支付机构应本着真实、完整的原则保存客户虚拟账户和第三方支付账户的交易记录,不得以批量处理信息代替具体交易记录,隐匿资金的真实因果关系。

（2）完善法律法规，细化交易规则。

第三方支付交易行为与传统的银行机构支付结算行为存在一定差异，在反洗钱方面存在自己固有的特点。管理部门应针对非金融机构支付业务制定相对应的法律法规，并将具体的操作和要求进行细化，做到有法可依，在遵循相关的法律法规、认真落实反洗钱工作要求的基础上，还应规范支付交易行为，设置合理的交易控制规则，以达到最基本的风险防控目的。

（3）加强对沉淀资金的管理。

对第三方支付机构沉淀资金的管理是防范其洗钱的重要手段，但是当前并未出台行之有效的措施。学界对第三方支付的沉淀资金问题的研究正在兴起。相关部门也在考虑采取相应的措施防范沉淀资金被非法挪用，尽量降低因为第三方电子支付机构暂停经营或倒闭使消费者遭受损失的风险。

7.3.4　第三方牌照

1. 概述

2010 年 6 月，中国人民银行正式对外公布《非金融机构支付服务管理办法》对国内第三方支付行业实施正式的监管。根据相关规定，非金融机构提供支付服务需要按规定取得《支付业务许可证》，成为支付机构，而 2011 年 9 月 1 日成为第三方支付机构获得许可证的最后期限，逾期未取得的企业将不得继续从事支付业务。

2011 年 5 月 26 日，中央银行公布了首批《支付业务许可证》，共颁给 27 家单位，其中支付宝、银联商务、财付通、快钱等悉数获得许可证。8 月 31 日，中央银行公布了第二批第三方支付牌照名单，上海银联、联动优势等 13 家企业分获不同种类的业务许可牌照。

随着第三方支付服务业务范围、规模的不断扩大和新的支付工具推广以及市场竞争的日趋激烈，这个领域一些固有的问题逐渐暴露，新的风险隐患也相继产生，如客户备付金的权益保障问题、预付卡发行和受理业务中的违规问题、反洗钱义务的履行问题、支付服务相关的信息系统安全问题以及违反市场竞争规则、无序从事支付服务问题等。这些问题仅仅依靠市场的力量难以解决，必须通过必要的法规制度和监管措施及时加以预防和纠正。

作为我国支付体系的法定监督管理者，中央银行通过《非金融机构支付服务管理办法》，推进第三方支付牌照发放，加强对第三方支付行业的监管。无论是国有资本还是民营资本的非金融机构，只要符合管理规定，都可以取得《支付业务许可证》。

2. 意义

《办法》的出台，标志着第三方支付行业结束了原始成长期，被正式纳入国家监管体系，并拥有合法的身份。《办法》有利于正规的第三方支付企业，并为新入门者设置了很高的门槛，有效避免一哄而上、恶性竞争的局面。此外，《办法》保证专注于第三方支付的企业获得合理的利益，不会因为恶性价格竞争毁掉全行业，有助于加速移动电子商务的发展，对于第三方支付行业良性循环具有重大意义。

第三方支付牌照的发放，从行业的层面讲，是对第三方支付行业法律地位的一个肯定。通过发放第三方支付牌照，赋予第三方支付企业合法的地位，把第三方企业正式纳入国家的政策监管体系下，有利于第三方支付行业朝着更加规范、健康的方向发展。从企业层面讲，支付牌照是对获得牌照企业从平台系统、运营管理以及风险控制等各方面资质的一个有效认可，对于提升企业的品牌形象和公信力具有重要作用。

第三方牌照发放不仅有利于行业的规范,加速行业内整合洗牌,对于第三方支付"中国队"参与国际竞争也将带来政策支持。

支付牌照发放将使中国第三方支付行业进入规范发展的新阶段,获牌公司扩张规模和拓展新兴市场的力度将会逐步加大。此后,支付行业的市场竞争格局很可能将发生改变,市场份额也将重新划分,使用第三方支付方式的用户也会逐渐增多,第三方支付行业将迎来高速发展的新阶段。此外,牌照的发放还可有效地规范市场,利于行业甚至产业链的健康发展,有利于各种支付业务的创新和发展,并最终能够促使第三方支付行业形成一个更加完整成熟的产业链。

7.4　第三方支付方式的变革

1. 区块链含义

区块链(Blockchain)是比特币的一个重要概念,本质上是一个去中心化的数据库,同时也是比特币的底层技术和基础架构。区块链是一串使用密码学方法产生的数据块,每一个数据块中包含了一次比特币网络交易的信息,用于验证其信息的有效性(防伪)和生成下一个区块。

狭义来讲,区块链是一种按照时间顺序将数据区块以顺序相连的方式组合成的一种链式数据结构,并以密码学方式保证的不可篡改和不可伪造的分布式账本。广义来讲,区块链技术是利用块链式数据结构来验证与存储数据、利用分布式节点共识算法来生成和更新数据、利用密码学的方式保证数据传输和访问的安全、利用由自动化脚本代码组成的智能合约来编程和操作数据的一种全新的分布式基础架构与计算范式。

如果把数据库假设成一本账本,读写数据库就可以看成一种记账的行为,区块链技术的原理就是在一段时间内找出记账最快最好的人,由这个人来记账,然后将账本的这一页信息发给整个系统里的其他所有人。这也就相当于改变数据库所有的记录,发给全网的其他每个节点,所以以区块链技术也称为分布式账本。

2. 特征

1) 去中心化

由于使用分布式核算和存储,不存在中心化的硬件或管理机构,任意节点的权利和义务都是均等的,系统中的数据块由整个系统中具有维护功能的节点来共同维护。

得益于区块链的去中心化特征,比特币也拥有去中心化的特征,在火币联合清华大学五道口金融学院互联网金融实验室、新浪科技发布的《2014—2016 全球比特币发展研究报告》中对此就有详细报告。

2) 开放性

系统是开放的,除了交易各方的私有信息被加密外,区块链的数据对所有人公开,任何人都可以通过公开的接口查询区块链数据和开发相关应用,因此整个系统信息高度透明。

3) 自治性

区块链采用基于协商一致的规范和协议(比如,一套公开透明的算法),使得整个系统中的所有节点能够在信任的环境中自由安全地交换数据,使得对"人"的信任改成了对机器的信任,任何人为的干预不起作用。

4)信息不可篡改

一旦信息经过验证并添加至区块链,就会永久地存储起来,除非能够同时控制住系统中超过51%的节点,否则单个节点上对数据库的修改是无效的,因此区块链的数据稳定性和可靠性极高。

5)匿名性

由于节点之间的交换遵循固定的算法,其数据交互是无需信任的(区块链中的程序规则会自行判断活动是否有效),因此交易对手无须通过公开身份的方式让对方自己产生信任,对信用的累积非常有帮助。

3. 独一无二的记录

区块链能明确证明,一项记录在案的信息——如数据、文档、交易、证书、事件或身份,在某一时点确实存在。如果能为一项资产分配一个唯一的数字标识符(如条形码),那么它也能被包括在上述信息的行列中。

区块链管理及工作原理分别如图 7-18 和图 7-19 所示。

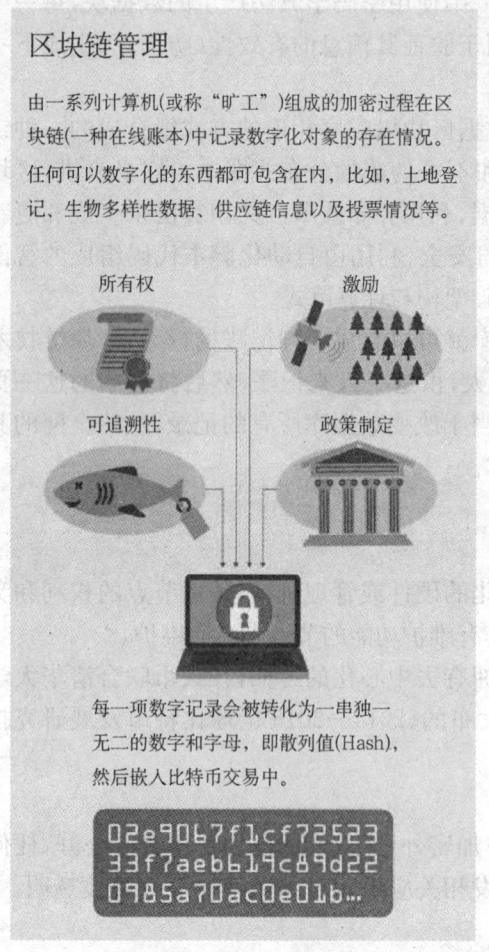

图 7-18 区块链管理

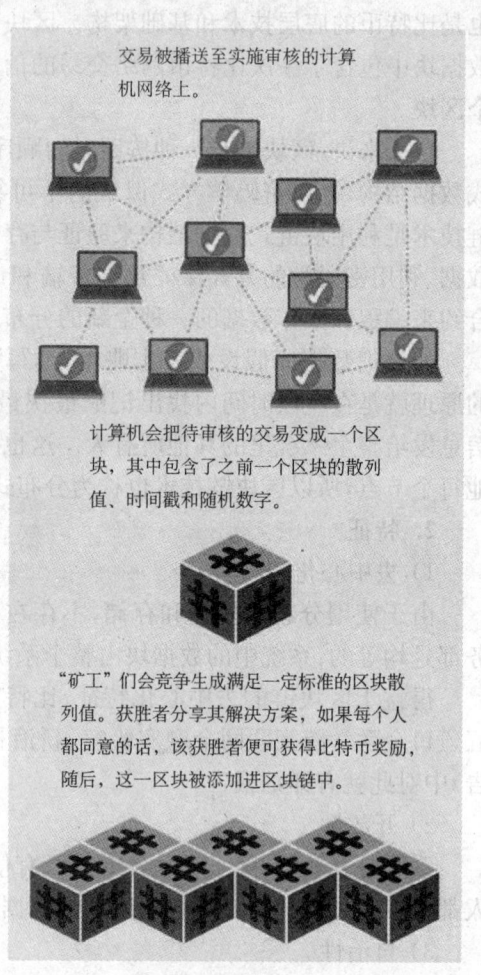

图 7-19 区块链工作原理

通过加密函数,这个标识符能被转换为一串独一无二的数字和字母,即散列值(Hash);散列值存储在区块链中。之后,人们可以通过重新计算散列值,证明这项资产在某一时点存在过。资产本身并不需要被显示出来。

散列函数是单向的:人们无法从散列值追溯回生成它的原始文件,也无法推测出是哪个文件生成了某一个特定的散列值。这意味着比特币证书是无法伪造的。这一系统不能证明所登记的数据或文件的真实性;信息本身的真实性必须通过其他方式评估。

举例来说,密钥基础设施能证实人类评估员的身份和声誉,这意味着只有经过认证、声誉良好的评估员才能输入数据。传感器(如射频识别芯片、水质或温度传感器等)自动生成的数据也可以被散列化,然后直接写入区块链中。

区块链技术保证了事先计划过的事件一定能发生:比如,在货物送抵时自动付清账单。

这一点是依靠"智能合约"实现的。智能合约是用计算机代码来呈现的商业逻辑,通过以太坊(Ethereum)平台在区块链上执行。当特定条件被满足时,智能合约就会自动执行。巴克莱银行的企业银行部门已经开始在金融服务中试用智能合约了。

智能合约拥有许多优势。它们的执行与所涉各方的意愿、许可或行动无关,而且不可能毁约,也不需要受信任的第三方或代管文件来管理。智能合约也很廉价。计算机代码的模糊性低于自然语言,而且独立于现行的法律规定和机构。

4. 区块链的演进顺序

第一阶段 2009—2015 年,这是数字货币(比特币)阶段。在这个阶段,整个区块链产业围绕比特币形成了完整的产业结构。

第二阶段 2016—2019 年,这是区块链 to B 的阶段,也就是 Business Blockchain 商用区块链阶段。区块链会被企业、银行、金融机构等率先采纳和接受,广泛应用于商业领域。

第三阶段 2020 年以后。预计在 2020 年以后,区块链会进入第三阶段,即面向消费者的"民用区块链"阶段。个人资产的映射、公证、信息记录、个人健康数据,都可以用区块链实现更好的掌控,让"大数据"主动权第一次真正掌握在个人手中,而非目前的寡头手中。

预计 2020 年之后,随着进一步发展,加密和网络的新技术发展,区块链会被更多的大众了解,进入民用阶段。届时支付宝、微信支付建立的移动支付真的会被区块链技术重塑!区块链发展趋势如图 7-20 所示。

5. 区块链＋支付或已成大趋势

不管是现在的微信支付、支付宝,又或者是其他的第三方支付,都只是基于互联网技术的数字货币,在现行的金融框架之内对终端用户的支付行为进行了用户体验的提升,并没有从根本上对既有的金融体系进行改朝换代。

而如果想要进行一次对金融体系的深度改革,那么首先就需要有一种更安全、高效、便捷的新技术来带领。而这种新技术必然要有打破重建的潜力,不仅可以催生新的商业形式,也可以基于科技重建金融体系。

区块链就是在这样的背景下,进入大众视野的。以分布式账本为基础的区块链可以有力地支持数字货币,具有去中心化、匿名性强、支付便捷等特点,能够实现实时的资产传递、共享仅有的账本、信息不可篡改等,具有更高的安全性与实用性。

我们再来看看第三方支付的弊端。我们在使用第三方支付的时候,资金都会在服务商滞留,一旦这些资金缺乏有效的流动性管理,那么就可能存在资金安全和支付的风险。同

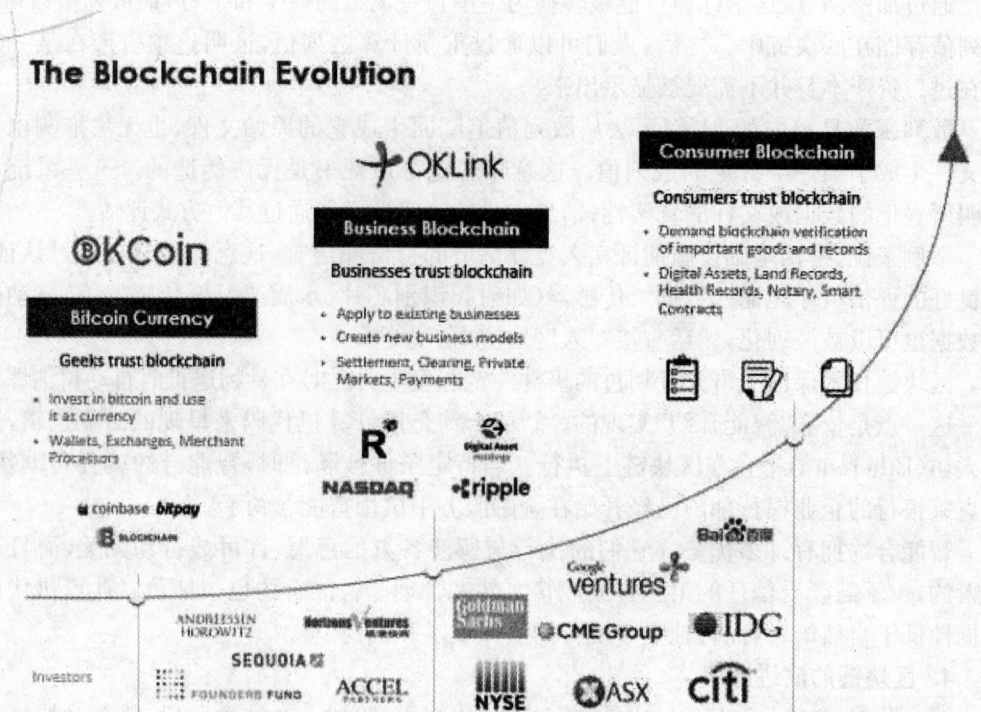

图7-20　区块链发展趋势

时,第三方支付的方式已经突破了许多限制,并且这很可能会成为非法转移资金的温床,于是潜在的金融风险就形成了。

此外,电子支付行业存在损害支付服务的恶意竞争问题,甚至这些恶意竞争还给电子商务行业的发展带来了不小的负面冲击。

目前,国内的专业电子支付公司已经超过40家,而且多数支付公司与银行之间采用纯技术网关接入服务,这种支付网关模式容易造成市场严重同质化,同时也挑起了支付公司之间激烈的价格战。由此直接导致了这一行业"利润削减快过市场增长"的情况。在中国,惯用的价格营销策略让电子支付行业吞下了利润被摊薄的苦果。

所以,有业内人士认为,区块链日后将很有可能会代替移动支付,成为一种全新的支付方式,并加速货币流通,促进新一轮的全球金融市场变革。

除了区块链之外,在未来,智能合约也将会成为大趋势。区块链解决了对交易的信任和安全问题,而智能合约在某种程度上,也可以说得上是对交易信任的升级。智能合约可以基于一些可信且不可篡改的数据,自动化地执行一些预先定义好的规则和条款,就像是一种默认的潜在的协议,在合约条件达成时,合约对应的条款也会自动被执行。

6. OKLink 的小额跨境支付尝试

OKLink 是 OKCoin 于 2016 年推出的构建于区块链技术之上的新一代全球金融网络。该网络以区块链信任机制为基石,以数字货币为传输介质,可以极大地提高国际间汇款传输的效率。

在业务方面,通过链接银行、汇款公司、互联网金融平台、跨国公司等全球金融参与者,为用户提供安全、透明的全球汇款服务。

实际上，一直以来，传统金融服务业发展受各方面限制，长期存在跨境汇款时间长、手续费高、透明性低等问题。

OKLink 平台以 Oklink Blockchain 网络发行的数字货币 OK Dollar(价值与美元等同)作为传输结算介质，通过区块链技术的传输，增加传输过程的稳定性和安全性。

复 习 思 考

名词解释： 第三方支付 支付宝 微信支付 PayPal 支付 Apple Pay

1. 第三方平台的发展历程是什么？
2. 第三方支付平台的支付流程是什么？
3. 简述支付宝的工作原理及发展趋势。
4. 如何看待 Apple Pay 在中国市场的发展前景？
5. 第三方支付存在哪些问题？

第8章　电子支付安全与管理

8.1　电子支付安全概述

8.1.1　电子支付面临的安全问题

目前,国内支付行业产业链安全水平参差不齐,导致风险事件层出不穷。与银行系统相对完善的风险控制体系相比,支付机构的风控体系则差强人意。除一些大型支付机构外,市场中存在大量的、风控水平非常低下的小型支付机构,不仅没有风险控制模型,还会利用自有通道为其他支付机构提供支付通道。

在支付安全方面,部分支付机构非法留存并转卖用户交易信息,更是对用户信息、资金安全造成了巨大风险隐患。

部分支付机构在与用户签约时未做到对用户的重要信息告知,在用户发生风险事件时故意推诿、拖延,拒不赔付处理,也是目前支付市场上常见的侵害消费者权益的行为。

据人民银行统计,2014 年至今,其全系统金融消费权益保护部门受理的网络支付类投诉占互联网金融类投诉的 95.06%。

《2016 移动支付安全调查报告》显示,64% 的被调查者曾使用手机号码同时注册多个账户,包括金融类账户、社交类账户和消费类账户等,其中遭遇过电信诈骗并发生损失的比例过半,高于整体平均水平。用手机同时注册金融类账户及其他账户,如发生信息泄露,不法分子更易接管金融支付账户盗取资金。

此外,移动支付领域的静态码支付尽管打印方便、成本低,但容易被不法分子替换植入木马病毒等,造成客户资金损失。一些节点病毒感染甚至会对整个客户信息安全产生影响,中央银行收到大量相关的案例投诉。针对此类问题,2017 年 12 月 27 日,中国人民银行发布《条码支付业务规范(试行)》。同时配套印发安全技术和受理终端技术两个规范,规范将条码支付按技术特征分为 ABCD 四个等级,针对安全级别不同规定从 A 类没有任何金额限制到 D 类 500 元限额。

总体而言,从用户角度来说,目前面临的电子支付安全风险主要有:账户和密码被盗取的风险、网银数字证书被盗的风险、货款无法退还的风险、被虚假恶意的网站骗取货款或者骗取银行账户和密码的风险、个人信息被盗取的风险、在电子支付中权利和义务得不到法律法规保障的风险以及来自银行内部的安全风险,如网上银行的安全措施薄弱导致的风险、银行内部工作人员内外勾结盗取用户款项的风险。

1. 技术风险

技术安全风险包括物理安全风险、内网与外网互联的风险、内网的安全风险、系统的安全风险、应用的安全风险。

1）物理安全风险

网络的物理安全是整个网络系统安全的前提,这对于银行系统来说很重要。物理安全的风险主要有:地震、水灾、火灾等环境事故造成整个系统毁灭,如"5.12"汶川大地震造成银行系统的全面破坏,这给正在支付结算的用户来说造成了巨大的损失;电源故障造成设备断电以及操作系统引导失败或数据信息丢失;设备被盗、被毁造成数据丢失或信息泄露;电磁辐射可能造成数据信息被窃取或偷阅;报警系统的设计不足可能造成原本可以防止但实际发生了的事故。

2）内网与外网互联的风险

如果系统内部局域网络(内网)与系统外部网络(外网)间没有采取一定的安全防护措施,内网容易遭到来自外网一些不怀好意的入侵者的攻击。例如:入侵者通过一些嗅探程序来探测扫描网络及操作系统存在的安全漏洞,如网络 IP 地址、应用操作系统的类型、开放哪些 TCP 端口号、系统保存用户名和口令等安全信息的关键文件等,并通过相应攻击程序对内网进行攻击;入侵者通过网络监听等先进手段获得内网用户的用户名、口令等信息,进而假冒内部合法身份进行非法登录,窃取内部网重要信息;入侵者通过发送大量 PING 包对内部网重要服务器进行恶意攻击,使得服务器超负荷工作以至拒绝服务甚至系统瘫痪。

3）内网的安全风险

据调查在已有的网络安全攻击事件中约 70% 是来自内网的侵犯。比如,内部人员故意泄漏内网的网络结构;安全管理员有意透露其用户名及口令;内部不怀好意员工编制破坏程序在内网上传播或者内部人员通过各种方式盗取他人涉密信息传播出去。这些因素都将对网络安全构成很大的威胁。

4）系统的安全风险

系统的安全通常是指网络操作系统、应用系统的安全。目前的操作系统或应用系统无论是 Windows 还是其他任何商用 UNIX 操作系统以及其他厂商开发的应用系统,其开发厂商必然有其后门(Back-Door),而且系统本身必定存在安全漏洞。这些"后门"或安全漏洞都存在重大安全隐患。但是从实际应用上,系统的安全程度跟对其进行安全配置及系统的应用面有很大关系,操作系统如果没有采用相应的安全配置,则会漏洞百出,掌握一般攻击技术的人都可能入侵得手。

5）应用的安全风险

应用的安全涉及很多方面,由于在应用系统的工作过程中,业务流程是动态的、不断变化的,因此应用过程中的安全性也是动态的。这就需要针对不同的应用,检测系统中的安全漏洞,采取相应的安全措施,降低应用的安全风险。

（1）电子邮件:电子邮件的功能很强大,但电子邮件也很脆弱,安全性很差,不法分子经常通过电子邮件进行侵害行为。

（2）病毒侵害:网络是病毒传播的最好、最快的途径之一。病毒程序可以通过网上下载、电子邮件、使用盗版光盘或软盘、人为投放等传播途径潜入内网。

（3）恶意代码：恶意代码不限于病毒，还包括蠕虫、特洛伊木马、逻辑炸弹以及其他未经同意的软件。

（4）数据信息：数据在传输中很难保证在传输过程中不被非法窃取、篡改，一旦发生就是致命性的安全问题。

（5）通用网关接口（CGI）漏洞：在许多页面文件和指向其他页面或站点的超链接中，黑客都可以通过修改 CGI 脚本来执行他们的非法任务，如窃取用户个人信息、破坏用户交易等。

2. 管理风险

这里的管理不仅针对银行系统，也针对用户和其他支付服务机构。

1）客户操作风险

由于电子银行的很多业务都需要使用者具备一定的操作技能，所以如果客户操作不熟练，就有可能产生误操作，从而产生操作风险；还有一些客户的安全意识不强，将自己的银行卡账号和密码告诉他人，或在 ATM 取款后，随处丢弃回单，给犯罪分子可乘之机；更严重的是不少犯罪分子利用短信、邮件、假银行网站等方式骗取客户的银行卡信息，盗取客户资金，给客户造成了巨大的损失。

2）内部控制风险

内部控制风险是由于我国商业银行内控制度建设滞后于金融电子化的发展，信息系统安全管理的基本框架、管理机制、策略方法和工作流程还不完善，一些制度得不到认真执行，导致银行内部人员违规操作或伺机作案，给电子银行安全运行造成的风险。

3. 法律风险

目前我国虽然颁布了一些关于电子支付的法律法规，如《网上银行业务管理暂行办法》《电子支付（第一号）》《电子银行业务管理办法》等，但是还没有一部关于电子支付的完善的、对电子支付中各方的权利义务清楚界定的法律法规。因此，经常会产生用户网上银行账户里存款被盗但却不能认定责任方的情况。

另外，如银行擅自开通用户网上银行导致账户存款被窃等情况，目前在我国电子支付中产生了许多纠纷，但往往在许多案例中警方由于技术原因而找不到作案线索，以致在银行、用户或者商家、第三方服务组织等几个行为主体之间无法认定具体的责任人，最后用户只有无奈地接受后果。法律不完善所带来的法律风险在很大程度上加大了用户使用电子支付的心理负担。

8.1.2　电子支付安全防范及意义

理论上，电子支付比传统支付具有更多的优势（如便捷、高效、实时等），但近年来日益频发的电子支付安全问题制约了电子支付的健康发展，如何建立一个安全、便捷的电子支付应用环境，保证信息安全已经成为商家和用户都十分关心的话题。

据中国互联网络信息中心第 43 次《中国互联网络发展状况统计报告》数据显示，截至2018 年 12 月，中国网民规模达 8.29 亿，全年新增网民 5 653 万，互联网普及率为 59.6%，手机网民规模达 8.17 亿。其中，我国网络支付用户规模达 6 亿，手机网络支付用户规模达5.83 亿。中国人民银行 2018 年第三季度支付业务统计数据显示，银行业金融机构共处理电子支付业务 452.36 亿笔，金额 592.43 万亿元。其中，网上支付业务 148.93 亿笔，金额495.24 万亿元，同比分别增长 23.21% 和 12.58%；移动支付业务 169.35 亿笔，金额 65.48 万亿元,同比分别增长 74.19％和 32.91％;电话支付业务 3701.99 万笔,金额 1.82 万亿元,同比分别下降 9.90％和 15.58％;非银行支付机构处理网络支付业务 1 395.43 亿笔,金额 52.01 万亿元,同比分别增长 79.29％和 33.42％。

1. 技术风险防范

（1）建立网络安全防护体系,防范系统风险与操作风险。不断采用新的安全技术来确保电子支付的信息流通和操作安全,要加快发展更安全的信息安全技术、加密技术、网络使用记录检查评定技术、人体特征识别技术等。

（2）建立大型电子支付数据仓库或决策支持系统,防范信用风险、市场风险等金融风险。通过数据库技术或数据仓库技术存储和处理信息来支持银行决策,以决策的科学化及正确性来防范各类可能的金融风险。

2. 管理风险防范

通过管理、培训手段来防止金融风险的发生。《中华人民共和国计算机信息系统安全保护条例》《中华人民共和国计算机信息网络国际联网管理暂行规定》对计算机信息系统的安全和计算机信息网络的管理使用做出了规定,严格要求电子支付等金融业从业人员依照国家法律规定操作和完善管理,提高安全防范意识和责任感,确保电子支付业务的安全操作和良好运行。

3. 法律风险防范

电子支付安全不仅涉及技术问题,还涉及法律政策问题。在政府相关部门的大力支持下,目前已出台《中华人民共和国电子签名法》《电子认证服务管理办法》《支付清算组织管理办法》《电子支付指引(第一号)》《支付结算办法》《中华人民共和国外汇管理条例》等相关法律文件,近年来随着跨境电商的发展,国家外汇管理局综合司还发布了《支付机构跨境电子商务外汇支付业务试点指导意见》等,但是与快速发展的电子支付业务相比还有差距,需要立法机构加快立法进度。

只有保证网上支付的安全,完善电子商务的内外部环境,才能更好地促进我国网上支付的发展。

8.2　电子支付安全技术

8.2.1　防火墙技术

1. 防火墙概念

所谓防火墙,是一种保护计算机网络安全的技术性措施,它通过在网络边界上建立相应的网络通信监控系统来隔离内部和外部网络,以阻挡来自外部的网络入侵。

防火墙技术是一种隔离控制技术,在某个机构的网络和不安全的网络(如 Internet)之间设置屏障,阻止对信息资源的非法访问,也可以使用防火墙阻止重要信息从企业的网络上被非法输出。其原理示意图如图 8-1 所示。

2. 防火墙的分类

从实现原理上分,防火墙的技术包括四大类:网络级防火墙、应用级网关、电路级网关和规则检查防火墙。

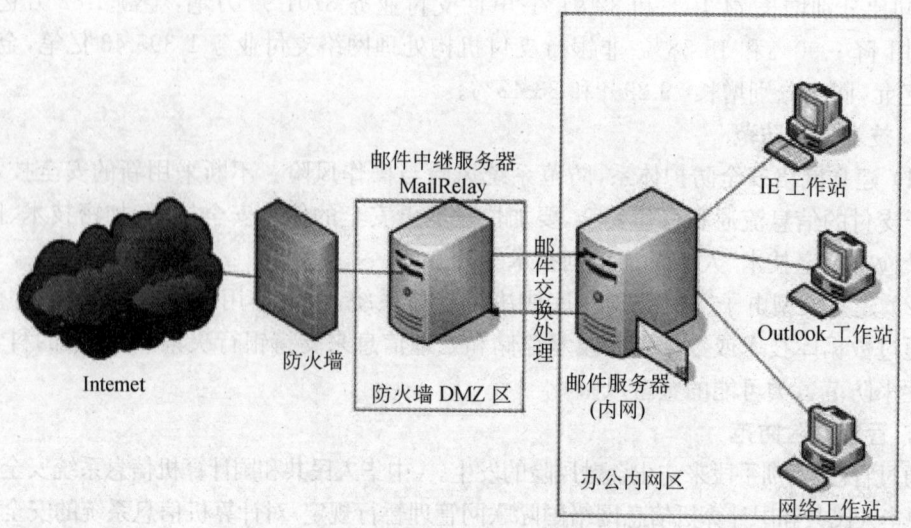

图 8-1　防火墙的原理示意图

1）网络级防火墙

网络级防火墙，一般是基于源地址和目的地址、应用、协议以及每个 IP 包的端口来做出通过与否的判断。一个路由器便是一个"传统"的网络级防火墙，大多数的路由器都能通过检查这些信息来决定是否将所收到的包转发，但它不能判断出一个 IP 包来自何方，去向何处。防火墙检查每一条规则直至发现包中的信息与某规则相符。如果没有一条规则能符合，防火墙就会使用默认规则。一般情况下，默认规则就是要求防火墙丢弃该包。

另外，通过定义基于 TCP 或 UDP 数据包的端口号，防火墙能够判断是否允许建立特定的连接，如 Telnet、FTP 连接。

2）应用级网关

应用级网关，能够检查进出的数据包，通过网关复制传递数据，防止在受信任服务器和客户机与不受信任的主机间直接建立联系。它针对特别的网络应用服务协议即数据过滤协议，并且能够对数据包分析并形成相关的报告。它对某些易于登录和控制所有输出输入的通信的环境给予严格的控制，以防有价值的程序和数据被窃取。

应用级网关有较好的访问控制，是目前最安全的防火墙技术，但实现困难，而且有的应用级网关缺乏"透明度"。在实际使用中，用户在受信任的网络上通过防火墙访问 Internet 时，经常会发现存在延迟并且必须进行多次登录才能访问。

3）电路级网关

电路级网关，用来监控受信任的客户或服务器与不受信任的主机间的 TCP 握手信息，以决定该会话是否合法。它是在 OSI 模型中的会话层上过滤数据包，这样比包过滤防火墙要高两层。

电路级网关还提供一个重要的安全功能——代理服务器，它是设置在 Internet 防火墙网关的专用应用级代码。这种代理服务准许网管员允许或拒绝特定的应用程序或一个应用的特定功能。包过滤技术和应用网关是通过特定的逻辑判断来决定是否允许特定的数据包通过，一旦判断条件满足，防火墙内部网络的结构和运行状态便"暴露"在外来用户面前,这就引入了代理服务的概念。

代理服务是指防火墙内外计算机系统应用层的"链接"由两个终止于代理服务的"链接"来实现,这就成功地实现了防火墙对内外计算机系统的隔离。同时,代理服务还可用于实施较强的数据流监控、过滤、记录和报告等功能。代理服务技术主要通过专用计算机硬件(如工作站)来承担。

4) 规则检查防火墙

规则检查防火墙,结合了包过滤防火墙、电路级网关和应用级网关的特点。它和包过滤防火墙一样,能够在 OSI 网络层上通过 IP 地址和端口号,过滤进出的数据包。它也像电路级网关一样,能够检查 SYN 和 ACK 标记和序列数字是否逻辑有序。它还和应用级网关一样,可以在 OSI 应用层上检查数据包的内容,查看这些内容是否能符合企业网络的安全规则。

规则检查防火墙虽然集成前三者的特点,但是不同于一个应用级网关的是,它并不打破客户机/服务器模式来分析应用层的数据,它允许受信任的客户机和不受信任的主机建立直接连接。

规则检查防火墙不依靠与应用层有关的代理,而是依靠某种算法来识别进出的应用层数据,这些算法通过已知合法数据包的模式来比较进出数据包,这样从理论上就能比应用级代理在过滤数据包上更有效。

3. 防火墙的特征

1) 防火墙是数据必经之地

内部网络和外部网络之间的所有网络数据流都必须经过防火墙。这是防火墙所处网络位置特性,同时也是一个前提。因为只有当防火墙是内、外部网络之间通信的唯一通道,才可以全面、有效地保护企业网部网络不受侵害。

根据美国国家安全局制定的《信息保障技术框架》,防火墙适用于用户网络系统的边界,属于用户网络边界的安全保护设备。所谓网络边界,即采用不同安全策略的两个网络连接处,比如,用户网络和互联网之间连接、和其他业务往来单位的网络连接、用户内部网络不同部门之间的连接等。

防火墙的目的就是在网络连接之间建立一个安全控制点,通过允许、拒绝或重新定向经过防火墙的数据流,实现对进、出内部网络的服务和访问的审计和控制。

2) 防火墙具有网络流量的合法性

防火墙最基本的功能是确保网络流量的合法性,并在此前提下将网络的流量快速的从一条链路转发到另外的链路上去。

从最早的防火墙模型开始谈起,原始的防火墙是一台"双穴主机",即具备两个网络接口,同时拥有两个网络层地址。防火墙将网络上的流量通过相应的网络接口接收上来,按照 OSI 协议栈的七层结构顺序上传,在适当的协议层进行访问规则和安全审查,然后将符合通过条件的报文从相应的网络接口送出,而对于那些不符合通过条件的报文则予以阻断。

因此,从这个角度上来说,防火墙是一个类似于桥接或路由器的、多端口的(网络接口≥2)转发设备,它跨接于多个分离的物理网段之间,并在报文转发过程之中完成对报文的审查工作。

3) 防火墙具有抗攻击免疫力

防火墙自身应具有非常强的抗攻击免疫力,这是防火墙之所以能担当企业内部网络安全防护重任的先决条件。

防火墙处于网络边缘,它就像一个边界卫士一样,每时每刻都要面对黑客的入侵,这样就要求防火墙自身要具有非常强的抗击入侵本领。它具有这么强的本领的关键,在于防火墙的操作系统,只有自身具有完整信任关系的操作系统,防火墙才可以保障网络的安全性。

但是,防火墙自身具有非常低的服务功能,除了专门的防火墙嵌入系统外,再没有其他应用程序在防火墙上运行。当然,这些安全性也是相对的。

8.2.2 加密技术

1. 加密技术的概念

加密技术,是指利用技术手段把重要的数据变为乱码(加密)传送,到达目的地后再用相同或不同的手段还原(解密)的技术。

它包括两个元素:算法和密钥。算法是将普通的文本(或者可以理解的信息)与一串数字(密钥)的结合,产生不可理解的密文的步骤,密钥是用来对数据进行编码和解码的一种算法。在安全保密中,可通过适当的密钥加密技术和管理机制来保证网络的信息通信安全。

2. 加密技术的分类

1) 对称密钥体制

对称密钥体制,又称常规密钥密码体制、私钥密码体制和单钥密码体制,加密和解密使用的是同一个密钥和算法,如果不相同,也可以由一个密钥来推导出另一个密钥来。

对称密钥体制加密、解密算法如图 8-2 所示,当发送端发送数据给接收端时,发送端用加密密钥将明文进行加密后成为密文,而接收端在接收到密文后,必须用发送端的密钥进行解密,还原成明文。

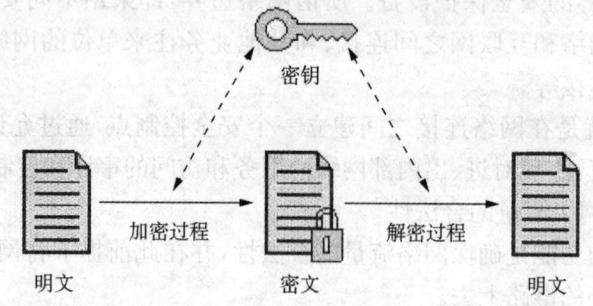

图 8-2 对称密钥体制加密、解密过程

常见的对称密钥体制算法有 DES 算法、IDEA 算法、ESS 算法等。

2) 非对称密码体制

非对称密码体制,又称公钥密码体制和双钥密码体制等,它的出现对对称加密的密钥传递缺陷进行了改进。非对称密钥技术中的密钥都是成双的,即有一对互补的钥匙,一个称为公钥(Public Key),另一个称为私钥(Private Key),其中公钥是公开的,这个公钥可以放在服务器上供任何人下载,另一个私钥必须自己保留。由于这两个密钥之间存在一定的数学关系,因此,这两个密钥中的一个密钥进行加密后,只能被另一个密钥解开。

非对称密钥体制加密、解密算法如图 8-3 所示,发送端用接收端的公钥将明文加密成密文,然后通过网络传送给接收端,接收端用自己的私钥将密文解密,还原成明文。除了私钥拥有者以外,没有任何人能将密文解密。如果数据在网络传输中被第三方截获,那得到的只是加密后的信息,没有私钥就无法正确还原。非对称密码体制中,最具代表性的是 RSA 算法,这种算法已被 ISO/TC97 的数据加密技术分委员会 SC20 推荐为公开密钥数据加密标准。

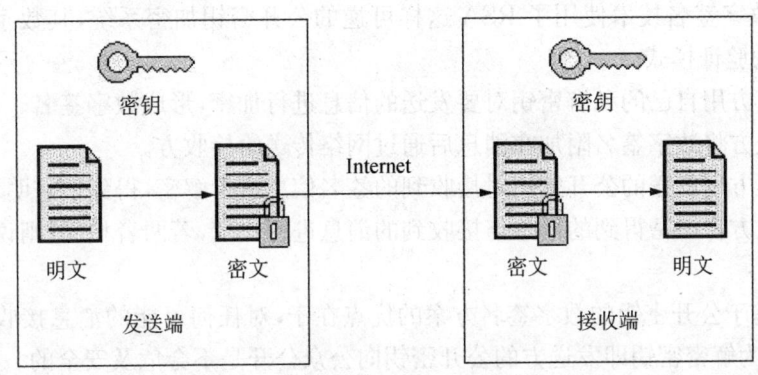

图 8-3　非对称密钥体制加密、解密过程

8.2.3　数字签名技术

1. 数字签名技术的概念

　　数字签名,又称公钥数字签名、电子签章,是一种类似写在纸上的普通的物理签名,但使用了公钥加密领域的技术实现,用于鉴别数字信息的方法。一套数字签名通常定义两种互补的运算,一个用于签名,另一个用于验证。它是非对称密钥加密技术与数字摘要技术的应用。只有信息的发送者才能产生别人无法伪造的一段数字串,这段数字串同时也是对信息的发送者发送信息真实性的一个有效证明。

2. 数字签名技术的种类

1) Hash 签名

　　单向的散列函数(Hash 函数)是一种计算相对简单但却很难进行逆运算的函数。从数学上来讲,就是当给定一个值 x,利用单向的散列函数 $y=f(x)$ 很容易求出 y 的值,但是给定 y,则不可能求出相应的 $x=f(y)$。散列函数用来在数字签名中生成信息摘要,是一种单向函数,具有以下特征:

　　(1) 函数必须是真正单向的,也就是说不可能根据散列形成的摘要来重新计算出原始的信息。

　　(2) 散列计算不可能对两条不同信息求出相同的摘要。

　　这两条缺少任一条均可能导致利用散列函数的数字签名在处理上的缺陷。例如,如果某个主动攻击者能检测到信息及其摘要,并且伪造具有同样摘要的信息内容,则攻击者就能以伪造的信息来替换原信息内容。这样无论用来产生签名的加密系统及强度有多高,都无法发现这种取代。

　　Hash 函数不属于强计算机密集型算法,应用较广泛。很多少量现金付款系统,如 DEC

的 Millicent 和 CyberCash 的 CyberCoin 等都使用 Hash 签名。使用较快的算法可以降低服务器资源的消耗,减轻中央服务器的负荷。Hash 的主要局限是接收方必须持有用户密钥的副本以校验签名,因为早期很多 Hash 签名方案中双方都知道生成签名的密钥,比较容易攻破,所以存在伪造签名的可能。如果中央或用户计算机有一个被攻破,那么其安全性就受到了威胁。另外,管理这些密钥比较麻烦。

2) RSA 数字签名

简化的数字签名技术使用了 RSA 这样可逆的公开密钥加密系统,其数字签名过程中运用了消息的验证模式。

(1) 发送方用自己的私有密钥对要发送的信息进行加密,形成数字签名。

(2) 发送方将数字签名附加在消息后通过网络传送给接收方。

(3) 接收方用发送的公开密钥对接收到的签名信息进行解密,得到信息明文。

(4) 接收方将解密得到的消息与接收到的消息进行比较,若两者相同,则说明消息未被篡改过。

像这种基于公开密钥的数字签名方案的优点在于,对任何可能的消息接收方来说都能检查签名,因为解密密钥即发送方的公开密钥向公众公开是不会危及安全的。

但这种方案也存在着一定的问题,其中最大的问题是处理和通信的成本过高。这是因为加密和解密不得不对整个信息内容进行,并且发送的数据量至少是原始信息的两倍。为了对此方案进行改进,可以运用散列函数来进行处理。

3) 利用散列函数的 RSA 数字签名

(1) 发送方对要发送的消息运用散列函数形成数字摘要。

(2) 发送方用自己的私有密钥对数字摘要进行加密,形成数字签名。

(3) 发送方将数字签名附加在消息后通过网络传送给接收方。

(4) 接收方用发送方的公开密钥对接收到的签名信息进行解密,得到数字摘要。

(5) 接收方运用同样的散列函数对接收到的消息形成数字摘要。

(6) 发送方对两个数字摘要进行比较,若两者相同,则说明消息未被篡改过。

整个签名过程如图 8-4 所示。

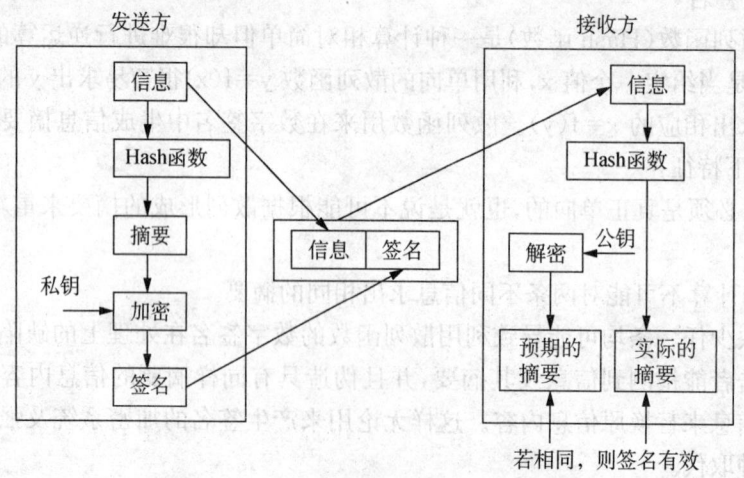

图 8-4 用散列函数进行 RSA 数字签名

在这个过程中,利用散列函数,可以对要签名的消息内容生成一个固定长度的数据项,即数字摘要。这种摘要具有这样的特性:只要消息内容发生了任何改变,所形成的摘要就是不同的。

在这种机制下,发送方用散列函数来获得数字摘要,然后利用 RSA 对数字摘要进行加密形成数字签名,并与消息一起传送出去。接收方收到消息后,重新计算摘要,同时用 RSA 对数字签名进行解密,然后比较两个摘要值。如果相符合,则接收方就可以确定发送方确实拥有该私有密钥,即该消息确实是由该发送方发来的,并且信息内容在传送途中未被篡改过。

8.2.4　身份识别技术

身份识别技术是采用密码技术(尤其是公钥密码技术)设计出安全性高的协议。身份识别技术有以下工作方式。

1. 口令方式

当你每天访问自己的电子邮件服务器、利用 Telnet 登录大学或公司的计算机或者访问互联网上如 E＊Trade 的订阅服务时,都在使用口令。服务器要采用用户名与口令对用户进行认证的话,就必须维护合法用户的用户名与口令的数据库。现在系统(尤其是互联网上新兴的系统)通常还提供用户提醒工具以防忘记口令。你可请求服务器用电子邮件把口令发给你,这就要求你的系统之外有一个电子邮件账户,否则把口令寄到一个你不能访问的电子邮件账户就很麻烦了。

口令的选择应满足的几个原则:

(1) 容易记忆;不易猜中;不易分析。

(2) 口令管理可通过单项函数来解决,即计算机不存储口令,只存储口令的单项函数,其识别过程如下:

① 用户将口令传送给计算机。

② 计算机完成口令单向函数值的计算。

③ 计算机把单向函数值和机器存储值比较。

2. 标记方式

标记是一种个人持有物,它的作用类似于钥匙,用于启动电子设备,标记上记录着用于机器识别的个人信息。

以下是十一项具代表性的新型身份识别技术:

(1) 远距离指纹扫描:一种能在大约 20 英尺(约合 6 米)远处进行指纹扫描的仪器,目前仍在尝试开发中。

(2) 耳朵:一种基于人耳识别的技术,将耳朵的一些特征当作人的指纹那样来加以使用,目前还在研究当中。

(3) 气味:通过气味来找到不同的人,甚至通过气味的不同来进行身份识别,目前仅仅停留在项目研究阶段。

(4) 心跳:根据心跳引起的左胸微微颤动来识别身份,目前还在研究当中。

(5) 声音:对声音进行分析,根据声音识别人的身份。

(6) 虹膜:一种可以从 10 英尺(约合 3 米)外凝视瞳孔的扫描设备。

(7) 眼周区域:根据人类眼睛周围的组织,即所谓"眼周区域",进行身份识别,目前仍在开发中。

(8) 步态：通过一个人的行走步态来识别这个人身份的可能性，目前仍在初步研究中。

(9) 汗液：通过人体汗液来识别潜在威胁的技术，目前仍在研究中。

(10) 先进脸部识别系统：根据人脸图像识别身份。

(11) 快速 DNA 检测：通过快速 DNA 检测技术设备识别身份。

8.2.5 防病毒技术

1. 防病毒技术的概念

防病毒技术，即减少因病毒破坏所带来损失，最大可能地防止计算机感染病毒的一种技术。

2. 防病毒技术的种类

1) 病毒码扫描技术

病毒码扫描技术的原理是利用病毒留在受感染文件中的病毒特征值进行检测的，发现新病毒后，对其进行分析，根据其特征编成病毒码并将其加入数据库中。今后在执行查毒程序时，它可通过对比文件与病毒数据库中的病毒特征代码来检查文件是否含有病毒。

对于传统病毒来说，病毒码扫描技术速度快，误报率低，是检测已知病毒的最简单、开销最少的方法，被目前大多数反病毒产品所用；但是随着病毒种类的增多，特别是变形病毒和隐蔽性病毒的发展，病毒扫描码技术渐渐不能准确报警了。

2) 主动内核技术

主动内核技术改变了传统的被动防御理念，是指将实时防毒墙、宏病毒分析器等已经开发出来的各种防病毒工具组合起来嵌入操作系统和网络系统内核中，从安全的角度对系统或网络进行管理和检查，对系统漏洞进行修补的技术。任何文件在进入系统之前，作为主动内核的反毒模块都将首先使用各种手段对文件进行检测处理。

3) 虚拟机技术

虚拟机技术是国际防病毒领域的前沿技术，这种技术更接近于人工分析，其智能化程度和查毒准确性都非常高。虚拟机技术防病毒的原理是：用程序代码虚拟一个系统运行环境，包括虚拟内存空间、CPU 寄存器及硬件端口，用调试程序调入可疑带毒样本，将每一条语句放到虚拟环境中执行，这样的一个虚拟环境就是一个虚拟机，在该环境中可以通过内存、寄存器及端口的变化来了解可疑带毒样本的运行情况，以此来判断它是否有毒。

虚拟机技术改变了过去拿到可以样本后不敢直接运行，而必须通过跟踪它的执行，来查看其是否带有破坏、传染模块的状况；但是虚拟机运行太慢，大约会比正常程序执行的速度慢几十倍甚至更多，所以事实上无法虚拟执行可疑样本的全部代码。个别反病毒软件选择了虚拟执行可疑样本代码段的前几 k 个字节，其查出概率已高达 95％左右。

4) 实时反病毒技术

实时反病毒技术一向被反病毒界看好，被认为是比较彻底的反病毒解决方案，其宗旨就是对系统实施实时监控，对流入、流出系统数据中的可疑代码进行过滤，从而解决用户对病毒的"未知性"问题。

实时反病毒技术是先前性的，而不是滞后性的，任何程序在调用之前都先被过滤一遍，一旦有病毒侵入系统，它就会自动检测并清除病毒；它能阻止病毒从网络向本地计算机系统入侵。同时保证了本地计算机系统不会向远程资源传播病毒,如在用户发出邮件前自动将其中可能含有的病毒过滤掉。相对于在病毒入侵以后再去采取措施来挽救的做法,实时反病毒技术的安全性更高,但是它需要占用一部分资源,导致系统性能降低。

3. 防病毒技术的发展方向

1) 向网络操作系统和应用程序集成防病毒技术发展

计算机病毒的真正危险在于威胁网络和大型信息系统的安全。在网络上防范计算机病毒涉及病毒检测、网络技术发展及病毒对网络攻击的机理。可以预见,网络操作系统和应用程序集成网络防病毒技术是必由之路,这是一项涉及多学科、多领域,具有开拓性的重要工作。

2) 网络开放式防病毒技术将成为技术主流

网络开放式防病毒技术是一种让用户自我更新的防病毒技术,它将病毒的结构用一个统一的数据结构加以描述,用户可根据对病毒的一些特征进行分析,通过特征识别随时更新自己的病毒库,从而使防病毒产品升级,以达到和新病毒的对抗。计算机网络技术及防治病毒技术的迅速发展使人们完全有理由深信,会有更多更好的防病毒产品推出,这些技术会越来越成熟、越来越完善。

8.3　电子支付安全协议

8.3.1　SSL 协议

1. SSL 协议的概念

SSL(Secure Socket Layer)安全套接层协议是在 Internet 基础上提供的一种保证私密性的安全协议。它能使客户/服务器应用之间的通信不被攻击者窃听,并且始终对服务器进行认证,还可选择对客户进行认证。SSL 协议要求建立在可靠的传输层协议(如 TCP)之上。SSL 协议的优势在于它是与应用层协议独立无关的。高层的应用层协议(如 HTTP、FTP、TELNET)能透明地建立于 SSL 协议之上。SSL 协议在应用层协议通信之前就已经完成加密算法、通信密钥的协商以及服务器认证工作。在此之后应用层协议所传送的数据都会被加密,从而保证通信的私密性。

2. SSL 协议的体系结构

设计 SSL 协议的目的是利用 TCP 提供可靠的端到端的安全传输。SSL 协议的实现属于套接字 Socket 层,处于应用层与传输层之间,由 SSL 记录协议和在记录协议之上的 3 个子协议组成,其中最主要的两个 SSL 子协议是记录协议和握手协议。其体系结构如图表 8-1 所示。

表 8-1　SSL 协议的体系结构

应用层		
SSL 握手协议	SSL 更改密码规程协议	SSL 报警协议
SSL 记录协议		
TCP		
IP		

SSL 记录协议层的作用是为高层协议提供基本的安全服务。SSL 记录协议针对 HTTP 协议进行了特别的设计，使得超文本的传输协议 HTTP 能够在 SSL 运行。其工作机制如下：应用程序消息被分割成可管理的数据块（可以选择压缩数据），并产生一个 MAC (Message Authentication Code) 信息，加密后插入新的文件头，最后在 TCP 中加以传输；接收端将收到的数据解密，做身份验证、解压缩、重组数据报然后交给高层应用进行处理。

SSL 握手协议层包括 SSL 握手协议 (SSL Handshake Protocol)、SSL 密码参数修改协议 (SSL Change Cipher Spec Protocol)、应用数据协议 (Application Data Protocol) 和 SSL 告警协议 (SSL Alert Protocol)。握手层的这些协议用于 SSL 管理信息的交换，允许应用协议传送数据之间相互验证，协商加密算法和生成密钥等。SSL 握手协议的作用是协调客户和服务器的状态，使双方能够达到状态的同步。SSL 握手协议主要用于服务器和客户之间的相互认证，协商加密算法和 MAC 算法，用于生成在 SSL 记录中发送的加密密钥。SSL 警告协议主要是用于为对等实体传递与 SSL 相关的告警信息，包括警告、严重和重大等三类不同级别的告警信息。

3. SSL 协议的工作流程

1) 服务器认证阶段

(1) 客户端向服务器发送一个开始信息"Hello"以便开始一个新的会话连接。

(2) 服务器根据客户的信息确定是否需要生成新的主密钥，如需要则服务器在响应客户的"Hello"信息时将包含生成主密钥所需的信息。

(3) 客户根据收到的服务器响应信息，产生一个主密钥，并用服务器的公开密钥加密后传给服务器。

(4) 服务器回复该主密钥，并返回给客户一个用主密钥认证的信息，以此让客户认证服务器。

2) 用户认证阶段

在此之前，服务器已经通过了客户认证，这一阶段主要完成对客户的认证。经认证的服务器发送一个提问给客户，客户则返回（数字）签名后的提问和其公开密钥，从而向服务器提供认证。

8.3.2 SET 协议

1. SET 协议的概念

在电子商务交易以及网络支付中，为了避免 SSL 协议应用中存在的一些安全风险，保护商家、客户等参与方的隐私信息以及各方的真实身份，1996 年 2 月，VISA 和 MasterCard 两大国际信用卡组织和 IBM、Microsoft、Netscope 等一些计算机供应商，共同开发了安全电子交易协议 (Secure Electronic Transaction，简称 SET)。

它采用公钥密码体制和 X.509 数字证书标准，主要应用于保障网上购物信息的安全性。SET 提供了消费者、商家和银行之间的认证，确保了交易数据的安全性、完整可靠性和交易的不可否认性，特别是保证不将消费者银行卡号等敏感信息暴露给商家等优点，因此它成为了目前公认的信用卡、借记卡的网上交易的国际安全标准。

2. SET 协议的工作原理

根据 SET 协议的工作原理，如图 8-5 所示，SET 协议应用于网上购物的过程如下：

(1) 消费者利用自己的计算机通过 Internet 选定所要购买的物品，并在计算机上输入

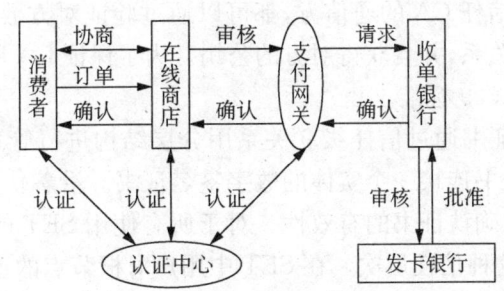

图 8-5 SET 协议的工作原理

订货信息。订货信息包括在线商店、购买物品名称及数量、交货时间及地点等相关信息。

（2）通过电子商务服务器与有关在线商店联系，在线商店做出应答，告诉消费者所填订货单的货物单价、应付款数、交货方式等信息是否准确，是否有变化等。

（3）消费者选择付款方式，确认订单后，签发付款指令，此时 SET 协议开始介入。

（4）在 SET 协议中，消费者必须对订单和付款指令进行数字签名，同时利用双重签名技术保证商家看不到消费者的账号信息。

（5）在线商店接受订单后，向消费者所在银行请求支付认可。信息通过支付网关到收单银行，再到电子货币发行公司确认。批准交易后，返回确认信息给在线商店。

（6）在线商店发送订单信息给消费者，消费者端软件可记录交易日志，以备将来查询。

（7）在线商店发送货物或提供服务，并通知收单银行将钱从消费者的账号转移到商店账号，或通知发卡银行请求支付。

3. SET 协议的交易流程

SET 要协议在交易过程中对商家、客户、支付网关等交易各方进行身份认证，流程如下：

（1）客户在网上商店看中商品后，和商家进行磋商，然后发出请求购买信息。

（2）商家要求客户用电子钱包付款。

（3）电子钱包提示客户输入口令后与商家交换握手信息，确认商家和客户两端均合法。

（4）客户的电子钱包形成一个包含订购信息与支付指令的报文发送给商家。

（5）商家将含有客户支付指令的信息发送给支付网关。

（6）支付网关在确认客户信用卡信息之后，向商家发送一个授权响应的报文。

（7）商家向客户的电子钱包发送一个确认信息。

（8）将款项从客户账号转到商家账号，然后向顾客送货，交易结束。

从以上交易流程可以看出，SET 协议交易流程十分复杂性。在完成一次 SET 协议交易流程中，需验证电子证书 9 次，验证数字签名 6 次，传递证书 7 次，进行签名 5 次，4 次对称加密和非对称加密。通常完成一个 SET 协议交易流程大约要花费 1.5~2 分钟甚至更长时间。另外，由于各地网络设施良莠不齐，完成一个 SET 协议的交易流程可能需要耗费更长的时间。

4. SET 协议的安全机制

SET 协议同时是 PKI 框架下的一个典型实现。安全核心技术主要有公开密钥加密、数字签名、数字信封、消息摘要、数字证书等，主要应用于电子商务交易过程中并保障支付信息的安全性。任何一个信任 CA 的通信方,都可以通过验证对方数字证书上 CA 数字签名来建立起与对方的信任关系,并且获得对方的公钥。为了保证 CA 所签发证书的通用性,通常证书格式遵守 ITU X.509 标准。

根据 SET 标准,对证书通过信任级联关系用分层结构进行管理。SET 定义了一套完备的证书信任链,每个证书连接一个实体的数字签名证书。沿着信任树可以到一个众所周知的信任机构,用户可以确认证书的有效性。对于所有使用 SET 的实体来说,只有唯一的根 CA。图 8-6 描述了这种信任层次。在 SET 中用户对根节点的证书是无条件信任的,如从证书所对应的节点出发沿着信任树逐级验证证书的数字签名,若能够到达一个已知的信任方所对应的节点或根节点,就能确认该证书是有效的。换而言之,信任关系是从根节点到树叶传播的。根密钥(Root Key)由 CA 自己签名发布,而根密钥证书是由软件开发商在软件中插入,软件通过向 CA 发出一个初始化请求(包括证书的 Hash 值),即可确定一个根密钥的有效性。密钥也需定期更换。为了保证根证书的真实性,根证书和下一次的替换密钥的公钥的散列值一起颁发。在根证书被新的证书替代时,可通过验证证书中公钥的散列值与最近的旧证书一起颁发的散列值是否相同来对新证书的真实性进行验证。

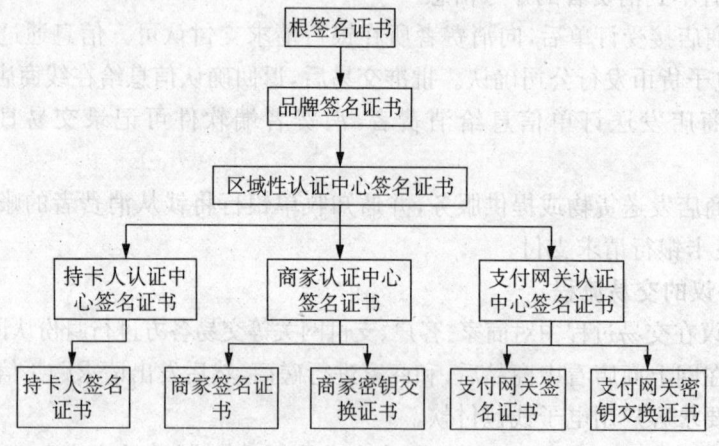

图 8-6　SET 协议中证书的层次模型

持卡人证书、商家证书、支付网关证书分别由持卡人中心(CCA)、商户认证中心(MCA)、支付网关认证中心(PCA)进行颁发,而 CCA 证书、MCA 证书和 PCA 证书则由品牌认证中心(BCA)或区域性认证中心(GCA)进行颁发。BCA 的证书由根认证中心(RCA)进行颁发。

(1) 持卡人证书:持卡人证书相当于支付卡的电子表示,它可以由付款银行数字签名后发放。由于证书的签名私钥仅为付款银行所知,所以证书中的内容不可能被任何第三方更改。持卡人证书只有在付款银行的同意下发给持卡人。该证书同购买请求和加密后的付款指令一起发给商家,商家在验证此证书有效后,就可以认为持卡人为合法的使用者。持卡人的证书是一个数字签名证书,用于验证持卡人的数字签名,而不能用于会话密钥的交换。任何持卡人只有在申请到数字证书之后,才能够进行电子交易。

(2) 商家证书:商家证书表示商家与收单行有联系,收单行同意商家接受付款卡支付。商家证书由收单行数字签名后颁发。商家要加入 SET 的交易至少要拥有一对证书:一个为签名证书,用来让其他用户验证商家对交易信息的数字签名;另一个为密钥交换证书,用来在交易过程中交换用于加密交易信息的会话密钥。事实上,一个商家通常拥有多对证书,以支持不同品牌的付款卡。

(3) 支付网关证书:支付网关证书用于商家和持卡人在进行支付处理时对支付网关进行确认以及交换会话密钥,因此一个支付网关也应该拥有两个证书:签名证书和密钥交换证书。持卡人在支付时从支付网关的密钥交换证书中得到保护他的支付卡账号及密码的公开密钥。通常支付网关证书由付款卡品牌 CA 发给收单行。

(4) 收单行证书:收单行必须拥有一个证书以便运行一个证书颁发机构,它接受和处理商家通过公共网络或私有网络传来的证书请求和授权信息。收单行证书由付款卡品牌 CA 发给收单行。

(5) 发卡行证书:发卡行必须拥有一个证书以便运行一个证书颁发机构,它接受和处理持卡人通过公共网络或私有网络传来的证书请求和授权信息。发卡行证书由付款卡品牌 CA 发给发卡行。

8.3.3　其他安全协议

1. 安全超文本传输协议(S-HTTP)

安全超文本传输协议(S-HTTP)是致力于促进以 Internet 为基础的电子商务技术发展的国际财团 CommerceNet 协会提出的安全传输协议,主要是利用密钥对进行加密,通常只用于 Web 业务,保障 Web 站点间的交易信息传输的安全性。

2. 安全交易技术协议(STT)

安全交易技术协议(Secure Transaction Technology, STT)是由 Microsoft 公司提出的,安全交易技术协议将认证和解密在浏览器中分离开来,用于提高安全控制能力。Microsoft 在 Internet Explore 中采用了这种技术。

3. 安全电子邮件管理协议(S/MIME)

1995 年,以 RSA 公司为首的几家大公司联合推出了 S/MIME(Secure/Multipurpose Internet Mail Extension)标准,希望用它来解决发送者身份的真实性、邮件的不可否认性、邮件的完整性、邮件的保密性等有关电子邮件的安全问题。

4. 3D 安全协议

SET 协议推出后,由于其结构过于复杂,安全门槛设置太高,处理速度慢,客户端安装、使用和维护都不方便,而且系统整体费用较高,因此,2002 年 VISA 国际组织在电子商务领域中引入了 3D 安全协议(3-Domain Secure)进行支付认证,保证网上支付的安全。

3D 安全协议涉及 5 个实体:持卡人、发卡行、商户、收单行和 VISA 组织。3D 安全协议将这 5 个实体依照逻辑分到 3 个域中。其中,发卡机构域指发卡行和持卡人;中间运行域是使发卡机构域和收单机构域在全球范围内协同运行的系统和功能设施;收单机构域指收单行和商户。

3D 安全协议中一个重要的组成部分是发卡行认证服务器——访问控制服务器(Access Control Server, ACS),ACS 在 3D 安全协议中需要执行一套重要、详尽的操作过程。

自 2003 年 4 月起,VISA 国际组织在全球范围内采用了新的网上银行交易安全规范,并要求该组织的各发卡行和收单行支持该规范。3D 安全协议的目标是给发卡行提供一个持卡人身份许可的环节,减少使用 VISA 卡进行欺诈的可能性,使所有参与者从中受益,从而提升交易安全性能。

8.4 电子交易安全认证

8.4.1 身份认证概述

1. 身份认证的概念

身份认证又叫身份识别,它是通信和数据系统正确识别通信用户或终端的个人身份的重要途径。比如,银行的自动取款机(ATM)可将现款发放给经它正确识别的持卡人;对计算机的访问和使用、安全地区的出入和放行、出入境等都是以准确的身份识别为基础。

身份认证是安全系统中的第一道关卡。如图 8-7 所示,用户在访问安全系统之前,首先经过身份认证系统识别身份,然后访问监控器根据用户的身份和授权数据库决定用户是否能够访问某个资源。授权数据库由安全管理员按照需要进行配置。审计系统根据审计设置记录用户的请求和行为。同时,入侵检测系统实时或非实时地检测是否有入侵行

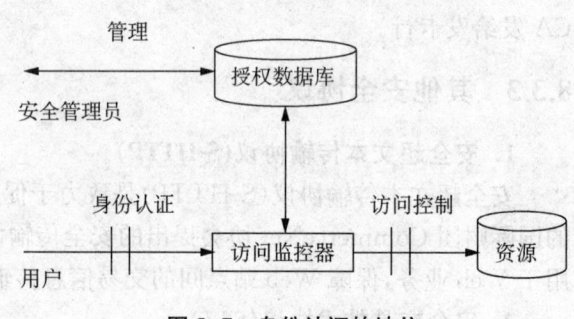

图 8-7 身份认证的地位

为。访问控制和审计系统都要依赖于身份认证系统提供的"信息"——用户身份。可见,身份认证在安全系统中的地位极其重要,是最基本的安全服务,其他的安全服务都要依赖于它。一旦身份认证系统被攻破,那么系统的所有安全措施将形同虚设。

2. 身份认证的方法

1) 静态密码

用户的密码是由用户自己设定的。在网络登录时输入正确的密码,计算机就认为操作者就是合法用户。如果密码是静态的数据,在验证过程中,可能会需要在计算机内存中和传输过程中被木马程序或网络截获。因此,静态密码机制无论是使用还是部署都非常简单,但从安全性上讲,用户名/密码方式是一种不安全的身份认证方式。

目前智能手机的功能越来越强大,里面包含了很多私人信息,我们在使用手机时,为了保护信息安全,通常会为手机设置密码,由于密码是存储在手机内部,所以我们称之为本地密码认证。与之相对的是远程密码认证,例如,我们在登录电子邮箱时,电子邮箱的密码是存储在邮箱服务器中,我们在本地输入的密码需要发送给远端的邮箱服务器,只有和服务器中的密码一致,我们才被允许登录电子邮箱。为了防止攻击者采用离线字典攻击的方式破解密码,我们通常都会设置在登录尝试失败达到一定次数后锁定账号,在一段时间内阻止攻击者继续尝试登录。

2) 智能卡(IC 卡)

智能卡内含一种内置集成电路的芯片,芯片中存有与用户身份相关的数据,智能卡由

专门的厂商通过专门的设备生产,是不可复制的硬件。智能卡由合法用户随身携带,登录时必须将智能卡插入专用的读卡器读取其中的信息,以验证用户的身份。

智能卡认证是通过智能卡硬件不可复制来保证用户身份不会被仿冒的。然而由于每次从智能卡中读取的数据是静态的,通过内存扫描或网络监听等技术还是可以很容易地截取到用户的身份验证信息,因此还是存在安全隐患。

智能卡自身就是功能齐备的计算机,它有自己的内存和微处理器,该微处理器具备读取和写入能力,允许对智能卡上的数据进行访问和更改。智能卡被包含在一个信用卡大小或者更小的物体里(比如,手机中的 SIM 就是一种智能卡)。智能卡技术能够提供安全的验证机制来保护持卡人的信息,并且智能卡很难复制。从安全的角度来看,智能卡提供了在卡片里存储身份认证信息的能力,该信息能够被智能卡读卡器所读取。智能卡读卡器能够连到 PC 上来验证 VPN 连接或验证访问另一个网络系统的用户。

3）短信密码

短信密码以手机短信形式请求包含 6 位随机数的动态密码,身份认证系统以短信形式发送随机的 6 位密码到客户的手机上。客户在登录或者交易认证时输入此动态密码,从而确保系统身份认证的安全性。短信密码具有安全、易普及、易收费、易维护的优点。

4）动态口令

动态口令是目前最为安全的身份认证方式,也是一种动态密码。

动态口令牌是客户手持用来生成动态密码的终端,主流的是基于时间同步方式的,每60 秒变换一次动态口令,口令一次有效,它产生 6 位动态数字进行一次一密的方式认证。

但是基于时间同步方式的动态口令牌存在 60 秒的时间窗口,导致该密码在这 60 秒内存在风险,不过现在已有基于事件同步的、双向认证的动态口令牌。基于事件同步的动态口令,是以用户动作触发的同步原则,真正做到了一次一密,并且由于是双向认证,即服务器验证客户端、并且客户端也需要验证服务器,从而达到了杜绝木马网站的目的。

由于它使用起来非常便捷,85% 以上的世界 500 强企业运用它保护登录安全,广泛应用在 VPN、网上银行、电子政务、电子商务等领域。

5）数字签名

数字签名,可以区分真实数据与伪造、被篡改过的数据。这对于网络数据传输,特别是电子商务是极其重要的,一般要采用一种称为摘要的技术,摘要技术主要是采用 Hash 函数将一段长的报文通过函数变换,转换为一段定长的报文,即摘要。身份识别是指用户向系统出示自己身份证明的过程,主要使用约定口令、智能卡和用户指纹、视网膜和声音等生理特征。数字证明机制提供利用公开密钥进行验证的方法。

6）生物识别

通过可测量的身体或行为等生物特征进行身份认证的一种技术。生物特征是指唯一的可以测量或可自动识别和验证的生理特征或行为方式。使用传感器或者扫描仪来读取生物的特征信息,将读取的信息和用户在数据库中的特征信息比对,如果一致则通过认证。

目前我们接触最多的是指纹识别技术,应用的领域有门禁系统、微型支付等。我们日常使用的部分手机和笔记本电脑已具有指纹识别功能,在使用这些设备前,无需输入密码,只要将手指在扫描器上轻轻一按就能进入设备的操作界面,非常方便,而且别人很难复制。

生物识别的安全隐患在于一旦生物特征信息在数据库存储或网络传输中被盗取,攻击者就可以执行某种身份欺骗攻击,并且攻击对象会涉及所有使用生物特征信息的设备。

8.4.2 认证体系

CA 认证体系具有一定的层次结构,如图 8-8 所示。它有根 CA、品牌 CA、地区 CA,以及持卡人 CA、商家 CA、支付网关 CA 等不同层次,上一级 CA 负责下一级 CA 数字证书的申请、签发及管理工作。一个完整的 CA 认证体系可以有效地实现对数字证书的管理。根 CA 的密钥由一个自签证书分配,根证书的公开密钥对所有各方公开,它是 CA 体系的最高层。

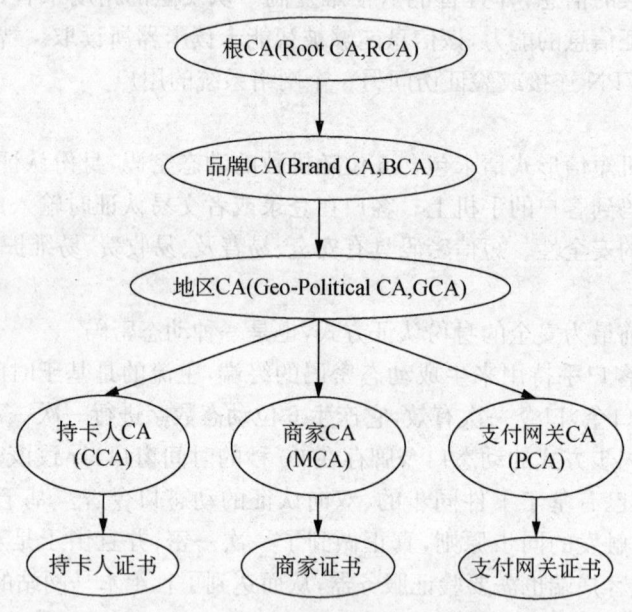

图 8-8　CA 认证体系层次结构

电子商务中的 CA 认证体系包括两部分:符合 SET 标准的 SET CA 认证体系(又称为金融 CA)和基于 X.509 PKI 的 CA 体系(又叫非金融 CA 体系)。

1. SET CA 认证体系

1997 年 2 月 19 日,由 MasterCard 和 VISA 发起成立 SET Co 公司,并被授权作为 SET 根认证中心。从 SET 协议可以看出,由于采用公开密钥加密算法,所以该认证中心就成为整个系统的安全核心。在 SET 中,CA 认证体系所颁发的数字证书主要有持卡人证书、商户证书和支付网关证书。在这些证书中,利用 X.509 识别名来确定 SET 交易中所涉及的各参与方。SET CA 认证体系是一套严密的认证体系,可保证 B2C 类型的电子商务安全顺利地进行。但该认证体系适合于卡支付,对其他支付方式是有所限制的。

2. 基一 X.509 PKI 的 CA 体系

PKI(Public Key Infrastructure)即公钥基础设施,是提供公钥加密和数字签字服务的安全基础平台,目的是管理密钥和证书:PKI 是创建、颁发、管理、撤销公钥证书所涉及的所有软件、硬件的集合体,它将公开密钥技术、数字证书技术、证书发放机构(CA)和安全策略等安全措施整合在一起,成为目前公认的在大型开放网络环境下解决信息安全问题最可行、最有效的方法。

　　PKI 是电子安全保障的重要基础设施之一。它具有多种功能,能够提供全方位的电子商务安全服务。一个典型的 PKI 应用系统包括五个部分:密钥管理系统、证书受理系统、证书签发系统、证书发布系统、目录服务系统。

　　在网上购物中,持卡人的证书与发卡人机构的证书关联发卡机构证书通过不同品牌的证书连接到根 CA,而根的公共签字密钥对所有的 SET 软件都是已知的,可以检验每一个证书。

　　在实际运作中,CA 也可由大家都信任的一方担当。例如,在客户、商家、银行三角关系中,客户使用银行发行的卡,而商家又与该银行有业务关系。在此情况下,商家和客户都信任该银行,可由该银行担当 CA 角色,接收、处理客户证书和商家证书的验证请求。

8.4.3　数字证书

1. 数字证书的概念

　　数字证书,是互联网通信中标志通信各方身份信息的一串数字,提供了一种在 Internet 上验证通信实体身份的方式。它不是数字身份证,而是身份认证机构盖在数字身份证上的一个章或印(或者说加在数字身份证上的一个签名)。它是由权威机构——CA(Certificate Authority)发行的,人们可以在网上用它来识别对方的身份。

2. 数字证书的工作原理

　　数字证书采用公钥体制,即利用一对互相匹配的密钥进行加密、解密。每个用户自己设定一把特定的仅为本人所知的私有密钥(私钥),用它进行解密和签名;同时设定一把公开密钥(公钥)并由本人公开,为一组用户所共享,用于加密和验证签名。当发送一份保密文件时,发送方使用接收方的公钥对数据加密,而接收方则使用自己的私钥解密,这样信息就可以安全无误地到达目的地了。

　　通过数字的手段保证加密过程是一个不可逆过程,即只有用私有密钥才能解密。在公开密钥密码体制中,常用的一种是 RSA 体制。其数学原理是将一个大数分解成两个质数的乘积,加密和解密用的是两个不同的密钥。即使已知明文、密文和加密密钥(公开密钥),想要推导出解密密钥(私有密钥),在计算上也是不可能的。按当下计算机技术水平,要破解 1 024 位 RSA 密钥,需要上千年的计算时间。公开密钥技术解决了密钥发布的管理问题,商户可以公开其公开密钥,而保留其私有密钥。购物者可以用人人皆知的公开密钥对发送的信息进行加密,安全地传送给商户,然后由商户用自己的私有密钥进行解密。

　　用户也可以采用自己的私钥对信息加以处理,由于密钥仅为本人所有,这样就产生了别人无法生成的文件,也就形成了数字签名。采用数字签名,能够确认以下两点:

　　(1) 保证信息是由签名者自己签名发送的,签名者不能否认或难以否认。

　　(2) 保证信息自签名后到收到为止未曾作过任何修改,签发的文件是真实文件。

3. 数字证书的类型

1) 服务器证书

服务器证书被安装于服务器设备上,用来证明服务器的身份和进行通信加密。服务器证书可以用来防止欺诈钓鱼站点。

在服务器上安装服务器证书后,客户端浏览器可以与服务器证书建立 SSL 连接,在 SSL 连接上传输的任何数据都会被加密。同时,浏览器会自动验证服务器证书是否有效,验证所访问的站点是否是假冒站点,服务器证书保护的站点多被用来进行密码登录、订单处理、网上银行交易等。全球知名的服务器证书品牌有 GlobalSign、Verisign、Thawte、Geotrust 等。

2) 电子邮件证书

电子邮件证书可以用来证明电子邮件发件人的真实性。它并不证明数字证书上面 CN 一项所标识的证书所有者姓名的真实性,它只证明邮件地址的真实性。收到具有有效电子签名的电子邮件,我们除了能相信邮件确实由指定邮箱发出外,还可以确信该邮件从被发出后没有被篡改过。

另外,使用接收的邮件证书,我们还可以向接收方发送加密邮件。该加密邮件可以在非安全网络传输,只有接收方的持有者才能打开该邮件。

3) 客户端证书

客户端证书主要被用来进行身份验证和电子签名。

安全的客户端证书被存储于专用的 usbkey 中。存储于 key 中的证书不能被导出或复制,且 key 使用时需要输入 key 的保护密码。使用该证书需要物理上获得其存储介质 usbkey,且需要知道 key 的保护密码,这也被称为双因子认证。这种认证手段是目前在 Internet 最安全的身份认证手段之一。key 的种类有多种,指纹识别、第三键确认、语音报读,以及带显示屏的专用 usbkey 和普通 usbkey 等。

4. 数字证书的特征

1) 信息的保密性

交易中的商务信息均有保密的要求。信用卡的账号和用户名被人知悉,就可能被盗用,订货和付款的信息被竞争对手获悉,就可能丧失商机。因此,在电子商务的信息传播中一般均有加密的要求。

2) 交易者身份的确定性

网上交易的双方很可能素昧平生,相隔千里,因此能方便而可靠地确认对方身份是交易的前提。对于为顾客或用户开展服务的银行、信用卡公司和销售商店,为了做到安全、保密、可靠地开展服务活动,都要进行身份认证的工作。对有关的销售商店来说,他们对顾客所用的信用卡的号码是不知道的,商店只能把信用卡的确认工作完全交给银行来完成。银行和信用卡公司可以采用各种保密与识别方法,确认顾客的身份是否合法,同时还要防止发生拒付款问题以及确认订货和订货收据信息等。

3) 不可否认性

由于商业情形千变万化,所以交易一旦达成是不能被否认的,否则必然会损害一方的利益。例如,订购黄金,订货时金价较低,但收到订单后,金价上涨了,如果收单方能否认受到订单的实际时间,甚至否认收到订单的事实,则订货方就会蒙受损失。因此,电子交易通信过程的各个环节都必须是不可否认的。

4) 不可修改性

交易的文件是不可被修改的,如上所举例的订购黄金,供货单位在收到订单后,发现金价大幅上涨了,如其能改动文件内容,将订购数1吨改为1克,则可大幅受益,那么订货单位可能就会因此而蒙受损失。因此,电子交易文件也要能做到不可修改,以保障交易的严肃和公正。

8.4.4 认证机构

1. 认证中心的概述

认证中心(Certificate Authority,CA)又称认证机构、证书发放机构,是承担网上认证服务,能签发数字证书并能确认用户身份的受各方信任的第三方机构。CA通常是企业性的服务机构,其主要任务是受理数字证书的申请、签发及对数字证书进行管理。

认证中心是保证电子商务安全的关键,是公正的第三方。它为建立身份认证过程的权威性奠定了基础,为交易的参与者提供了安全保障,为网上交易构筑了一个相互信任的环境,解决了网上身份认证、公钥分发以及信息安全等一系列问题。

认证中心对含有公开密钥的证书进行数字签名,使证书无法伪造。每个用户都可以获得认证中心的公开密钥,以此验证任何一张数字证书的数字签名,确定该证书是否由某认证机构签发、该数字证书是否合法。数字证书与驾驶执照一样,用来表示个人的身份,且有一定的有效期,有效期结束后必须重新申请。认证中心作为证书的发行机构具有一定的权威性因而数字证书被社会所承认和接收。有了数字证书和认证中心,用户就不再需要通过验证来信任每一个想要交换信息的用户的公开密钥,而只验证和信任颁发证书的认证中心的公开密钥就可以了。

在电子交易中,无论是数字时间戳服务还是数字证书的发放,都不是靠交易双方自己就能完成的,而需要由一个具有权威和公正性的第三方来完成。这个第三方可以是某个政府机构,也可以是某个独立的企业,关键是大家都要信任它。因此,电子商务需要建立一个全国乃至全球性的认证中心。目前,在全球处于领导地位的认证中心是美国的VeriSign公司。该公司创建于1995年4月,公司所提供的数字凭证服务已经遍及全世界50个国家。接受该公司的服务器数字凭证的Web站点已达数万个,而使用该公司个人数字凭证的用户已有几百万。

2. CA的功能

CA就是一个负责发放和管理数字证书的权威机构。CA主要有以下几种功能。

1)证书的颁发

CA接收、验证用户的数字证书的申请,将申请的内容进行备案,并根据申请的内容确定是否受理该数字证书申请。如果CA接受该数字证书申请,则确定给用户颁发何种类型的证书。新证书用CA的私钥签名以后,发送到目录服务器供用户下载和查询。为了保证消息的完整性,返回给用户的所有应答消息都要使用CA的签名。

2)证书的更新

CA可以定期更新所有用户的证书,或者根据用户的请求更新用户的证书。

3)证书的查询

证书的查询可以分为两类:其一是证书申请查询,即CA根据用户的查询请求返回当前用户证书申请的处理过程;其二是用户证书查询,这类查询由目录服务器来完成,目录服务器根据用户的请求返回适当的证书。

4）证书的作废

当用户的私钥由于泄密等原因造成用户证书要申请作废时,用户要向 CA 提出证书作废的请求,CA 根据用户的请求确定是否将该证书作废。此外,证书已经过了有效期,CA 自动将该证书作废。CA 通过维护证书作废列表(Certificate Revocation List,CRL)来完成上述功能。

5）证书的归档

证书具有一定的有效期,过了有效期之后就将作废,但是我们不能将作废的证书简单地丢弃,因为有时需要验证以前的某个交易过程中产生的数字签名,需要查询作废的证书。基于此类考虑,CA 还应当具备管理作废证书和作废私钥的功能。

3. CA 的组成

如图 8-9 所示,CA 为了实现其各项功能,主要由以下几部分组成:

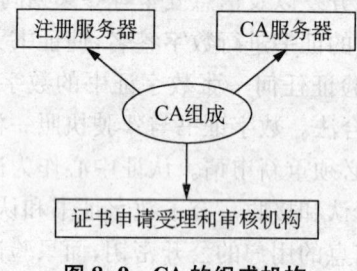

图 8-9　CA 的组成机构

（1）注册服务器:通过 Web Server 建立的站点,可为客户提供每日 24 小时服务,因此客户可在自己方便的时候在网上提出证书申请。

（2）证书申请受理和审核机构:负责证书的申请和审核。

（3）CA 服务器:数字证书生成、发放的运行实体,同时提供发放证书的管理、证书废止列表(CRL)的生成和处理等服务。

8.5　支付清算系统的风险管理

支付系统除了技术风险、管理风险及法律风险以外,还有其金融业务经营范围之内的信用风险、流动性风险及系统风险。支付清算系统的风险与金融风险紧密关联,金融风险中的信用风险和流动性风险往往通过支付清算系统首先暴露。

8.5.1　信用风险

1. 概念

信用风险又称违约风险。当交易参与机构不愿意或不能够完成契约责任时,就会出现信用风险。交易参与者包括交易者本身以及清算中介。在转账支付条件下,由于支付命令与资金转移到账之间存在时延,所以支付命令生效后,一旦资金的转移不能实现,就会导致支付过程中出现信用风险。在大额支付的清算系统中,债权债务关系复杂,如果参与一方出现短时间的支付困难,就可能导致连锁的支付困难。如果发生连锁反应,即使不与该行发生交易的金融机构也有可能受到连带影响。

2. 防范

对于信用风险,目前普遍采用的是预防类型的管理策略。具体包括:建立一系列审查制度,规范系统参与者的行为;设置严格的准入门槛,并定期检查和审核;合理设置信用额度,防止滥用透支额度。此外,在当前支付清算手段多样化的背景下,尤其需要完善信用体系的建设和信息采集的完整性。由于互联网的迅猛发展,人信息越来越多暴露在网络之上,支付清算系统在健全信用体系的同时,更需要防止信用被滥用。

此外,征信系统的启用也为支付风险提供了防范作用。2006 年设立的中国人民银行征信中心就是典型。征信中心涵盖了银行信贷、社保、公积金、环保、欠税、民事裁决与执行等各种信息,它出具的信用报告已成为国内企业和个人的"经济身份证"。

2015 年初,人民银行印发《关于做好个人征信业务准备工作的通知》,要求芝麻信用、腾讯征信等八家机构做好个人征信业务的准备工作,准备时间为 6 个月。2015 年 7 月 4 日,国务院发布《关于积极推进"互联网+"行动的指导意见》,强调加快社会征信体系建设,推进各类信用信息平台无缝对接。

2018 年 1 月 6 日,国家中央银行正式受理了"百行征信有限公司"(简称百行征信)的个人征信业务申请,这家公司宣布正式成立,而这也是市场期盼已久的"信联"。2018 年 5 月 23 日,百行征信宣布正式挂牌。百行征信是在中央银行主导下,由芝麻信用、腾讯征信、前海征信、考拉征信、鹏元征信、中诚信征信、中智诚征信、华道征信等 8 家市场机构与中国互联网金融协会共同发起组建的市场化个人征信机构。百行征信主要业务是在传统金融机构以外的网络借贷等领域开展个人征信活动,如个人信用信息采集、整理、保存,以及对外提供信用报告、信用评分、反欺诈等各类征信服务,弥补中央银行征信中心在个人信用信息领域的欠缺,与中央银行征信中心形成"错位发展、功能互补"的市场格局。

百行征信成立,能够实现互联网金融机构内外部之间互通有无、信息共享,提高风控效率、降低风控成本,有效防止大量多头借贷、欺诈借贷行为发生,为互联网金融行业健康发展创造条件。

8.5.2　流动性风险

1. 概念

流动性风险是指在支付系统中,交易一方因在规定时限内无法拥有足额资金准时履行支付义务,致使对方无法如期收到支付款项,资金清算无法按时完成。此时,资金拖欠方并未发生实质上的清偿危机,但其流动性问题可能会传染给多个参与者,导致整个系统出现流动性危机,甚至使系统陷入瘫痪状态。该风险主要来源于金融机构自身的流动性问题,支付系统需加强对参与者流动性资金的监管,但支付系统在监管参与者流动性风险时存在静态事后监管问题,即主要根据参与者财务报表数据分析流动性,这无法实时监控参与者的流动性状况。对流动性风险的管理方式过于保守也会降低支付系统的清算使用效率。

2. 防范

为进一步加强系统的流动性管理,需建立完善流动性风险管理机制。具体包括以下几个方面:

(1)加强对参与者账户资金头寸等方面的管理要求。

如 CHIPS 系统要求参与者的当前账户头寸需足以支付其所有借记的支付指令才释放支付指令,以保证符合条件的参与者都能顺利完成资金借记支付;CNAPS 系统采取设置清算窗口、排队处理、高额罚息贷款等措施加强风险管理。

我国的第二代支付系统设计了流动性实时查询功能,参与机构可查看清算账户的质押融资控制、借记控制、贷记控制等状态,以及余额、透支限额、可用头寸等信息。业务人员要加强对清算账户和预期头寸情况的监控,特别是对大额支付系统截止前一小时等关键时点的头寸监控,增强资金调度的及时性。在向支付系统发送金额较大的支付指令前,可预先通过全面流动性查询功能查询流动性汇总预期头寸,将系统能及时被清算的指令优先发送进系统,既可提高业务处理效率,也可避免出现业务排队。

(2) 提供日间透支服务及信贷额度,提高支付效率。

如美国 FEDWIRE 系统允许日间透支缓解参与者资金短缺,同时根据参与者信用状况规定透支上限,并对透支额度收费以防止恶意透支行为。进一步开发完善系统流动性风险监控工具,有效的实时监控工具可及时发现、防范流动性风险。FEDWIRE 系统中应用账户余额监控系统(ABMS)、日间透支报告和定价系统(DORPS)与风险管理信息系统(RMIS)等多种系统对清算账户进行实时监控。

我国则可以给予金融机构一定的经济政策,协助其及时自愿地启用自动质押融资业务,解决日间交易排队现象,也可以开放商业银行分支机构的融资权限及额度,使支付系统清算日终窗口频繁开启的现象得以解决,确保支付系统的清算效率。

8.5.3 系统风险

1. 概念

系统风险包括用户侧风险和支付清算系统本身的风险。传统上,支付清算风险关注系统本身,较少关注用户侧风险。而当今信息通信技术飞速发展,信息通信技术犯罪的成本逐步降低,导致金融诈骗活动猖獗。2016 年 10 月中央银行发布规定,ATM 转账 24 小时内可撤销,从机制上降低了用户侧风险。而对于网络支付、第三方支付,则可以通过大数据和数据挖掘方法分析用户行为,一旦发现操作异常,可采用冻结账户等手段防止诈骗行为。

2. 防范

对于支付清算系统自身固有风险,可以通过以下措施进行防范:加强支付清算人才建设,无论是技术条线还是业务条线,专业的人才才能保障支付清算系统高效稳定的运行。加强基础设施建设,要充分利用计算机技术提高支付清算的自动化水平和支付清算的安全性。创新监督机制,任何监督机制都难免存在一定的漏洞,在不影响稳定生产运行的基础上,要通过创新监督机制,降低监督机制本身的风险。

1) 开展安全警示宣传教育

利用报刊、网络等媒体,广泛开展支付清算系统风险安全管理知识宣传,引导支付清算系统从业人员树立"安全第一"的思想。

2) 认真开展岗前培训

针对支付系统、商业银行自身支付清算业务特点,以学习相关法律法规、规章制度和操作规程为重点,认真开展系统化、长效化的岗位培训,为支付清算工作人员搭建学习和交流的平台,进一步提高其操作技能和对各项业务的分析处理能力。

复习思考

名词解释： 电子支付安全技术 加密技术 SET 协议 数字证书

1. 电子支付安全技术有哪些?
2. 防火墙在网络安全中的作用是什么?
3. 简述身份识别技术的工作方式。
4. 什么是防病毒技术? 它有哪些种类?
5. 简述 SSL 协议的工作流程。
6. 数字签名的特征有哪些?
7. 支付清算系统的风险有哪些?

参考文献

［1］百度百科：信用货币.https://baike.baidu.com/item/信用货币.

［2］中国人民银行.支付清算组织管理办法（征求意见稿）[EB/OL].2005-06-10.

［3］国务院关于实施银行卡清算机构准入管理的决定（国发〔2015〕22号）[EB/OL].2015-04-24.

［4］中国人民银行支付结算司.支付体系运行整体情况[DB/OL].http://www.pbc.gov.cn/zhifujiesuansi/128525/128545/128643/index.html,2019-01-25.

［5］冯菊平.支付体系与国际金融中心[M].上海：上海人民出版社,2009.

［6］廖凡.我国金融混业监管的模式选择与协调机制[M].证券市场导报,2007(11):22-27.

［7］人民币跨境支付系统今日正式启动[N].中国日报网.2015-10-08.

［8］帅青红.现代支付系统概论[M].成都：西南财经大学出版社,2010.

［9］徐连金.商业银行支付结算业务[M].上海：上海财经大学出版社,2010.

［10］中国互联网络信息中心.第41次中国互联网络发展状况统计报告[EB/OL].2018-03-05.

［11］许猛.移动支付业务发展综述[J].信息通信技术,2009,3(2):22-26.

［12］杨文杰.中国现代化支付系统发展[J].中国金融,2017(14).

［13］MBAlib智库百科：小额批量支付系统[DB/OL].http://wiki.mbalib.com/wiki/小额批量支付系统,2019-01-25.

［14］中国银联.银联清算业务基础知识介绍[DB/OL].https://wenku.baidu.com/view/5e2b500090c69ec3d5bb7599.html,2019-01-25.

［15］中国人民银行.网上支付跨行清算系统业务处理办法.

［16］中国人民银行.网上支付跨行清算系统业务处理手续.

［17］中国人民银行.网上支付跨行清算系统运行管理办法.

［18］中国人民银行.网上支付跨行清算系统数字证书管理办法.

［19］欧阳卫民.我国境内外币支付系统建成及其重要意义[J].中国金融,2008(16).

［20］CIPS跨境银行间支付清算（上海）有限责任公司,http://www.cips.com.cn/cips/_2664/_2708/index.html,2019-01-25.

［21］百度百科：网上支付跨行清算系统.https://baike.baidu.com/item/网上支付跨行清算系统/9609540? fr=aladdin,2019-01-25.

［22］中国现代化支付系统的主要作用[N].中国金融界网,http://www.zgjrjw.com/news/jrfx/2008129/16414655062.html,2008-12-09.

［23］央行"超级网银"初定本月30日上线[N].网易财经,http://money.163.com/10/0813/

16/6DVS79PR0025335L.html,2010-08-13.

[24] 王继红.中央银行支付清算系统监管内容及方式研究[J].科学之友,2012(16):80-82.

[25] 张少,周钰,曾望年.深度分析 POS 未来发展趋势,智能化趋势不可阻挡[N].移动支付网,http://m.mpaypass.com.cn/news/201611/24101041.html?_d_id＝06c67c5a85f397e9ff09117344f308,2016-11-24.

[26] 邓顺国.电子商务概论[M].北京:清华大学出版社,2006.

[27] MBA 智库百科:CHIPS 系统.http://wiki.mbalib.com/wiki/CHIPS,2019-01-25.

[28] 百度百科:TARGET(泛欧实时全额自动清算系统).https://baike.baidu.com/item/Target/2037378,2019-01-25.

[29] 张晓明.国际结算[M].北京:清华大学出版社,2013.

[30] 金川.电子银行业务现状及存在的问题[J].大众商务,2010(2).

[31] 郭畅.我国商业银行绩效影响因素的实证分析[D].南京理工大学,2009.

[32] 栗卉.电子银行业务对银行绩效功效效率的测度研究[D].湖南大学,2014.

[33] 郑录军,曹廷求.我国商业银行效率及其影响因素的实证分析[J].金融研究,2005(1):91-101.

[34] Allen N. Berger, David B. Humphrey. Efficiency of Financial Institutions: International Survey and Directions for Future Research[J].European Journal of Operational Research. 1997(98):175-212.

[35] "以客户为中心"触发金融服务七大变革[N].网易财经,http://money.163.com/14/0719/08/A1GK0MRU00253B0H.html,2014-07-19.

[36] 祁荣新.推进电子银行业务,有效提升服务质量[N].中国金融界网,http://www.zgjrjw.com/news/fxsk/2015121/1653184879.html,2015-12-01.

[37] 张劲松.网络金融[M].北京:机械工业出版社,2006.

[38] 于功弟.银行自动客户服务系统技术讲座(六)无人银行[J].中国金融电脑,1997(6).

[39] 张宝明.电子金融学[M].上海:立信会计出版社,2011.

[40] 付巍伟."微信银行"的营销优劣势分析[J].中国信用卡,2013.

[41] 中行北京分行微信银行:银行服务的新渠道[N].搜狐网:新京报,http://www.sohu.com/a/158210404_114988,2017-07-19.

[42] 许琪.微信银行存在问题及相关建议[J].金融会计,2014.

[43] 何虹,沈惠钦.发展微信银行业务应注意风险防范[J].杭州金融研修学院学报,2014(2):40-41.

[44] 官网:富国银行.https://www.wellsfargo.com.

[45] 官网:招商银行.http://www.cmbchina.com.

[46] 瞿彭志.网络金融与电子支付[M].北京:化学工业出版社,2014.

[47] 季家友.区块链技术对支付清算系统发展的影响及应用前景研究[J],上海金融,2018(4).

[48] 姚林.区块链技术在金融支付中的应用前景[J].中国信用卡,2016(8).

[49] 中国银行跨境电商服务白皮书[M].中国银行股份有限公司英国贸易投资总署,2016.

[50] 易观:2017 中国跨境支付行业研究[R].http://www.199it.com/archives/688993.

html,2018-02-09.

[51] 王珍琦.第三方支付平台的作用、面临问题及其解决办法[J].华北金融,2010(8).

[52] 中国银行卡产业发展报告（2018）[R]. http://corporate. unionpay. com/infonews Center/infoCompanyNews/file_142386191.html,2018-05-2.

[53] 刘帅,宋真真.云闪付的技术实现方式与发展研究[J].金融纵横,2017(6).

[54] 李晓枫.推动移动支付创新发展,促进移动金融服务与金融 IC 卡融合[J].金融电子化, 2014(5).

[55] 王永红.银行卡与移动支付发展路径[J].中国金融,2016(1).

[56] 中国人民银行科技司.移动金融关键技术与标准解读[M].北京:中国金融出版社,2016.

[57] 李东荣.银行卡走进"芯"时代[M].北京:中国金融出版社,2014.

[58] 李成梁.支付公司 PayPal 的战斗[J].健康与电脑,2013(43).

[59] 电子银行业务管理办法[EB/OL].中华人民共和国中央人民政府网,http://www. gov.cn/flfg/2006-02/06/content_179492.htm,2006-02-06.

[60] 银行卡业务管理办法[EB/OL].中国人民银行,http://www. pbc. gov. cn/rhwg/ 19990204f.htm,1999-02-04.

[61] 王贻建,苏志强,王晶.电子商务基础[M].上海:上海交通大学出版社,2012.

[62] 官网:平安银行,http://bank. pingan. com/gongsi/dianziyinhang/qiyewangyin/qywycpgn/ chaxuncenter.shtml,2019-01-25.

[63] 周虹.电子支付与网络银行[M].北京:中国人民大学出版社,2006.

[64] 马国梁.中国移动支付产业商业模式分析[D].北京邮电大学硕士学位论文,2007.

[65] 去年银行离柜业务率已超六成,互联网金融提速[N].网易财经,http://money. 163. com/14/0630/13/A009IFUE00254TFQ.html,2014-06-30.

[66] 张卓其.电子金融[M].北京:高等教育出版社,2005.

[67] 陈进,崔金红.电子金融概论[M].北京:首都经济贸易大学出版社,2009.

[68] 杨青.电子金融学(第二版)[M].上海:复旦大学出版社,2009.

[69] 张卓其.网上支付与网上金融服务[M].大连:东北财经大学出版社,2006.

[70] 柯新生.网络支付与结算(第二版)[M].北京:电子工业出版社,2010.

[71] 自助银行有哪些形式,自助银行有哪些功能[N].中国平安,http://one. pingan. com/ yizhangtonglicai/zixun/1404875556073.shtml,2014-07-09.

[72] 帅青红,夏军飞.网上支付与电子银行[M].大连:东北财经大学出版社,2009.

[73] 刘阳子,尹海东.银行客户资金安全问题机防范[J].大众商务月刊,2010(10).

[74] MBAlib 智库百科:电子汇兑系统. https://wiki. mbalib. com/wiki/电子汇兑系统, 2019-01-25.

[75] 屈军锁,张晓燕.呼叫中心技术特点及其发展[J/OL]. CTI 论坛,http://www. ctiforum.com/forum/2000/05/forum0509.htm,2019-01-25.

[76] 王锋.基于条形码解析技术的 POS 系统设计与实现[D].厦门大学硕士论文,2012.

[77] 百度百科:销售时点情报系统. https://baike. baidu. com/item/销售时点情报系统? fr=aladdin,2019-01-25.

[78] 胡霞.后牌照时代第三方支付的发展探析[J].现代营销,2011(11).

[79] 康洪青.第三方支付牌照下发后行业发展分析[J].中国电子商务,2011(7).

[80] 蔡永涛.中美支付清算系统比较与风险管理探讨[J].海南金融,2017(3).

[81] 百行征信入场,芝麻信用等8家机构不再单独从事个人征信[N].新京报,2018-05-31.

[82] 葛志远.电子商务应用与技术[M].北京:清华大学出版社,2005.